주의력
연습

끊임없는 생각과 계획에 중독된
현대인을 위한 주의력 사용설명서

주의력
연습

PEAK   MIND

아미시 자 지음

안진이 옮김

어크로스

차례

머리말

당신은 인생의 절반을 놓치고 있다

당신은 삶의 50퍼센트를 놓치고 있다.[1] 당신만 그런 건 아니고, 누구나 그렇다.

잠시 당신의 삶을 머릿속에 그려보라. 하루 동안, 일주일 동안, 한 달 동안, 1년 동안, 아니 평생 동안 일어나는 개인적인 사건들, 사람들과의 상호작용, 사소한 일들을 떠올려보라. 삶을 조각이불이라 생각하고 조각마다 일정한 길이의 시간을 담아보라. 이 조각에서 당신은 커피 한잔을 따라 마신다. 저기 저 조각에서는 아이에게 책을 읽어준다. 직장에서 성공을 축하한다. 동네를 산책하고, 등산을 하고, 상어와 함께 다이빙을 한다. 평범한 일들과 특별한 일들이 엮이고 합쳐져서 당신 삶의 이야기를 만들어낸다.

이제 그 네모난 조각들 중 절반을 잡아 뜯어내라. 그렇게 만들어진 불규칙한 모양의 조각 천, 바람이 숭숭 통과하는 차가운 이불이 당신의 삶에서 마음이 들어간 부분이다. 나머지는 사라졌다. 당신은 그 조각들을 진짜로 경험하지 않았다. 아마 기억도 안 날 것이다. 왜 그럴까? 그때 주의를 기울이지 않아서 그렇다.

지금 이 순간 당신은 나에게 집중하고 있는가? 그렇기를 바란다. 우리가 삶에서 그렇게 많은 부분을 놓치고 있다는 것은 깜짝 놀랄 만한 주장이니까. 이제 당신은 나에게 집중하고 있지만, 나는 당신의 주의를 오래 붙잡아둘 수가 없다. 이 장을 읽어 나가면서 당신은 내가 하는 이야기의 절반 정도를 놓칠 것이다. 그러고도 당신은 이 장을 다 읽고 나서 아무것도 놓치지 않았다고 생각할 것이다.

나는 당신이 누군지도 모르고, 당신의 뇌가 마이애미대학(나는 마이애미대학에서 주의력을 과학적으로 연구하고 인지신경과학을 가르치고 있다)의 연구에서 마지막으로 실험에 참가한 사람의 뇌와 어떻게 다른지도 모르지만 내 주장에 자신이 있다. 내가 뇌과학자로 활동하는 동안 사람들의 뇌가 작동하는 방식에서 보편적인 패턴을 확인했기 때문이다. 뇌가 얼마나 집중을 잘하는지를 확인했고, 집중을 방해하는 요소에 얼마나 취약한지도 확인했다. 이런 패턴은 그 사람이 누군지 또는 어떤 일을 하는지와 무관하다. 나는 최첨단 뇌 영상 기술을 이용해 사람의 뇌 속을 들여다볼 기회가 있었기에, 임의의 순간에 당신의 마음이 딴 데 가 있을 확률이 높다는 사실을 안다. 당신은 그 자리에 있지 않고 다음번 할 일을 계획하고 있다. 당신을 한동안 괴롭혔던 걱정거리나 후회되는 일을 거듭 생각하고 있다. 내일이나 모레 일어날 일, 아니면 영영 일어나지 않을 일에 대해 생각하고 있다. 어떤 경우든 당신은 '여기에서' 당신의 삶을 경험하고 있지 않다. 당신은 다른 곳에 가 있다.

살아 있다는 건 원래 그런 걸까? 인간이라는 존재는 원래 그런 결함을 지니고 있으니 우리 모두 그냥 감수하고 살아야 할까? 그게 그렇게 중요한 문제인가?

25년 동안 주의력을 과학적으로 연구한 사람으로서 나는 이 질문들에 답할 수 있다. 여러 면에서 산만함은 살아 있다는 것의 일부분이다. 뇌는 구체적인 생존의 위협을 받으며 진화했기 때문에 우리의 주의력에는 기복이 있고 우리의 집중은 쉽게 흐트러진다.[2] 포식자들이 여기저기 숨어 있었을 때는 산만함이 우리에게 유리하게 작용했다. 하지만 첨단기술이 가득하고 속도가 빠르고 변화가 심한 현대 사회에서 우리는 과거 어느 때보다도 산만하다고 느끼고 있으며, 우리의 산만함에 의존하고 그것을 이용하는 새로운 포식자들을 만나고 있다. 하지만 두 번째 질문에 대한 답은 '아니요'다. 이 산만함은 우리가 그냥 감수하고 살아야 하는 것이 아니다. 우리는 뇌를 훈련시켜 주의를 기울이는 방식을 바꿀 수 있다. 그리고 가장 중요한 마지막 질문에 대한 답은 '그렇다'이다. 그건 정말 중요한 문제다.

당신의 주의력

다음의 설명 중 당신과 일치하는 것이 있는가? 때때로 집중력을 유지하기가 힘들다고 느낀다. 마음이 지루함과 부담감 사이를 왔다 갔다 한다. 정신이 몽롱하다. 당신에게 반드시 필요한 명료한 사고력이 어디론가 사라졌다. 성미가 급해진다. 쉽게 화를 낸다. 스트레스가 쌓여 있다. 당신 자신이 저지른 실수가 눈에 띈다. 맞춤법이 틀렸거나, 단어를 빼먹었거나, 아니면 아니면 단어를 반복했거나(방금 눈치챘는가?). 마감 시한이 다가오는데도 뉴스와 소셜미디어 피드에서 눈을 떼기가 어렵다. 휴대전화를 만지작거리며 이 앱 저 앱 열었다 닫았다를 반복한다. 얼마 후에는 당신이 애초에 무엇을 찾아보려고 했는지도 기억이 안 난다. 머릿속에서 시간을 많이 보내기 때문에 당신 주변에서 일어나고 있는 모든 일의 흐름과 동떨어져 있다. 이미 지나간 상호작용을 떠올리며 이리저리 머리를 굴려본다. 이렇게 말할 걸 그랬나? 그 말은 하지 말았어야 했나? 어떤 말은 표현을 더 잘했어야 하는데….

놀랍게도 이 모든 행동은 단 하나의 문제로 압축된다. 그 문제는 바로 당신의 주의력이다.

- 인지 안개cognitive fog 현상이 나타난다면 **주의력 고갈**
- 초조하거나, 걱정이 되거나, 감정에 짓눌린다면 **주의력 강탈**
- 어떤 행동을 취하거나 시급한 일에 뛰어들어야 하는데 집중을 못한다면 **주의력 분절**
- 사람들과 보조를 맞추지 못하고 혼자 동떨어진 느낌이 든다면 **주의력 단절**

마이애미대학에 있는 나의 실험실에서 우리 연구진은 강도와 난이도가 높고 스트레스가 많은 일에 종사하는 사람들을 연구하고 그들을 훈련시키기도 한다. 의료계 종사자, 경영인, 소방관, 군인, 운동선수 등이 우리의 연구 대상이다. 이들은 모두 위험도가 높고 자신의 결정이 여러 사람에게 영향을 미치는 상황에서 주의력을 활용해 올바른 결정을 내려야 하는 사람들이다. 예컨대 그들은 고난도의 외과 수술, 큰 산불의 진화, 구조 작전을 실행하거나 전투 지역에서 활동한다. 한순간의 행동이 성공을 부를 수도 있고 경력을 끝장낼 수도 있으며, 생명을 죽일 수도 있고 살릴 수도 있다. 이런 사람들에게는 주의를 집중할 수 있느냐, 어떻게 주의를 집중하느냐가 문자 그대로 생사의 문제가 된다. 그리고 주의력은 우리의 삶에 생각보다 훨씬 큰 영향을 미치는 강력한 힘이다.

주의력은 다음과 같은 것들을 결정한다.

- 우리가 무엇을 인식하고, 학습하고, 기억하는가?
- 우리의 마음이 안정되어 있는가, 또는 지나치게 예민한가?
- 우리가 어떤 결정을 내리고 어떤 행동을 취하는가?
- 우리가 사람들과 어떻게 상호작용하는가?
- 궁극적으로 우리가 어떤 보람과 성취감을 느끼는가?

우리 모두 이 사실을 어느 정도는 알고 있다. 우리가 집중에 관해 이야기할 때 널리 쓰는 용어들을 생각해보라. 우리는 '주의를 기울인다pay attention'라고 말한다. 우리는 '잠시만 집중해주시겠습니까May I have your attention?'라고 묻는다. 우리는 '주의를 사로잡는attention-grabbing' 정보를 보고 듣는다. 이런 표현들은 우리가 직관적으로 이미 알고 있는 사실을 반영한다. 주의는 화폐와 마찬가지로 지불하거나 주거나 빼앗길 수 있다는 것, 주의는 매우 귀중하고 유한한 자원이라는 것을.

최근에는 주의의 상업적 가치에 관심이 모이고 있다.[3] 소셜미디어 앱에서는 "당신이 어떤 상품에 돈을 지불하지 않는다면 당신 자신이 상품이다"라는 말이 있다. 구체적으로 말하자면 당신의 주의가 상품이고, 그 상품은 가장 높은 가격을 부르는 입찰자에게 판매된다. 주의를 사고파는 상인과 시장도 생겨났다. 이런 이야기들은 가축, 석유, 은과 마찬가지로 인간의 '주의력 선물'(여기서 '선물'은 미래의 일정 시점에 매매할 것을 현재 시점에 약정하는 거래 방식을 뜻한다─옮긴이)이 거래되는 멋진 디스토피아 신세계를 예고한다. 그러나 주의력은 은행에 예금하거나 누군가에게 빌려줄 수 있는 것이 아니다. 주의력은 저장했다가 나중에 사용할 수가 없다. 우리의 주의력은 지금 여기에서만, 바로 이 순간에만 사용할 수 있다.

주의력이란 정확히 무엇인가?

주의력 시스템이 존재하는 이유는 우리 뇌의 가장 큰 문제를 해결하기 위해서다. 우리의 주변에는 정보가 지나치게 많기 때문에 뇌가 그 모든 정보를 제대로 처리할 수 없다. 뇌는 과부하를 피하기 위해 주의력을 사용해 주변의 불필요한 소음과 수다, 그리고 의식의 표면 위로 계속해서 떠오르는 자잘하고 잡스러운 생각들을 걸러낸다.

우리의 주의력 시스템은 매일 밤낮으로 활동한다. 혼잡한 커피숍에서 우리는 컴퓨터 화면과 일에 주의를 집중한다. 그럴 때 옆자리의 대화나 에스프레소 기계에서 나는 소리는 작게 들린다. 우리는 놀이터에서 뛰어 노는 아이들 사이에서 단번에 우리 아이를 가려낸다. 동료와 대화하는 동안 상대가 하는 말을 듣고 흡수하면서도 머릿속에서 우리가 하고 싶은 말도 기억한다. 혼잡한 길을 건널 때는 인도를 걷는 사람들, 깜박이는 횡단보도 신호등, 차들의 경적 소리 등 수백 가지 방해 요소들이 있는데도 우리를 향해 지나치게 빨리 달려오는 차를 알아차린다.

주의를 기울이지 않으면 세상 속에서 혼란에 빠진다. 멍한 상태가 되어 주변에서 벌어지는 사건들을 알아차리지 못하고 반응하지 못하거나, 우리를 습격하는 어마어마한 양의 무질서한 정보에 압도당해 꼼짝하지 못한다. 게다가 우리의 머릿속에서는 온갖 생각들이 끊임없이 흘러가기 때문에 우리는 아무것도 하지 못하게 될 것이다.

우리 연구진은 사람의 뇌가 주의를 기울이는 원리를 연구하기 위해 기능적 자기공명영상(fMRI), 전기생리학적 기록, 행동 과제 등의 첨단기술을 사용한다. 사람들을 실험실로 불러들이기도 하고 그들이 있는 곳으로 직접 가기도 한다. 우리 팀은 수십 차례의 대규모 연구를 수행했으며 연구 결과는 동료 심사를 거쳐 전문 학술지에 논문으로 발표했다. 우리가 알아낸 사실은 크게 세 가지로 요약된다.

첫째, 주의력은 강하다. 나는 주의력을 "뇌의 상사"라고 부른다. 뇌에서 정보를 어떻게 처리할지를 주의력이 지시하기 때문이다. 무엇이든 우리가 주의를 기울이면 증폭된다.[4] 우리가 주의를 기울이는 대상은 다른 모든 것보다 더 밝고 시끄럽고 선명하게 느껴진다. 우리가 집중하는 대상은 지금 이 순간의 현실에서 가장 두드러지는 것이 된다. 우리는 그것에 상응하는 감정을 느낀다. 우리는 그 렌즈를 통해 세상을 바라본다.

둘째, 주의력은 취약하다. 특정한 상황에서 주의력은 금방 고갈될 수 있다. 불행히도 우리는 일상에서 그런 상황을 너무나 자주 겪는다. 우리가 스트레스를 받을 때. 기분이 나쁠 때. 위협을 느낄 때. 나는 이 세 가지 상황을 '주의력의 크립토나이트'(영화 〈슈퍼맨〉에서 주인공은 크립토나이트라는 돌 앞에서 힘을 쓰지 못한다 – 옮긴이)라고 부른다. 이때 주의력이라는 귀중한 자원은 고갈된다.[5]

셋째, 주의력은 훈련이 가능하다. 우리는 주의력 시스템의 작동 방식을 바꿀 수 있다. 이것이 대단히 중요한 발견인 이유는 우리가 삶의 절반을 놓치고 있기 때문이기도 하지만, 한편으로는 우리가 놓치지 않고 있는 나머지 절반의 삶도 끊임없는 전투처럼 느껴지기 때문이다. 하지만 우리는 훈련을 통해 현재의 순간을 온전히 경험하고 즐기는 능력, 새로운 모험을 시작하는 능력, 삶의 과제들을 더 효과적으로 헤쳐나가는 능력을 키울 수 있다.

이길 수 없는 싸움

우리는 주의력의 위기를 겪고 있다. 피곤하고 고갈되어 있으며, 인지 안개를 경험하고, 효율과 성과가 낮은 상태로 살아간다. 이 위기는 시스템에서 비롯되는 것이기도 하다. 뉴스, 오락, 소셜미디어 같은 매체들이 제공하는 유혹적이고 중독성 강한 콘텐츠들이 우리로 하여금 스크롤을 계속하게 만드는 '주목 경제attention economy'가 위기를 부른다. 주목 경제의 영업 관행은 약탈적이고 규제는 느순하기 때문에 우리의 주의는 미끼에 낚이고 채굴된다. 마치 주택 저당 금융상품처럼 우리 개개인의 주의가 한데 모였다가 재포장을 거쳐 판매되어 큰 이윤을 창출한다.

우리가 처리해야 할 정보가 너무 많아서 주의력이 진화한 거라면, 지금이야말로 정보가 너무 많은 시대다. 실시간으로 방영되는 콘텐츠는 지나치게 시끄럽고, 지나치게 빠르고, 지나치게 자극적이고, 지나치게 끈질기다. 우리는 이렇게 폭발하는 정보를 수용할 뿐 아니라 그 정보에 기꺼이 참여한다. 그날그날의 정보를 하나도 놓치지 않고 따라가려고 애쓴다. 우리 자신과 다른 사람들 모두가 우리에게 그것을 기대하기 때문이다.

이렇게 사는 건 기분 좋은 일이 아니다. 그런데 고치기가 왜 그렇게 힘이 들까? 우리는 "플러그를 뽑아라"라는 충고를 자주 듣는다. 휴대전화와 "결별하라"는 말도 듣는다. 더 짧은 시간 동안 더 집중해서 일하라고 한다. 하지만 우리의 뇌는 그런 싸움을 견디지 못한다. 우리는 일군의 소프트웨어 기술자와 심리학자들이 설계한 알고리즘보다 더 똑똑해질 수 없다. 인공지능의 힘은 스스로 적응할 줄 안다는 데 있다. 인공지능은 우리의 주의를 끄는 법과 그 주의를 붙잡아두는 법을 우리로부터 수시로 학습한다. 인공지능은 사람들을 담배연기 자욱한 카지노의 슬롯머신 앞에 몇 시간이고 앉혀두는 것(사람들은 앞에 동전을 한가득 쌓아놓고 넋 나간 얼굴로 앉아 있다)과 똑같은 방식의 강화를 활용한다. 지금 우리 앞에 놓인 것은 슬롯머신이 아니라 앱이다. 그리고 우리가 기계에 계속 투입하는 것은 동전이 아니라 우리의 주의다.

한 가지는 분명히 해두자. 우리의 주의력에 문제가 있는 것은 아니다. 사실 우리의 주의력은 너무나 잘 작동하고 단서에 민감하게 반응해서 컴퓨터 프로그램들도 그 반응을 예측할 수 있을 정도다. 우리가 위기에 처한 이유는 우리의 주의력이 아주 잘 작동하기 때문이다. 우리의 주의력은 정확히 주의력 시스템이 설계된 대로 움직이고 있다. 우리의 주의는 특정한 자극에 강하게 반응한다. 우리는 소셜미디어 웹사이트의 알고리즘, 파블로프의 조건반사처럼 우리를 끌어당기는 휴대전화의 '딩동' 소리, 받은 편지함에서 붉은색으로 반짝이는 말풍선 알림, 혹은 퀘스트를 하나만 더 수행해서 다음 레벨로 올라가려는 욕구를 이길 수 없다. 그렇다고 우리가 속수무책으로 당해야 하는 건 아니다. 우리는 주의력 위기를 해결할 수 있다.

기원전 5세기에 손자가 지었다고 알려진 고전 병법서 《손자병법》은 우리가 대등한 상대와 겨루고 있지 않을 때, 다시 말하자면 힘과 작전 모두 열세일 때 어떻게 해야 할지를 알려준다.

백 번의 전투에서 백 번 이기는 것은 최고의 병법이 아니다.
싸우지 않고 적을 굴복시키는 것이야말로 최고의 병법이다.[6]

다른 말로 표현해보자. 당신의 주의를 끌어당기는 것들과 싸우려고 에너지를 낭비하지 마라. 당신은 어차피 그 싸움에서 이길 수 없다. 그러지 말고 싸울 필요가 없는 곳에 당신의 마음을 위치시키는 능력과 기술을 연마하라.

기존의 해결책이 가진 문제도 바로 그것이다. 그 해결책들은 우리의 주의를 끌어당기는 힘들과 맞서 싸우라고 지시한다. 그런 싸움은 마치 물살을 거슬러 헤엄치는 것처럼 기력을 소모시키고 효율이 낮다. 우리는 우리의 주의를 붙잡으려고 기를 쓰는 상태에서 벗어나야 한다. 노련한 수영선수가 바다의 거대한 힘을 알고 옆으로 비켜서 안전하게 수영하는 것처럼, 우리도 신호를 읽어낼 줄 알아야 한다.

당신의 주의에 주의를 기울여라

당신의 주의가 궤도를 이탈했음을 알려주는 갑작스러운 신호들을 생각해보라. 당신은 지금 책의 한 페이지를 다 읽었는데 내용이 머릿속에 하나도 들어오지 않았다는 것을 깨닫는다. 이때 신호를 제공하는 것은 책장을 넘기는 물리적인 동작(또는 다음 화면으로 넘기는 동작)이다. 당신은 어떤 생각에 깊이 빠져들어 있다가, 당신의 이름을 부르는 소리와 "여보세요? 듣고 있어?"라는 성난 음성을 듣고서야 자신이 한동안 대화에서 이탈했다는 사실을 깨닫는다. 이 경우에는 상대방의 목소리가 단서를 제공한 것이다. 당신은 시간제한이 있는 앱을 실행해서 특정 웹사이트를 차단하거나 접속을 제한한다. 이럴 때는 "시간을 모두 사용하셨습니다"라는 알림이 신호를 제공한다. 그러나 이와 같은 외부의 신호들이 온종일 반복적으로 당신을 찾아올 때쯤이면 당신은 이미 주의력이 고갈되고 집중력이 떨어진 상태에서 너무 많은 시간을 보낸 뒤다. 그래서 당신의 인지 자원은 줄어들고 당신 자신의 상태를 포착하기가 점점 어려워진다. 상태는 급속도로 나빠진다.

우리는 이것을 현대 사회의 전형적인 문제로 여긴다. 첨단기술이 낳은 위기라고 생각하는 것이다. 그렇다. 우리가 과거 어느 때보다 주의력을 빼앗기기 쉬운 시대에 살고 있는 건 사실이다. 하지만 반드시 외부의 자극이 있어야만 주의력의 위기가 생기는 건 아니다. 주의력 저하는 언제나 인류의 고민거리였다. 420년에 이미 중세 수도사들이 "오롯이 신만을 생각해야 하는데 그럴 수가 없다"라고 불평했다는 기록이 남아 있다.[7] 그들은 점심 식사 생각이나 섹스 생각이 자꾸 떠오른다고 털어놓았다. 그들은 정보가 너무 많다고 생각했고, 자리에 앉아서 뭔가를 읽으려는 순간 뇌가 가만히 있지 못하고 다른 것을 읽고 싶어 한다는 점에 절망했다. 그들은 왜 집중할 수 없었을까? 그들의 뇌는 왜 주인의 말을 안 들었을까? 심지어 그들은 가족과 관계를 끊고 재산까지 포기한 수도사였다. 세속적인 관계를 끊으면 잡념도 사라져서 주의가 산만해지지 않으리라 생각했다. 그 방법은 효과가 있었을까? 거의 없었다.

그로부터 약 1000년이 지난 1890년, 미국의 심리학자이자 철학자였던 윌리엄 제임스William James는 집중이 잘 안 되는데 해결책을 좀처럼 찾기 어렵다고 토로했다.

여기저기 돌아다니는 주의를 스스로 되찾아오는 능력은 판단력, 성격, 의지력의 근본이다. 그런 능력이 없다면 그 누구도 (자기 자신의 주인이) 될 수 없다. 그런 능력을 길러주는 교육이 훌륭한 교육이다. 이런 이상을 말로 표현하기는 쉽지만 정말로 이런 능력을 키우는 실용적인 지침을 주기는 어렵다.[8]

설사 우리가 요술봉을 한번 휘두르면 모든 첨단기술이 사라지고 밤늦게까지 번쩍거리는 노트북 컴퓨터와 시도 때도 없이 진동하는 휴대전화가 없어진다 해도 갑자기 집중이 잘되지는 않을 것이다. 정보를 찾아내서 그 정보에 관여하는 것은 우리 마음의 본성이다.[9] 그 정보는 호주머니에 넣어둔 휴대전화일 수도 있고 머릿속에서 요동치는 생각일 수도 있다. 오늘날 우리 모두가 헤엄치고 있는 디지털의 바다에 빠져야만 주의가 끊임없이 흩어지고 고갈되는 느낌을 받는 것은 아니다. 수천 년 전에도 인류는 똑같은 경험을 하고 있었다.

우리의 문제는 휴대전화도 아니고 금세 꽉 차는 메일함도 아니다. 주의를 사로잡는 뉴스와 정보에 24시간 둘러싸여 있어서도 아니다. 소프트웨어 기술자들이 우리의 주의를 붙잡아둘 새로운 방법을 연구하고 있어서도 아니다. 문제는 우리가 우리 자신의 마음속에서 어떤 일이 벌어지고 있는지를 잘 모른다는 것이다. 우리에게는 매 순간 우리가 어디에 주의를 기울이는가를 알려주는 단서가 없다. 이 문제에는 해결책이 있다. 우리 자신의 주의에 주의를 기울이면 된다.

의지만으로는 소용이 없다

당신이 우리의 실험에 참가하기로 했다면 다음과 같은 일이 벌어진다. 우리는 당신에게 수영모처럼 생긴 작고 우스꽝스러운 모자를 씌운다. 탄성이 있어서 머리에 착 달라붙는 그 모자는 당신 뇌의 전기적 활동을 측정하기 위한 전극들로 덮여 있다. 우리가 컴퓨터 모니터로 당신에게 뭔가를 보여주고, 그에 대한 반응으로 당신의 뉴런들이 한꺼번에 전기신호를 보내면 모자의 전극들은 약한 전기자극을 감지해서 그 자극을 증폭기로 전달한다. 증폭기에 전달된 자극은 기록과 분석을 위해 다른 컴퓨터로 전해진다. 이 모든 일이 벌어지는 동안 우리 연구진은 자리에 가만히 앉아서 화면을 들여다본다. 화면을 가득 채운 구불구불한 선들은 1000분의 1초 단위로 당신의 두개골 안에서 어떤 일들이 벌어지고 있는지를 실시간으로 보여준다. 그리고 우리는 컴퓨터로 당신을 테스트하면서 주의력과 관련된 행동을 살펴본다.

우리는 사람들이 산만해지지 않고 집중을 유지할 수 있는 환경을 찾아보려고 연구를 거듭했다. 우리가 얻은 결론은 이렇다. 그런 환경은 없다! 우리는 실험의 범위를 점점 좁혀봤지만, 참가자들이 처음부터 끝까지 100퍼센트 집중을 유지하는 환경은 없었다. 그리고 점점 많아지고 있는 다른 연구들을 보더라도 우리의 연구 참가자들만 그런 것이 아니다. 세계 각지의 연구에서 동일한 패턴이 나타났다. 실험 참가자들은 주의를 기울이라는 지시를 받았음에도 계속 집중하지 못했다.[10] 집중하지 않으면 큰 손해를 보게 되거나 집중에 대한 보상을 약속받은 경우에도 마찬가지였다. 심지어 돈을 준다고 해도 그들은 집중을 유지하지 못했다!

잠시 쉬면서 점검해보자. 이 책의 첫 문장에서 나는 당신이 내가 하는 이야기의 50퍼센트는 놓칠 거라고 말했다. 당신은 그 말을 독서에 더 집중하라는 도전으로 받아들였을지도 모른다. 그래서 얼마나 집중해서 읽었는가? 이 책을 읽기 시작했을 때부터 당신이 딴생각했던 것들(혹은 책 읽기를 멈추게 한 것)의 목록을 만들어보라. 그 목록을 종이에 써보라. 그러면 활발하게 움직이는 당신의 마음이 한꺼번에 붙잡으려고 하는 과제와 생각과 할 일들이 얼마나 많은지를 알게 된다. 당신은 책을 읽다가 멈추고 이메일 또는 문자 메시지를 보냈는가? 당신의 주의는 마감이 얼마 남지 않은 일에 대한 걱정, 아이들 또는 부모에 대한 염려, 친구들을 만날 약속, 당신의 재정 상태에 관한 생각으로 옮겨갔는가? 당신은 잠시 반려견의 머리를 쓰다듬어 주었는가? 반려견을 산책시키거나 먹이를 주거나 씻겨야겠다는 생각이 들었는가? 뉴스 피드를 보기 위해 독서를 중단했는가?

이런 행동은 누구나 한다. 우리가 집중을 '더 잘'하기로 마음먹는다고 해서 집중이 더 잘되지는 않는다. 주의력이 어떻게 작동하며 왜 그렇게 작동하는지를 내가 당신에게 아무리 자세히 설명하더라도, 당신이 집중하려는 동기가 아무리 강하더라도, 당신의 뇌가 주의를 기울이는 방식을 의지의 힘만으로는 변화시킬 수 없다. 당신이 세상에서 가장 통제력이 뛰어난 사람이라 할지라도 마찬가지다. 집중하겠다는 의지는 소용이 없다. 우리는 집중을 잘하려고 애쓰는 대신 뇌가 다르게 작동하도록 훈련시켜야 한다. 그리고 기쁜 소식이 있다. 마침내 우리가 그 훈련 방법을 알아냈다.

주의력에 관한 과학적 사실

과학자와 인문학자, 철학자들은 오래전부터 핵심적인 질문들에 주목했다. 주의력이란 무엇인가? 주의력은 어떻게 작동하는가? 왜 그런 식으로 작동하는가? 나도 처음 연구자가 되고 나서는 이 질문들을 탐구하는 데 많은 시간을 투입했다. 하지만 지금 나는 우리에게 다음과 같은 질문이 필요하다고 생각한다. 주의력이 잘 작동하도록 하는 방법은 무엇인가?

나는 주의력을 향상시키는 방법을 찾기 시작했다. 우리는 실험실에서 온갖 방법을 다 실험해보았다. 뇌를 훈련시키는 앱도 써보고, 집중에 도움이 된다는 음악, 심지어 첨단과학 제품인 빛과 소리가 나오는 헤드셋도 사용해봤다. 하지만 어떤 것도 지속적인 효과를 거두진 못했다. 게다가 우리는 군인, 소방관, 비상 상황에서 고난도 업무를 수행하는 사람들을 대상으로 연구를 하던 중 골치 아픈 패턴을 발견했다. 이런 직업을 가진 사람들은 대부분 임무 수행을 앞두고 일정 기간 동안 강도 높은 훈련을 받는다. 군인들은 교전 지역에 파견되기 전에 몇 달 동안 집중적인 훈련을 받는다. 소방관들은 사람의 생명이 달려 있는 예측 불가능한 상황에 투입되기 전에 혹독한 훈련을 견뎌내야 한다. 중요한 일을 앞두고 있는 어떤 사람을 생각해보라. 시험을 준비하는 학생, 재판을 준비하는 변호사, 시즌을 앞둔 축구선수 등등. 우리는 그 훈련 기간 동안 이들의 주의력이 고갈된다는 사실을 발견했다. 그들의 가용 주의력 attentional capacity은 급격히 감소했다. 그들이 현장에 나가서 가장 중요한 임무를 수행하기 직전에 그런 변화가 나타났다.

이 사람들이 독특한 것은 아니다. 일정 기간 동안 스트레스가 지속되거나 부담을 느끼면 사람은 누구나 주의력이 고갈되며, 그래서 실제로 자원을 가장 필요로 할 때 자원이 별로 남아 있지 않게 된다. 하지만 해결책을 생각해내기 전에 우리는 정확히 무엇이 주의력을 떨어뜨리는지를 알아내야 했다.

주의력 저하의 주범은 바로… 머릿속의 시간 여행이었다.

우리는 항상 시간 여행을 한다. 시간 여행은 무척 자연스럽게 이루어진다. 그리고 스트레스를 받으면 시간 여행을 더 많이 떠난다. 스트레스를 받으면 우리의 주의력은 어떤 기억을 통해 과거로 끌려가고, 그 기억 속에서 반추rumination(잘못된 일이나 부정적인 사건을 계속 생각하는 현상을 가리키는 심리학 용어 – 옮긴이)의 고리에 갇힌다. 아니면 우리는 어떤 걱정거리에 사로잡힌 채 미래로 떠나 온갖 종말 시나리오를 상상한다. 과거로 가든 미래로 가든, 시간 여행의 공통분모는 스트레스가 심할 때 주의를 빼앗겨 현재의 순간으로부터 멀어진다는 것이다.

'뇌 훈련 도구'로서 마음챙김이 우리 실험실에 처음 들어오게 된 연유는 이와 같다. 나는 마음챙김 실험에 참가하는 사람들을 훈련시키면 압박이 심한 상황에서 일의 효율이 높아지는지 여부를 알아보고 싶었다. 우리는 마음챙김이라는 개념을 다음과 같이 정의했다. '개념을 정교화하거나 과민반응을 하지 않고 현재의 경험에 주의를 기울이는 것.' 나는 사람들이 편집이나 반응을 하지 않고 '지금, 여기'에 계속 주의를 기울이도록 하는 훈련이 일종의 '정신적 갑옷' 역할을 할 수 있을지 궁금했다. 마음챙김은 사람들에게 주의 집중이 꼭 필요한 순간에 주의력을 보호하고 강화할 수 있을까?

우리는 마음챙김 강사 및 불교 학자들의 힘을 빌려 오랜 세월 동안 행해진 마음챙김의 주된 수련 방법을 정리했다. 우리는 그 수련 방법을 수백 명의 실험 참가자들에게 알려주고 실험실, 교실,

스포츠 경기장, 전쟁터에서 수련의 효과를 측정했다. 그 과정에서 놀라운 발견의 순간을 맞이하기도 했다. 이 책에서노 그런 연구와 일화들을 소개하겠지만, 여기서는 결론으로 바로 넘어가서 억만금이 걸린 질문에 답해보자. 그래서 효과가 있었을까? 마음챙김 훈련으로 주의력을 보호하고 향상시킬 수 있었는가?

답은 확실히 '그렇다'이다. 우리가 진행한 연구를 통틀어 주의력 강화에 지속적인 효과를 보인 유일한 훈련 도구가 마음챙김 훈련이었다.

우리의 주의력 위기는 현대 사회의 문제가 아니라 옛날부터 있었던 문제다. 그리고 옛날식 해법을 현대식으로 변형하면 주의력 위기에서 벗어나는 데 성공할 가능성이 높은 과학적인 방법이 된다.

인류의 오래된 지혜

연구자로서 나는 1000년 이상의 역사를 가진 마음챙김 명상이라는 관행에 뇌과학이라는 렌즈를 들이대서 마음챙김이 뇌 훈련에 어떤 도움이 되는지를 탐구하는 것을 사명으로 삼았다. 그리고 우리는 마음챙김 훈련의 효과에 관한 새로운 증거를 찾아냈다. 마음챙김 훈련을 하면 뇌가 작동하는 방식의 기본값이 바뀌어서, 스트레스와 압박감이 큰 상황에서도 주의력이라는 귀한 자원을 보호하고 그 자원을 언제든지 사용 가능한 상태로 유지한다.

우리는 변화와 불확실성의 시대에 살고 있다. 우리 대부분은 스트레스와 위협이 만연한 분위기를 느끼기 때문에 우리의 마음은 끊임없이 현실에서 벗어나 시간 여행을 떠나려고 한다. 스트레스와 불확실성에 많이 노출될수록 우리의 마음은 이상적인 세상 또는 디스토피아로 자주 떠난다. 종종 우리는 빨리 감기를 계속하는 상태가 된다. 모든 불확실성을 해소하려고 노력한다. 미리 계획할 수 없는 일을 머릿속으로 계획한다. 결코 일어나지 않을 사건들의 시나리오를 돌려본다.

우리의 마음이 현재의 순간을 벗어나 여행을 떠나는 이유는 현재의 순간에 머무르는 것이 정신적으로 힘들기 때문일 수도 있다. 군 복무 중인 사람들은 나에게 묻는다. "제가 원해서 이런 상황에 처한 것도 아닌데 왜 현재에 머물러야 하죠?" 우리 모두 때로는 도망치고 싶어 한다. 뒤에서 살펴보겠지만 도피주의를 비롯해서 긍정적 사고, 억압("그런 생각은 하지 마!")과 같은 정신적 대처 전술들은 스트레스가 심한 상황에서는 우리에게 아무런 도움이 안 된다.[11] 오히려 사태를 악화시킬 뿐이다.

우리는 바로 여기, 바로 지금, 바로 우리 앞에서 일어나고 있는 일들을 놓치고 있다. 우리는 우리 삶의 순간들을 온전히 경험하기를 원한다. 그뿐 아니라 우리는 현재 순간으로부터 정보를 얻고, 지금 여기에서 벌어지고 있는 일들을 관찰하고 받아들여야 한다. 그래야 우리에게 펼쳐질 진짜 미래를 헤쳐나가고, 어려움이 있을 때는 이겨내고, 집중이 가장 필요한 순간에 온전히 현재에 머무를 수 있다.

몸처럼 마음을 단련하는 일

이 책의 첫머리에서 나는 당신의 마음이 방황할 것이고 당신이 책을 읽는 동안 계속 주의를 집중하지는 못할 거라고 말했다. 그리고 당신은 내가 하는 이야기의 절반을 놓칠 거라고 말했다. 솔직히 말해서 한번 도전해보라는 뜻이었다. 하지만 그건 공정한 시합이 아니었다. 내가 당신에게 "당신이 들어 올릴 수 있는 가장 무거운 공을 집어 든 다음 책을 읽는 내내 그 공을 들고 있으세요"라고 말했다고 상상해보라. 그것도 어떤 예고나 준비도 없이. 훈련이 되어 있지 않다면 당신은 무거운 공을 오래 들고 있지 못할 것이다. 여기서 훈련이란 그 공과 동일한 무게를 들어 올리면서 시간을 조금씩 늘리는 연습을 뜻한다.

보통 우리는 신체 건강을 개선하기 위해 운동을 해야 한다고 하면 쉽게 받아들인다. 그런데 정신 건강 또는 인지능력에 대해서는 그런 식으로 생각하지 않는다. 실은 정신에 대해서도 그렇게 생각해야 마땅하다! 특정한 종류의 신체 운동이 특정한 근육을 강화하는 것과 마찬가지로 마음챙김 유형의 정신적 훈련은 주의력을 강화하는 데 도움이 된다. 당신이 그 훈련을 실제로 하기만 한다면. 앞으로 이 책에서 만나게 될 사람들 중 하나인 월터(월트) 피아트 중장은 마음챙김 훈련으로 삶을 바꾸고 리더십을 변화시켰다. 나는 그의 부대와 협업을 시작하고 얼마 지나지 않아 신체 운동과 정신 운동의 유사성을 발견했다. 월트 피아트 중장은 이렇게 말했다. "우리 병사들에게 마음챙김 훈련은 정신의 팔굽혀펴기 운동입니다."

당신에게 집중력을 회복하는 방법을 그냥 말로 알려줘서 당신이 지금 당장 실행할 수 있으면 나도 좋겠다. 당신이 이 머리말을 읽기만 해도 주의력을 향상시킬 수 있으면 정말 좋겠다. 하지만 우리가 거듭 목격한 바에 따르면 지식만으로는 충분하지 않다. 달라지기를 원하는 것만으로는 충분하지 않다. '노력'하는 것만으로는 충분하지 않다. 당신은 특정한 방식의 훈련을 해야 한다. 인류 진화의 역사는 우리의 마음이 작동하는 방식의 '기본값'을 정해놓았다. 우리가 마음대로 그 기본값을 없애지는 못한다. 그러나 뇌를 훈련시켜서 우리에게 도움이 되지 않는 특정한 경향을 피해갈 수는 있다. 훈련을 통해 우리는 주의력이 가장 필요한 순간에 주의를 집중할 수 있다.

당신이 기다리고 있었을지도 모르는 좋은 소식이 하나 있다. 하루 12분만 훈련을 해도 주의력을 향상시킬 수 있다.

어떤 종류의 마음챙김 훈련을 얼마나 해야 가장 효과적인지를 정확히 알아내기 위한 과학적 연구는 빠르게 발전하고 있다.[12] 하지만 지금까지 우리가 했던 연구들과 뇌 훈련법에 관한 최신 이론에 따르면, 마음챙김 훈련을 하루 12분 이상 규칙적으로 하면 스트레스와 과부하에서 비롯된 주의력 저하를 막을 수 있다.[13] 하루 12분 이상 훈련할 수 있다고? 아주 좋다! 훈련을 많이 하면 할수록 유익하다.

이 책은 당신을 뇌의 주의력 시스템 안쪽 깊은 곳까지 데리고 들어간다. 주의력 시스템이 어떻게 작동하는지, 우리가 하는 모든 활동에 주의력이 어떻게 관여하는지, 주의력은 왜 고갈되며 어떻게 고갈되는지, 주의력이 고갈될 때 어떤 대가를 치르는지를 알아본다. 그리고 개인 트레이너가 맞춤형 운동 계획을 짜주는 것처럼, 나는 당신의 주의력 시스템인 뇌 네트워크를 겨냥하는 최적의 운동 방법을 구체적으로 알려줄 것이다. 책을 다 읽고 나면 당신은 주의력의 취약성을 이해하고 뇌 훈련을 통해 그 취약성을 극복하는 방법을 알게 될 것이다. 우리는 '팔굽혀펴기'에서 시작해 완전한 운동 계획으로 나아갈 것이다.

마음챙김 훈련은 뇌 훈련의 한 유형이다. 마음챙김은 고대에 시작되어 현재까지 이어지고 있는 정신 운동이다. 추상적이거나 배타적인 철학적 활동이 아니다. 마음챙김은 우리가 살아가는 데 필요한 자원을 확보하기 위한 치열한 싸움이다.

준비 끝! 이제 시작하자

이 연구를 처음 시작했을 때, 나는 난도가 높고 시간 압박과 스트레스가 심한 직업을 가진 사람들을 모으는 일을 맡았다. 우리와 제휴했던 집단 중 하나는 교전 지역에 파병되는 현역 군인들이었다. 그들은 실제 전투 중에 불안정하고 불확실하고 복잡하고 모호한 상황들을 경험했다. 이런 환경을 약어로 VUCA(불안정성Volatility, 불확실성Uncertainty, 복잡성Complexity, 모호성Ambiguity의 약자 – 옮긴이)라고 한다. 우리는 그 군인들을 대상으로 마음챙김 수련의 효과를 시험해볼 수 있었다. 마음챙김 수련이 혹독한 환경에 놓인 사람들에게도 도움이 되는지를 알아보는 것이 우리의 목표였다. 그리고 우리는 '도움이 된다'라는 결과를 얻었다. 하지만 2007년에 내가 이 연구를 시작했을 때만 해도 12년 후에 전 세계가 VUCA 실험실이 되리라고는 전혀 예상하지 못했다.

우리는 부담과 압박의 시대에 살고 있다. 이 시대의 요구는 강렬하고 예측 불가능하며 때로는 무섭기까지 하다. 그래도 우리는 그 부담을 이겨내고 살아가야 한다. 현재 예측 가능한 미래의 모습도 그렇다. 미래에는 정보의 밀도가 더 높아지고, 상호 연결이 더 강화되고, 기술에 더 많이 의존하게 될 것이다. 우리가 21세기의 과제들을 수행하기 위해 움직이는 동안에도 세상은 더 다양해지고 복잡해지는 것 같다. 만약 우리의 미래가 그렇다면 우리는 마치 생사가 걸린 것처럼 필사적으로 훈련해야 한다. 실제로 우리의 삶은 그 훈련에 달려 있다. 우리의 목표는 단순히 살아남는 것이 아니라 잘 사는 것이다. 우리는 피할 수 없는 삶의 스트레스와 불확실한 시대 속에서 목표를 이루고, 우리가 되고 싶은 사람이 되고, 우리가 원하는 방식대로 다른 사람들과 우리 자신을 이끌어가기 위해 그 어느 때보다 주의력이 절실하다.

요즘 회복탄력성에 관한 이야기가 많이 나온다. 당신이 이 책에서 배우게 될 것을 나는 '사전 회복탄력성pre-silience'이라고 부른다. 회복탄력성이란 역경을 딛고 다시 일어나는 힘이다. 하지만 우리가 원하는 것은 어려움에 처해 있을 때도 우리의 능력이 유지되도록 정신을 훈련시키는 것이다. 그래서 우리에게는 지금 당장 시작할 수 있는 방법이 필요하다. 그리고 마음챙김 방식의 훈련은 언제라도 손쉽게 시작할 수 있다. 특별한 장비도 필요 없다. 우리에게 필요한 것은 우리의 마음, 우리의 몸, 우리의 호흡이다. 지금 당장이라도 시작할 수 있다.

마음챙김 훈련을 통해 우리 자신의 가장 귀중한 자원인 '주의력'을 보호하고 강화하는 방법을 배워보자. 우리 자신의 주의에 주의를 기울이는 훈련을 해보자. 그래서 매 순간 우리의 마음이 어디에 쏠려 있는지, 그게 우리 자신에게 도움이 되는지 아닌지를 알아차리고 도움이 안 될 때는 개입을 하자. 이런 훈련을 하면 기쁨과 경탄의 순간들을 더 온전히 맞이하는 능력뿐 아니라 힘든 일이 있을 때도 능숙하게, 심지어는 편안하게 대처하는 능력이 길러진다. 당신이 드넓은 바다의 조류와 맞서 싸우려고 하면 조류는 당신을 더 멀리로 보내버린다. 하지만 바닷물을 헤쳐 가는 요령을 안다면 당신은 그 거센 물살을 효과적으로 이용해 당신이 원하는 곳에 도달할 수 있다.

1장

집중할 때
뇌에서
벌어지는 일

나는 침실 문을 벌컥 열었다.

"치아에 감각이 없어." 내 목소리에 겁먹은 기색이 실려 있었다. 침대에 앉아서 노트북 컴퓨터로 과제를 입력하던 남편 마이클이 깜짝 놀라 고개를 들었다.

"뭐라고?" 마이클이 물었다.

"치아에 감각이 없다고!"

기분이 정말 이상했다. 마치 마취 주사를 맞았을 때처럼 아무런 느낌이 없었다. 말을 하기도 힘이 들었고, 몸이 약간 떨렸다. '이제 나는 어떻게 음식을 먹지? 어떻게 학생들을 가르치지?' 그 주에 나는 최근에 연구하고 있는 주제에 관해 강연을 하기로 돼 있었다. '강연은 어떻게 하지? 수백 명의 사람들 앞에서 방금 충치 치료를 받고 온 사람처럼 어눌하게 말을 해야 하나?'

마이클은 나에게 일단 앉아보라고 했다. 그는 나를 진정시키려고 했다. 내가 휴식이 부족해서 그런 거고, 푹 쉬고 나면 괜찮아질 거라고 말했다. 음식을 먹을 때 너무 세게 씹지는 않았나? 어디 아픈 데는 없나?

마이클은 내 손을 잡고 있었다. "요즘 무슨 일 있어?" 그는 다정하게 물었다.

무슨 일이 있느냐고? 음, 많은 일이 있었다. 아들 레오는 세 살이 되어가고 있었다. 누구나 그렇겠지만 원래도 바빴던 생활에 부모라는 새로운 역할을 맡게 된 처음 몇 년간은… 음, 힘이 든다. 그때 나는 듀크대학에서 박사후 연구 과정을 끝내고 펜실베이니아대학에서 첫 교수 자리를 얻었다. 우리는 필라델피아주 서부의 100년쯤 된 낡은 집을 사서 이사했고, 마이클은 곧바로 집수리에 착수했다. 나는 조교수 자격으로 내 실험실을 차렸고, 종신교수 임용을 목표로 하고 있었다. 종신교수가 되려면 끊임없이 나의 가치를 입증하고 학문적 업적을 검증받아야 해서 무척 힘이 들었다. 실험실을 운영하면서 항상 처리해야 할 일이 많았다. 나는 연구비 지원 신청서를 쓰고, 여러 편의 연구를 진행하고, 강의를 하고, 학생들을 지도하고, 책도 냈다. 컴퓨터 프로그래머로서 전일제로 근무하고 있던 마이클 역시 펜실베이니아대학 컴퓨터공학 대학원에 입학해 까다로운 공부를 시작했다. 마치 이쪽저쪽에서 동시에 나를 끌어당기는 것처럼 주의가 심하게 분산되는 기분이었다. 그런데도 나는 그 일들을 다 해내야 한다고 생각했다. 우리의 삶은 힘들었지만, 그 모든 일은 우리가 '원한' 것이기도 했다.

치과에 갔더니 의사는 내가 잠을 자면서 이를 가는 것 같다고 진단했다.

"그냥 스트레스 때문일 겁니다." 치과의사가 말했다. "와인이라도 한잔 하면서 긴장을 풀어주세요."

어느 날 밤 잠자리에 들기 전에 나는 아들 레오가 가장 좋아하는 책인《물고기 하나, 물고기 둘, 빨간 물고기, 파란 물고기*One Fish, Two Fish, Red Fish, Blue Fish*》를 읽어주었다. 유명한 동화 작가 닥터 수스Dr. Seuss의 고전인 이 책에는 '웜프Wump'들이 나왔다. 웜프들은 이쪽으로 갔다가 저쪽으로 갔다가, 이 일을 했다가 저 일을 하곤 했다. 책을 절반쯤 읽었을 때 레오는 작은 손을 책장 위에 올리더니 내가 다음 장으로 넘어가지 못하게 막고는 이렇게 물었다. "웜프가 뭐야?"

나는 대답을 하려고 입을 열었으나 갑자기 말문이 막혔다. '웜프'가 뭔지 생각이 안 났다. 그동안 백 번쯤 소리 내서 읽어준 책이었다. 그런데도 그 간단한 질문에 답할 수가 없었다. 갑자기 쪽지 시험을 보게 되어 당황한 대학생 제자들처럼, 나는 상황을 수습하기 위해 내 앞에 놓인 그림책에 집중하려고 노력했다. 이 웜프라는 놈이 뭐였더라? 그림에서는 토실토실한 갈색 덩어리처럼 보였다. 몸집이 큰 기니피그인가? 그게 뭐였든 간에 내 머릿속에는 전혀 입력되지 않았던 것이다. 어린 아들이 내 무릎에 앉아 있었고, 내가 책장을 넘기면서 그 글자들을 읽고 있었는데도 말이다.

'오, 이러면 안 돼.' 나는 생각했다. '내가 또 뭘 놓치고 있지? 내 인생을 통째로 놓치고 있는 건가?'

아들은 만 세 살이 안 돼서 아직 몸집이 작고 위험한 일도 별로 없는데. 육아의 힘든 부분이라고 해봤자 낮잠 재우기, 잘 구슬려서 채소 먹이기, 좋아하는 장난감 찾아주기 같은 사소한 일들이다. 그런데도 벌써 이런 식이라면 나중에 육아가 진짜 어려워질 때는 어떤 일이 벌어질까? 그때는 내가 아이에게 제대로 집중해줄 수 있을까?

그건 역설적인 사건이었다. 나는 학생 시절에 몇 년 동안 인간 뇌의 주의력 시스템을 열심히 공부했다. 그리고 그때는 일류 대학에서 주의력을 전문적으로 연구하는 실험실을 운영하고 있었다. 우리의 사명은 주의력의 작동 원리, 주의력 저하의 원인, 주의력을 향상시키는 방법을 알아내는 것이었다. 우리 대학의 신문사에서는 주의력의 과학적 원리에 관해 전문가와 인터뷰하라는 요청을 받고 나에게 연락했다. 그런데 그 순간 나는 나 자신을 위한 분명한 답을 가지고 있지 않았다. 나는 산만한 상태였고 나 자신의 주의도 붙잡아두지 못했다. 연구자로서 습득한 그 어떤 지식도 그 상황에서는 아무런 도움이 되지 않았다. 나는 '내 방식대로 공부해서' 성과를 얻는 일에 익숙해져 있었다. 어떤 문제의 답을 찾아내기 위해 온갖 문헌을 찾아 읽어보고 연구를 통해 과학적 통찰을 얻어냈다. 이런 접근법으로 삶에서, 학업에서, 직장에서 성공을 거뒀다. 하지만 그 순간에는 그게 통하지 않았다.

'논리'를 사용해서 문제를 해결할 수가 없는 경우는 처음이었다. 아무리 애를 써도 생각이나 분석으로는 내가 내 삶에서 한 발 떨어져 있다는 느낌에서 벗어날 길을 찾을 수 없었다. 나는 삶을 덜 힘들게 만들 방법을 생각해봤다. 우선 나의 일에 관해 생각했다. 뇌과학의 최전선에서 똑똑한 동료들과 함께 첨단 신경과학 장비를 사용해 다음 세대 과학자들의 길잡이 노릇을 하고 있다는 짜릿한 흥분. 다음으로 내 가족을 생각했다. 부모가 되어, 사랑하는 배우자와 함께 자녀를 양육하는 일. 모든 것을 품어주는 사랑. 나의 삶을 돌아보니 어느 면에서나 내가 원했던 바와 정확히 일치했다. 그런데도 나는 아들에게 그림책을 읽어주는 동안 행복이 아니라 불안을 느꼈다. 한 가지 불편한 생각이 떠올랐다. '나는 지금 이 이야기에도 집중하지 않고 있어.'

그 무렵 나는 머릿속에서 쉴 새 없이 요란하게 울려대는 목소리들에 사로잡혀 있었다. 지난번에 진행한 실험의 어떤 부분을 좀 다르게 했어야 한다는 생각, 며칠 전에 했던 강연에 관한 생각, 다음번에 할 일, 육아와 집수리에 관련된 생각들. 과부하의 폭풍이 따로 없었다. 그래도 나는 이렇게 살기를 원했다. 이 지극히 현실적인 부담 중에 어떤 것도 빠른 시일 내에 마법처럼 사라질 것 같지는 않았다. 그것이 사라지기를 바라지도 않았다. 그 순간 나는 뭔가를 깨달았다. '내 삶의 방식과 방향을 변화시킬 마음이 없다면 내 뇌를 변화시켜야 한다.'

"진짜로 뇌를 바꾸고 있어"

나는 인도 서부 국경지대에 위치한 구자라트주 아마다바드라는 도시에서 태어났다. 아마다바드는 마하트마 간디의 아시람(힌두교의 수행 장소 - 옮긴이)이 있는 곳으로 유명하다. 그곳에는 간디의 흔적이 많이 남아 있다. 그러나 내가 아직 아기였을 때 아버지의 공학 대학원 공부를 마무리하기 위해 우리 가족은 미국으로 건너왔다. 우리가 살았던 시카고 교외 지구는 직선으로 뻗은 깔끔한 길들이 주택가의 구불구불한 골목길과 합쳐지는 곳이었다. 언니와 나는 1980년대의 전형적인 미국 아이들처럼 자랐다. 우리는 왬과 디페쉬 모드의 노래를 들었고, 영화 〈페리스의 해방Ferris Bueller's Day Off〉(1986)에 나오는 주인공들처럼 보이려고 안간힘을 썼다. 하지만 우리 집안에서 우리는 미국이라는 거대한 바다로 둘러싸인 작은 섬이었다. 부모님은 1970년대 인도 문화와 전통을 미국에서도 지켰기 때문에, 우리가 집에 있을 때는 그 세계 안에서 살아야 했다. 매일 아침 학교에 가기 위해 현관문을 나설 때마다 우리 집 담장 안의 것과 전혀 다른 규칙과 리듬을 가진 낯선 세계로 가는 다리를 건너는 기분이었다.

언니와 나는 근면한 고학력 이민자 가정에서 자란 인도인이었으므로, 부모님이 우리에게 용납할 직업은 세 가지밖에 없다는 사실을 알고 있었다. 의사, 기술자, 회계사. 물론 그건 약간 우스꽝스러운 고정관념이었지만, 부모님은 우리가 전문직을 목표로 하고 성공하기를 진심으로 바라고 있었다. 의사가 가장 흥미진진한 직업일 거라고 생각했던 나는 청소년 시절에 의학박사가 되고 싶다고 선언했다. 첫 단계는 병원에서 자원봉사를 하는 것이었다.

자원봉사 첫날, 내가 절대로 의사가 될 수 없다는 것을 깨달았다. 나는 병원에서 마음이 불편했고 병마와 죽음에 둘러싸여 있다는 생각만으로도 괴로웠다. 그런 환경에서 목표의식을 가졌던 친구들과 달리, 나는 의학이 내 길이 아니라는 사실을 받아들여야 했다. 그러나 이미 자원봉사를 신청했으므로 정해진 시간은 채우기로 했다. 거의 모든 일이 고역이었다. 그러다 나는 뇌손상 환자들이 있는 병동으로 가라는 지시를 받았다.

그곳에서 내가 맡은 일은 중증 뇌손상에서 회복 중인 환자들을 바깥으로 데리고 나가서 신선한 공기를 쏘이게 해주는 것이었다. 도우미가 환자를 휠체어에 앉히면(환자들은 정도는 각기 다르지만 대부분 마비 증세가 있었다) 내가 휠체어를 밀어서 소독약과 간이식당의 음식 냄새가 나는 창문 없는 긴 복도를 지나고 이중문을 통과해 바깥으로 나갔다. 나는 한 환자와 특별히 친해졌다. 그의 이름은 고든. 오토바이 사고로 입원했다. 그는 목 아래가 전부 마비된 사지 마비 환자였지만, 시간이 흐르면서 한쪽 팔을 조금씩 쓸 수 있게 됐다. 처음에는 바깥으로 나갈 때마다 내가 그의 휠체어를 밀어야 했다. 그러다 서서히 그가 손을 움직여 전동 휠체어의 팔걸이에 달린 작은 레버를 누를 수 있게 됐다. 내 도움 없이도 스스로 전동 휠체어를 움직일 수 있게 된 것이었다. 나는 그에게 문제가 생길 경우에 대비해 그와 나란히 걸었지만 그의 상태는 점점 좋아졌다. 그는 재활을 위해 물리치료를 받고 있었다. 하지만 그가 나에게 들려준 이야기는 조금 달랐다. 그는 밤에 어둠 속에서 침대에 누워 잠을 청할 때마다 머릿속으로 그 레버를 누르는 손동작을 생생하게 그려본다고 했다. 그는 몇 시간씩 물리치료를 받고 나서도 밤마다 머릿속으로 그 동작을 반복하고, 근육의 움직임을 암기하고, 마치 좋아하는 노래의 가사를 외우듯 혼자 그 동작을 되풀이하는 일에 많은 시간을 보냈다.

　　"그러면 뇌 운동이 되거든!" 우리가 보도를 따라 덜컹거리며 앞으로 나아갈 때 그는 이렇게 말하곤 했다. 그럴 때 그의 손은 레버를 누르고 있었다. 앞으로 나아가는 동안 레버를 누르고 또 눌렀다.

　　'바로 이거야!' 나는 문득 깨달았다. '와, 이 사람은 자기 뇌를

바꾸는 훈련을 하고 있구나. 진짜로 뇌를 바꾸고 있어!'

　나중에 대학생이 되어 신경과학 연구를 하던 중, 나는 직업 운동선수들도 이런 전략을 사용한다는 사실을 발견했다. 스포츠 심리학에서는 이 전략을 '정신 훈련mental practice'이라고 부른다. 운동선수들은 훈련을 하고 있지 않을 때는 머릿속에 어떤 동작이나 움직임을 떠올리는 방법으로 연습을 한다. 골프 선수는 스윙 동작을 영상처럼 떠올리고, 야구 투수는 공 던지는 동작을 머릿속에 떠올리며 근육의 움직임 하나하나를 순서대로 그려본다. 전설적인 수영 선수 마이클 펠프스도 올림픽 금메달을 딴 직후에 했던 인터뷰에서 물속에 있지 않을 때도 항상 머릿속으로 "스트로크를 하며 살아간다"라고 밝힌 바 있다. 뇌 영상 연구들도 이러한 정신적 예행연습이 실제로 몸을 움직일 때와 비슷한 방식으로 대뇌 운동피질을 활성화해서 운동을 제어하는 신경망을 강화한다는 것을 알려준다.[1] 이것은 신체 운동으로 근육을 단련하는 것과 비슷하다.

　뇌손상 병동에서 자원봉사를 한 후로 나는 뇌에 점차 매력을 느꼈다. 뇌는 연약하면서도 회복탄력성을 지니고 있으며 변화하기도 한다는 사실에 이끌렸다. 나는 다음과 같은 것들을 알고 싶었다. 뇌는 어떻게 작동할까? 뇌는 각기 다른 기능들을 어떻게 다 통제할까? 뇌는 어떻게 그렇게 극적으로 적응하고 변화할까? 뇌는 스스로 수정을 거듭하고 길과 경계선을 갱신하는 지도와 비슷한가? 뇌는 돌에 새겨진 것처럼 영원해 보이는 이 모든 것을 어떻게 계속 바꿀까?

　나는 이 질문들의 답을 찾다가 마침내 뇌의 주의력 시스템에 이르렀다. 나에게 주의력 시스템은 경력의 핵심이고 목표였다.

고릴라를 보셨나요?

주의력 시스템은 뇌에서 가장 강력한 기능들의 일부를 담당한다. 주의력 시스템은 뇌의 정보 처리 과정을 바꾸기도 하는데, 우리가 어느 때보다 복잡하고 정보량이 많고 빠르게 변화하는 세상에서 생존하고 번창하려면 이 과정이 매우 중요하다. 주의력은 마치 엑스레이처럼 공연장을 꽉 채운 수많은 사람들의 바다, 온갖 소리들과 번쩍이는 빛의 불협화음을 단번에 통과해 우리의 친구들이나 우리의 좌석을 찾아낸다. 우리는 주의력의 힘으로 시간의 속도를 늦출 수도 있다. 지평선 위로 천천히 저무는 해를 바라볼 수도 있고, 암벽 등반 여행을 떠나기 전에 장비를 꼼꼼하게 점검할 수도 있다. 또 섬세한 작업을 시작하기 전에 한 가지도 놓치지 않도록 점검표나 주의사항을 확인할 수도 있다. 실제로 의료진은 수술을 앞두고 모든 주의사항을 꼼꼼하게 확인한다(군대에 있는 내 친구들은 이런 표현을 사용한다. "느려야 매끄럽고, 매끄러워야 빠르다").

주의력은 시간 여행을 가능하게 해준다. 우리는 행복한 추억들을 더듬어보고, 그중 하나를 골라 포장을 풀고 재생하고 음미한다. 우리는 주의력을 사용해 마치 천리안을 가진 사람처럼 미래를 들여다보며 앞으로 어떤 재미있는 일이나 신나는 일이 생길지를 계획하고 꿈꾸고 상상한다. 물론 주의력으로 산을 옮기거나 하늘을 날거나 벽을 통과할 수는 없지만, 주의력 덕분에 우리는 영화를 보거나 책을 읽거나 자유로이 상상하는 중에도 흥미로운 대안적 현실로 이동할 수 있다. 아직도 당신의 주의력이 초능력이라는 생각이 안 드는가? 당신의 마음이 이 중 어떤 일도 하지 못한다면 삶이 어떻게 될지를 생각해보라. 그러면 당신은 따분해서 못 견딜 것이다.

주의력은 중요한 것을 강조하는 동시에 집중을 방해하는 요소를 약화시켜 우리가 깊이 생각하고, 문제를 해결하고, 계획을 세우고, 우선순위를 정하고, 혁신을 하도록 해준다. 주의력은 뭔가를 배우고 새로운 정보를 받아들여 기억했다가 활용하기 위해 통과해야 하는 문이다. 주의력은 감정 조절에도 핵심적인 역할을 한다. 그렇다고 주의력이 감정을 억누른다거나 부정한다는 뜻은 아니다. 주의력은 우리의 감정을 인지하고 우리가 느끼는 바를 토대로 비례적인 반응을 생성한다. 그리고 주의력은 '작업기억working memory'이라는 또 하나의 중요한 시스템으로 들어가는 관문이다. 작업기억은 우리가 하는 거의 모든 활동에 사용되는 역동적인 인지 작업 공간이다(작업기억에 관해서는 뒤에서 자세히 살펴볼 것이다). 그러나 주의력이 가지고 있는 가장 강력한 힘은 순간순간의 색채, 맛, 질감, 통찰, 기억, 감정, 결정, 행동을 한데 엮어 우리의 삶을 하나의 직물로 짠다는 것이다.

우리가 주의를 기울이는 것이 곧 우리의 삶이다.

주의력에 관한 유명한 연구가 있다.[2] 실험 참가자들을 둘로 나눠 한 집단에게는 두 팀이 농구장에서 공을 패스하고 가로채는 동영상을 보여준다. 한 팀은 흰색 셔츠를, 다른 팀은 검은색 셔츠를 입고 있다. 참가자들은 일정한 시간 동안 흰색 셔츠를 입은 선수들끼리 패스를 몇 번 하는지 세라는 지시를 받았다. 공은 2개가 있었고 팀별로 하나씩 사용했다. 검은색 셔츠를 입은 선수들은 경기장 안을 돌아다니면서 다른 선수들의 앞이나 뒤로 움직이면서 공을 패스했고, 흰색 셔츠를 입은 선수들도 똑같이 움직였다. 흰색 셔츠를 입은 선수들 사이에서 공의 움직임을 계속 추적하는 것은 조금 어렵긴 했지만 정말로 집중한다면 불가능한 일은 아니었다. 동영상을 다 보고 나서 연구자가 참가자들에게 물었다.

"패스를 한 횟수가 모두 몇 번인가요?"

"열다섯 번"이라고 대답한 사람들은 모두 정답이었다. 그런데 질문이 하나 더 있었다.

"혹시 고릴라를 보셨나요?"

그러자 참가자들은 무척 혼란스럽다는 반응을 보였다. '무슨 고릴라?!'

동영상을 다시 처음부터 틀어보니 답이 나왔다. 동영상의 중간쯤에 고릴라 옷을 입은 사람 하나가 경기장 중앙으로 어슬렁어슬렁 들어와서는 걸음을 멈추고 손을 흔들다가 화면 밖으로 사라졌다(다른 실험에서는 고릴라가 춤을 추기도 한다. 이 실험은 여러 번 반복되었다). 그런데 아무도 그 고릴라를 보지 못했다. 혹시 속으로 '글쎄, 나라면 그걸 봤을 텐데? 내가 고릴라를 놓칠 리가 없잖아!'라고 생각하고 있다면 다음과 같은 사실을 고려해야 한다. 이 실험은 세계에서 가장 지적이고 집중력이 뛰어나다는 미국 항공우주국(NASA)의 우주비행사들을 대상으로도 진행된 적이 있다. 우주비행사들 중에 고릴라를 본 사람이 있었을까? 없었다.

과학자들은 이 실험에 관해 이야기할 때 대부분 집중에 실패한 것이라고 설명한다. 활동을 끝마치고 나서 '아차' 하는 순간이 있지 않은가. '뭔가를 알아차렸어야 하는데 알아차리지 못했다고? 그럼 실패!' 그러나 나는 그 실험이 사람의 주의력이 얼마나 강력한가를 보여주는 사례라고 본다. 그 실험의 결과는 인간의 주의력 시스템이 방해 요소를 매우 효과적으로 차단한다는 것을 증명한다. 참가자들에게는 패스의 횟수를 세라는 임무가 주어졌다. 그래서 그들은 흰색 셔츠를 입은 선수들에게 집중하고 색이 어두운 물체는 걸러냈다. 고릴라도 어두운 색이었다. 내가 보기에 이것은 주의력의 놀라운 힘을 보여주는 예다. 주의력은 유의미한 정보에 집중하고 무의미한 정보를 차단하는 데 아주 효과적이어서 춤추는 고릴라도 눈에 들어오지 않게 만들었다.

정말 중요한 사실은 따로 있다. 우리의 주의력 시스템은 항상 이런 일을 하고 있다는 것이다. 주의력 시스템은 항상 어떤 것을 강조하고 다른 것들은 차단한다. 내가 과도한 스트레스에 시달리다 치아 감각이 없어졌던 그 몇 달 동안 나를 망가뜨린 것도 내 주의력 시스템의 그런 기능이었다. 나는 내가 집중할 대상들을 '선택'했던 것이다. 일, 집, 미래에 대한 걱정에 집중하자 나머지는 모두 흐릿해졌다. 남편도, 아들도, 인생의 다른 모든 것도.

그래서 우리는 우리 자신에게 물어봐야 한다.

지금 이 순간 나의 주의력은 무엇을 강조하고 있는가?
지금 이 순간 나의 주의력은 무엇을 차단하고 있는가?
그리고 이런 현상이 내 삶의 경험에 어떤 작용을 하는가?

뇌의 편향성

뇌는 구조상 편향될 수밖에 없다. 편향이라고 하면 어감이 좋지는 않다. 편향이라는 말을 들으면 우리는 인종, 젠더, 성적 지향, 나이 등 어떤 사람의 핵심적인 특성을 이유로 편견을 가지고 불공정한 대우를 하거나 특혜를 제공하는 행위를 떠올린다. 하지만 지금 내가 이야기하는 편향은 그런 종류의 편향이 아니다. 뇌가 편향될 수밖에 없는 구조라는 말은 뇌가 정보를 받아들일 때 모든 정보를 동등하게 대하지 않는다는 뜻이다. 사실은 당신도 모든 정보를 동등하게 대하지 않는다. 당신은 파란색보다 초록색을 더 좋아할 수도 있고, 밀크초콜릿보다 다크초콜릿을 더 좋아할 수도 있고, 고전 음악보다 하우스 음악이나 컨트리 음악을 더 좋아할 수도 있다. 당신은 그런 것들을 선호하는 이유를 다양하게 설명(당신의 과거, 당신의 인간관계, 당신의 경험 등)하겠지만, 뇌의 기능이라는 관점에서 본다면 이런 편향들은 대부분 진화적 압력에서 비롯된 것이다.

예를 들어보자. 인간은 후각보다 시각이 더 발달한 반면, 우리가 기르는 개는 시각보다 후각이 더 발달해 있다. 왜 그럴까? 수천 년 전 우리의 조상들은 살아남기 위해 후각보다 시각에 훨씬 많이 의존했고, 우리의 털 많은 친구들은 후각에 더 많이 의존했기 때문이다. 당신은 당신의 뇌 중에 몇 퍼센트가 시각에 할애된다고 생각하는가?[3] 뇌가 시각 외에도 여러 가지 기능을 수행한다는 사실을 염두에 두고 답해보라. 5퍼센트? 10퍼센트? 25퍼센트?

답은 50퍼센트다.

뇌의 절반이 시지각visual perception이라는 단 하나의 과업에 매

달린다. 그래서 뇌는 다른 감각 단서들보다 시각 단서를 더 잘 받아들인다. 그리고 시가 단서를 더 강렬하게 만든다.

지금 책에서 눈을 떼고 고개를 들어 1분 동안 정면을 응시하라. 당신은 방금 당신의 '관측 시야'를 경험했다. 관측 시야란 당신이 한 번에 볼 수 있는 세계의 범위를 의미한다. 눈이 2개인 인간의 관측 시야는 약 200도. 따라서 당신이 당신 주위에 360도 각도로 원을 그린다면 그 각도의 절반보다 조금 더 많이 볼 수 있다. 그리고 당신이 가장 정확하게 볼 수 있는 지점은 관측 시야의 정중앙이다. 이 작은 부채꼴 안에서만 우리의 시력이 온전히 발휘된다. 여기서 '작은'이란 정말 작다는 뜻이다. 관측 가능한 200도 중에서 당신이 정확도가 높은 시각 정보를 얻을 수 있는 영역은 2도에 불과하다.

실험을 해보자. 두 팔을 올려 몸 앞쪽으로 뻗어보라. 양손 엄지손가락을 나란히 위로 올려 서로 닿게 하고, 두 엄지손톱이 이루는 각도를 약 2도로 맞춰라. 그러면 끝이다. 그 작고 좁은 부채꼴이 당신의 시야에서 매우 정확한 시각적 정보를 얻을 수 있는 영역이다. 내 말이 믿기지 않는다면 두 눈은 그대로 둔 채 엄지손가락 2개를 천천히 벌려보라. 사물들이 흐릿하게 보이는 것을 금방 느낄 것이다. 두 엄지손가락이 선명하고 또렷하게 보이려면 두 눈을 앞뒤로 움직여야 한다. 즉 당신의 관측 시야를 빠른 속도로 바꾸고 또 바꿔서 오른손과 왼손 엄지손가락이 잠깐씩 중앙에 위치하도록 해야만 한다.

정확한 시각 정보를 얻을 수 있는 2도! 그 2도는 뇌 시각피질

세포의 50퍼센트에 의존한다. 지금 이 이야기를 하는 이유는 당신이 언제 무엇을 하고 있든 당신의 뇌는 매우 편향적이라는 점을 설명하기 위해서다. 당신의 눈은 시각 정보에 편향되어 있다. 그리고 당신의 뇌는 당신의 관측 시야 내에서도 아주 작은 조각에 훨씬 심하게 편향되어 있다. 그 소중한 2도 안에 들어오는 것은 무엇이든 당신의 뇌에 강렬하게 각인된다.

당신의 뇌가 당신의 몸을 지각할 때도 편향은 존재한다. 감각을 담당하는 뉴런이 팔보다 손가락 끝에 훨씬 많다는 사실은 그리 놀랍지 않다. 귀여운 토끼의 부드러운 털을 만질 때 당신은 손가락 끝을 사용하겠는가, 아니면 팔을 사용하겠는가? 지금 당장 담요나 스웨터처럼 독특한 질감을 가진 물체를 만져보라. 먼저 손등으로 그 물체를 쓰다듬어 보라. 이번에는 손가락 끝으로 그 물체를 쓰다듬어 보라. 차이가 느껴지는가? 이것은 뇌의 '편향' 중 하나와 직접 교류하는 방법이다. 손가락 끝으로 스웨터를 만질 때 손이나 팔로 만질 때보다 훨씬 많은 뉴런이 관여하고 발화한다.

뇌의 고유한 구조적 편향은 반드시 필요한 것이다. 뇌의 편향성은 우리 조상들이 생존 확률을 높이기 위해 진화적 압력을 이겨내는 과정에서 비롯됐다. 우리는 언제나 뇌의 편향성에 의존한다. 누가 방에 들어오는지 확인하려고 문 쪽으로 시선을 돌릴 때를 생각해보라. 우리의 시선과 주의는 항상 발을 맞춰 움직이는 댄스 파트너들처럼 긴밀하게 연결된다. 시선을 돌리는 일은 종종 우리가 주의의 방향을 바꾸거나 다른 사람들에게(또는 우리의 강아지에게) 우리가 주의를 기울이고 있음을 보여주는 방법이 된다. 시선은 사회적 단서로서 놀라운 힘을 발휘한다.

이 상자의 오른쪽 하단에 있는 설명을 읽어보세요

여기는 왼쪽 아래입니다

그게 훨씬 낫네요

하지만 당신의 눈이 어딘가를 향한다고 해서 당신의 주의도 그곳에 있다거나 정보가 잘 처리될 거라고 장담할 수는 없다. 최근에 사람들과 대화하는 도중에 멍해졌던 일을 떠올려보라. 다시 말하면 당신은 아까 만난 토끼를 쓰다듬으면서도 실제로는 그 부드러운 털을 느끼지 못했을 수도 있다. 왜 그럴까? 당신의 뇌 속에서 어떤 정보를 처리하고 어떤 정보를 차단할 것인지를 두고 끊임없이 전쟁이 벌어지고 있기 때문이다. 그리고 주의력은 그 전쟁의 저울추를 옮길 수 있는 힘이다.

우리의 뇌는 전쟁 중, '주의력'을 따르라!

뇌는 신경세포(뉴런), 신경절(뉴런이 모여 있는 곳), 신경망(신경절이 연결된 것으로 환승역이 군데군데 있는 지하철 노선도를 떠올리면 된다)들이 서로 우위를 차지하려고 경쟁하고 상대의 활동을 억제하려고 싸움을 벌이는 교전 지역이다. 그들은 때로는 연합을 형성해 서로의 활동을 도와주고 때로는 전투를 벌인다. 신경절은 개별 신경세포보다 큰 힘을 발휘하고, 여러 개의 신경절이 모여 신경망을 형성하게 되면 그 힘은 더 커진다. 마치 전국 단위의 정당이 각 지역에 사무소를 두고 있는 것처럼, 신경망은 신경세포와 신경절의 힘을 한데 모아 일관성 있는 메시지와 강력한 집단행동을 창출한다. 당신의 뇌 안에서는 복수의 신경망들이 항상 우위를 차지하기 위해 전쟁을 벌이고 있다.

당신이 뇌의 10퍼센트밖에 사용하지 못한다는 신화는 잊어버리자. 지금 이 순간에도 당신의 뇌의 100퍼센트가 활동하고 있다. 860억 개의 뉴런이 모두 신경절과 신경망으로 조직되어 서로 조율하고 서로를 강화하거나 억제한다. 한쪽 신경망의 활동이 활발해지면 다른 신경망은 조용해진다. 대개의 경우 이것은 바람직한 일이다! 만약 손을 들어 올리는 행동과 연관된 신경망의 활동이 손을 내리는 신경망의 활동을 억제하지 않는다면 당신은 손을 움직이지 못할 테니까. 인지, 운동, 시각 등을 손상시키는 특정한 신경 퇴행성 질환을 앓는 환자에게는 실제로 이런 일이 벌어질 수 있다. 그럴 때 뉴런들은 명확한 행군 명령을 따르지 않고 다른 뉴런들과 협력하지 못한다.[4]

뇌에서 전쟁이 벌어질 때 우리는 매 순간 뇌 기능의 역동 속에서 승자와 패자를 확실히 가리기를 원한다. 그 덕분에 우리는 온갖 일을 할 수 있다. 우리의 몸을 움직일 수도 있고, 다른 길로 새지 않고 어떤 생각의 연쇄를 쫓아갈 수도 있다.

우리 실험실에서는 얼굴과 풍경 같은 복잡한 시각 이미지를 활용해서 지각과 주의의 관계를 연구한다. 그중에서도 얼굴 이미지는 특별하다. 우리는 두피에 선극을 부착해서 뇌의 독특한 전기적 신호를 판별한다. 실험 참가자에게 사람의 얼굴 이미지를 보여주고 나서 0.17초가 지나면 우리의 기록 장치가 뇌의 전기적 신호를 상당히 정확하게 잡아낸다. 그 신호의 진폭, 즉 얼굴 이미지에 대한 반응으로 한꺼번에 발화한 뉴런의 개수를 나타내는 전압은 매우 높은 편이다. 이것은 강력하고 신빙성 있는 뇌의 신호다. 우리는 이 신호를 N170이라고 부른다.

만약 내가 당신 뇌의 전기적 활동을 기록하면서 당신에게 얼굴 사진을 보여준다면 나는 강한 N170 신호를 발견할 것이다. 만약 내가 0.5초 후에 두 번째 얼굴을 당신에게 보여준다면 또 한 번의 강한 N170이 감지될 것이다.[5] 그러나 내가 두 얼굴을 동시에 보여준다면 N170의 진폭은 갑자기 작아질 것이다.

이것은 이상한 일처럼 보인다. 시각적 정보의 양이 많아졌는데 뇌의 반응은 왜 줄어들까? 뇌의 전쟁 때문이다! 각각의 얼굴을 처리하는 뉴런들의 집합이 서로의 활동을 억제한다. 두 얼굴이 우리의 신경 활동을 차지하려고 경쟁하기 때문에 우리가 얻는 신호는 약해진다. 그 결과 둘 중 어느 얼굴도 제대로 처리하지 못한다.

그래서 어쨌다는 거냐고? 음, 우리가 세상을 경험할 때 어떤 일이 생기는지를 한번 생각해보라. 신경 활동의 양이 많을수록 우리의 지각 경험은 풍부해진다. 세부 사항을 감지하는 능력이나 지각을 토대로 행동하는 능력은 지각 뉴런의 활동과 관련이 있다. 당신이 가장 최근에 했던 영상통화를 생각해보라. 그게 단 한 사람과의 통화였다면 당신은 그 사람의 표정과 외모를 세심하게 읽어냈을 것이다. 하지만 만약 당신이 15명이 함께하는 회의에 참석했다면 피로도가 높고 이미지는 흐릿했을 것이다. 얼굴이 많아질수록 당신의 지각을 저하하고 훼손하는 요소가 늘어난다. 이것은 비단 얼굴만이 아니라 다른 모든 것에 해당한다. 우리 주변의 모든 사물은 항상 뇌 활동을 촉발하려는 경쟁을 벌인다.

바로 여기에서 주의력이 초능력을 발휘한다.

앞에서 언급한 2개의 얼굴로 돌아가보자. 이번에는 내가 당신에게 "왼쪽 얼굴에 집중하세요"라고 지시한다. "눈동자를 움직이면 안 됩니다. 눈이 움직이지 않는 상태에서 왼쪽 얼굴로 주의를 돌리세요." 우리가 실험실에서 확인한 바에 따르면 컴퓨터 화면에는 여전히 2개의 얼굴이 있고 아무것도 달라지지 않았는데도 당신은 왼쪽 얼굴을 훨씬 잘 인식하고 왼쪽 얼굴에 관한 정보를 더 잘 설명하게 된다. 얼굴에 주의를 기울이면 뉴런들의 활동이 활발해지고, 뉴런들의 활동이 활발해지면 지각은 풍부해진다. 왼쪽 얼굴이 이겼다! 그리고 승자를 결정한 것은 주의력이었다.

요약하면 다음과 같다. 주의력은 뇌 활동의 편향을 일으킨다. 주의력은 우리가 선택하는 정보를 상대적 우위로 만든다. 우리가 주의를 기울이고 있는 대상이 무엇이든 간에 그 대상과 관련된 신경 활동이 더 활발해진다. 주의력은 문자 그대로 뇌 기능을 세포 단위에서 변화시킨다. 주의력은 진정한 초능력이다.

주의력의 세 가지 하위 시스템

지금까지 나는 마치 주의력이 단일한 두뇌 시스템이고 우리가 주의를 어디론가 끌고 가서 정보 처리를 선택적으로 향상시킬 수 있는 것처럼 이야기했다. 하지만 그것은 주의력의 한 형태에 불과하다. 실제로 우리가 이 복잡한 세상에서 유연하게 기능을 잘 수행하려면 다음과 같은 3개의 하위 시스템이 동시에 작동해야 한다.[6]

섬광The Flashlight

주의력은 섬광과 비슷하다. 주의를 기울이는 지점은 더 밝아지고 강조되며 두드러져 보인다. 그 섬광 안에 들어오지 못한 정보는 어떨까? 그 정보는 억제된다. 약화되고, 흐려지고, 차단된다. 주의력을 연구하는 학자들은 이것을 '정향 시스템orienting system'이라고 부른다. 우리는 정향 시스템을 이용해 정보를 선택한다. 우리는 섬광을 어디로든 보낼 수 있다. 섬광이 우리의 외부를 향하게 할 수도 있고 우리 내면의 생각이나 기억, 감정, 신체의 자극을 향하게 할 수도 있다. 우리는 이 섬광의 방향을 조정해서 정보를 선택하는 환상적인 능력을 지니고 있다. 그 섬광으로 우리와 함께 있는 사람을 비출 수도 있고 과거나 미래를 비출 수도 있다. 우리가 원하는 곳이면 어디든 비출 수 있다.

투광The Floodlight

투광은 어떤 측면에서 섬광과 반대된다. 섬광이 좁은 영역에 집중된다면, '경계 시스템'이라고도 불리는 투광은 넓고 개방적이다. 우리 집 차고 문 위쪽에는 커다란 투광 조명이 설치되어 있다. 그 조명은 평소에는 꺼져 있지만 동작 탐지기가 작동할 때마다 저절로 켜진다. 내가 창밖을 내다보기만 해도 바깥에서 무슨 일이 벌어지는지를 한눈에 알 수 있다. 택배가 도착했나? 너구리가 들어왔나? 손님인가? 나의 주의는 그 사람 또는 물건에 맞춰진다. 당신이 운전하는 도중에 노란 불빛이 번쩍이는 것을 본다면 무슨 일이 벌어지겠는가? 당신의 주의력 시스템이 그 투광을 감지하자마자 당신은 '경계 태세'에 돌입한다. 마치 집에서 창밖을 내다보는 나처럼, 당신의 투광 시스템은 넓은 영역에 걸쳐 정보를 받아들일 준비를 한다. 이제 당신은 각성 상태가 된다. 당신이 찾는 것이 무엇인지는 아직 정확히 모르지만 당신이 뭔가를 찾고 있다는 사실을 의식한다. 그리고 당신의 반응에 따라 주의를 어느 방향으로나 재빨리 이동시킬 준비가 되어 있다. 당신을 경계 태세로 만든 것은 외부 환경일 수도 있고, 당신의 내면에서 생성된 어떤 생각이나 감정일 수도 있다.

곡예사 The Juggler

매 순간 우리가 하고 있는 일을 관리하고 감독하고 지휘한다. 우리의 행동이 우리가 목표하는 바와 일치하도록 한다. 이것이 곡예사의 역할이다. 곡예사라는 하위 시스템은 흔히 '실행 기능'이라고 불리지만 '중앙 관리자'라는 정식 명칭도 가지고 있다. 곡예사는 우리가 선로에서 이탈하지 않도록 감독하는 시스템이다. 우리는 책의 한 장章을 읽는다거나 이메일을 작성한다거나 부엌을 청소하는 것과 같은 단기적이고 세부적인 목표를 가지고 있을 수도 있다. 혹은 마라톤에 대비해 훈련한다거나, 아이들을 행복하게 키운다거나, 승진을 한다거나 하는 거창하고 장기적인 목표를 가지고 있을지도 모른다. 당면한 목표가 얼마나 크든, 얼마나 멀리 떨어져 있든 간에 목표를 향해 가는 길에는 반드시 어려움이 있고, 집중을 방해하는 요소들이 있고, 우위를 다투는 경쟁자들이 있다. 그래서 우리는 여러 가지 요구를 동시에 처리해야 한다.

이 중앙 관리자 기능은 여러 개의 공을 동시에 공중에 띄워놓은 곡예사처럼 움직인다. 곡예사의 임무는 모든 일을 스스로 하는 것이 아니라 모든 일이 원활하게 진행되도록 관리하는 것이다. 곡예사는 목표들과 그 목표를 달성하기 위해 필요한 행동들의 짝을 맞춰야 한다. 예컨대 당신의 목표가 어떤 일을 오후 6시까지 마감하는 것이라고 하자. 그런데 당신이 그 일에 집중하지 않고 오후 5시까지 채팅을 하고 있고, 6개월이나 남은 행사를 계획하고 있다면? 그것은 중앙 관리자의 잘못이다. 당신의 곡예사가 당신의 현재 목표를 놓쳐버린 것이다. 당신의 곡예사는 속사포처럼 메시지를 쏟아내는 휴대전화의 매력을 이겨내지 못했다. 곧 당신의 행동은 당신이 이루려고 하는 목표와 어긋나게 된다. 당신이 하루 동안, 일주일 동안, 한 달 동안 해내야 하는 모든 일이 이렇다고 생각해보라.

곡예사 시스템의 중요한 역할은 우리의 자동적인 경향(예컨대 알림이 울릴 때마다 전화기를 집어 드는 것)을 기각하고, 새로 수집되는 정보를 토대로 목표를 갱신하거나 수정하고, 우리가 목표하는 바를 우리 자신에게 새롭게 상기시키는 것이다. 기각, 갱신, 상기… 이런 행동을 할 때마다 우리는 중앙 관리자를 활용한다. 우리가 계획하고 관리하는 일이 많아질수록 중앙 관리자에게 더욱 의존하게 된다. 때로는 당신이 저글링을 하고 있는데 누군가가 당신을 향해 다른 공(과제)을 하나 더 던진다. 당신은 그 공을 받아내는 수밖에 없다. 그 공이 다른 공을 궤도 밖으로 밀어낼 수도 있다. 아니면 당신 자신이 다 감당할 수 있다고 생각하면서 공의 개수를 점점 늘리고 있을지도 모른다. 만약 당신의 곡예사가 행동과 목표를 조화시키는 능력이 뛰어나다면 당신은 많은 공을 한꺼번에 공중에 띄울 수도 있다.

주의력은 섬광, 투광, 곡예사 중 어떤 형태를 취하더라도 효과적이지만, 동시에 여러 형태로 작동하지는 않는다. 예컨대 섬광과 투광을 동시에 비출 수는 없다. 당신이 고도로 집중해서 어떤 활동을 하고 있는데 누군가 다가와서 말을 건넨다고 생각해보라. 당신은 누가 말을 걸고 있다는 사실을 알아차리는 데만도 평소보다 몇 초가 더 걸릴 것이고, 그 사람이 뭐라고 했는지를 해석하는 과정이 시작되기까지는 훨씬 더 오래 걸릴 것이다(책이나 휴대전화, 게임 화면, 노트북 컴퓨터에서 눈을 떼면서 "뭐라고?"라고 말한 적이 있지 않은가). 이럴 때는 정향 기능이 활성화되고 경계 수준은 낮은 것이다. 당신의 섬광이 표적에 고정되어 있기 때문에 다른 모든 것은 어둠 속에 있다. 당신 주변의 풍경과 소리는 물론이고 당신의 머릿속에서 생성되는 무질서한 생각들도 모두 차단된다.

이제 당신이 집에 가는데 지름길을 택해서 캄캄하고 인적 없는 골목을 걷고 있다고 상상하라. 조금 전까지 당신은 다음 날 할 일을 계획하느라 깊은 생각에 잠겨 있었지만, 이제는 그 생각을 멈추고 경계 태세로 전환해서 위험한 것이 없는지 확인한다. 이럴 때 경계 수준은 높아지고 관리사 기능은 줄어든다. 투상 조명이 켜지고, 곡예사는 단 한 가지 일만 한다. 당신의 안전을 관리하는 일.

어떤 이유로든 당신이 '경계 상태'가 됐다면(반드시 실제로 위협이 존재해야 하는 것은 아니다. 당신이 위협을 느끼기만 해도 경계 상태에 돌입한다) 당신은 어딘가에 집중하거나 계획을 세울 수가 없다. 그리고 경계 상태일 때는 주의력이 떨어진 것 같지만 실제로는 그런 게 아니다. 주의력은 다음과 같은 목적을 가지고 자기 임무를 제대로 수행하고 있다.

- 당신이 해야 하는 일에 집중하기 위해
- 필요할 때 뭔가를 알아차리기 위해
- 필요할 때 당신의 행동을 계획하고 관리하기 위해

우리가 누군가에게 "주의를 기울이세요"라고 말한다면 대개는 집중하라는 뜻이다. 하지만 '주의'는 그보다 훨씬 더 많은 의미를 내포한다. 주의는 화폐처럼 사용되는 다목적 자원이다. 우리는 생활의 거의 모든 측면에 주의력을 필요로 하며, 주의력의 모든 형태(섬광, 투광, 곡예사)는 우리가 하는 모든 일에 유의미하다. 주의력이 당신 주변의 환경을 지각하도록 해준다는 점은 앞에서 설명했다. 세 가지 형태의 주의력은 지각과 함께 정보 처리의 3대 영역에서 작동한다. 정보 처리의 3대 영역이란 인지 영역, 사교 영역, 감정 영역이다. 다음의 간단한 표 3개를 보고 주의력이 각각의 영역에서 어떻게 사용되는지 알아보라. 당신이 하루 동안, 그리고 평생 동안 수행하는 '정보 처리'의 상당 부분이 이 세 가지 영역에 포함된다.

인지 영역(사고, 계획, 의사결정)	
섬광	사고의 연쇄를 따라갈 수 있다.
투광	상황을 인식하고 있다. 자신의 과제와 연관된 생각, 관념, 관점을 알아차린다.
곡예사	목표를 세우고, 그 목표를 머릿속에 간직하고, 그 목표를 달성하기 위해 다음번에 무엇을 해야 할지를 알고 있다. 집중을 방해하는 요소들과 경로에서 이탈하게 만드는 자동적인 행동(예컨대 휴대전화를 집어 드는 것)을 이겨낸다.

사교 영역(연결, 상호작용)	
섬광	섬광이 다른 사람들을 향하게 해서 그들의 말을 듣고 그들과 연결된다.
투광	다른 사람의 음성과 감정 상태를 인지한다.
곡예사	여러 사람과 대화하면서 기억해두면 좋을 유의미한 관점을 선택하고, 서로 대립하는 주장들이 제기될 때는 그 주장들을 걸러내고 평가한다.

감정 영역 (느낌)	
섬광	섬광으로 자신의 감정 상태를 비춘다. 먼저 그 감정이 무엇인지를 알아차리고, 다음으로는 자신이 다른 일들을 처리하는 능력에 그 감정이 영향을 미칠 때를 알아차린다.
투광	자신의 감정적 반응을 통해 자신이 지금 무엇을 느끼고 있는지를 안다. 그 감정이 '비례적인지'(상황에 맞는지) 아닌지를 판별할 수 있다.
곡예사	필요할 때 감정의 경로를 수정할 수 있다.

당신이 세 가지 영역 모두에 사용하는 또 하나의 중요한 뇌 시스템이 있다. 그것은 주의력 시스템의 일부는 아니지만 가까운 친척쯤 되는 '작업기억'이다. 작업기억은 몇 초에서 최대 몇 분에 이르는 짧은 시간 동안 정보를 조작할 수 있는 일종의 임시 '작업 공간'이다.

주의력과 작업기억은 서로 협력해서 일한다.[7] 우리가 뭔가에 어떤 형태(섬광, 투광, 곡예사 중 하나)로든 주의를 기울일 때마다 처리된 정보는 어딘가에 임시로 저장되어 우리에게 작업할 시간을 벌어주어야 한다. 주의력과 작업기억은 의식적 경험의 현재 내용을 결정할 뿐 아니라 우리가 살아가면서 그 정보를 활용하는 능력을 결정한다.[8]

지금까지 우리는 주의력이 얼마나 강력한지를 이야기하는 데 상당히 많은 시간을 들였다. 그래서 당신은 지금쯤 이런 의문을 품고 있을지도 모른다. '내 주의력이 초능력이라면 왜 그걸 개선해야 하지?'

우리는 종종 주의력의 초월적인 힘을 당연하게 여긴다. 마치 우리의 몸과 마음이 매 순간 우리를 위해 해주는 다른 신기한 일들을 당연하게 여기는 것처럼. 당신은 가만히 앉아서 당신의 심장이 날마다 7570리터의 혈액을 펌프질한다는 사실을 곰곰이 생각하지는 않겠지만, 어쨌든 그건 사실이다.[9] 심장은 쉼 없이 당신을 위해 일하면서 산소와 영양분을 온몸으로 실어 보낸다. 심장과 마친가지로 당신의 주의력도 마땅한 감사를 받지 못하고 있을지도 모른다. 대개 우리는 몸과 마음의 힘을 전혀 의식하지 못하다가 뭔가

잘못되고 나서야 그 힘을 깨닫는다.

그리고 그럴 때 '더 나은 상사'가 등장한다.

나에게 찾아왔던 주의력 위기는 증상이 상당히 특이했다(치아 감각이 마비된 사람이 있었다는 이야기는 들어본 적이 없다!). 하지만 주의력 위기를 경험하는 것은 결코 드문 일이 아니다. 주위를 둘러보라. 당신이 아는 사람들 모두가 주의력 위기를 겪고 있는 것처럼 보일 수도 있다. 당신의 주의가 이것에서 저것으로 항상 빠르게 이동하는 것 같고, 당신이 산만하고 비효율적이라고 느낄지도 모른다. 어쩌면 당신은 이 책을 읽는 동안에도 그것을 느꼈을지도 모른다. 혹시 책을 내려놓고 휴대전화를 확인하지는 않았는가? 주의력이 그렇게 강한 힘이라면 대체 왜 이런 문제가 생기는가?

주의력을 강한 힘으로 만드는 요인들 중 일부, 예컨대 당신이 지각하는 것을 제한하고 제약하는 능력, 시간과 공간을 빠르게 넘나드는 능력, 상상 속의 미래와 대안적 현실들을 자극하는 능력은 모두 당신에게 불리하게 작용할 수도 있다. 이 능력들이 당신을 공격하는 데는 몇 가지 이유가 있다. 그중 하나는 수천 년 동안 유지된 뇌의 자연스러운 경향이다. 뇌의 어떤 특징들은 우리의 생존과 관련해서 존재할 이유가 충분하지만 우리가 보기에는 절망적인 것들이다. 하지만 주의력이 우리에게 불리하게 작용하는 또 하나의 이유는 우리가 살아가는 세상과 관련이 있다.

유의미한 정보를 가려내기

우리의 조상들이 딸기를 따거나 사냥을 하는 장면을 상상해보라. 별안간 덤불 속에서 얼굴이 하나 보인다. 저게 맹수(뛰어!)의 얼굴인가, 아니면 한 끼 식사(공격하라!)인가? 우리의 조상들은 판단해야 했다. 그것도 신속하게.

우리 연구진은 위의 사진을 사람들에게 보여주었다. 우리는 사람들의 뇌의 전기적 활동을 관찰하면서 그들에게 그 장면에 관한 질문(실내인가요, 실외인가요? 도시 풍경인가요, 시골 풍경인가요?) 또는 얼굴에 관한 질문(이 사람은 남성인가요, 여성인가요? 행복한가요, 슬픈가요?)을 던졌다. 우리가 사람들에게 '풍경에 집중하라'고 말했을 때보다 '얼굴에 집중하라'고 말했을 때 N170이 훨씬 높게 나타났다. 주의를 집중하면 얼굴을 더 잘 인식하게 된다. 주의를 집중하는 능력은 우리 실험 참가자들이 과제를 잘 수행하는 데 도움이 됐고, 우리 조상들에게는 맹수에게 잡아먹히지 않고 다음 날까지 무사히 살아남아 음식을 먹는 데 도움이 됐다! 하지만 때때로 우리 조상들도 맹수에게 잡아먹혔다. 그렇다면 주의력이 때때로 우리를 배신하는 이유는 무엇인가?

우리는 약간 변형된 실험을 진행했다. 똑같은 얼굴/풍경 이미지를 활용했지만, 이번에는 이따금씩 다른 이미지를 화면에 띄웠다.[10] 폭력적이거나 불쾌감을 주는 이미지들이었다. 그 부정적인 이미지들은 대중매체에서 가져온 것이었다. 24시간 뉴스를 내보내는 방송에서 가져온 것도 있고, 페이스북 피드 또는 당신이 자주 이용하는 다른 플랫폼에서 가져온 것도 있었다. 실험 참가자들은 앞 실험과 동일한 '주의 집중하기' 과제를 수행하고 있었지만, 이번에는 '유의미한' 정보와 '무의미한' 정보를 구별하는 능력을 거의 발휘하지 못했다. 스트레스를 유발하는 이미지들이 눈앞에 제시되기만 해도(사실 우리는 항상 그런 이미지에 둘러싸여 살아간다) 주의력 저하 현상이 나타났다.

모든 초능력에는 크립토나이트가 하나씩 있다. 크립토나이트란 초능력을 신속하게 떨어뜨리는 요인이다. 주의가 흐트러지면 그 놀라운 힘은 금방 당신에게 등을 돌린다. 당신의 주의력은 결함이 있는 드로리언 타임머신(영화 〈백 투 더 퓨처〉에 나오는 시간 여행 기계 - 옮긴이)으로 변해서 어떤 의도도 통제도 없이 시간을 이리저리 넘나들고, 후회되는 일을 거듭 생각하고, 절대로 일어나지 않을 끔찍한 사건들을 예상한다. 당신의 주의는 비생산적인 것들에 고정된다. 작업기억은 무의미한 잡동사니로 채워진다.

　주의력은 강력하지만 천하무적은 아니다. 어떤 상황은 주의력에 크립토나이트로 작용할 가능성이 있다. 그리고 안타깝게도 그 상황들은 현대인의 생활환경과 일치한다.

2장

우리의 주의력을
빼앗아 가는 것들

2007년 플로리다 해변으로 가보자. 이라크에서 돌아온 지 얼마 안 된 해군 대위 제프 데이비스가 차를 몰고 다리를 건너고 있다. 긴 다리에서 바라보는 풍경은 기가 막히게 아름답다. 물 위에서 태양이 눈부시게 빛나고, 하늘은 구름 한 점 없이 완벽하다. 세상에 저런 파란색이 있었단 말인가? 하지만 데이비스의 눈에는 이 풍경이 하나도 들어오지 않는다. 흙투성이 도로와 모래사막 풍경이 그의 머릿속을 꽉 채우고 있다. 짙은 그림자들이 움직이는 것만 같다. 이런 도로를 달릴 때마다 불안이 엄습해서 그의 몸은 스트레스 호르몬으로 가득하다. 그의 몸은 플로리다의 다리 위에 있고, 그의 발은 가속페달을 점점 세게 밟고 있다. 자동차 속도가 위험할 정도로 높아지고 있다. 하지만 그의 마음(그의 주의)은 지구를 반 바퀴 돌아 이라크에 가 있다. 마음을 되찾아오려고 해도 안 된다. 핸들을 살짝 틀어 그 다리에서 추락하고 싶은 욕구를 강렬하게 느낀다.

그런 사태를 피하려고 안간힘을 쓴다.

이 순간 데이비스 대위가 경험하고 있는 것을 우리는 '주의력 강탈'이라고 부른다. 이 사례는 보통 사람들이 경험하는 것보다 심각하고 극단적이긴 하지만, 주의력 강탈은 생각보다 흔한 현상이다. 당신의 주의, 즉 당신의 마음이 만들어낸 밝은 빛은 항상 당신이 주의를 기울이려고 하는 곳을 벗어나 다른 어딘가로 끌려간다. 주의는 당신의 복잡다단한 마음이 '더 중요하고', '더 시급하다'고 판단한 다른 어떤 것에 이끌린다. 실제로는 그게 전혀 중요하지 않더라도.

1장에서 우리는 주의력이 뇌 속의 전쟁에서 누가 이길지를 결정하는 강력한 시스템이라는 것을 알아봤다. 그런데 우리의 주의를 차지하기 위한 전쟁은 뇌의 외부에서도 벌어진다.

주의가 돈처럼 낭비된다면

실험실의 주의력 연구는 철저히 통제된 상태로 이뤄진다. 우리는 광선속光線束의 크기를 나타내는 루멘의 수치를 정확히 맞춰 주변 환경을 너무 밝지 않게 만든다. 우리는 실험 참가자인 당신을 화면에서 정확히 142센티미터 떨어진 자리에 앉힌다. 우리가 지시한 대로 당신이 정면에 시선을 고정하고 있는지를 확인하기 위해 당신의 안구 운동을 점검한다. 그리고 가장 중요한 사항. 우리가 원하는 변숫값을 얻기 위해 우리는 당신에게 정확히 어디에 주의를 집중할지를 알려준다. 그것은 인위적이고 부자연스러운 상황이다.

현실 세계는 훨씬 복잡하고 불확실하고 역동적이다. 그리고 현실 세계야말로 정말로 주의력이 필요한 곳이다.

우리의 뇌 안에서 주의력은 뇌 활동의 편향을 야기한다. 어느 쪽이든 주의력이 손을 들어주는 쪽이 뇌에서 지금 진행 중인 활동에 더 큰 영향을 행사하는 '상'을 받는다. 뇌 외부의 '주의 시장attention marketplace'에서 가장 큰 상은 우리의 지갑을 여는 것이다. 그래서 사업가들은 여러 명의 디자이너와 프로그래머를 동원해 우리의 주의를 끌기 위한 알고리즘을 개발해서 우리의 돈을 뜯어내려고 최선을 다한다. 그리고 그들은 성공을 거둔다.

얼마 전에 나는 우리 집에 새로 설치한 인덕션에 맞춰 바닥이 마그네틱으로 된 프라이팬 세트를 구입하려고 했다. 구글에서 '인덕션 팬'을 검색해서 나오는 웹페이지들을 살펴보고, 내가 좋아하는 요리 블로거가 올린 동영상도 봤다. 괜찮아 보이는 제품 몇 개를 구경했지만 내가 원하는 것과 정확히 일치하는 제품은 없었다. 다음 날 내가 지메일을 열었더니 "주방용품 덕후님 안녕하세요!"라는 광고 배너가 나타났다. 소셜미디어 앱을 들여다보니 내 피드가 온통 프라이팬으로 채워져 있었다. 광고업체들이 이런 식으로 우리를 따라다닌다는 것은 새로운 이야기가 아니다. 그들은 마치 사냥개처럼 우리의 디지털 발자국을 추적하고, 우리가 자주 접속하는 페이지에 제품을 깔아놓고 우리의 클릭을 기다린다. 사실 나도 그걸 클릭했다. 내가 아는 회사 이름이 보이기에 그 광고들 중 하나를 눌렀다. 번쩍이는 빨간색 글씨로 "아미시 님, 고객님을 위한 특별 혜택입니다! 단 7분간! 서두르세요!"라는 문구가 떴을 때도 클릭을 했다.

우리의 주의는 언제나 사냥감이 된다. 광고주들은 주의가 얼마나 귀중한가를 누구보다 잘 알고 있으며 당신의 주의를 사로잡는 방법도 정확히 알고 있다. 신경과학 문헌에 따르면 우리의 주의가 언제 사용되는가를 결정하는 주된 요인은 세 가지다.[1]

1. 친숙성 내가 첫 번째 광고를 클릭했던 이유는 전에 들어본 적이 있는 회사의 이름이 있었기 때문이다. 나의 주의는 과거의 이력에 의해 신속하고 강력하게 한쪽으로 기울어졌다. 그 익숙한 회사명이 확 튀어나와 마치 자석처럼 나의 주의력 섬광을 끌어당겼다.

2. 현저성 두 번째 광고를 클릭했을 때 나는 그 광고의 외형적 특징에 현혹되었다. 글자의 색깔, 크기, 번쩍임…. 그 광고의 모든 외형적 특징이 '나를 쳐다봐!'라고 소리치고 있었다. 현저성(신기함, 큰 소리, 밝은 빛과 색, 움직임)이 그 자극이 있는 곳으로 우리를 끌어당기면 우리는 저항할 수가 없다. 현저성은 개인 맞춤형으로 제작된다. '아미시'라는 내 이름을 본 순간 나는 사로잡히고 말았다. 휴대전화 앱이 우리에게 프로필을 완성하라고 자꾸 요청하는 이유가 여기에 있다. 우리는 개인적으로 의미 있는 내용에 잘 사로잡힌다. 우리의 주의는 항상 움직인다. 빠른 속도로 궤도를 그리며 움직인다. 그러다가 여기저기에 쉽게 붙잡힌다.

3. 우리 자신의 목표 마지막으로 주의는 '목표 지향적'인 성격을 띤다. 우리의 주의는 우리 자신이 선택한 목표에 편향된다. 나의 목표는 품질 좋고 가격이 합리적인 프라이팬을 찾는 것이었으므로

나중에는 온라인 검색 조건을 그 기준에 맞추도록 설정했다. 이것은 우리가 어떤 목표를 염두에 두고 있을 때 주의가 작동하는 방식과도 일치한다. 주의력은 목표를 기준으로 우리의 지각을 제한한다. 하지만 나의 프라이팬 검색 일화는 주의력의 취약점을 보여준다. 주의력을 끌어당기는 세 가지 요인 중에서 '우리 자신의 목표'가 가장 취약하다. 나만 해도 친숙성과 현저성에 쉽게 이끌렸다.

이것은 나의 정향 시스템, 즉 섬광을 얻기 위한 전쟁이었다. 나의 섬광은 마치 자석처럼 친숙성에 이끌렸다. 그리고 현저성에 이끌렸다. 결국에는 나의 목표가 전쟁에서 이겼지만, 내가 원하는 제품을 찾기까지는 시간이 오래 걸렸고 여러 번 빙빙 돌아가야 했다. 물론 이 문제는 단순히 프라이팬 구입에 국한되지 않는다. 우리가 뭔가를 하려고 할 때마다 이런 일이 벌어질 수 있다. 주의력은 초능력이지만, 우리는 종종 우리의 주의가 언제, 어떻게 사용되는지는 고사하고 우리의 주의가 지금 어디에 있으며 누구 또는 무엇이 그 주의를 통제하는지도 지각하지 못한다. 게다가 우리는 삶의 많은 부분을 인터넷 검색뿐만 아니라 우리의 경력, 인간관계, 그리고 삶이 우리에게 던지는 모든 변화구를 탐색하는 일에 사용한다. 우리의 환경은 우리의 주의 초능력에 크립토나이트처럼 작용한다.

우리의 주의력은 언제 저하되는가

주의력을 떨어뜨리는 힘은 크게 세 가지가 있다. 스트레스, 나쁜 기분, 위협. 이 세 가지는 따로 떼어놓기 어려울 때도 있다. 대개는 세 가지가 연합해서 기능을 수행하거나 서로 힘을 합쳐 주의력 시스템을 타격한다. 이제부터 이 세 가지 힘을 하나씩 살펴보면서 이 힘들이 어떻게, 왜 우리의 주의력을 망가뜨릴 수 있는지 알아보자.

스트레스

우리가 스트레스라고 부르는 과부하의 느낌은 마음의 시간 여행에 연료를 제공한다. 심한 스트레스를 받을 때 우리는 다리 위에서 데이비스 대위가 경험했던 것처럼 갑자기 주의력을 전부 강탈당하는 느낌을 받는다. 우리의 마음은 어떤 기억이나 걱정거리에 빨려 들어가며 끊임없이 이야기를 만들어내는 경향이 있다. 그래서 스트레스가 커질수록 우리는 지금 여기에서 멀어지게 된다. 우리는 과거에 일어났던 어떤 일을 계속 곱씹는다. 그 기억을 되살려서 도움을 받거나 교훈을 얻기에는 너무 늦었는데도 반추를 한다. 아니면 우리는 아직 일어나지 않았을 뿐 아니라 앞으로도 영영 일어나지 않을 것 같은 일들을 걱정한다. 이런 행동을 하면 우리가 받는 스트레스는 더 커진다. 그리고 지나치게 큰 스트레스를 지나치게 오래 경험하면 주의력 저하의 하강 나선에 갇힌다. 주의력이 떨어질수록 주의를 통제하기가 어려워지고, 주의를 통제하지 못하면 스트레스는 더 심해진다.

스트레스가 얼마나 많아야 '지나치게 많은' 것인지는 주관적

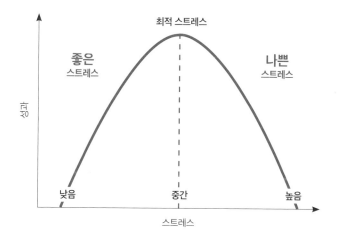

여키스-도슨 법칙
The Yerkes-Dodson Law

최적 스트레스

좋은
스트레스

나쁜
스트레스

성과

낮음   중간   높음

스트레스

인 문제이기도 하고 사람마다 다르기도 하다. 내가 일하면서 만난 사람들은 대부분 스트레스가 문제라는 생각을 크게 하지 않았다. 어쩌면 당신 역시 그럴지도 모른다. 내가 만나본 사람들은 스트레스를 강력한 자극제로 생각했고, 그걸 이겨내고 더 열심히 노력해서 최고가 되려는 도전이자 동기부여로 받아들였다. 나 역시 그걸 이해한다. 위의 그래프는 스트레스와 성과의 관계를 보여준다.[2] 이 그래프에 따르면 스트레스가 적고 압박 요인이 없을 때, 예컨대 마감이 임박해 있지 않을 때 성과는 그다지 높지 않다. 하지만 스트레스가 높아지면 우리는 그것을 이겨내려고 한다. 이런 종류의 '좋은' 스트레스는 유스트레스eustress라고 불리며 성취의 강력한 동력이 된다. 그래프의 맨 꼭대기까지 올라가서 최적 수준(나는 '달콤한 지점'이라는 애정 어린 용어를 쓴다)에 도달할 때까지, 스트레스는 동기를 유발하는 긍정적 작용을 하며 우리에게 추진력과 집중력을 선사한다.

만약 이 지점에 계속 머물 수 있다면 우리는 항상 완벽한 상태일 것이다. 하지만 현실에서는 이 최적 수준의 스트레스조차도 장기간 경험하면 우리를 언덕 아래로 밀어 떨어뜨리기 시작한다. 나중에는 긴 내리막이 펼쳐진다. 여기서 유스트레스는 디스트레스distress(고통)로 바뀐다.

스트레스가 처음에는 동기를 부여하고 생산적인 기능을 하더라도, 우리가 압박을 많이 받는 상태에 오래 머물게 되면 스트레스는 우리에게 해롭다. 우리는 최적의 스트레스 지점을 넘어서서 스트레스 곡선의 반대편으로 떨어진다. 우리가 경험하는 스트레스의 모든 장점은 빠른 속도로 사라진다. 이제 스트레스는 우리의 주의력을 잠식하고 손상시키는 힘이 된다. 우리의 섬광은 부정적인 생각에 점점 많이 붙잡힌다. 경계 시스템의 활동이 늘어난다. 우리가 접하는 모든 것이 번쩍이는 '경고' 표시처럼 느껴지고, 우리는 과각성hypervigilant 상태가 되어 어떤 일에도 제대로 집중하지 못한다. 우리의 중앙 관리자인 '곡예사'는 공들을 떨어뜨린다. 그래서 우리가 하고 싶은 일과 우리가 실제로 하는 일이 더 이상 일치하지 않게 된다. 행동과 목표가 조화를 이루지 못한다. 그리고 당연한 결과지만 이 모든 일이 벌어지는 동안 기분이 급격히 나빠진다.

나쁜 기분

나쁜 기분이란 만성적인 우울감과 부정적인 소식을 들었을 때의 기분을 모두 포함한다. 원인이야 어떻든 간에 기분이 나빠지면 우리는 부정적인 생각을 반추하는 악순환에 빠져든다. 실험실에서 참가자들에게 부정적인 기분을 느끼도록 유도했더니 그들의 주의력 점수가 떨어졌다.

어떻게 '나쁜 기분을 유도'하느냐고? 때로는 앞에서 언급한 연구에 사용된 것과 비슷한 불쾌한 이미지를 참가자들에게 보여준다. 혹은 참가자들에게 부정적인 기억을 떠올려보라고 요청한다. 그런 다음 주의력과 작업기억이 요구되는 인지적 과제를 수행하게 한다. 예컨대 글자 몇 개를 순서대로 암기하고 나서 암산으로 수학 문제를 풀어보게 한다. 나쁜 기분을 유도한 다음에는 항상 점수가 떨어진다. 정확도가 떨어지고, 속도가 느려지고, 일관성도 떨어진다.[3]

위협

위협을 당하거나 위협당한다고 느낄 때는 당면한 과제에 집중하거나 어떤 목표 또는 계획을 추구하기가 불가능하다. 1장에서 설명한 '섬광'을 기억하는가? 우리의 의지대로 주의의 방향을 조정하는 강력한 능력 말이다. 피시식. 그런 능력은 사그라졌다. 밝고 안정적이었던 그 섬광이 위태롭게 떨리고 집중력은 그림자 속으로 흩어져버리는 광경을 상상해보라. 우리가 하려고 했던 그 일은? 그 일은 진행되지 않을 것이다.

위협을 받는 상황에서 주의력은 두 가지 방식으로 재설정된다. (1) 위협에 대한 경계가 높아진다. (2) 주의력이 자극에 의해 움직이게 되므로, 위협이 느껴지는 것은 무엇이든 주의를 끌고 사로잡는다. 여기에는 생존과 관련된 명백한 이유가 있다. 인류 진화의 중요한 시기에는 높은 경각심이 반드시 필요했다. 그렇지 않았다면 인류가 살아남아 유전자를 물려주지 못했을 것이다. 만약 인간이 눈앞의 과제에 지나치게 몰두한 나머지 자신을 따라오는 포식자를 발견하지 못했다면 그걸로 끝이다. 위협을 당하고 있다는 느낌이 들면 '고도의 경계' 태세로 빠르게 전환해야만 했다. 그리고 인류는 진화의 과정에서 마치 생명보험을 하나 더 드는 것처럼, 위협적인 자극이 주의를 확 사로잡아 붙잡아두도록 했다. 그래서 우리의 주의는 위협적인 자극에 확고하게, 강박적으로 고정된다. 그 덕분에 인류는 포식자를 계속 지켜볼 수 있었고, 맹수를 발견한 다음에는 계속해서 그 맹수의 위치를 파악할 수 있었다. 이런 능력은 우리 조상들의 목숨을 여러 번 구했을 것이다. 그러나 이런 능력에는 단점도 있었다. 그것은 그들이 아름다운 묘비명을 쓰거나 복잡한 기계를 제작하지 못했던 이유를 설명해준다. 항상 위협을 느끼는 사람은 어떤 과제나 경험에 깊이 빠져들 수가 없다.[4] 그 사람이 느끼는 '위협'이 실질적인 위협인지 형이상학적 위협인지는 중요하지 않다.

실험실에서 위협에 관해 연구할 때 우리는 사람들이 정말로 신체적 안전이 위협당한다고 느끼는 상황을 만들지는 않는다. 그것은 실험 윤리에 어긋나기 때문이다. 하지만 나와 협력했던 이들 중에는 정말로 신체적 안전을 위협당하는 경험을 하는 사람들이 많다. 전쟁터에 나가거나 실전 사격훈련을 하는 군인도 있고, 강풍 속에서 위험한 불길과 싸우는 소방관도 있다. 대부분의 사람들에게 위협이란 문자 그대로 위협은 아닐 것이다. 그렇다고 해서 그 위협이 우리의 주의력에 영향을 적게 미치지는 않는다. 상사와 만나서 성과를 평가한다거나, 보험회사와 분쟁이 생긴다거나, 이웃들에게 영향을 주는 새로운 조례에 관해 시의회 청문회에서 증언한다거나 하는 상황은 우리의 신체적 안전을 직접 위협하지는 않더라도 위협적으로 느껴질 수 있다. 우리의 평판, 재정적 안정, 정의감이 모두 위태로워질 가능성도 있다.

당신이 동네에서 지능지수가 가장 높은 사람이라 할지라도 뇌에 관한 진실은 똑같이 적용된다. 어떻게 보면 인간의 뇌는 3500년 동안 하나도 변하지 않았다는 것이다.[5] 위협을 당하고 있다고 믿을 때 인간의 뇌는 눈앞에 있는 것이 실제로 위협이냐 아니냐와 무관하게 주의력을 재편성한다.

왜 주의력이 망가지는 순간을 알아차리지 못할까?

당신이 신경과학 실험실에 가본 적이 없고 연구 후의 과학적 증거들을 본 적도 없는 사람이라 해도 스트레스, 나쁜 기분, 위협이 주의력에 부정적인 영향을 미친다는 점은 금방 이해할 것이다. 당신은 이렇게 생각한다. '좋아, 그럼 나는 스트레스를 줄이고, 내 기분을 잘 살피고, 진짜로 위협이 아닌 것에 위협을 느끼지 않도록 해야겠어.'

사실 우리는 주의력을 떨어뜨리는 힘들을 잘 알아차리지 못한다. 우리가 그 힘들에 둘러싸여 있을 때도 마찬가지다. 우리는 대개 그 힘들을 있는 그대로 바라보지 못한다. 그리고 우리 자신의 마음을 자각하는 훈련을 하지 않으면 그 힘들의 영향도 잘 알아차리지 못한다.

대표적인 예로 '고정관념의 위협'이 있다. 고정관념의 위협이란 어떤 사람의 정체성(대개는 젠더, 민족, 나이와 관련이 있다)에 대한 사회적 관념이 그 사람의 성과나 행복에 장애가 되는 현상이다. 아시아 여대생들을 대상으로 한 한 연구는 두 가지 흔한 고정관념을 실험했다.[6] 첫째, 여성은 원래 수학에 약하다. 둘째, 아시아인은 원래 수학을 잘한다. 연구자들은 학생들에게 수학 문제를 풀기 전에 자신의 젠더를 기록하라고 요청했다. 학생들은 그저 '여성'이라고 쓰기만 하면 된다. 다른 집단에게는 성별을 묻지 않고 혈통에 관해서만 쓰게 했다. 자신의 혈통을 머릿속에 의식하도록 '유도된' 집단은 높은 점수를 받았지만 젠더 정체성을 설정한 집단은 상대적으로 낮은 점수를 받았다.

그리고 뜻밖의 반전이 있었다. 점수가 낮아진 경우는 부정적인 고정관념을 의식할 때만이 아니었다. 다른 연관 연구에서는 참가자들이 좋은 점수를 받을 것이라는 기대("아시아인은 수학을 잘한다")를 강조했는데도 점수가 좋지 않게 나왔다! 고정관념에 근거한 높은 기대가 오히려 위협이 된 것이다. 즉 그들은 그 기대를 충족하지 못하면 그 긍정적 고정관념을 강화하는 데 실패할 수도 있다는 '위협'을 느꼈다. 고정관념 위협은 양방향으로 작동할 수 있다. 우리는 참가자들의 부정적 고정관념("여성은 수학에 약하다")을 부추길 수도 있고, 높은 기대("아시아인은 수학을 잘한다")를 부추길 수도 있다. 두 경우 모두 정체성의 중요한 부분을 위협하며 집중력을 흐트러뜨린다. 어떤 연구에서나 이런 패턴은 그러한 고정관념을 이미 알고 있던 참가자들에게서만 나타났다. 즉 당신이 스스로 어떤 집단의 일원이라고 인식한다면 그 집단에 대한 고정관념은 당신에게 해롭다.

이런 연구 결과는 왜 중요한가? 고정관념이 주의력에 위협이 되는 이유를 보여주기 때문이다. 고정관념은 주의력을 선점한다. "나는 나이가 많아서 속도가 느리고 잘 잊어버릴 거야." "나는 아직 젊으니까 리더로 인정받지 못할 거야." 이런 생각들이 주의를 분산시키는 이유는 우리 뇌의 주의력 시스템 안에서 위협으로 기능하기 때문이다. 다른 사람들의 낮은 기대가 사실로 드러날 것을 걱정하거나 사람들의 높은 기대를 충족하지 못할 것을 걱정할 때 우리의 인지능력은 큰 부담을 느낀다.

내 삶의 결정적인 순간에도 고정관념 위협이 일정한 역할을 했다. 신경과학을 전공하던 학부생 시절에 나는 마음이론을 집중적으로 연구하는 실험실에서 일한 적이 있었다. 마음이론이란 자기 자신과 다른 사람의 마음 상태를 인식하고 다른 사람들은 자신과 생각이 다를 수 있다는 것을 이해하는 능력이다. 나는 마음이론에 매력을 느꼈기에 대학원에서 마음이론을 연구 주제로 다뤄볼 생각이었다. 그 실험실을 운영하는 교수님은 학과에서 존경받는 원로였다. 대학 3학년을 끝마칠 무렵, 그의 실험실에서 1년 동안 일했던 나는 대학원 진학에 관한 조언을 듣기 위해 그를 찾아갔다. 그의 얼굴에 떠오른 표정이 지금도 잊히지 않는다. 그는 처음에는 놀랐고, 그러고 나서는 미심쩍어했다.

"네가 대학원에 간다고?" 그가 물었다. "너희 나라의 여자들은 보통 전문직을 원하지 않잖니."

그때 받은 충격을 아직도 잊을 수 없다. 그는 나의 젠더와 내가 태어난 나라에 관한 케케묵은 고정관념을 가지고 나를 바라봤다. 그는 나를 잠재력 있는 젊고 우수한 학생으로 보지 않았다.

나는 그 학기에 그의 실험실을 떠났고, 다시는 돌아가지 않았다. 대신 나는 패티 로이터-로렌츠Patti Reuter-Lorenz 교수의 훌륭한 수업을 들었는데, 내가 들은 전공 수업 중에 가장 마음에 드는 수업이었다. 내가 보기에 로이터-로렌츠 교수는 영리하고 명석하고 명쾌하고 재미있었다. 솔직히 말해서 진짜 스타였다. 그녀는 임신 후기까지도 강의를 했다. 강하고 에너지가 넘치고 투지가 있는 분이었다. 4학년 초에 나는 그녀에게 연락해서 실험실에 빈자리가 있는지 물었다. 그 실험실의 연구 주제는… 주의력이었다.

그 일은 내 삶의 진로를 결정했다고 해도 과언이 아니다. 고정관념 위협에 크게 한 방 맞고 나니 그렇게 불합리한 환경에서 공부하고 싶은 마음이 사라졌다. 그런 환경은 학습과 성공에 도움이 되지 않으리라고 생각했다. 만약 지금 그 첫 번째 교수를 만난다면 그에게 감사 인사를 할 것 같다. 그가 나에게 그의 진짜 색깔을 알려준 덕택에 내가 제때 진로를 변경해서 주의력이라는 분야를 찾았기 때문이다. 그 사건은 여러 의미에서 내 삶을 바꿔놓았다.

당신을 분류할 수 있는 범주들을 모두 떠올려보라. 젠더, 인종, 성 정체성, 장애 유무, 체중, 외모, 사회경제적 배경, 학력, 국적, 종교, 근무 경력, 숙련의 정도. 우리가 경험하는 고정관념 위협이 전통에서 기인하건 편견에서 기인하건 간에, 그런 위협을 느낄 때 우리의 성과는 저하되고 목표 달성은 어려워진다. 심지어는 정신 건강을 해치기도 한다. 우리는 이런 문화적 환경 속에서 살아간다. 우리가 고정관념 위협을 그냥 무시해버릴 수 있다면 정말 좋겠지만 그건 불가능하다. 고정관념 위협의 영향으로 우리는 항상 '경계' 상태를 유지하게 되고, 그러다 보면 우리의 주의가 얕아지고 산만해져서 무엇에도 집중할 수 없게 된다.

그리고 스트레스는 소리 없이 다가오기도 한다.

"저는 딱히 스트레스를 받지 않아요"

얼마 전에 마이애미대학의 총장 훌리오 프렝크Julio Frenk 박사에게 내 연구에 관한 프레젠테이션을 했다. 프렝크 박사는 우리 연구진의 이야기를 듣고 우리에게 대학 이사회 임원들의 마음챙김 훈련을 의뢰하고 싶어 했다. 하지만 그의 입장에서는 임원들에게 마음챙김 활동에 시간을 쓰라고 말하기 전에 그 훈련으로 무엇을 얻을 수 있는지에 관한 정보를 더 알아야 했다.

그래서 나는 단독 프레젠테이션을 했다. 우선 스트레스가 많은 시기에는 인지능력이 떨어진다는 점을 설명했다. 주의력을 저하시키는 요인들이 우리에게 어떤 피해를 입히는지에 관한 나의 설명이 끝나자 프렝크 박사는 질문이 있다고 했다.

"그런데 내가 스트레스를 받는 상태가 아니라면요?"

그는 처리할 일이 많다는 것은 인정했지만, 그 일들이 스트레스로 느껴지지는 않는다고 말했다. 그는 과부하가 걸리고 시간에 쫓기고 공황 상태에 빠지는 등 일반적으로 스트레스에 동반되는 감정 중 어떤 것도 느끼지 않는다고 했다. 대신 그는 "무대 뒤에서 일어나는 많은 일들이 나를 끌어당긴다"라고 표현했다.

나는 고개를 끄덕였다. 대학 총장이라는 지위에 있는 사람은

'스트레스'를 일반적인 방식으로 경험하지 않을 수도 있었다. 일을 많이 하고 높은 성과를 올리는 리더들은 자신의 경험을 스트레스로 인식하지 않는다. 프렝크 박사는 주의력을 선점당한다는 개념은 이해했지만 '스트레스'라는 표현에는 공감하지 못했다.

내가 실험실에서 알아낸 바에 따르면, 반드시 스트레스를 받는다고 느껴야 주의력이 훼손되는 것은 아니다. 지도자들은 많은 것을 감당해야 한다. 그들은 인지능력을 많이 사용해야 하고, 격한 대화가 오갈 때도 있고, 평가의 압박과 불확실성에 시달린다. 이런 것들 역시 주의력을 떨어뜨리는 원인이 된다.[7] 최근의 한 연구에서는 참가자들에게 몇 분 동안 주의 집중이 필요한 과제를 수행한 후에 발표를 해야 할지도 모른다고 말했다.[8] 이 참가자들은 과제 수행 후에 발표를 하지 않아도 된다는 이야기를 들은 참가자들보다 과제 점수가 낮았다. 그것은 당연한 결과일지도 모른다. 하지만 정작 놀라웠던 점은 따로 있다. '불확실성이 있는' 집단의 과제 점수는 과제를 수행한 후에 발표를 '해야 한다'고 들은 제3의 집단의 점수보다도 낮았다. 그러니까 불확실성 자체가 인지능력을 선점하기 때문에 주의력을 더 많이 고갈시킨다고 볼 수 있다.

이 연구는 스트레스를 받는다고 느끼지 않더라도 주의력이 떨어질 수 있음을 보여준다. 나 역시 개인적 경험을 통해서 그 사실을 알고 있었다. 치아 감각이 마비되는 사건이 일어났을 무렵에 나는 내가 하고 있던 일들을 '스트레스'로 인식하지 않고 있었다. 나는 절대로 그 일들을 그런 식으로 규정하지 않았을 것이다.

당신은 할 일이 정말 많다고 느끼고 있을지도 모른다. 일정이 너무 빡빡해서 중요한 일을 가려내 그 일에 집중하기가 어렵다거나, 맑은 정신을 유지하면서 실력을 온전히 발휘하기가 어렵다고 느낄지도 모른다.

스트레스 역치stress tolerance(다른 말로 '고통 역치'라고도 한다)는 사람마다 다르다. 당신은 별로 스트레스를 받지 않는다고 느낄 수도 있다. 하지만 당신에게 주어지는 요구들이 집중적이고 장기간(몇 주 또는 몇 달) 지속될 경우 그 요구들은 당신의 주의력을 손상시킬 확률이 매우 높다. "부담이 크다"라는 표현이 더 적합하다고 느껴진다면 스트레스 대신 '부담'이라는 용어를 써도 좋다. 우리가 지금 이야기하고 있는 것은 '부담'이 누적되어 티핑포인트tipping point(작은 변화들이 누적되어 있기 때문에 변화가 조금만 더 일어나도 갑자기 큰 영향을 초래할 수 있는 지점 - 옮긴이)가 되는 순간이다. 편안하고 생산적인 수준을 넘어서는 부담. 당신의 주의력 시스템(현재 상태의 주의력 시스템)이 처리할 수 있는 것보다 많은 일이 진행되고 있을 때 당신의 마음은 쉽게 불안해지고 일의 능률이 떨어진다.

당신이 어떤 이름을 붙이건 간에 부담이 큰 시기들은 주의력을 갉아먹을 가능성이 있다. 그렇다면 해결책은 단순히 힘든 상황을 피하는 걸까? 기대를 낮추는 걸까? 성취를 적게 하는 걸까? 아니면 부담을 줄여야 할까?

나는 '아니요'라고 자신 있게 대답할 수 있다. 우리의 스트레스 요인들은 대부분 피할 수 없는 것이거나, 우리가 성과와 성공으로 나아가는 여정의 일부분이다. 스트레스 요인을 다 없애버린다는 것은 우리 자신을 제약하는 일이다. 나는 당신에게 삶을 바꾸라거나, 직업을 바꾸라거나, 전문가와 부모와 지역 활동가와 운동선수(무엇이든 당신이 되려고 하는 것)로서 당신 자신에 대한 기대를 낮추라고 말하려는 것이 아니다. 나는 나 자신에 대한 기대를 낮출 생각이 없었고, 장담하건대 당신도 그럴 생각이 없을 것이다. 이 책은 당신의 부담을 줄여서 주의력을 최적화하라거나 거절하는 연습을 하라고 이야기하지 않는다. 이 책은 스트레스와 힘든 일과 부담이 있는 상황에 맞춰 최적화하는 방법을 이야기한다. 원래 가치 있는 일은 부담이 된다. 우리의 직업은 부담이고, 육아도 부담이다. 성공하기까지의 과정에는 부담이 있다.

인생의 큰 목표를 달성하려고 하면 스트레스를 받을 수도 있다. 우리의 삶은 완벽과 거리가 멀다. 만약 내가 처음으로 종신교수 임용 가능성이 있는 자리를 얻었고 처음 실험실을 열었을 때 첫 아이를 출산하지 않았더라면 치아 감각이 마비되는 일은 일어나지 않았을 것이다! 그러나 나는 엄마가 되고 싶었고, 교수가 되고 싶었고, 과학자가 되고 싶었다. 셋 다 내가 마음대로 조정할 수 없는 일정표에 따라야 하는 일이었고(생물학의 법칙을 따라야 했고, 학계에서 순조롭게 승진하기란 쉽지 않았으므로), 나는 셋 중 어느 하나도 포기할 마음이 없었다.

그야말로 진퇴양난의 상황이다. 오랫동안 큰 부담을 떠안아야 하는 상황. 그래서 우리는 아주 효율적으로 일을 처리해야 한다. 그런데 우리가 효율적으로 움직이기 위해 필요한 인지 자원들이 바로 이 시기의 부담 때문에 빠른 속도로 고갈되고 있다.

주의력은 모든 일에 사용된다

주의력은 일의 성과에만 영향을 미치는 것이 아니라는 점을 기억하라. 주의력은 당신이 하는 모든 일에 사용되는 다용도 자원이다. 다시 말해서 주의력이 망가지기 시작할 때는 우리의 이메일 작성 능력이나 보고서를 마무리하는 능력만 문제가 되지 않는다. 우리에게 중요한 사람들과의 관계에 문제가 생긴다. 삶의 중요한 목표가 무엇이든 간에 그 목표들을 향해 나아가지 못할 수도 있다. 그 목표들은 멀리 떨어져 있겠지만, 우리가 언젠가 그곳에 도달하려면 지금부터 그 거리를 좁히기 시작해야 하는데, 주의력이 저하되면 우리는 잘못된 방향으로 가거나 방황하게 된다. 그리고 결정적인 순간에 반응하는 능력이 떨어질 수도 있다. 결정적인 순간이란 생명이 위태로운 상황일 수도 있고, 어떤 중요한 사건이나 인간관계가 앞으로 한 걸음 나아갈지 여부를 결정하는 감정적 위기 또는 관계의 위기일 수도 있다.

정보 처리의 전 영역에 해당하는 주의력의 세 가지 상태는 모두 주의력을 고갈시키는 요인인 스트레스, 나쁜 기분, 위협 등의 불리한 조건들에 매우 민감하다. 주의력의 고갈은 지나치게 낮은 체온이라든가 유한성의 강조(자신의 죽음에 관한 생각)에 이르기까지 다양한 형태로 표현된다.[9]

다음 표는 주의력이 극대화될 때의 모습과 주의력이 손상될 때의 모습을 간략하게 시각화해서 보여준다.

표의 왼쪽 열을 훑어보면 주의력을 성공적으로 활용하는 사람의 모습을 알 수 있다. 주의력이 강하고 유연하고 잘 훈련되어 있

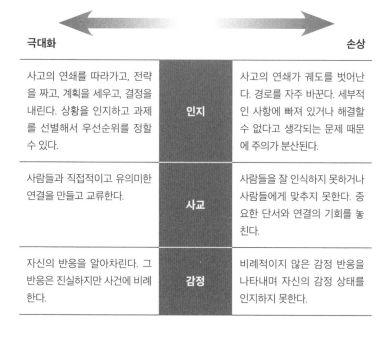

주의력 연속체

극대화 ← → 손상

극대화		손상
사고의 연쇄를 따라가고, 전략을 짜고, 계획을 세우고, 결정을 내린다. 상황을 인지하고 과제를 선별해서 우선순위를 정할 수 있다.	인지	사고의 연쇄가 궤도를 벗어난다. 경로를 자주 바꾼다. 세부적인 사항에 빠져 있거나 해결할 수 없다고 생각되는 문제 때문에 주의가 분산된다.
사람들과 직접적이고 유의미한 연결을 만들고 교류한다.	사교	사람들을 잘 인식하지 못하거나 사람들에게 맞추지 못한다. 중요한 단서와 연결의 기회를 놓친다.
자신의 반응을 알아차린다. 그 반응은 진실하지만 사건에 비례한다.	감정	비례적이지 않은 감정 반응을 나타내며 자신의 감정 상태를 인지하지 못한다.

을 때는 이런 모습이다. 하지만 진실(우리 실험실에서 얻은 수많은 증거와 광범위한 연구로 뒷받침되는 진실)은 어떤 사람도 항상 그곳에만 머물 수 없다는 것이다. 그런 사람은 없다.

'극심한 갈등'의 순간

모든 연령대의 사람에게 사용되는 유명한 주의력 테스트 방법이 있다. 당신을 컴퓨터 앞에 앉혀놓고, 바로 앞의 화면에 글자들이 연속해서 나타나도록 한다. 당신은 각각의 글자가 어떤 색이었는지를 최대한 빨리 이야기하면 된다.[10] 간단할 것 같지 않은가?

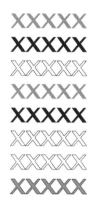

옆에 보이는 그림으로 시험해보라. 눈으로 글자들을 빠르게 훑으면서 글자의 색을 최대한 빠르고 정확하게 소리 내서 말해보라.

쉽다. 문제없다.

이번에는 단어들을 가지고 한번 더 해보라. 과제는 동일하다. 위에서 아래로 내려가면서 글자의 색을 말하면 된다. 단어 자체가 아니라 글자의 잉크 색을 말해야 한다. 하나, 둘, 시작!

이번에도 쉬운가? 아마도 쉽지 않았을 것이다.

지금은 당신의 반응 시간을 측정할 컴퓨터가 없다. 만약 당신이 내 실험실에서 이 테스트를 했다면 컴퓨터가 시간을 측정했을 것이다. 하지만 당신은 첫 번째 글자들보다 두 번째 글자들의 색을 말할 때 속도가 느리다고 느꼈을 것이다. 위에서 네 번째 단어에 이르렀을 때는 시간을 조금 더 끌었을 가능성이 높다. 아마도 "검정"이라고 말하고 싶은 충동이 매우 강했을 것이다. 어쩌면 당신은 무심코 "검정"이라고 말하고 나서 "회색"이라고 고쳐 말했을지도 모른다.

당신에게 주어진 과제는 정말 간단했다. 그런데 왜 이런 일이 벌어졌을까? 당신의 뇌가 자기 자신과 싸웠기 때문이다. 자동으로 진행된 일(당신이 단어를 읽는다)과 당신이 지시에 따라 해야 하는 일

(글자의 잉크 색을 말한다) 사이에 싸움이 벌어졌다. 양자의 불일치는 이른바 '극심한 갈등'의 순간을 만들었다.

당신의 뇌 안에서 그런 순간들은 문제가 있다는 신호를 보낸다. 그런 신호를 받으면 '추가 전력'을 공급하기 위해 관리자 주의력이 동원된다. 주의력의 도움을 받을 때 당신은 자동으로 글자를 읽고 그 단어를 말하는 행동을 억제하기가 쉬워진다. 그럴 때 당신의 행동은 당신의 목표와 일치하게 된다. 우리는 실험실에서 이러한 현상을 확인할 수도 있다. '극심한 갈등' 실험을 한 다음에 다른 종류의 '극심한 갈등' 실험을 하면 갈등이 별로 없는 실험을 하고 나서 '극심한 갈등' 실험을 할 때보다 반응이 빠르고 정확하게 나온다. 이것은 좋은 소식인 것 같다.[11] 때로는 그렇다. 하지만 이것은 우리의 주의력을 고갈시키는 근본 원인이 되기도 한다.

우리가 살아가면서 힘든 일로 간주하는 상황들은 대부분 '갈등상태'에 해당한다.[12] 우리가 지금 일어나고 있다고 인지하는 일과 지금 일어나야 하는 일이 일치하지 않는 상태. 우리의 마음이 그런 갈등상태를 경험하는 방식은 여러 가지가 있다.

- **저항하는 마음** 지금 일어나고 있는 일이 중단되기를 바란다. 마음속에 두려움, 슬픔, 걱정, 원망, 심지어는 증오가 가득하다.
- **의심하는 마음** 지금 일어나고 있는 일 또는 일어나야 하는 일에 대한 우리 자신의 판단을 믿지 못한다. 의심은 점점 더 커진다.
- **동요하는 마음** 불안정하고 들떠 있다. 지금 어떤 일이 벌어지고 있는지 확실히 모르면서도 불만을 품는다.
- **갈망하는 마음** 지금 일어나고 있는 일이 더 많이 일어나기를 원

한다. 그래서 그것을 갈망하고 갈구하게 된다.

갈등상태는 문제가 있다는 신호를 보낸다. 그러면 문제를 해결하기 위해 주의력이 소환된다. 하지만 우리 삶의 문제들은 수학 문제와는 달라서 금방 해결하고 목록에서 지워버릴 수가 없다. 대개는 장기적이고 복잡한 문제들이어서 효과적으로 '답을 찾을' 수가 없다. 그 복잡한 문제들은 우리 삶의 일부인지도 모른다.

갈등상태는 주의력을 소환하고 또 소환한다. 이렇게 주의력을 연속적으로 사용하다 보면 주의는 고갈된다. 주의가 고갈되면 우리는 자동 비행 상태로 넘어간다. 우리의 마음은 쉽게 '사로잡히고' 뭐가 됐든 가장 눈에 띄는 것에 끌려간다.

우리가 갈등상태로 생활할 때 그 갈등상태들은 우리의 정신적 작업 공간과 주의력 자원을 차지하려고 경쟁을 벌인다. 우리는 아주 조금 남은 주의력 자원을 가지고 자동화 경향을 이겨내느라 바쁘다. 눈에 잘 띄는 모든 것이 우리를 사로잡고 우리를 오래 붙잡아둔다. 그래서 만약 우리가 길고 힘든 하루를 보냈다면, 예컨대 스트레스가 많았고 불안을 느끼거나 어떤 생각에 사로잡혀 있다면 우리는 화사하고 자극적인 것에 이끌릴 가능성이 더 높다. 당근이 아닌 쿠키를 집어 든다. 번쩍이는 광고를 클릭한다. 원래 저축하려고 했던 돈을 써버린다. 그리고 그보다 훨씬 귀중한 어떤 것, 즉 주의력을 우리가 의도하지 않았던 곳에 써버린다.

갈등상태에 대처하기 위해 우리는 몇 가지 보편적인 전략을 사용한다. 그 전략들은 보편적이고 자연스럽기 때문에 우리는 별 생각 없이 그 전략들을 자주 사용한다. 문제는 그 전략들이 효과가 없다는 것이다.

우리는 실패한 전략을 사용하고 있다

긍정적으로 생각하라. 좋은 일을 생각하라. 긴장을 풀어주는 활동을 하라. 목표를 세우고 시각화하라. 불쾌한 생각을 억누르고 다른 일에 집중하라. 우리는 스트레스를 줄이고 집중력을 향상시키기 위해 이렇게 하라는 조언을 많이 들었다. 이런 조언들은 성과 심리학performance psychology과 기업 리더십 훈련의 상당 부분을 차지한다. 우리는 방황하는 마음을 붙잡고 싶거나 부정적 생각의 고리에서 빠져나오기 위해 자동적으로 이런 전략에 의지한다. 문제는? 이 전략들을 실행하려면 주의력 자원이 필요하다. 이 전략들은 주의력을 강화하는 것이 아니라 주의력을 소모한다. 우리는 "생각을 바꿈으로써 경험도 바꿀" 수 있고 마땅히 그렇게 해야 한다. 그러니까 장밋빛 안경을 쓰라는 조언을 듣는다. 다른 전략들도 그렇지만 이런 전략은 아주 비싼 대가를 요구한다. 게다가 스트레스가 심할 때는 효과를 발휘하지 못한다.

한번 시험해보자. 북극곰에 관해 생각하지 마라.[13] 절대로! 북극곰을 생각하지 마라. 지금 당신의 임무는 단 하나다. 북극곰에 관한 생각을 멈춰라!

당신은 무엇을 생각하고 있는가?

나는 알 것 같다.

우리는 강도 높은 군사 훈련을 받는 현역 군인들에게 긍정성 훈련이 도움이 되는지를 알아봤다. 결과는 부정적이었다. 긍정성 훈련은 주의력을 향상시키거나 보호하지 못했다. 게다가 주의력은 시간이 갈수록 떨어졌다.

왜 그럴까? 그 이유 중 하나는 힘든 상황이나 고통스러운 상황에 처해 있을 때 경험에 관한 생각을 긍정적으로 바꾸기 위해서는 주의력을 많이 사용해야 한다는 것이다. 주의력 저하가 시작되고 나서는 머릿속에 긍정적인 모형을 만들기도 어렵고, 높은 파도가 치면 모든 것이 모래성처럼 와르르 무너진다. 그러면 당신은 인지적 자원을 쏟아부어 머릿속 모형을 다시 건설하고 복구한다. 그것은 마치 모래성이 파도에 씻겨나가지 않도록 지키려고 애쓰는 일과 비슷하다. 그것은 불가능한 일이다. 결국 당신은 별다른 성과도 없이 정신적으로 소진되고 만다(주의력도 소진된다).

다양한 상황에서 긍정적인 생각이 우리에게 이롭다는 연구 결과는 상당히 많다. 하지만 스트레스가 심하고 부담이 큰 시기에는 긍정성 또는 억압이라는 전략이 비효율적일 뿐 아니라 우리에게 해로울 수도 있다. 나는 긍정성과 억압을 '실패한 전략'이라고 부른다. 우리는 긍정성과 억압으로 주의력 문제를 해결하려고 하지만 정작 그 전략들은 주의력을 더 많이 떨어뜨리기 때문이다(발목을 삐었는데 달리기에 도전한다고 상상해보라). 그 효과는 주기적이고 기하급수적이다. 집중력이 떨어지고 방해 요소들이 나타날 때 당신이 밝은 면만 보고 부정적인 사고를 억압하고 회피하고 밀어내면서 쏜살같이 달린다고 하자. 이런 노력은 인지 자원을 빨아들인다. 스트레스는 상승하고 기분은 나빠진다. 주의력을 저하시키는 힘들은 커진다. 주의력 저하가 심해지고 빨라지는 동안 당신은 이 비효율적인 전략을 더 사용해서 인지적 연료를 더 많이 태운다. 당신은 하강 나선에 갇히고 인지적으로 고갈되므로, 상황에 대처하고 임무를 수행하기가 어려워진다.

당신은 그 '북극곰'에 관해 생각하지 않을 수가 없다. 그리고 당신이 노력한다고 해서 고갈을 막을 수도 없다. 당신은 빠르게 고갈된다. 긍정성과 억압이라는 전략은 주의력을 아주 많이 동원한다. 이런 전략을 사용하는 것은 가솔린으로 불을 끄려고 하는 것과 비슷해서 상황을 더욱 악화시킬 뿐이다. 주의력을 통제하려고 애쓰는 것은 효과 없는 방법에 우리의 인지 자원을 모두 쏟아붓는 것과 같다.

그렇다면 당연히 의문이 생긴다. 어떤 방법을 써야 효과가 있을까?

3장

마음에도
근력 운동이
필요하다

아들 레오가 어렸을 적에, 그리고 내가 나 자신의 주의력 문제로 고민하고 있었을 때의 일이다. 레오가 좋아하는 장난감이 있었다. '워터 스네이크'라는 별명으로 불렸던 그 장난감은 매끄러운 투명 플라스틱 튜브에 물이 채워져 있고 양쪽 끝이 막혀 있었다. 그 장난감을 붙잡으려고 하면 관이 저절로 반으로 접혀 손아귀를 빠져나갔다. 그걸 계속 붙잡고 있기란 불가능했다. 레오가 조그마한 손으로 그 장난감을 감싸면 튜브가 공중으로 치솟았다가 바닥에서 통통 튀었다. 그런 식으로 끝없이 가지고 놀 수 있었다.

그런데 나는 그 장난감에서 재미를 느끼지 못했다. 나는 그것과 똑같은 종류의 악순환에 갇혀 있었다. 내가 붙잡으려고 했던 것은 워터 스네이크가 아니라 나의 주의력이었다. 하지만 내가 꽉 움켜쥐려고 할수록 그것은 더 멀리 달아났다.

내 마음에게 차분해지고 고요해지라고 명령했던 기억이 난다.

나는 마음을 통제하려고 정말 열심히 노력했다. 그러자 내 마음은 멋지게 반격했다. 불쾌하고 산만한 내면의 독백이 더 커졌다. 나는 희망을 잃었다. 열심히 노력할수록 상황은 더 나빠졌다. 그리고 희망이 없다는 느낌과 함께 갈망이 점점 커졌다. 나는 내 삶을 경험하기를 간절히 원했다. 빨리 감기나 되감기로 살고 싶지 않았다.

이런 실존적 갈망을 느끼는 사람은 정말 많다. 건강에 관한 걱정, 이혼, 사고나 죽음, 세계적인 전염병 같은 사건이 발생하면 우리는 현재 진행 중인 우리의 삶을 얼마나 누리고 있는가(혹은 누리고 있지 못한가)를 돌아보게 된다. 그런 계기가 되는 사건은 좋은 일일 수도 있다. 성공, 승진, 사랑하는 사람과의 달콤한 순간. 아니면 그것은 점진적인 자각일 수도 있다. 우리의 성과와 행복을 '한 단계 높일' 어떤 방법이 있으리라는 직감. 무엇을 통해서든 간에 우리는 우리 자신이 산만하다는 단서를 얻는다. 우리는 우리가 원하는 것 이상으로, 우리가 최고의 삶을 살기 위해 필요한 것 이상으로 산만하고 무질서하고 연결이 끊어진 상태다. 우리는 생각할 수 있는 모든 요령과 전술을 써봤다. 디지털기기 없는 주말을 보내기도 하고, '생활 꿀팁' 앱을 설치하기도 했다. 주의력 위기에는 진짜 해결책이 필요하다. 그것은 우리가 집중을 더 잘하고, 과민반응을 하지 않고, 더 많이 연결되게 해주는 방법이어야 한다.

이제 우리는 우리의 주의력이 매우 강력하지만 취약하기도 하다는 사실을 알고 있다. 우리는 원래 산만해지게 마련이고, 우리 주변의 세계는 끊임없이 우리의 신민힘을 이용한다. 나는 이 문세에 대처하는 방법이 있다고 이야기했다. 유일한 장애물은 뇌가 쉽게 변하지 않는다는 보편적인 믿음이다. 사람들은 자신이 이런저런 방식으로 "배선되어 있다wired"고 생각하고, 그 배선은 유전자 조합 또는 성격의 일부라서 거의 영구적이라고 믿는다.

신경가소성, 어떻게 뇌를 바꿀까?

원래 신경과학자들은 뇌의 배선이 거의 영구적이라고 생각했다. 아직 유동적이고 성격이 형성되는 청소년기를 지나 성인기에 접어들면 "그 뇌를 가지고 평생 살아가는 것"이라고 생각했다. 물론 뭔가를 배우거나 새로운 경험을 하면 새로운 연결이 만들어질 수도 있지만, 그것은 단순히 기존에 있던 신경세포들 사이를 연결하는 것에 불과하다고 생각했다. 마치 2개의 땅덩어리를 연결하는 다리를 세우거나 2개의 고속도로를 연결하는 도로를 만드는 것과 같다. 기본적인 활동 영역은 달라지지 않는다. 성인이 되는 시점에는 이미 반영구적인 잉크로 지도가 그려져 있다고 말이다.

우리는 그런 생각이 틀렸다는 사실을 나중에야 알았다. 과학에서는 종종 그런 일이 일어난다. 사람의 뇌는 놀라운 신경가소성neuroplasticity을 지니고 있다. 완전히 발달한 뇌, 성인의 뇌, 심지어는 손상된 뇌도 그렇다. 신경가소성이란 뇌가 스스로 형태나 구조를 바꾸는 능력이다. 뇌의 구조 변화는 뇌에 어떤 정보가 입력되느냐, 그리고 뇌가 어떤 활동을 자주 하느냐에 따라 달라진다.

간단한 예를 하나 들어보자. 런던은 오래된 도시라서 지도로 그려보면 엄청나게 복잡하다. 연구자들이 런던에서 버스를 운전하는 기사들과 택시를 운전하는 기사들의 뇌를 비교한 결과, 택시 기사들의 뇌에서 기억과 공간 탐색을 주로 담당하는 영역인 해마가 버스 기사들의 해마보다 압도적으로 크다는 사실을 발견했다.[1] 버스 기사와 택시 기사가 하는 일은 거의 비슷했다. 둘 다 런던 시내에서 운전을 했다. 그런데 왜 해마의 크기가 달랐을까? 버스 기사들은 단 하나의 경로만 암기하고 활용하는 데 반해 택시 기사들은 런던 시내 곳곳의 길을 머릿속에 그려두었다가 그 지도를 참조해서 그때그때 유연하게 길을 찾아야 했기 때문이다. 그들이 어릴 때부터 버스와 택시 운전을 하지는 않았을 것이다. 그들의 뇌가 다른 것은 비교적 최근에 생긴 일이라고 봐야 한다.

이 연구 결과가 발표된 것은 몇 년 전이었다. 당시 신경가소성은 잘 알려지지 않은 개념이었다. 우리는 아직도 사람의 뇌가 '고정된 배선을 가진' 것이라고 생각한다. 우리는 아직도 우리가 상황에 인지적 또는 감정적으로 반응하는 방식이 정해져 있고, 그건 우리의 성격 또는 정체성의 일부이므로 변화시킬 수는 없고 그냥 받아들이거나 잘 피해야 한다고 믿는다. 나에게 '주의력' 위기가 찾아왔을 때 내가 삶 전체를 바꿀 게 아니라 뇌를 바꿔야겠다고 생각한 것은 독특한 진로 선택의 결과였다. 보통 사람들이 그런 위기에 직면했다면 아마도 직업을 바꾸거나 기회를 포기하는 식으로 스트레스를 줄이려고 했을 것이다. 하지만 나의 경우 타협할 수 있는 것이 하나도 없었다. 나는 이미 내가 원하는 길을 가고 있었고, 좋아하는 일을 하고 있었다. 나는 아무것도 바꾸고 싶지 않았다. 그저 내가 그 모든 일들 사이에서 느끼는 기분을 바꾸고 싶었다. 게다가 나는 신경과학자였으므로 뇌의 놀라운 신경가소성에 관해 약간의 지식을 가지고 있었다. 청소년 시절 병원에서 자원봉사를 하다가 만난 하반신 마비 환자 고든 같은 뇌손상 환자들의 사례는 신경가소성이 어떤 일을 가능하게 하는가에 관한 최초의 단서를 제공했다. 손상된 뇌는 잃어버린 것처럼 보였던 기능들의 일부를 극적으로 회복하기도 한다. 시간이 오래 걸리고 훈련과 인내가 필요하지만 회복은 불가능한 일이 아니었다. 그런 사례를 보면서 나는 사람의 뇌가 바뀔 수 있다는 생각을 가지게 됐다. 그렇다면 뇌손상에서 회복으로 나아간 다음에 할 일은 건강한 사람들을 데려와서 그들에게 반복 훈련의 기회를 제공하는 것이었다. 나는 반복을 통해 뇌 기능의 일부를 최적화할 수 있으리라는 희망을 품었다. 뇌의 신경가소성을 활용해서 더 건강한 마음을 만들고 우리 시대의 어려운 문제들을 잘 해결할 수 있을까?

나는 나의 뇌를 바꿀 수 있을까? 나는 그렇다고 확신했다. 내가 몰랐던 것은 '어떻게'였다.

치아 마비를 겪었던 그해 봄, 저명한 신경과학자 리처드(리치) 데이비드슨이 마침 우리 학과에서 강연을 하기 위해 캠퍼스를 방문했다. 지금 그는 위스콘신주 매디슨에서 명상 연구 기관인 헬시 마인즈센터를 성공적으로 이끌고 있다. 하지만 2000년대 초반에 펜실베이니아주에 왔을 때는 명상에 관한 최신 연구를 길게 설명하지 않았다. 강연이 끝나갈 무렵 그는 화면에 2장의 fMRI 뇌 영상을 나란히 띄웠다. 하나는 긍정적인 기분을 느끼도록 유도된 사람의 뇌였고, 다른 하나는 부정적인 기분을 느끼도록 유도된 사람의 뇌였다. 이 사진들을 얻기 위해 연구자들은 참가자들에게 행복한 기억 또는 슬픈 기억을 생생하게 떠올리도록 하고, 신나는 음악이나 우울한 음악을 틀어주고, 대조적인 분위기의 영화 장면을 보여주는 등의 방법으로 감정 반응을 이끌어냈다. 그러는 동안 거대한 MRI(자기공명영상) 기기가 윙윙대고 삑삑거리며 무선주파수 펄스로 뇌 활동 데이터를 수집했다.

MRI는 무릎이나 발목에 부상을 입었을 때 촬영하는 사진처럼 신체 내부의 구조를 정지 상태로 보여준다. 즉 MRI는 신체 내부의 스냅사진과도 같다. fMRI 또는 기능적 MRI는 MRI와 다르다. fMRI는 자기장을 이용해서 뇌와 혈액의 상태를 살펴본다. 뉴런들이 발화하면 산소를 공급받은 혈액이 더 많이 필요해진다. 그리고 혈액에 산소가 풍부할 때와 산소가 부족할 때의 자기장 신호는 다르다. fMRI는 뇌의 각 부분에 있는 혈액의 산소 농도를 실시간으로 포착하므로, 매 순간 뇌의 어느 영역에서 신경세포들이 가장 활발하게 활동하는지를 간접적으로 추적할 수 있다.[2] 리치가 우리에게 보여준 2장의 슬라이드에 담긴 이미지들은 마치 로르샤흐 검사에서 정반대의 잉크 얼룩이 만들어진 것처럼 뚜렷이 대조되는 활동 패턴을 보여주었다. 부정적인 뇌는 긍정적인 뇌와 다르게 활동했다.

질의응답 시간에 내가 손을 들어 질문했다. "부정적인 뇌를 긍정적인 뇌로 바꾸는 방법은 무엇일까요?"

리치는 주저 없이 대답했다. "명상입니다."

나는 그가 그 단어를 썼다는 사실을 믿을 수 없었다. 지금은 뇌과학 강연 시간이 아닌가? 어떻게 명상 이야기를 꺼낼 수가 있어? 그의 답변은 천체물리학자들에게 강연을 하면서 점성술 이야기를 하는 것만큼이나 어이없게 느껴졌다. 명상은 과학적으로 연구할 가치가 있는 주제가 아니잖아! 그런 연구를 해봐야 아무도 진지하게 받아들이지 않을 텐데. 게다가 나는 개인적인 이유로도 명상에 회의적이었다.

어린 시절에 아버지는 규칙적으로 명상을 하셨다. 내가 어쩌다 이른 아침에 게슴츠레한 눈으로 부모님 방에 들어가면 아버지는 이미 샤워를 마치고 옷을 차려입고 있었다. 손에는 말라(기도할 때 사용하는 구슬)를 쥐고 두 눈을 감은 채 조각처럼 가만히 있었다. 나는 내가 태어난 도시에 자주 가지는 않았지만, 열 살 무렵 여름 내내 인도 여행을 했다. 그해 우리 집안의 큰 행사는 내 또래의 남자 사촌의 힌두교식 성년식이었다. 의식을 치르는 동안 승려가 사촌의 귀에 대고 뭐라고 속삭였다. 나는 나중에 알았지만 그가 속삭인 것은 고대 산스크리트어로 된 짧은 주문이었다. 내 사촌은 108개의 구슬로 만든 말라를 손에 들고 매일 108번씩 그 주문을 조용히, 정성껏 외워야 한다고 했다.

나는 호기심이 발동했다. 그 의식은 어른들만의 아주 중요하고 비밀스러운 모임에 초대받는 것처럼 느껴졌다. 나는 어머니에게 그 주문이 뭔지 물어봤고, 언제 내 주문을 받게 되는지도 물어봤다. 그때 어머니는 내가 몰랐던 이야기를 들려주었다. 그 주문은 남자아이들에게 주는 것이고 나는 받지 못할 거라고…. 그건 내가 여자아이이기 때문이라고 했다. 힌두교 전통에서는 남자아이만 성년식을 치르고 오직 남자아이만 주문을 받았다. 어머니는 항상 딸들도 동등한 대우를 받기를 바라는 분이었기 때문에 그걸 달가워하지 않았다. 그러나 인도 문화의 현실이 그랬다.

내 마음은 싸늘하게 식었다. 그걸로 명상과도 끝이었다. 명상이 나를 인정하지 않는다면 나도 명상을 인정할 생각이 없었다. 나는 그걸 한 덩어리로 뭉친 다음, 젠디 역할과 관련된 다른 케케묵은 관습들, 그리고 내가 마땅찮게 생각했던 다른 오래된 관습들과 함께 내 마음속의 상자에 깊숙이 넣어버렸다. 나는 완벽한 인도인 아내가 되기 위해 인도 요리법을 배울 생각이 없었고, 명상도 절대 하지 않기로 마음먹었다. 그래서 리치 데이비드슨이 그 강연에서 '명상'이라는 단어를 입 밖에 꺼낸 순간 나의 모든 부분, 즉 과학자, 교수, 가문의 전통에서 배제되어 분노한 소녀 모두가 정반대 방향으로 달아났다. 나는 그의 대답을 무시하려 했지만 그 단어는 자꾸 나를 따라다녔다.

한편 실험실에서 우리는 주의력, 기분, 성과를 개선하는 새로운 방법을 찾고 있었다. 우리는 여러 가지 방법을 시도해봤다. 각종 기계 장치, 뇌 훈련 게임, 기분을 유도하는 전략 등. 한번은 수많은 학생들이 자신의 "공부 비결"이라고 소개한 새로운 기계 장치를 시험하는 연구를 진행했다. 학생들은 그 기계를 사용하면 집중이 더 잘되는 것 같다고 말했다. 그것은 손안에 들어오는 작은 기계였는데 귀마개와 안경에 연결되었다. 사용자가 전원을 켜면 불빛이 번쩍이면서 마음을 진정시키는 소리가 들렸다. 사용자는 아무것도 할 필요가 없었다. 수동적으로 그 소리를 듣고 빛을 보기만 하면 된다. 그 기계는 굉장히 인기를 끌었다. 첨단기술에 민감한 어느 아시아 국가에서는 부모들이 자녀를 위해 그 기계를 구입했고, 대학생들은 순전히 그 기계 덕분에 국가고시를 통과할 수 있었다고 증언했다. 제조업체는 그 기계가 집중력을 향상시키고 기억력을 증진하며 스트레스를 줄여준다고 선전했다. 그 기계는 정말 효과가 있었을까?

그 기계를 사용했던 사람들은 정말로 그런 효과가 있었다고 말했다. 하지만 그들의 말을 액면 그대로 믿을 이유는 없었다. 우리는 그 기계를 실험실로 가져와서 확실히 알아보기로 했다.

우리는 한 편의 기본적인 주의력 연구를 진행하고, 확실한 결과를 얻기 위해 또 한 편의 연구를 이어서 진행했다. 두 번 다 컴퓨터 테스트로 참가자들의 주의력을 평가한 다음, 그들에게 이 기계를 주고 2주 동안 하루 30분 사용하라는 지시와 함께 그들을 집으로 돌려보냈다. 2주 후에 그들을 다시 실험실로 불러서 주의력 테스트를 했더니, 그 기계가 그들의 주의력에 미친 영향은 다음과 같이 나타났다. 0. 참가자들의 주의력에는 아무런 변화가 없었다. 어떤 방향을 가리키는 단서조차 없었다.

우리가 해본 다른 실험들도 결과는 신통치 않았다. 2000년대 초반에 등장했던 뇌 단련 게임들도 대부분 효과가 없었다. 여기서 '효과가 없다'라는 말은 이런 유형의 게임을 했을 때 그 특정한 게임을 더 잘하게 되는 것 외에 어떤 이점이 있다는 과학적 합의에 도달하지 못했다는 뜻이다.[3] 물론 2주 동안 그 게임을 하고 나면 게임 점수가 더 높아지긴 한다. 하지만 똑같이 집중을 요구하는 다른 유형의 게임에서 더 높은 점수를 받지는 않았다. 설령 효과가 있다 할지라도 그런 효과들은 아주 잠깐이거나 그 특정한 게임 환경에 국한되었고 다른 영역으로 전이되거나 지속되지는 않았다. 그 이유는 무엇일까? 뇌 훈련 앱과 시청각을 활용한 기계 장치에 관한 과학적 연구는 서서히 늘어나고 있으며 그 주제는 아직 뜨거운 논쟁거리다. 하지만 나의 강한 직관에 따르면 그런 게임들은 주의력을 특정한 방식으로 활용하게 만들 뿐 주의력의 중요한 측면을 훈런시키는 것은 아니다. 주의력의 중요한 측면이란 우리의 주의가 매 순간 어디에 있는지를 '자각'하는 것이다.

우리는 새로운 방법을 많이 시험해봤다. 아마도 이제는… 오래된 방법을 써볼 때인 것 같았다.

리치 데이비드슨의 강연을 듣고 얼마 지나지 않아서 나는 오랜 경력을 가진 마음챙김 강사인 잭 콘필드Jack Kornfield의 《처음 만나는 명상 레슨》이라는 책을 구입했다. 그 책에는 명상 수련에 도움을 주는 CD가 함께 들어 있었다. 처음 그 CD를 틀어봤을 때는 큰 기대가 없었다. 나는 지시에 따라 명상을 하는 프로그램에 참가한 적이 없었고, 그게 나에게 맞을 것 같지도 않았다. 하지만 그것은 내가 생각했던 명상과 전혀 달랐다. 나는 콘필드의 목소리와 스타일이 마음에 들었고, 호흡에 집중하고 마음이 방황할 때를 알아차리라는 그의 지시도 마음에 들었다. 내가 예상했던 특별한 주문이나 기도문, 몸을 비틀거나 에너지를 시각화하라는 지시도 없었다. 그리고 놀랍게도 콘필드는 내 마음을 정확히 알고 있는 것만 같았다! 그는 내 마음이 방황하고, 저항하고, 밀어내고, 비판하고, 따분해하리라는 것을 알고 있었다. 그는 마음이 "원래 하는 일을 한다"라는 것을 깨닫게 되면 다시 호흡으로 주의를 돌리라고 충고했다. 그의 지시는 지나치게 열정적이거나 영적이지 않았다. 오히려 그 반대였다. 평범하고 현실적이고 사실적이었다.

명상은 인간의 다양한 활동을 포괄한다. 명상은 마치 스포츠처럼 일반적인 용어로 쓰인다. 누군가가 당신에게 취미가 뭐냐고 묻는다면 당신은 "저는 스포츠를 해요"라고 대답하지는 않을 것이다. 테니스를 친다거나, 농구를 한다고 대답할 것이다. 물론 테니스와 농구는 모두 건강한 신체가 뒷받침되어야 하는 운동이지만, 종목마다 요구되는 신체 기술과 능력이 다르기 때문에 당신은 당신이 즐기는 특정한 종목에 맞는 기술을 익혀야 한다. 그래서 체조 훈련 방법은 하키 같은 종목의 훈련 방법과 다르다. 명상도 그렇다. 명상은 특정한 정신적 자질을 계발하기 위해 정해진 순서대로 연습을 하는 행위를 뜻한다. 명상은 인류 역사 속에서 전 세계의 전통적 지혜를 바탕으로 탄생한 것으로서 다양한 형식을 지닌다. 철학적 명상이 있는가 하면 종교적 명상과 영적인 명상도 있다. 정신을 '운동'시키는 구체적인 행위들은 어떤 종류의 명상을 하느냐에 따라 다르다. 명상의 종류에는 초월 명상, 자애 명상, 마음챙김 명상 등이 있다. 예컨대 초월 명상에서는 자기 자신보다 큰 존재와 교감하는 '초월적인' 상태에 도달하는 것을 목표로 하는 반면, 자애 명상은 타인의 고통에 관심을 기울이고 그 고통을 덜어준다는 목표를 따른다. 내가 읽은 콘필드의 책은 마음챙김 명상에 초점을 맞추고 있었다. 마음챙김 명상은 주의를 현재의 순간에 고정시켜 현재를 '편집'하지 않고 있는 그대로 경험하려고 노력한다. 편집이란 지금 일어나고 있는 일이나 앞으로 일어날 일에 관해 이야기를 지어내는 것을 의미한다.

그때부터 한 달 동안 나는 매일 명상을 했고, 매주 몇 분씩 시간을 늘려서 마침내 하루 20분씩 명상을 하게 됐다. 그러자 내 입에 감각이 서서히 돌아왔다. 턱은 이제 항상 아프지는 않았다. 치아의 감각도 돌아왔다. 이제 말하기도 어렵지 않았다! 그것만으로도 나에게는 큰 위안이었다. 그리고 나는 남편의 얼굴을 다시 볼 수 있게 됐다. 그러니까 남편의 얼굴을 '진짜로 보기' 시작했다. 그의 표정을 알아차리고, 그가 어떤 기분이고 무엇을 선날하려고 하는지를 금방 파악했다. 아들과의 관계에서도 같은 일이 벌어졌다. 나는 별다른 노력 없이도 남편과 아들 모두와 한결 가까워지는 느낌을 받았다. 직장에서도 눈앞의 일에 더 충실해지고 효율이 높아지는 느낌이었다. 내 몸과 내 삶에 대한 자각이 높아지고 그 안에 내가 뿌리를 단단히 내린 것 같았다. 그동안 나는 어디에 있었던 걸까?

내 삶에서 달라진 것은 아무것도 없었다. 업무 부담은 여전히 컸다. 나는 여전히 연구비 지원 신청서를 쓰고, 강의를 하고, 학생들에게 상담을 해주고, 실험실을 운영하고, 동료들과 토론하고, 밤이면 아들에게 '웜프'('웜프'는 기니피그가 아니라 낙타와 당나귀 사이에서 태어난 잡종 동물이었다. 주의를 기울이게 되니 그걸 알 수 있었다)가 나오는 똑같은 책을 읽어줘야 했다. 그러나 뭔가가 달라져 있었다. 나 자신이 완전히 달라진 느낌이었다. 나는 그 간극을 좁히는 데 성공해서 내 몸 안으로, 내 마음 안으로, 내 주변 환경 안으로 다시 들어왔다. 어려운 일이 생겨도 감당할 수 있고 이겨낼 수 있다는 효능감과 자신감을 느꼈다. 내가 살아 있다는 강렬한 느낌을 받았다.

나는 왜 이런 일이 벌어지는지 궁금했다. 불과 한두 달 만에 명상 수련을 통해 나 자신이 완전히 달라진 느낌을 받았다. 마치 기분이 좋아지는 기적을 맛본 것 같았다. 하지만 나는 그게 기적이 아니라는 것도 알고 있었다. 내 주의력 시스템에 어떤 변화가 생겼다. 그게 뭔지 알아내고 싶었다. 나는 주의력과 관련된 뇌과학 연구에 관해 많은 지식을 가지고 있었지만 주의력과 마음챙김 수련의 관계를 다룬 학술 논문은 본 적이 없었다. 나는 그 주제를 실험실로 가져가기로 마음먹었다.

실험의 시작

실제 과학 연구를 설계하는 작업은 내가 나 자신을 대상으로 진행했던 작지만 효과적인 실험과는 달랐다. 내가 나 자신에게 했던 실험은 매일 마음챙김 수련을 하면 기분이 더 좋아지고, 머리가 맑아지고, 더 예리해질 수 있는지를 '시험'해보는 것이었다. 실험실에서 하는 연구는 나의 개인적인 기분과는 관련이 없었고, 내가 전혀 모르는 사람들에게 나의 방법을 엄격하게 적용해서 객관적인 성과가 있는지를 알아봐야 했다. 주의력을 학문적으로 연구할 때 과학자들은 구체적인 질문에서 시작하며, 이 구체적인 질문들은 세부적인 변수와 통제 변인의 구속을 받는다. 구체적인 질문을 던지기 전에, 우리는 참가자가 마음챙김 수련을 얼마나 오래 해야 객관적인 분석으로 효과를 추적할 수 있는지를 먼저 알아내야 했다. 몇 시간? 며칠? 몇 주?

나는 규모가 큰 실험으로 시작하는 것이 좋겠다고 생각했다.

콜로라도주 덴버 외곽의 샴발라 마운틴센터. 은색과 초록색의 사시나무와 자작나무, 서부의 얼음처럼 파란 하늘, 그리고 로키산맥의 뾰족뾰족한 보라색 산마루로 둘러싸인 곳이다. 그곳은 진정한 의미의 휴양지였다. 바쁜 일상과 분리되고 심지어 휴대전화 연결도 안 되는 외딴 곳이었다. 우리 입장에서는 그 센터가 한 달 과정의 집중 명상 프로그램을 제공한다는 점이 중요했다. 그 프로그램에 참가하는 사람들은 하루 12시간 동안 다양한 마음챙김 활동을 하며, 그 시간의 대부분을 정식 명상에 사용한다. 우리가 실험실에서 얻는 주의력 수치에 마음챙김 수련이 어떤 영향을 미치는지(아니면 아무 영향이 없는지)를 확인하기에 가장 적합한 장소였다.

우리 연구진은 노트북 컴퓨터가 잔뜩 담긴 여행가방을 들고 덴버로 날아갔다. 노트북에는 실험실에서 사용하던 것과 똑같은 주의력 테스트가 저장되어 있었다. 우리는 센터 입구에 탁자를 놓고, 사람들이 도착할 때마다 전단지를 건네주면서 실험에 자발적으로 참가할 사람들을 모집했다. "주의력과 마음챙김 명상에 관한 연구에 참가해주세요!" 전단지에는 이렇게 적혀 있었고, 많은 사람이 관심을 보였다. 그들은 대부분 여러 해 동안 명상을 했던 사람들이었다. 실험에 자원한 사람들은 다음 날 아침, 프로그램이 시작되기 전에 5명씩 짝을 지어 노트북 컴퓨터 앞에 앉아 일련의 과제를 수행했다. 그렇게 수집된 데이터는 기본값을 알아내는 데 쓰였다. 그들의 기본값은 얼마였을까? 주의력이라는 측면에서 그들의 '표준'은 어느 정도였을까?

우리가 진행한 검사들 중 하나는 '주의력 지속 반응 과제Sustained Attention to Response Task'(SART)였다. 이 검사는 1990년대 후반에 개발된 것으로, 문자 그대로 피험자가 주의력을 유지할 수 있는 능력을 알아본다. 검사 방법은 다음과 같다. 피험자가 컴퓨터 화면 앞에 앉아 있고, 화면에 숫자 하나가 0.5초 동안 나타났다가 사라진다. 0.5초 후에 다른 숫자가 나타났다가 사라진다. 이런 식으로 20분 동안 숫자를 계속 보여준다. 피험자는 숫자가 나타날 때마다 스페이스바를 눌러야 한다. 다만 숫자가 3일 때는 예외다. 3이 나타나면 스페이스바를 누르지 않아야 한다. 숫자 3은 전체 숫자의 5퍼센트 비율로 나타나도록 설계되었다. 그렇게 많은 편은 아니다.

이 검사는 주의력의 세 가지 하위 시스템을 모두 가동시킨다.

화면에 번쩍 하고 숫자가 나타날 때마다 집중하는 능력은 정향 주의력이다. 피험자는 경계 주의력을 동원해 혹시 숫자 3이 나타나는지 살펴야 한다. 그리고 관리자 주의력을 동원해서 자신이 지시받은 대로 스페이스바를 눌러야 할 때만 누르도록 해야 한다. 간단하다.

이 검사는 간단하지만 쉽지는 않다. 대부분의 사람들은 이 과제를 잘 수행하지 못한다. 왜 그럴까? 혹시 숫자들이 너무 빨리 사라져서 제대로 못 보는 걸까? 아니다. 0.5초는 뇌가 시각 정보를 처리하기에 충분한 시간이다. 그러면 피험자들이 화면 말고 다른 곳을 보기 때문일까? 우리는 이 점을 확인해봤다. 피험자들의 눈 주위에 전극을 부착해서 눈동자의 움직임을 추적한 결과, 그들은 화면에 눈을 고정하고 있었다. 우리가 알아낸 것이 하나 더 있었다. 피험자들의 두 눈은 화면에 머물고 있었지만 그들의 주의는 화면에 있지 않았다. 그들은 자동주행 상태가 되어, 어떤 숫자가 나타나든 스페이스바를 눌렀다. 그들의 주의력 섬광은 다른 곳을 향해 있었고, 투광은 꺼져 있었고, 곡예사는 공을 떨어뜨렸다.

나는 바로 이런 이유에서 SART 검사를 선택했다. 주의력의 하위 시스템 중에 '어떤' 것이 개선되는지에 관한 세부적인 질문을 던지기 전에, 마음챙김 수련이 모든 하위 시스템의 본질적인 취약성인 '주의력 강탈'을 최소화할 수 있는지를 먼저 알아보고 싶었다. 한 달 동안 마음챙김 명상을 하면 주의력이 향상되어 눈앞의 과제에 더 잘 집중하게 될까? 그것을 알아보려면 주의력을 광범위하게 사용하고, 지루하고 산만해서 마음이 방황하게 만드는 검사가 필요했다. 그런 의미에서 SART 검사가 딱 맞았다.

후속 연구에서는 더 구체적인 질문들을 던지고 주의력의 하위 시스템들을 분리해서 살펴볼 작정이었다. 예컨대 마음챙김 명상을 하면 섬광 주의력보다 투광 주의력이 더 많이 개선된다는 가설을 검증해야 했다(이 가설은 나중에 사실로 확인됐다).

콜로라도 산악지대에서 우리의 연구에 참가한 사람들은 1차 검사를 마친 뒤 4주 동안 마음챙김 집중 수련을 했다. 그들은 날마다 마음챙김을 하면서 생활하고, 깨어 있는 시간의 대부분을 정식 마음챙김 명상에 사용했다(몇 달 후에 나도 그것과 비슷하지만 훨씬 짧고 압축적인 명상 프로그램에 참가했는데, 그건 한마디로 '뇌의 극기훈련'이었다. 훈련 강도가 엄청났다!). 그들은 아침 일찍 일어나서 잠자리에 드는 순간까지 침묵을 지키면서 30분에서 55분 단위로 명상을 했다. 심지어 식사도 침묵 속에서 했다. 음식을 먹는 동안에도 훈련을 계속하는 방법을 배웠다. 그렇게 한 달이 지났을 때 SART 검사를 다시 해보고 어떤 변화가 있는지(변화가 있었다면)를 확인할 계획이었다. 그것은 물고기에게 꼬리표를 달아서 바다에 다시 풀어주는 것과 유사한 방법이었다. 그 물고기들은 나머지 참가자들과 함께 휴양 센터의 명상하는 물 속에서 헤엄치고 있었다.

한편 우리는 명상을 하지 않는 사람들의 집단에서도 SART 검사를 두 번, 똑같이 한 달 간격으로 진행했다. 또 우리는 한 달 후에 다시 콜로라도주에 가서 퇴소하는 명상 프로그램 참가자들을 만났다. 검사 결과 그들의 주의력은 한 달 전보다 좋아졌다. 명상 프로그램이 끝난 후에 그들의 점수는 크게 올라갔다. 첫 번째 검사에서 그들은 스페이스바를 누르지 말아야 할 때 약 40퍼센트 비율로 스페이스바를 눌렀다. 그것이 그들의 기본값이었다. 명상을 하지 않은 사람들 역시 40퍼센트 비율로 실수를 했다. 한 달 뒤에 다시 검사를 했을 때도 그 비율은 동일했다. 하지만 한 달 동안 집중 명상에 참가한 사람들은 스페이스바를 잘못 누른 비율이 30퍼센트로 내려갔다. 전체적으로 10퍼센트가 개선된 셈이다.[4]

만약 10퍼센트가 미미해 보인다거나 숫자 3을 놓치는 것이 그렇게 큰일인가라는 의문이 든다면, 현실 세계의 유사한 상황을 상상해보라. 우리는 SART를 실제 교전 상황으로 변형해서 진행한 적이 있었다.[5] 숫자 3 대신 가상의 사람이 화면에 번쩍 하고 나타나고, 피험자는 스페이스바를 누르는 대신 가상의 총알이 장전된 총을 발사한다. 하지만 '실제 교전' 상황으로 변형한 SART 검사에서도 피험자들의 점수는 별반 다르지 않았다. 그들은 총을 쏘지 말아야 할 때 총을 쏘았다. 그것도 많이. 나는 이 결과를 보고 충격을 받았다. 주의력, 그리고 주의력을 향상시키는 일이 현실 세계에서 사람의 생사를 가를 수도 있다는 이야기였으니까.

실험 결과에 고무된 우리는 주의력의 하위 시스템들과 마음챙김 훈련의 관계를 더 자세히 알아보기 위해 후속 연구를 진행했다.[6] 우리는 섬광, 투광, 곡예사가 각각 마음챙김에 어떻게 반응하는지를 알아보기 위해 '주의력 네트워크 검사' 방법을 활용했다. 우리가 얻은 결과는 다음과 같다. 명상하는 사람들은 저글링을 더 잘했다. 집중 명상에 참가한 사람들은 프로그램 시작 전에도 관리자 주의력이 일반인들보다 뛰어났다. 프로그램을 마친 후에는 경계 주의력이 향상됐고, 투광 주의력으로 새로운 정보를 빠르게 감지했다.

또한 우리는 대학 캠퍼스의 의과대학과 간호대학 학생들에게도 동일한 검사를 실시했다. 그 학생들은 전 세계의 750개가 넘는 의료 센터에서 제공하는 것과 유사한 8주간의 마음챙김 기반 스트레스 완화 강좌를 들은 후에 정향 주의력이 향상된 모습을 보여주었다. 그들은 섬광을 더 잘 포착하게 됐다.

나 자신의 경험에 따르면, 마음챙김 수련을 처음 시작했을 때는 기분이 더 나빠지는 것을 느꼈다. 나는 뱃속이 울렁거리는 것을 알아차렸다. 그 느낌은 불안과 슬픔을 동반하면서 몇 시간 동안 지속되곤 했다. 아들을 어린이집에 맡기고 발길을 돌릴 때면 나의 꽉 다문 턱에서 희미한 통증이 느껴졌다. 그 통증은 업무시간 내내 수많은 일거리에 짓눌리는 느낌과 짝을 이뤘다. 실험실에서 나와 집에 돌아온 뒤에도 한참 동안 나의 생각들은 쉴 새 없이 소용돌이쳤다. 물론 이런 느낌은 항상 있던 것이었지만, 이제는 내가 주의를 기울이고 있었기 때문에 몇 배나 더 크게 느껴졌다.

하지만 신체의 감각과 그에 수반되는 부정적인 생각들을 더 많이 자각하고 있었으므로 내 머릿속의 생각도 더 일찍 알아차리게 됐다. 나는 부정적인 생각을 알아차리고, 그 생각을 받아들이고, 그 생각이 지나가게 내버려뒀다. 내 마음과 이런 식으로 소통하니 나 자신을 더 잘 통제한다는 느낌이 들었다. 나는 괴로운 생각과 감정에 온종일 끌려 다니고 인질로 붙잡혀 있는 느낌을 받는 대신, 내 몸이 경직된다거나 내 주의가 다른 데로 흘러가는 것을 자각하고 있었다. 머지않아 내가 원하는 대로 마음의 방향을 바꿀 수도 있겠다고 느꼈다. 폭포 아래 소용돌이 같은 부정적인 생각의 고리에 갇히는 대신 그 고리에서 빠져나올 수 있었다.

초기 연구에서 얻은 데이터도 나의 경험과 일치하는 것 같았다. 우리의 데이터는 마음챙김 명상이 우리가 지금까지 시도했던 다른 방법들과 달리 우리 뇌의 '상사'인 주의력이 작동하는 방식을 실제로 변화시킬 수 있음을 시사했다. 하지만 우리에게는 확실한 결과가 필요했다.

주의력 훈련의 열쇠

우리는 4주 동안 일주일에 4일씩 마이애미대학 미식축구팀이 웨이트트레이닝 훈련을 끝낼 때마다 선수들을 만났다.[7] 나의 실험실 조교들은 헤드셋이 달린 아이팟 셔플(그때만 해도 아이팟 셔플이 아직 유행하고 있었다)을 선수들에게 나눠주었다. 선수들은 나의 동료 스콧 로저스Scott Rogers의 차분하면서도 확고한 목소리를 들으며 12분 동안 두 가지 활동 중 하나를 했다. 마음챙김 훈련 또는 긴장 완화 훈련. 선수들은 알지 못했지만 그들은 두 집단으로 나뉘어 있었다. 한 집단은 마음챙김 훈련을 하고, 다른 집단은 긴장 완화 훈련을 했다. 양쪽 집단은 같은 시간 동안 서로 다른 운동을 하라는 지시를 받는데(그들은 이 사실을 몰랐다), 별 생각 없이 구경하는 사람의 눈에는 양쪽 운동이 비슷해 보이기도 했다(예컨대 양쪽 다 눈을 감고 바닥에 가만히 누워 있는 동작을 했다). 하지만 사실 그들의 주의는 상반되는 '지시를 받고' 있었다. 마음챙김 집단은 호흡자각과 '보디스캔body scan'(보디스캔을 하는 방법은 곧 알려줄 것이다) 같은 훈련을 통해 주의가 관찰하는 태도를 취하도록 했다. 반면 긴장 완화 집단은 주의력을 사용해 생각을 조종하고 근육의 움직임을 통제했다(혁신적 근육이완 운동과 비슷하다). 그들이 지시에 따라 훈련을 끝내면 우리는 동일한 훈련 지시문을 녹음한 파일을 그들 각자의 휴대전화에 내려 받게 하고, 그들에게 우리와 만나지 않는 날에도 스스로 그 훈련을 하라고 지시했다.

일반적으로 과학 연구에는 대조군이 있지만, 이 실험에는 아무런 훈련을 받지 않은 대조군이 없었다. 모두가 훈련에 참가했다. 시즌 대비 훈련을 하고 있던 미식축구 선수들에게는 그때가 매우 중요하고 스트레스가 많은 시기였다. 시즌 대비 훈련이 끝나면 전원이 합숙훈련을 떠날 예정이었고, 합숙훈련에서 그들이 어떻게 하느냐가 경기 시즌 내내 그들의 성적을 좌우하며 심지어는 경력을 결정하기도 했다. 수석 코치는 아무런 훈련을 받지 않은 선수들이 불리해질 수 있다는 사실을 인지했고, 그래서 모든 선수들이 훈련을 받아야 한다고 강력하게 주장했다. 결과적으로 우리의 실험은 더 의미 있는 것이 됐다. 우리의 실험은 다음과 같은 시급한 질문을 던졌기 때문이다. 마음챙김 훈련이 도움이 된다면, 긴장 완화 훈련과 같은 다른 훈련보다 더 큰 도움이 될까?

우리는 우리가 캠퍼스에서 훈련시킨 의과대학과 간호대학 학생들뿐 아니라 콜로라도주의 숙련된 명상가들도 마음챙김 명상을 하고 나서 주의력이 유의미하게 향상됐다는 사실을 확인했다. 다음으로 우리는 사람들의 주의력이 향상된 주된 원인이 '마음챙김'이었는지 여부를 알아내고 싶었다. 마음챙김이 핵심이었을까, 아니면 긴장 완화 훈련을 했어도 같은 효과가 나타났을까?

우리는 시즌 준비 기간에 선수들의 주의력이 떨어질 것이라고 예측했다. 이것은 우리가 주의력과 힘든 시기의 관계에 관해 알고 있는 사실이었다.[8] 부담이 큰 시기에는 주의력이 저하된다. 학생도, 군인도, 직업 운동선수도 마찬가지다. 그래서 우리는 이런 질문을 던졌다. 마음챙김 훈련 또는 긴장 완화 훈련이 힘든 시기의 주의력 저하를 막아주는 효과가 있을까?

우리가 얻은 결과는 다음과 같다. 어떤 영역에서는 두 가지 훈련 모두 도움이 됐다. 이를테면 감정적 행복과 같은 영역이 그랬다. 하지만 주의력과 관련해서는 두 집단 사이에 차이가 있었다. 그 차이는 일주일에 5일 이상 훈련에 참가한 사람들에게서 가장 크게 나타났다.

마음챙김 집단에 속한 선수들은 주의 기능이 저하되지 않고 일정하게 유지됐다. 마음챙김 훈련은 시즌 대비 훈련이라는 힘든 시기에 그들의 주의력을 '보호하는' 데 성공했다.

그러나 긴장 완화 집단에 속한 선수들은 주의력이 떨어졌다.

"긴장 완화를 하지 말라"는 이야기가 아니다. 나의 주장은(그리고 과학적으로 입증된 사실은) 긴장 완화가 주의력 저하를 예방하는 방편이 될 수 없다는 것이다. 긴장 완화는 주의력 저하의 원인들을 해결하지 못하기 때문이다.

앞에서 설명한 대로 어떤 전략은 다른 상황에서는 도움이 되지만, 부담이 크고 주의가 희소해지는 시기에 그런 전략을 사용하면 상황이 더 나빠질 가능성이 있다. "북극곰을 생각하지 마"를 기억하는가? 우리가 흔히 듣는 충고는 억압하라는 것이다. 지금 당장은 그 문제를 생각하지 말라는 것이다(대신 긍정적인 것을 머릿속에 그려보라고 한다). 주의력에 관한 새로운 연구 결과는 그 반대다. 그냥 받아들이고 허용하라고 말한다. 뭔가를 억압하려고 하면 정반대 효과가 난다. 그러면 우리의 직업기억에 담긴 내용들이 더 오래 저장된다. 우리 자신에게 그것을 억누르라는 명령을 계속 내려야 하기 때문이다. 마음챙김 훈련에 관한 연구들은 우리가 저항하지 않고 상황을 받아들이고 허용한다면(그렇게 하는 방법에 관해서는 뒤에서 설명할 것이다) 스트레스를 주는 상황은 지나갈 거라고 말한다.[9]

우리는 마음챙김 훈련이 주의력 훈련의 열쇠라는 것을 알아냈다. 그렇다면 마음챙김 훈련은 얼마나 효과적인가? 마음챙김 훈련은 대학이나 고요한 명상 센터처럼 잘 통제된 환경이 아닌 곳에서도 사람들에게 도움이 될까? 큰 부담과 스트레스 속에서 시간에 쫓기고 있을 때도 도움이 될까? 지금까지 우리는 이상적인 조건에서 마음챙김을 실험했다. 그 반대는 어떨까? 다시 말하자면, 실제 생활에서는 어떨까?

고도의 집중이 필요한 사람들

우리가 실험실에서 주의력 연구를 시작했을 때는 스트레스와 같은 크립토나이트 환경이 다양한 경로로 주의력에 영향을 미치는 것처럼 보였다. 하지만 어떤 경우에나 공통적인 요인이 하나 있었다. 스트레스는 주의를 현재의 순간에서 멀어지게 한다는 것이다.

마음의 시간 여행은 우리를 현재의 순간에서 벗어나게 한다. 그리는 동안 마음의 시간 여행은 우리의 주의를 독점한다. 나는 이렇게 강력한 주의력 강탈 현상을 목격하면서, 그렇다면 마음이 현재에 머물게 하는 훈련이야말로 주의력 훈련에 빠져 있던 중요한 조각일 수도 있겠다고 생각했다. 촉매가 되는 재료. 집중을 도와주는 기계 장치들, 뇌 훈련 앱, 그리고 우리가 시도했던 갖가지 방법에 빠져 있던 재료. 그게 바로 마음챙김이 아닐까? 내 추론이 타당한지를 알아보기 위해 우리는 스트레스와 부담이 가장 큰 직업군 중 하나인 군인들에게 눈을 돌렸다.

비행기가 웨스트 팜비치 상공을 맴도는 동안 나는 의자 팔걸이를 꽉 잡고 착륙을 기다렸다. 약간 긴장이 됐다. 비행이 무서워서가 아니라 해병대 장교와의 만남을 앞두고 있었기 때문이다. 나는 동료들과 함께 군인들을 위해 특별히 설계한 마음챙김 훈련에 관한 예비연구를 하고 싶다고 제안했는데, 그들이 우리의 제안을 받아들일지는 미지수였다. 우리를 도와준 해병대 장교 두 사람은 조금 주저하면서도 우리의 기지 방문을 허락했고, 그들이 속한 부대에서 마음챙김 명상 프로그램을 운영할 수 있도록 해주려고 지원을 아끼지 않았다. 그들은 직업군인이었다. 마음챙김 명상은 그들에게 익숙한 일이 아니었다.

콜로라도주의 명상 센터에서 진행한 연구의 결과는 희망적이었다. 참가자들의 주의력 점수가 높아졌다는 것은 이상적인 환경에서 마음챙김이 주의력을 향상시킬 수 있다는 뜻이다. 그렇다면 이상적이지 않은 환경에서는 어떨까? 세상과 동떨어진 고요한 장소에서 한 달 동안 집중적으로 명상을 하지 못할 경우에는? 그림 같은 산악지대에서 명상 프로그램에 참가하는 것은 정말 좋은 일이다. 하지만 대부분의 사람들은 일상생활의 한가운데서, 압박 속에서 여러 개의 공을 동시에 던져 올리고 있을 때 주의 집중에 관한 도움을 필요로 한다. 그리고 하루에 12시간씩 하는 명상은 절대

다수의 사람에게는 현실적인 방법이 못 된다. 마음챙김이 평범한 사람들에게도 도움이 될 수 있을까?

실험실에서 이런 고민을 하고 있던 중, 나는 다른 대학의 국방학 교수로부터 전화를 받았다. 퇴역 군인인 그녀는 해외 파병과 관련된 어려움을 직접 겪고 나서 마음챙김에 의지했던 경험이 있으며, 다른 현역 군인들에게도 마음챙김 훈련의 기회를 주고 싶다고 했다. 그녀는 신경과학이나 실험적 연구에 관해서는 잘 모르기 때문에 연구를 도와줄 사람을 찾고 있었는데, 리치 데이비드슨이 나를 소개했다고 했다. 나는 펜실베이니아대학에서 리치 데이비드슨의 강연을 들은 이후로 그와 계속 연락을 취하고 있었다.

나는 그녀의 제안에 흥미를 느끼고 주의력과 군대의 해외 파병에 관한 선행 연구들을 찾아서 읽기 시작했다. 나는 금방 그 주제에 매료되었는데, 솔직히 말하면 걱정스럽기도 했다. 군대는 24시간 내내 극도로 힘든 상황에서 생활하는 사람들의 집단이다. 그런 항시적인 부담에는 당연히 대가가 따른다. 해외 파병을 앞둔 군인들은 강도 높은 훈련을 받고, 날마다 생명이 왔다 갔다 하는 시나리오로 모의훈련을 한다. 그러고 나서 그들은 진짜로 생명이 왔다 갔다 하는 시나리오 속으로 들어간다. 앞에서 설명한 '주의력을 떨어뜨리는 강력한 힘들'이 현역 군인들에게는 일상적인 삶의 방식이다. 게다가 주의력을 떨어뜨리는 다른 요인들도 있다. 불면증, 불확실성, 혹독한 기후, 죽음을 의식하게 만드는 환경(자신의 죽음에 관해 생각하는 것)과 같은 것들. 마침 9·11 사태 이후 이라크에서 군사작전이 벌어지던 시기였으므로 상황은 더욱 극단적으로 치달았다. 그해가 2007년이었고, 미국은 벌써 6년째 해외에서 전쟁을 치르고 있었다. 군부대들이 연이어 해외로 배치됐다. 군인들의 자살과 외상 후 스트레스 장애(PTSD) 발병률이 치솟았다. 군인들은 극심한 스트레스에 시달리다가 정신장애를 일으켰을 뿐 아니라 도덕적 상처로 괴로워했다. 다수의 군인들이 자신의 과민반응으로 윤리 규범에 어긋나는 행동을 했다는 후회와 원망, 죄책감에 시달렸다.

내 입장에서는 군과 협력해서 연구를 한다는 것이 망설여지지 않았을까? 당연히 그랬다. 나는 군과 협력하는 일에 관해 오랫동안 깊이 고민했다. 군인들이 겪는 문제들의 대부분은 그들이 전쟁터에 나가야 했다는 사실에서 비롯된다. 아예 전쟁을 중단하는 것이 더 낫지 않을까?

그야 당연하다. 전쟁을 멈출 수 있다면 정말 좋지 않겠는가? 하지만 그런 질문은 우리 같은 보통 사람들이 자신의 삶에서 마주치는 스트레스 요인에 어떻게 대처해야 할까라는 질문과 본질적으로 비슷하다. 우리의 삶을 바꿔야 할까, 아니면 마음을 바꿔야 할까? 나 한 사람이 세상을 바꾸고 전쟁을 멈출 수는 없다. 하지만 내가 군 복무 중인 사람들을 도울 수 있을지도 모른다. 그들이 극심한 스트레스를 잘 이겨내고, 주의력 저하를 방지하고, 감정을 잘 조절해서 전쟁의 혼돈 속에서도 그들의 마음속에 있는 윤리 규범을 지킬 수 있도록 돕고 싶었다.

마지막으로 군인이라는 집단에서 알아낼 수 있는 것이 정말 많았다. 상상할 수 있는 것 중에서 스트레스와 부담이 가장 크고 시간이 빠듯한 환경에서 생활하는 사람들의 주의력에도 마음챙김이 도움이 될까? 자신들이 지시받은 일과 국가의 요구 때문에 상처 받은 사람들에게 마음챙김이 힘이 될 수 있을까? 만약 마음챙김이 군인들에게 도움이 된다면 우리 같은 보통 사람들에게도 도움이 될 것이다. 이제 마음챙김을 산악지대에서 가지고 내려와서 참호 속에 집어넣을 때가 됐다.

군인들에게 마음챙김을 시험하다

우리가 플로리다주 웨스트 팜비치에 위치한 해병대 기지를 찾았을 때 제이슨 스피탈레타 대위가 나에게 했던 말이다. 호의에서 그렇게 말한 것 같았다. 그는 나와 악수를 할 때 미소를 지었고, 쾌활한 어조로 우리의 연구가 순조롭지 못할 거라고 말했다. "해병대는 그런 연구를 승인하지 않을 겁니다." 마음챙김은 지나치게 '부드러운' 느낌을 주기 때문에 해병대가 관심을 가질 만한 주제가 아니라고 했다(그때는 2007년이었고, 마음챙김은 사람들에게 아주 생소한 개념이었다).

그럼에도 불구하고 스피탈레타 대위와 그의 동료 장교는 우리가 해병대 기지에서 연구를 수행하는 것을 허락했다. 그의 동료는 2장에서 잠깐 만난 제프 데이비스 대위였다. 나는 그가 어떤 사람인지 잘 모르는 상태로 그날 처음 데이비스 대위를 만났다. 몇 달 전에 전화로 이야기를 나눴을 때 그는 회의적인 것 같았지만 열린 태도를 견지했고 해군에 새로운 시도가 필요하다는 말도 했다.

스피탈레타와 데이비스는 내가 상상했던 해병대원의 모습 그대로였다. 솔직히 말해서 나는 잠시 인지부조화를 경험했다. 그렇게 과묵하고 건장한 두 남자가 사막의 조용한 기지에 앉아 명상하는 모습은 상상이 되지 않았다. 나조차도 그런 장면을 상상하기가 힘들다면 해병대 지휘부는 당연히 의구심을 가질 것이다. 그때는 우리의 연구가 초기 단계였으므로 마음챙김으로 '인지능력 훈련'이 가능하다는 선행 연구도 없었다. 우리는 그 가설을 시험하고 데이터로 확인해볼 계획이었다. 나의 목표는 확실한 결과를 얻을 수 있는 조건을 만드는 것이었다. 주의력의 작은 변화도 감지할 수 있도록 적절한 질문을 던지고 평가 방법도 신중하게 선택해야 했다. 우리가 세심하게 계획을 세운다면, 그리고 운도 조금 따른다면 명확한 답을 얻을 수 있을 것 같았다.

데이비스 대위와 스피탈레타 대위의 협력을 얻어낸 것은 나에게 큰 행운이었다. 둘 다 해병대 기지에서 복무하는 대위였지만 나의 실험실에서 연구하는 대학원생 역할도 충분히 해낼 수 있는 사람들이었다. 대화를 나눠보니 두 사람 모두 머리 회전이 빠르고 호기심이 많았으며 신경과학과 실험 연구에 매력을 느끼고 있었다. 나는 그들의 따뜻한 리더십을 느낄 수 있었다. 그들은 어렵고 복잡하고 위험한 상황에 투입되는 해병대 병사들을 진심으로 아끼고 그들을 돕고 싶어 했다. 데이비스는 고향에 어린 자식들이 있었는데도 네 번째 해외 파병을 앞두고 있었다. 그의 상황이야말로 크립토나이트의 전형이 아닌가!

데이비스 대위가 나와 통화할 때 했던 말은 사실이었다. 우리 모두에게 새로운 시도가 필요했다. 우리가 캠퍼스와 실험실에서 연구를 진행했을 때는 참가자들이 주의력 과제를 수행하는 동안 집중을 방해하는 이미지를 잠깐씩 화면에 띄워서 스트레스 상황을 인위적으로 만들었다. 하지만 이곳 해병대 예비군 본부에서 우리는 단순히 실험실의 이미지가 아니라 실질적인 강력한 스트레스 요인에 노출된 사람들을 만날 수 있었다. 이곳은 고요한 명상 센터와는 달랐다. 마음챙김이 이곳에서도 변화를 일으킬 수 있을까?

우리 연구진은 노트북 컴퓨터를 가져가서 해병대원들에게 다양한 인지 과제를 수행하도록 하고 그들의 기분과 스트레스 지수를 측정했다. 그러고 나서 8주간의 파병 전 훈련 기간에 그들에게 총 24시간으로 짜여진 마음챙김 기반의 스트레스 완화 프로그램을 제공했다. 그것은 원래 의료기관에서 시범적으로 실시됐던 프로그램을 군대라는 집단의 특성에 맞게 재구성한 것이었다. 해병대원들은 호흡자각과 보디스캔 등의 기초 명상법을 배웠다. '편집'을 하지 않고 주의를 현재의 순간으로 가져오는 연습을 했다. 이런 훈련을 해병대원들이 쉽게 받아들이도록 하려면 그들에게 맞는 방식으로 전달해야 했다.

그들의 과제는 매일 30분간 마음챙김 훈련을 하는 것이었다.

8주 후에 우리는 다시 해병대 기지에 가서 대원들의 주의력을 측정했다. 어떤 대원들은 매일 30분이라는 과제를 제대로 수행했지만 대부분의 대원들은 그보다 훨씬 짧은 시간 동안 명상을 했다. 그들의 명상 시간은 제각각이었다. 현장 연구에서 수집하는 데이터가 종종 그렇듯 참가자들 사이에 편차가 컸다. 명상 센터에서 훈련했던 사람들과는 양상이 사뭇 달랐다. 우리는 결과를 정리하기 위해 해병대원들을 두 집단으로 나눴다. '우수' 집단에 속한 사람들은 하루 평균 12분 동안 명상을 했고, '저조' 집단에 속한 사람들은 그보다 훨씬 짧게 명상을 했다. 우리가 발견한 사실은 다음과 같다. 저조 집단은 8주 동안 주의력, 작업기억, 기분이 저하된 반면, 우수 집단은 주의력, 작업기억, 기분이 거의 그대로 유지됐다. 8주 훈련이 끝난 시점에 우수 집단은 저조 집단과 명상을 하지 않은 대조군보다 점수가 높았고 기분도 더 좋았다고 답했다. 선행 연구에서 얻은 결과는 스트레스가 높은 상황에서도 유효한 것으로 확인됐다. 마음챙김은 정말로 주의력을 유지하는 데 도움이 된다.

여기까지 연구를 진행하고 나서 해병대원들은 해외로 떠났다. 나중에 그들이 돌아왔을 때 우리는 그들을 대상으로 다시 검사를 실시했다. 이번에도 우리가 처음에 얻은 결과는 뒤죽박죽이어서 통계적으로 유의미한 것이 없었다. 표본의 크기는 작았다. 그리고 해병대원들 중 일부는 연구에서 빠지거나, 제대를 하거나, 다른 기지로 옮겨갔다. 파병 기간 동안 명상 훈련을 중단한 사람도 많았다.

그래도 하나의 패턴이 뚜렷하게 나타났다. 파병 전 저조 집단에 속했던 사람들을 다시 살펴본 결과, 그들 중 일부는 주의력 점수가 파병 전보다 높아졌다. 이 결과는 선행 연구의 데이터와 모순되는 것이었지만 그 원인을 설명할 길이 없었다. 왜 이 사람들은 높은 점수를 받았을까? 그들은 파병 전에도 다른 대원들보다 훨씬 짧은 시간 동안 명상을 했던 사람들이었다.

나는 해병대원들을 대상으로 마음챙김 프로그램을 개발하고 가르쳤던 동료에게 연락해서 그 원인을 알아보라고 했다. 그녀도 왜 그런지 모르겠다고 했다. 그러다가 내가 저조 집단에서 높은 점수를 받은 사람들의 이름을 불러주었더니 그녀는 뭔가를 기억해냈다. 그 대원들은 이라크에서 그녀에게 이메일을 보내 다음과 같은 소식을 전했다. "파병 전에 선생님의 프로그램에 참가했던 제 동료를 보니 밤잠을 잘 자네요. 그 동료가 하는 걸 저도 배우고 싶은데, 도움을 주시면 감사하겠습니다." 그들은 멀리 떨어진 곳에서 내 동료의 도움을 받으며 마음챙김 훈련을 시작했던 것이다.

그러니까 이 저조 집단의 대원들은 스스로 '우수' 집단으로 바뀐 셈이다. 나로서는 상상하기도 어렵지만, 이라크 파병 기간 동안 그들은 예측 불가능한 일정표와 심한 압박에 시달렸을 것이다. 그런 환경에서 일부 병사들은 스스로 마음챙김 명상 시간을 늘리기로 마음먹었다. 마음챙김 명상이 효과가 있다는 것이 그들의 눈에도 명백하게 보였기 때문이다.

이렇게 해서 군대라는 환경에 최초로 마음챙김 훈련을 도입한 시도는 희망적으로 마무리됐다. 물론 그 연구의 결과가 굉장한 것은 아니었다. 연구 규모가 작았고 데이터의 편차가 큰 편이었다. 그러나 그 연구는 상당히 큰 함의를 지니고 있었다. 첫째, 고도의 집중이 필요한 직업군에 마음챙김 기반 훈련을 도입하면 주의력 유지에 도움이 된다. 둘째, 마음챙김 기반 훈련은 "시간이 짧든 길든 훈련을 하기만 하면 도움이 된다"라고 말하기가 어렵다. 성실하게 훈련을 해야 주의력 향상 효과를 얻을 수 있었다.

이 연구를 현실로 만들기 위해 우리는 여러 개의 관문을 통과해야 했지만, 그런 노력을 기울일 가치가 있었다. 마음챙김 훈련이 극단적인 스트레스 상황에서도 개개인의 주의력 자원을 효과적으로 보호하는 일종의 '정신적 갑옷'을 만들어준다는 생생한 증거가 우리 눈앞에 있었으니까.

자각하고, 관찰하고, 존재하기

물리적인 힘이 필요한 순간을 한번 상상해보라. 예컨대 당신은 친구가 가구를 옮기는 일을 도와주려고 한다. 무거운 소파 앞으로 갔는데, 그걸 옮기기에는 힘이 부족하다는 걸 깨달았고…, 결국 바닥에 소파를 떨어뜨리고 말았다. 그래서 당신은 팔 힘을 기르기 위해 팔굽혀펴기를 시작한다.

　이런 행동이 어리석다고 생각하는가? 대다수 사람들은 날마다, 항상, 인지능력의 한계를 느낄 때마다 이런 식으로 행동한다. 주의력 훈련 계획을 수립하고, 훈련을 습관화하고, 주의력 향상을 위해 매일 조금씩 훈련하는 대신 우리는 스트레스를 받거나 위기가 닥쳤을 때 '마음의 근력 운동'을 한두 번 찔끔 한다. 그러면서 그 근력 운동이 도움이 될 것이고 우리가 곧 벌떡 일어나 '저 소파를 번쩍 들어 올릴' 수 있을 거라고 믿는다. 하지만 우리는 더 고갈되기만 한다.

　우리는 지금부터 훈련을 시작해야 한다. 현재가 우리에게 부담이 큰 시기일 수도 있고, 미래에도 부담이 큰 시기가 찾아올 것이기 때문이다.

　좋은 소식은 작은 것부터 시작해도 된다는 것이다. 그리고 지금 당장이라도 시작할 수 있다. 사실 당신은 이미 시작했다. 이제는 당신도 주의력 훈련의 길 위에 있다. 당신은 당신 자신이 가진 힘을 알고 있다(주의력의 힘). 또한 당신의 적을 알고 있다(스트레스, 나쁜 기분, 위협과 같은 크립토나이트를 알고, 그것이 왜 해로운지도 안다). 이제부터는 우리의 뇌가 원래 방황하도록 만들어졌다는 사실과 그 이유, 그리고 우리가 무엇을 해야 하는시에 관해 이야기하려고 한다. 주의력의 문제를 전적으로 외부 스트레스 요인 탓으로 돌릴 수는 없다. 우리는 어려운 상황이 가장 큰 문제라고 생각하고 싶은 유혹을 느낀다. 그 상황을 없앨 수만 있다면 우리의 상태도 좋아질 거라고 생각한다.

하지만 궁극적으로 주의력을 저하시키는 요인은 내면의 들판에 자라는 잡초들이다. 나는 내면의 들판을 '마음 풍경'이라고 부르기도 한다. 마음의 잡초들은 당신에게 불리하게 작용하는 외부의 힘들과는 큰 관련이 없고 주의력의 작동 원리와 관련이 있다. 당신이 잡초들을 베어내면(스트레스와 '위협'을 제거하면) 그 잡초들은 다시 자라난다. 당신이 주말에 스파를 즐기거나 바다낚시 여행을 떠나 있는 동안은 마음 풍경에 잡초가 하나도 없을 수 있지만, 그렇다고 해서 당신이 일상생활로 돌아오자마자 다시 잡초가 자라나지 않는다는 뜻은 아니다. 사실은 환상적인 여행으로 돌아가고 싶은 소망 자체가 당신의 월요일을 새로운 불행으로 만드는 잡초일 수도 있다.

나에게 주의력 위기가 찾아왔을 때 나는 내가 나 자신의 마음 풍경을 잘 알지 못한다는 사실을 발견했다. 물론 나는 소크라테스의 가르침대로 "나 자신을 알기는" 했다. 내 성격, 나의 가치관, 나의 취향을 알고 있었다. 하지만 매 순간 내 마음속에서 무슨 일이 벌어지고 있는지는 알지 못했고, 그걸 아는 게 중요하다고 생가히지도 않았다. 지금 이 순간 나의 주의는 어디에 머물고 있는가? 지금 나를 사로잡고 있는 생각, 감정, 기억은 무엇인가? 지금 나는 어떤 스토리, 가정, 마음가짐을 가지고 있는가?

항상 나 자신이 행동 지향적, 결과 지향적이고 경쟁심이 강하고 야심만만하고 충동적인 면도 있는 사람이라고 생각했던 내가 마음챙김의 여정에서 알게 된 것들은 정말 놀라웠다. 나는 생전 처음으로 나 자신의 마음과 교류하고 나의 마음 풍경에 관해 알게 됐는데, 그 풍경은 더 열심히 노력하고 머리를 더 빨리 회전시켜서 더 많은 일을 하고 싶다는 것이 아니었다. 나의 마음 풍경은 '존재'하는 것이었다. 수용적이고 호기심 많은 태도로 내 삶의 순간들에 존재하는 것이었다. 그전까지 나는 어려운 문제가 생길 때마다 '생각'을 통해 그 문제를 해결할 수 있다고 가정했다. 아마 대부분의 사람들이 그런 믿음을 가지고 있을 것이다. 뭔가를 배우거나, 상황을 분석하거나, 위기를 관리할 때 가장 좋을 뿐만 아니라 유일한 방법은 철저히 분석하고 실마리를 찾아 논리적으로 답을 찾아낸 후 그 답에 따라 행동하는 것이라는 믿음. 심리학자들은 이런 믿음을 '논변적 사고discursive thinking'라고 부른다. 우리는 판단하고, 계획하고, 전략을 수립한다. 우리는 다르게 행동하는 법을 모른다. 하지만 생각하고 행동하는 것만으로는 충분하지 않다.

주의력에 관한 과학적 연구는 행동을 강조한다. 이것은 우리가 애초에 왜 주의력 시스템을 가지도록 진화했는지에 관한 이론에서 비롯된다. 주의력 시스템은 우리의 정보 처리를 제약하고 무의미한 정보를 걸러내서 당면 과제에 집중하고 더 중요한 목표를 달성할 수 있도록 하기 위해 만들어졌다는 것이다. 다시 말하면 우리에게 주의력이 필요한 이유는 행동하고 세상과 소통하기 위해서라는 것이다. 학술 문헌에서 주의력을 이처럼 좁은 의미로 기술하고 있기 때문에, 나 자신의 주의력 위기에 대한 해답을 찾으려고 했을 때 나는 아무것도 얻지 못했다. 처음에는 해답을 못 찾아서 실망했지만, 한편으로는 주의력의 다른 상태에 관해 알아보고 싶은 욕구가 생겨났다. 주의력의 다른 상태란 수용적인 상태를 의미한다. 자각하고, 관찰하고, 그 순간에 존재하는 상태.

데카르트는 "나는 생각한다, 그러므로 나는 존재한다"라는 결론으로 존재의 고뇌를 해결했지만, 대부분의 사람들은 자신의 생각 때문에 더 괴로워진다. "나는 생각한다, 그러므로 나는 산만해진다." 우리는 생각과 행동에 집단적, 만성적으로 중독되어 있다. 그래서 '그냥 존재하는 상태'로 전환하는 일이 쉽지 않다. 그냥 존재하려면 연습이 필요하다. 그리고 주의력에 관한 과학적 연구가 늘어나고 있는데, 이런 연구를 담은 문헌들도 그냥 존재하는 훈련을 하면 우리의 생각과 행동이 더 효율적이고 의미 있게 바뀔 수 있다고 이야기한다.

최고의 마음peak mind이란 생각과 행동을 존재보다 우선하지 않는 마음이다. 최고의 마음은 주의력의 두 가지 상태를 능숙하게 다룬다. 최고의 마음은 집중을 잘하면서도 수용적이다. 이렇게 균형 잡혀 있을 때 우리는 주의력을 저하시키는 요인들을 극복하고 이겨낼 수 있다. 이것이 우리가 불공평한 싸움을 이기는 방법이다.

플로리다의 다리 위에서 주의력 위기를 겪었던 데이비스 대위는 최근에 한 번 더 위기를 만났다. 이번에는 전혀 다른 유형의 위기였다.

44세였던 데이비스 대위는 우버 차를 타고 이동하는 도중에 심장마비를 일으켰다. 그때 그는 10여 년 전 우리의 연구 기간에 시작했던 마음챙김 명상을 이용했다고 한다. 그는 공포에 휩싸이지 않았고, 바로 행동으로 들어가는 대신 재빨리 상황을 관찰하고 분석했다. 그는 그 자신을 즉각적인 의료 조치가 필요한 차 안의 남자로 바라봤다. 그는 차분하게 집중력을 유지하면서 우버 운전사에게 차를 세우라고 지시했다. 그러고는 직접 911에 전화를 걸었고, 구급차가 다가오는 것을 보고 정지 신호를 보내기도 했다. 그가 생명이 위태로운 환자처럼 보이지 않았기 때문에 구급차 기사는 그를 무시하고 지나치려고 했다. "아니에요, 아니에요. 저는 지금 심장마비 환자를 태우려고 온 거라고요!" 몸에 마비가 오고 있었는데도 데이비스의 주의력은 수용적이고 집중을 유지했다. 그 순간에도 그는 최고의 마음 상태에 도달할 수 있었다.

데이비스 대위가 이 이야기를 들려주었을 때, 나는 그가 무사했다는 사실에 크게 안도했다. 또한 그가 자신의 주의력을 전환한 것에 감탄했다. 그는 진짜 형편없는 '상사'(그의 주의력 시스템은 그를 다리에서 추락시킬 뻔했다)를 모시고 있다가 우수한 지도자, 안내자, 동맹군이며 그의 생명을 구해준 고마운 상사를 모시게 된 남자였다.

여기까지 읽고 당신의 주의력을 개선하고 싶은 마음이 들었는가? 이제 당신은 앞으로 나아가는 데 필요한 지식을 다 가지고 있다. 지금 당신이 알고 있는 것들은 우리가 마음챙김에 관한 초창기 연구를 통해 알아낸 사실들이다.

- 주의력은 강력하다.
- 주의력은 취약하다.
- 주의력은 훈련 가능하다.

그리고 이제부터 우리는 기본적이지만 반드시 필요한 기술로 그 훈련을 시작하려 한다. 산만한 세상에서 집중을 유지하는 기술!

4장   산만한 세상에서
집중을
유지하는 기술

나는 최근에 캘리포니아주로 여행을 다녀왔다. 산호세까지 비행기로 가서 렌터카를 타고 남쪽으로 갔다. 비행 후의 몽롱함은 연한 파란색 하늘의 상쾌함에 씻겨 나갔다. 도로에는 차가 거의 없었다. 고속도로가 4차선으로 넓게 펼쳐져 있어서 나의 주의도 넓어졌다. 나는 차를 몰고 앞으로 나아가면서 머릿속으로는 갖가지 생각을 하고 있었다…. 내가 쓰고 있던 논문에 관해 고민하고, 새로운 실험의 아이디어를 떠올리고, 저녁에 아이들에게 전화를 걸어서 물어볼 것들의 목록을 만들었다. 나는 콘크리트 방음벽 위로 고개를 살짝 내민 상록수들을 보며 차 안에 틀어놓은 노래를 따라 불렀다. 내가 사는 마이애미주와는 완전히 다른 풍경이었다. 이렇게 내 마음은 마치 빠른 물살 속을 헤엄치는 물고기처럼 다양한 생각의 흐름 속에서 이쪽저쪽으로 잽싸게 움직였다. 그래도 별문제는 없었다. 그러다 나는 좁고 구불구불하고 다소 위험한 17번 고속도로에 들어섰다. 17번 고속도로는 태평양 연안의 산타크루스로 이어지는 언덕지대를 통과하는 구불구불한 길이었다. 갑자기 하늘에 얇은 베일 같은 구름이 드리워진 것만 같았다. 안개가 내 차를 감쌌다. 비가 쏟아지기 시작했고, 아스팔트가 질척거렸다. 도로에 차도 많아졌다. 도로가 2차선으로 바뀌는데 어떤 차가 갑자기 끼어들었다. 한번은 언덕에서 진흙 더미가 도로로 떨어지기도 했다. 도로가 좁아지자 나의 생각도 좁아져서 단 하나의 중요한 지점으로 모였다. '목적지까지 무사히 가자!' 그런데 걱정이 되기 시작했다. 그다음에는 내가 걱정을 하고 있다는 것이 걱정되었다. 나는 그게 전혀 도움이 안 된다는 것을 알고 있었다. 나의 모든 인지적 에너지를 깔때기처럼 모아서 눈앞의 도로를 잘 헤쳐 가야 했다. 집중해야만 했다.

알다시피 나는 17번 고속도로의 진흙 더미와 무모한 운전자들을 무사히 지나왔다. 그렇지 않았으면 지금 당신에게 이 이야기를 들려주지 못했을 테니까. 이 이야기의 요점은 때때로 우리는 주의력 섬광을 꽉 붙잡아서 필요한 곳에 고정할 줄 알아야 한다는 것이다. 그럴 때가 아니라면 우리의 주의는 여기저기 거닐고 휙휙 날아다니다가 가끔 주변 풍경이나 당신의 마음 풍경 속의 어떤 것을 포착하기만 해도 된다. 어느 쪽이든 당신의 섬광은 영향을 받는다. 대부분의 사람은 그 섬광을 잘 인식하지 못하거나 통제하지 못한다…. 아직은.

섬광이란 세상에 널려 있는 온갖 것들 중에서 한 묶음의 정보를 선택하는 능력을 뜻한다. 내가 말하는 '집중'은 그런 의미를 담고 있다. 우리가 선택한 정보는 그게 무엇이든 간에 주변의 다른 정보보다 정확하고 선명하게 처리된다. 우리의 뇌 안에서 벌어지는 '전쟁'을 기억하는가? 주의가 무언가를 향하고 있을 때, 예컨대 어떤 장소나 어떤 사람이나 어떤 물체를 향하고 있을 때는 그것을 해석하는 신경세포들이 뇌의 활동을 좌지우지한다. 우리가 어떤 정보에 집중할 때 그 정보의 '명도'는 높아지는 반면 당면 목표와 무관한 정보는 희미해진다. 이런 기능이 없다면 우리는 수시로 마비되고 혼란에 빠지고 과부하에 걸릴 것이다.

우리는 우리 자신의 주의가 상황과 환경의 요구에 따라 형태를 전환하며 좁아졌다가 넓어졌다가 하는 것을 잘 알아차리지 못한다. 하지만 장담하건대, 섬광 주의력이 원하는 곳에 있지 않을 때는 당신도 그것을 알아차린다. 뭔가 중요한 일에 집중해야 하는데 잘 안 될 때가 있지 않은가? 당신을 끌어당기는 것은 다른 생각일 수도 있고 강렬한 감정일 수도 있고 당신이 사로잡혀 있는 어떤 대상일 수도 있다. 역설적이지만 어떤 과제나 임무에 집중해야 한다는 압박과 스트레스가 당신을 산만하게 만드는 원인일 수도 있다. 그런 일이 벌어질 때 당신은 비생산적인 방법으로 마음을 가라앉히거나 주의를 다른 데로 돌리려고 노력하지만, 자기도 모르게 머릿속에서 스크롤을 내리고 클릭을 하게 된다. 그래서 임무 완수에서 더욱 멀어진다. 눈앞의 과제에 다시 집중하기 위해 힘겨운 싸움을 벌여야 했다면 당신은 혼자가 아니다. 직장 내 소셜미디어 사용에 관한 최근의 조사에 따르면, 직장에서 소셜미디어를 사용하는 것은 '정신적 휴식'을 제공하기도 하지만 직장인의 56퍼센트는 소셜미디어 사용이 업무에 집중하는 데 방해가 된다고 답했다.[1]

우리가 마음을 눈앞의 과제에 붙잡아두려고 힘겹게 애쓰고 있다는 것은 우리 자신도 알고 있다. 문득 고개를 들어보니 마음이 당면 과제가 아닌 다른 곳에 가 있다는 것을 알아차릴 때가 하루에 몇 번이나 되는가? 그럴 때 우리는 크게 좌절하기도 한다. 우리는 집중이 흐트러지면 실질적인 대가(마감을 놓칠 수도 있고, 차가 다가오는 것을 못 볼 수도 있다. 아니면 더 심각한 사태가 닥칠 수도 있다)가 따른다는 사실을 알면서도 우리에게 필요한 곳에 주의를 붙잡아두지 못한다.

당신의 주의가 향하는 곳

마이애미대학 학부생들을 대상으로 연구를 진행할 때 우리는 학생들을 실험실 컴퓨터 앞에 앉혀놓고 심리학 교과서의 한 부분을 묵독으로 읽으라고 지시했다.[2] 글은 한 번에 한 문장씩 화면에 나타났다. 글의 대부분은 정상적으로 흘러갔지만, 우리는 문맥에서 완전히 벗어난 문장을 하나씩 집어넣었다. 그런 문장을 자주 넣지는 않았다. 비율은 약 5퍼센트 정도. 만약 주의를 집중하고 있다면 그게 엉뚱한 내용이라는 것을 쉽게 알 수 있었다. 실험에 참가한 대학생들의 임무는 간단했다. 문장 하나가 나올 때마다 스페이스바를 눌러 다음 문장으로 넘어간다. 문장이 그 단락의 내용에 맞지 않을 때는 스페이스바 대신 시프트를 누른다. 나는 귤을 아주 좋아한다. 만약 당신이 이 실험에 참여하고 있었다면 당신은 바로 앞 문장을 읽고 시프트를 눌렀을 것이다.

우리는 학생들에게 글을 주의 깊게 읽으라고 했고 확실한 유인도 제공했다. 실험이 끝나면 퀴즈가 나올 것이고, 실험에 참여한 시간만큼 학점을 인정받을 것이라고 했다.

학생들의 점수는 어땠을까? 좋지 않았다. 그들은 맥락에 맞지 않는 문장을 거의 다 놓쳤다. 그리고 당연하게도 그들이 놓친 문장이 많을수록 실험 후의 퀴즈에서 낮은 점수를 받았다. 그들은 글의 내용을 습득하지 못하고 있었던 것이 분명했다.

당신은 이 실험이 너무 어려웠다고 항변할지도 모른다. 교과서는 원래 딱딱하고 난해한 데다, 20분 동안 스페이스바를 계속 누르는 일은 지루하기 짝이 없다고 말할지도 모른다. 그렇긴 하다. 하지만 더 쉬운 과제를 제시한 다른 실험들에서도 동일한 결과가 나왔다.[3] 화면에 표시되는 글자를 보고, 그게 실제로 있는 단어라면 스페이스바를 누르고 진짜 단어가 아니라면 시프트를 누르는 실험도 있었다. 시간이 지날수록 참가자들이 단어를 하나씩 읽고 스페이스바를 누르는 속도는 점점 느려지고 드물게 리장됐다. 이제 물어보자. 당신은 방금 읽은 문장의 몇몇 단어들이 말이 안 된다는 사실을 알아차리기까지 얼마나 걸렸는가?

그 후로 이 연구는 여러 실험실에서 반복됐는데, 화면의 글자들이 무의미한 단어라는 것을 바로 알아차리지 못한 경우가 전체의 30퍼센트 정도였다.[4] 사람들은 평균적으로 스페이스바를 열일곱 번 연속으로 누르고 나서야 자신이 읽고 있는 글이 말이 안 된다는 사실을 알아차렸다.

어쩌면 앞의 실험은 불공평했을지도 모른다. 당신에게 미리 알려주지 않았으니까! 그러면 모든 규칙을 투명하게 공개한 상태에서 또 하나의 실험을 해보자. 이번 과제는 아주 간단하고 몇 초

밖에 안 걸린다. 당신은 지금 앉아 있는 자리에서 일어날 필요도 없다.

내가 "시작"이라고 말하면 당신은 두 눈을 감고 호흡을 다섯 번 하라. 만약 당신이 명상 수련을 해본 적이 있다면 열다섯 번으로 바꾼다. 호흡은 평소와 같이 고르게 하라. 과제는 당신의 호흡에 집중하는 것이다. 숨을 들이쉬고, 내쉬고. 오직 호흡에만 집중하라. 당신의 생각이 다른 곳으로 달아나는 것을 알아차리는 순간, 아니면 잡생각이 끼어드는 순간 과제 수행을 멈추고 눈을 뜬다.

준비됐는가? 시작.

좋다. 평가를 해보자. 몇 번이나 호흡을 하고 나서 주의가 흐트러졌나? 짐작하건대 다섯 번은 아닐 것이다. 그 근처에도 못 갔을 것이다.

사실 이건 압박이 적은 상태에서 지면을 통해 아주 잠깐 게임을 해본 것에 지나지 않는다. 이 게임에는 아무것도 걸려 있지 않았다. 진짜 중요한 것이 걸려 있었다면 당신은 호흡(또는 어떤 표적)에 조금 더 오래 집중할 수 있었을지도 모른다. 그러나 우리가 실험실에서 알아낸 사실들과 주의력 연구의 전반적인 결론에 따르면, 많은 것이 걸려 있을 때도 결과는 똑같다. 사람들은 어떤 경우에도 집중을 유지하지 못한다. 집중을 잘하면 돈을 준다고 해도 마찬가지였다. 그들의 과제가 순수하게 어떤 활동을 즐기는 것이라도 마찬가지였다. 집중이 흐트러지면 재앙이 닥치는 경우에도 마찬가지였다.[5]

신경과학이 밝혀낸 주의력의 특성

춥고 우중충한 겨울날 아침, 커피 컵을 손에 들고 택시에서 내린 나는 캠퍼스 구내에 희미하게 보이는 병원 건물을 향해 걸어갔다. 오전 6시 30분이었다. 오전 7시에 대학원생 집담회가 있었다. 강의실을 찾을 시간은 충분했다. '집담회'라는 명칭이 익숙하지 않은 독자들을 위해 설명하자면, 의학 교육기관에서 매주 보통 특정한 질환이나 환자의 치료에 관해 발표하는 자리다. 그날은 내가 발표를 맡았고, 청중은 신경외과 레지던트들이었으며, 주제는 마음챙김과 주의력이었다.

나는 슬라이드 기기를 설치하고 초조한 마음으로 집담회가 시작되기를 기다렸다. 시계가 똑딱똑딱 소리를 냈다. 6시 55분인데 강의실에 사람이 한 명도 없다. 내가 날짜를 잘못 알았나? 6시 57분에 문이 벌컥 열리고 시끄러운 소리와 고함 소리가 들리더니 40명쯤 되는 사람들이 한꺼번에 밀려와 자리를 잡았다. 강의실 안의 좌석이 모두 채워졌다. 나는 그제야 마음을 놓았다. '내가 날짜를 착각한 게 아니었구나.'

그러나 발표가 시작되자 나의 안도감은 희미해졌다. 정확히 뭐가 문제인지는 모르겠지만 청중이 내 이야기에 관심이 많지 않다는 것이 느껴졌다. 여기저기서 전화기가 울려대고, 수군거리는 소리가 강의실 안으로 물결처럼 번져 나갔다. 사람들은 자세를 이리저리 바꿨고, 종이가 사각거리는 소리도 났다. 굉장히 어수선한 분위기였다. 나는 내가 발표한 내용에 대해서는 만족했지만, 발표를 끝내고 그 강의실을 나설 때 '내가 했던 발표 중에 최악이야'라고 생각했다. 그래서 일주일 후에 신경외과 과장에게서 전화를 받고는 어안이 벙벙했다. 과장은 내 발표가 대성공이었다고 했다. '진짜로?' 나는 속으로 반문했다. '학생들은 굉장히 산만해 보였는데!' 그 순간 과장이 레지던트 전원에게 마음챙김 훈련을 시켜달라고 부탁했다.

"레지던트들에게 그게 필요하거든요."

과장은 자신에게도 마음챙김이 필요하다고 말했다. 그는 최근에 있던 일을 이야기했다. 그는 복잡하고 고난도의 뇌수술을 자주 하는데, 그 수술은 길어지면 8시간 내내 이어진다. 그는 오랫동안 서 있으면서 현미경 수준의 정확도로 환자의 뇌를 열어 내부를 고쳐야 했다. 그런데 얼마 전부터 집중이 안 된다고 느꼈다. 강의 중에만 그런 것이 아니라 수술 중에도 산만해졌다. 그는 내 발표를 듣고 그의 마음이 방황하고 있다는 사실을 깨달았다. 그것도 많이.

그가 들려준 일화는 비단 그만이 아니라 여러 외과의사들에게 광범위하게 나타나는 대표적인 패턴이었다. 어느 날 밤, 그는 아내와 심하게 말다툼을 하고 화해하지 못했다. 다음 날 수술 중에 간호사가 들어와서 그에게 전화 메시지를 전달했다. 그가 수술 중에 메시지를 받거나 질문에 답하는 것은 드문 일이 아니었다. 한번 수술실에 들어가면 온종일 걸리기도 하니까. 하지만 그날 받은 메시지는 아내에게서 온 것이었고, 전날 밤의 말다툼과 관련된 내용이었다. 그는 다시 수술에 온전히 집중하기가 어려웠다. 그 메시지가 그를 방해하긴 했다. 하지만 간호사가 쪽지를 전해주기 전에도 그의 마음은 부부싸움으로 돌아가 있었다. 왜 그럴까? 우리 모두가 가진 '인지적 종결cognitive closure' 욕구 때문이다.[6] 우리는 혼란스럽거나, 결론이 나지 않았거나, 모호한 것이 있으면 해답을 찾기를 원한다. 그의 주의의 맨 앞에는 수술이 놓여 있었지만, 그의 마음이 방황할 때마다 주의는 아내와의 의견 차이를 어떻게 해결할지로 흘러갔다.

수술실에서 멀리 떨어진 곳으로 가보자. 워싱턴주 여객선 센터의 기술자인 개럿은 장시간 교대근무를 하는 동안 주의 집중을 유지하기가 어려워서 마음챙김 수련이라는 도구를 활용하기 시작했다. 수석 엔지니어인 그는 올림픽급 여객선 안에서 12시간 동안 야간 근무를 한다. 여객선은 최대 20노트에 가까운 속도를 내고 1500명의 승객과 144대의 차량을 실을 수 있으며 무게는 4000톤이 넘는다. 이런 여객선을 운항하는 일에는 정확성과 계획 수립이 요구된다. 흰색과 초록색의 고래와도 같은 이 배의 방향을 틀거나 속도를 늦추기 위해서는 준비 시간이 많이 필요하다. 개럿은 근무 시간 내내 측정기와 계량기 앞에 서서 모든 눈금을 확인하고, 배의 모든 부분이 제대로 움직이게 하고, 항로를 바꾸거나 변속을 하라는 선장의 명령을 받기 위해 대기해야 한다. 마지막 운항 시간인 새벽 3시가 되면 이런 일들이 힘들어지는데, 정신을 놓아버리는 것은 매우 위험한 일이다. 작은 문제 하나를 놓쳐서 수백만 달러의 손실이 생길 수도 있고, 인명 사고가 발생할 수도 있다. 개럿은 나에게 말했다. "저는 사소한 업무를 수없이 반복하는데, 하나라도 실수하면 엄청난 사태가 발생합니다."

개럿은 중요한 업무를 안전하게 수행하는 데 요구되는 집중을 유지할 수 없다는 것이 걱정이었다. 그래서 그는 자신에게 맞는 시스템을 만들었다. 휴대전화에 10분마다 알람이 울리도록 설정해놓고, 알람이 울리면 첫 번째 눈금부터 시작해서 모든 것을 철저히 점검한다. 알람이 없으면 금방 혼자만의 생각에 빠져들고, 마치 선체 밑으로 물이 스며드는 것처럼 시간이 몇 분씩 빠져나갈 거라고 생각했다.

나는 신경외과 과장에게 이렇게 말했다. "음, 우선 직원들에게 수술 중에는 메시지를 가져오지 말라고 하셔야겠네요! 하지만 그것 말고도 할 수 있는 일이 있습니다."

여객선 수석 엔지니어에게는 이렇게 말했다. "선생님이 스스로 주의력의 한계를 알고 시스템을 만든 건 잘한 일입니다. 하지만 우리가 더 도와드릴 수 있습니다."

어떤 사람이 8시간 동안 수술을 하면서, 또는 어둑어둑한 바다 위에서 12시간 동안 근무를 하면서 집중을 계속 유지하기를 기대하는 것은 비현실적인 일이다. 사실 우리가 단 30분 동안 여객선을 타고 가면서 집중을 유지하기를 기대하는 것도 비현실적인 일이다. 우리의 집중력, 즉 우리의 섬광 주의력은 흐트러지기가 정말 쉽다. 당신이 앞의 연습에서 호흡을 다섯 번 하는 동안 집중을 유지하지 못했다 해도, 아니 호흡을 한 번도 못했더라도 실망할 일이 아니다. 당신의 주의력은 원래 그렇게 만들어졌다. 왜 그럴까? 답은 인간 뇌의 주의력 시스템이 작동하는 기본적인 방식에 있다. 그 답을 찾는 과정에서 우리는 '부하 이론load theory'[7], '경계 감소'[8], '마음의 방황'이라는 신경과학의 주요 개념들을 알아보고 각각의 개념이 주의력 훈련에 어떻게 적용되는지를 살펴볼 것이다. 이 개념들을 익히면 당신의 섬광이 지금 어떻게 작동하고 있는지를 알고, 그 섬광이 어떤 어려움을 겪는지를 이해하고, 그 섬광을 더 잘 통제하게 될 것이다. 우선 당신이 '정신적 피로'를 느끼기 시작하고 집중력을 잃어버릴 때 어떤 일이 벌어지는가를 확실히 알아야 한다. 어떻게 보면 당신이 주의력 자원을 '흘리고' 있어서 인지력 가스탱크에 가스가 얼마 남지 않은 것처럼 보인다. 당신이 온종일, 혹은 어떤 임무를 수행하는 동안 인지력 연료를 계속 태웠기 때문에 이제 연료가 떨어진 걸까? 이런 설명은 직관에 부합한다. 그러나 주의력은 그런 식으로 작동하지 않는다.

부하 이론: 주의력은 가스탱크가 아니다

우리가 집중하기가 어려워지거나 아예 집중이 안 될 때는 마치 주의력이 바닥난 것처럼 느껴진다. 하지만 주의력은 바닥나는 것이 아니다. 주의력이 저하되거나 피로해지기 시작하면 우리가 원하는 곳에 주의를 위치시키기가 어려워지지만, 주의력 자체가 사라지는 것은 아니다. 인지 뇌과학에서는 이것을 부하 이론으로 설명한다. 부하 이론을 요약하면 다음과 같다. 우리가 가진 주의력의 총량은 일정하다. 단지 주의력이 그때그때 다르게 사용될 뿐이고, 우리가 원치 않는 방식으로 사용될 수도 있다.

내가 17번 고속도로에서 산타크루스 산악지대를 통과했던 일을 예로 들어보자. 운전을 하는 동안 즐거운 구간에서는 부담(신경과학의 전문용어로 '부하')이 적었지만 위험한 구간에서는 나의 주의력이 분배되는 방식이 달라졌다. 부하가 적은 구간에서는 주의력 자원을 다른 생각에 돌릴 여유가 있었다. 계획을 짜고, 몽상을 하고, 경치를 즐기고, 음악을 들을 수 있었다. 부하가 큰 구간에서는 그럴 여유가 없었다. 나의 모든 주의력 자원은 당면 과제, 즉 목적

지까지 안전하게 차를 운전하는 일에 집중됐다. 그러나 주의력의 총량은 변하지 않았다. 이렇게 생각해보라. 우리는 항상 우리기 가진 주의력을 100퍼센트 사용한다. 주의는 항상 어딘가로 간다. 그렇다면 그게 '어디로' 가느냐가 중요해진다.

경계 감소: 일의 능률이 떨어진다

어떤 사람에게 일정한 기간 동안 어떤 일을 시키고 그래프를 그려보라. 시간이 갈수록 성과가 떨어진다. 실수가 잦아지고 반응은 느려지고 변동이 심해질 것이다. 실험실에서 우리는 정확성을 요구하는 작업을 장시간 반복하는 테스트를 통해 이와 같은 '경계 감소' 현상을 확인했다. 참가자들이 컴퓨터 앞에 앉아 있고 화면에는 0.5초마다 다른 얼굴이 나타난다.[9] 참가자들에게는 다음과 같이 지시한다. "얼굴이 보일 때마다 스페이스바를 누르세요. 하지만 위아래가 바뀐 얼굴이 나타나면 누르지 마세요."

결과는 어땠을까?

와, 참가자들의 점수는 형편없었다! 실험을 시작하고 나서 5분 동안은 참가자들이 스스로를 잘 억제해서, 위아래가 바뀐 얼굴이 나올 때 스페이스바를 누르는 일이 별로 없었다. 5분이 지나고부터는 스페이스바를 누르지 말아야 할 때도 누르기 시작했다. 실험이 진행된 40분 동안 그들의 점수는 점점 낮아졌다.

당신은 이렇게 말할지도 모른다. "그 실험은 너무 따분하잖아요. 그래서 사람들이 집중하지 않은 거라고요."

첫째, 우리는 복잡성과 부담의 정도가 각기 다른 여러 종류의 과제에서 이처럼 시간이 갈수록 성과가 감소하는 패턴을 발견했다. 물론 참가자들이 단순한 과제를 수행할 때 주의가 더 빨리 흐트러지긴 했지만, 더 복잡하고 다양한 활동에서도 경계 감소 현상이 나타났고 점수는 계속 낮아졌다. 단 20분 동안만 과제를 수행하게 해도 결과는 같았다. 평소에 우리가 훨씬 긴 시간에 걸쳐 일을 해내야 한다는 점을 생각해보면(8시간 동안 진행되는 뇌수술, 12시간의 야간 근무 등) 20분은 아주 짧은 시간이므로 정확성과 높은 점수를 유지하기가 쉬워야 한다.

둘째, '따분하다'라는 단어는 주관적이다. 뇌수술은 따분한 일인가, 아닌가?

마지막으로, 당신의 말이 옳다. 우리의 실험은 따분했다. 아니, 정확히 말하면 그 실험은 시간의 경과에 따른 주의력의 변화를 알아보기 위해 최대한 빨리 지루함을 느끼도록 설계되었다. 원래 우리는 경계 감소가 일종의 정신적 피로 때문이라고 생각했다. 장시간 운동을 하고 나면 근육이 피로해지는 것처럼 뇌도 피로해진다고 생각했다. 당신이 이두박근 운동을 연속 100회 하라는 지시를 받는다면 시간이 갈수록 당신의 속도는 틀림없이 느려질 것이다. 그러나 이런 가설은 뇌의 기능에 관해 우리가 알고 있는 사실들과 맞아떨어지지 않았다. 사람의 뇌는 너무 많이 사용한 근육처럼 '피로해지지' 않는다. 사람의 뇌는 그런 식으로 작동하지 않는다. 이렇게 한번 생각해보자. 당신이 한참 동안 눈을 뜨고 있었다고 해서 당신의 눈이 사물을 보는 활동을 중단하지는 않는다. 20분 동안 어떤 소리를 들었다고 해서 당신의 귀가 멈추지는 않는다. 뇌가 피로해진다는 개념은 성립하지 않는다. 그리고 우리는 성과가 떨어질수록 마음의 방황이 늘어난다는 사실을 발견했다.

마음의 방황: 정보 처리의 암흑물질

나는 마음의 방황을 "인지적 암흑물질"이라고 부른다. 마음의 방황은 눈에 보이지 않지만 항상 존재하며 부정적인 결과를 가져오기 때문이다. 우리의 마음이 끊임없이 방황하는데도 우리는 알아차리지 못할 때가 많다. 마음의 방황은 '즉흥적인 사고'라는 뇌활동의 보편적인 범주에 속한다. 즉흥적인 사고란 문자 그대로 통제되지 않는 생각을 의미한다. 즉흥적인 사고를 할 때는 우리가 의식적, 자발적으로 선택하지 않아도 어떤 생각이나 아이디어가 떠오른다.

즉흥적인 사고는 좋은 것일 수도 있다. 다른 할 일이 없을 때는 우리의 생각이 자유롭게 돌아다니도록 놓아두어도 된다. 그런 생각들은 창의적이고, 에너지가 넘치고, 새로운 것을 만들어내기도 한다. 당신이 산책을 하러 나가서 마음을 자유롭게 풀어둔다고 생각하라. 당신의 마음은 마치 긴 목줄에 매인 개처럼 자유롭게 돌아다니면서 꽃이나 울타리 따위를 탐색한다. 최고로 혁신적인 아이디어는 이런 유형의 즉흥적 사고에서 비롯된다. 우리 같은 과학자들은 이런 사고를 의식적 내면 성찰, 또는 짧게 줄여서 '몽상'이라고 부른다. 몽상은 당신이 다른 방법으로는 도달하지 못할 아이디어와 해결책에 도달하도록 해줄 뿐 아니라 당신의 가용 주의력을 재충전하고 기분을 돋우고 스트레스를 완화함으로써 주의 집중에 도움이 된다.

마음의 방황은 몽상과 같은 범주에 속하지만 몽상과는 전혀 다른 활동이다. 마음의 방황은 즉흥적 사고의 다른 형태다. 마음의 방황은 당신이 원하는 것이 있거나 어떤 과제를 수행해야 하는데 당신의 생각이 그 과제에서 멀어지는 현상이다. 우리 실험실에서는 마음의 방황을 당면 과제와 무관한 생각task-unrelated thought(줄여서 TUT)으로 정의한다.

'강아지와 산책하기'를 예로 들어보자. 느긋하게 걸으면서 강아지가 자유롭게 돌아다니고 탐색하게 놓아두는 것은 해로울 것이 없는 일이고 마음도 편안해진다. 하지만 만약 당신이 어딘가로 가야 하는데 강아지 목줄을 당기기 위해 계속해서 발걸음을 멈춰야 한다면 금방 골치가 아파진다. 길을 잘 보면서 가기가 어려워지고, 목적지에 도착하기까지 시간이 더 오래 걸린다. 짜증이 나고 스트레스를 받을지도 모른다.

과제와 무관한 생각에는 비용이 따른다. 우리의 마음이 방황할 때 '과제와 무관한 생각'은 신속하게 세 가지 문제를 일으킨다.

1. 지각의 탈동조화perceptual decoupling **현상.**[10] 당신 주변의 환경과 연결이 끊긴다. 앞에서 소개한 '얼굴/집 연구'를 기억하는가? 우리가 참가자들에게 얼굴에 집중하라고 요청하자 그들의 주의력 시스템은 얼굴의 신호를 증폭하고 나머지 정보를 흐릿하게 만들었다. 여기서도 바로 그런 일이 벌어진다. 차이가 있다면, 이때 증폭되는 정보는 당신이 생각하고 있는 것(마음이 방황할 때 당신은 빨리 감기를 해서 미래로 이동하거나 되감기를 해서 과거로 이동하곤 한다)이고, 희미해지는 정보는 실제로 당신을 둘러싸고 있는 환경이다. 이때 당신은 시력과 청력이 나빠진 것과 비슷한 상태가 된다. 그런 상태는 또 다른 문제를 야기하는데….

2. 실수를 하게 된다. 지각의 탈동조화는 오류를 동반한다. 방황하는 마음은 곧 실수하기 쉬운 마음이니까. 그건 당연하다. 당신의 지각 능력과 주변 환경을 처리하는 능력이 손상된다면 당신은 뭔가를 놓치거나 빠뜨리게 된다. 그게 그렇게 큰 문제인지 잘 모르겠다면, 이 책의 첫머리에 언급된 숫자를 생각해보라. 50퍼센트. 우리가 당면 과제에 온전히 집중하지 않고 마음의 방황을 하는 시간이 무려 50퍼센트다. 우리가 하루 동안 무엇을 하든 간에 우리가 진짜로 그 자리에 있을 가능성은 반밖에 안 된다. 누군가와 대화를 나눌 때, 심지어는 눈을 마주치고 있을 때도 상대방이 우리의 말을 듣고 있을 확률은 반밖에 안 된다. 그리고 사람들에게 어떤 보상이나 벌칙을 제시하더라도 마음의 방황을 줄일 수 없었다는 연구 결과들을 기억하는가? 집중력이 흐트러지면 큰 불이익을 받을 것이 예상될 때도 사람들은 자신을 억제하지 못했다. 어떤 사람이 소파에 앉아 잡지를 읽고 있을 때와 뇌수술을 집도하고 있을 때 그 사람의 마음이 방황할 확률은 동일하다.[11]

그리고 마지막으로….

3. 스트레스가 배가된다.[12] 우리가 어떤 일을 하려고 애쓰는 동안 과제와 무관한 생각을 하는 것 자체가 우리의 기분과 정신 건강에 영향을 미친다. 우리가 알아낸 사실 중 하나는, 방황의 내용이 무엇이든 간에, 심지어는 우리가 손꼽아 기다리고 있는 근사한 여행을 생각하거나 행복한 추억을 되새기고 있었다 할지라도, 마음의 방황이 끝나면 다음 순간은 약간 부정적으로 채색된다.[13] 이것을 '재진입reentry의 비용'이라고 부르자. 우리는 현재로 돌아와서 우

리 자신의 방향을 다시 설정해야 한다. 우리의 마음이 방황을 많이 할수록 그 부정적인 순간들 때문에 기분이 저하되고 스트레스 수치가 높아진다. 그리고 알다시피 크립토나이트는 우리의 주의력을 떨어뜨린다. 스트레스가 커질수록 마음의 방황은 늘어나고, 그러면 기분은 더 나빠진다…. 우리가 악순환에 빠졌다는 것을 알겠는가?

우리가 업무를 수행하든, 자녀 또는 배우자와 대화를 나누든, 아니면 혼자 독서를 하든 간에 어떤 과제를 수행하기 위해 주의를 집중해야 할 때 마음이 고삐 풀린 채 방황한다는 것은 잠깐의 산책과는 다르다. 그럴 때 우리는 중요한 것을 놓치고, 실수를 하고, 기분이 나빠진다. 이 때문에 우리는 우리가 해야 하는 일과 주위에 있는 사람들, 심지어는 우리 자신도 건성으로 대하는 것처럼 보인다.

이 모든 설명은 다음과 같은 질문으로 이어진다. 마음의 방황이라는 것은 왜 존재할까? 인간의 뇌가 수만 년 동안 성공적으로 진화했다는 사실을 생각하면 더욱 궁금해진다. 우리가 이처럼 해롭고 골치 아픈 특징을 물려받은 이유가 대체 무엇일까? 우리의 마음은 왜 방황하도록 만들어졌을까?

우리는 왜 방황하는가

1만 2000년 전으로 돌아가보자. 숲속에 있는 당신을 상상하라. 당신은 사냥감이나 먹을 수 있는 열매를 찾는 중이다. 오늘의 양식을 구하려면 주의를 집중해야 한다. 특정한 대상을 찾고 있을 때 당신의 주의력 시스템에 어떤 일이 벌어지는지 우리는 알고 있다. 당신의 뇌는 특정한 색채 조합, 특정한 소리와 냄새에 편향된다(선택적 조율). 당신이 빽빽한 나뭇잎 뒤에서 재빠른 움직임을 목격할 때, 혹은 달콤한 과일의 향기나 모양을 감지할 때 당신의 주의력은 범위가 좁아지고 다른 모든 것은 희미해진다. 당신은 그쪽으로 다가간다. 그리고… 당신이 미처 알아차리지 못했던 호랑이에게 잡아먹힌다.

당신의 마음이 방황했다면 당신은 목숨을 부지했을까? 그럴 수도 있다! 원시 인류 중에 집중을 하다가 말다가 하고, 이따금씩 딴생각이 나서 고개를 돌리고, 방황하는 마음 때문에 당면 과제에서 멀어지곤 했던 개체들은 먹이가 될 위험에 처했을 때 금방 알아차리고 적절한 행동을 해서 살아남았고, 그들의 유전자(쉽게 산만해지는 유전자)를 자손에게 물려주었다.

실험실에서 우리는 여러 편의 연구를 통해 인간의 뇌가 하나의 과제에 계속 집중하는 일에 적극적으로 저항한다는 사실을 발견했다. 인간의 마음은 방황하려는 의지를 가진 것처럼 보였다. 그 이유를 이해하려면, 우리가 골치 아프고 해롭다고 생각하는 마음의 방황이 역설적으로 귀중한 자산일 수도 있다고 생각해야 한다.

우리가 이것을 어떻게 알아냈는지를 이야기하기 위해서는 먼저 자발적 주의voluntary attention와 자동적 주의automatic attention의 차이를 설명해야 한다. 짐작하다시피 자발적 주의란 당신이 섬광을 어디에 위치시킬지를 스스로 선택하는 것이고, 자동적 주의는 당신이 능동적으로 선택하지 않았는데 주의가 뭔가에 사로잡혀 끌려가는 것이다. "주의를 사로잡는다"라는 말은 비유적 표현이지만 매우 정확한 표현이기도 하다. 어둠 속에서 손전등을 켠다고 생각해보라. 당신은 길을 밝히기 위해 불빛을 당신의 앞쪽에 위치시키기로 한다. 이것은 자발적 주의다. 이제 길가에서 갑자기 어떤 소리가 들릴 때 무슨 일이 벌어지는지를 생각해보라. 예컨대 나뭇가지가 뚝 부러지는 소리가 났다고 하자. 당신은 직관적으로 손전등을 그 방향으로 돌릴 것이다. 의식적으로 생각하지 않고도 그렇게 한다. 이것이 자동적 주의다.

우리가 실험실에서 자발적 주의와 자동적 주의를 시험하는 방법은 다음과 같다.

컴퓨터 화면은 텅 비어 있고 중앙에 더하기(+) 기호 하나만 있다. 우리는 참가자들에게 그 더하기 기호를 쳐다보라고 지시한다. 시선과 주의는 보통 같이 다니지만 특정한 상황에서는 분리될 수도 있기 때문이다(당신이 파티에서 누군가와 대화를 나누고 있지만 당신의 주의는 뒤쪽에서 이뤄지는 대화에 쏠려 있는 상황을 생각해보라. 이때 시선과 주의가 분리된다). 이 실험에서 우리는 시선을 고정하고 주의만 움직이게 했다.

참가자에게 제시된 과제는 화면의 왼쪽이나 오른쪽에서 X자를 발견하면 재빨리 스페이스바를 누르는 것이다. 때로는 X자가 나타나기 직전에 반짝이는 빛이 나타난다. 때로는 X자가 나타날 곳에 빛이 미리 나타난다. 때로는 빛이 다른 곳에 나타난다. 참가자들은 빛에 대해서는 신경 쓰지 않아도 된다. 그저 X자가 보일 때마다 스페이스바를 누르면 된다. 끝.

과제가 너무 간단하다고? 그렇다. 우리의 목표는 참가자들이 빛으로 단서를 얻을 때와 얻지 못할 때 반응 시간의 차이를 알아보는 것이었다. 그리고 당신도 짐작했겠지만, X자가 나타나기 전에 빛이 먼저 나타나는 단서가 있었을 때 반응이 더 빠르고 더 정확했다.

이 실험의 결과는 그다지 놀랍지 않을지도 모른다. 반짝이는 빛이 사람들의 주의를 사로잡았다는 거니까. 아니, 그거야말로 놀라운 점이다. 빛이 사람들의 주의를 '사로잡았다.' 이 실험의 결과는 주의가 우리의 의식적 선택 또는 능동적 선택이 없이도 어딘가로 이끌릴 수 있다는 것을 알려준다. 혼잡한 거리에서 누군가가 당신의 이름을 소리쳐 부르면 당신의 주의는 그 목소리를 향해 쏜살같이 날아간다. 당신은 그 소리에 주의를 기울인다는 선택을 하지 않았다. 그리고 (여기서는 이것이 매우 중요하다) 당신은 주의가 이동하는 것을 막을 방법이 없었다. 어쩌면 당신은 이미 직관적으로 이것을 알고 있을지도 모른다. 뚜렷한 진동음이 들릴 때 당신의 주의가 순식간에 당신이 하고 있던 일을 벗어나 휴대전화의 불 켜진 화면으로 이동하는 느낌에 대해 굳이 내가 설명할 필요는 없다. 이 연구에서 중요한 점은 주의력이 이런 식으로 기능을 수행한다는 것이 입증 가능한 사실이라는 것이다. 당신의 뇌가 다른 데 주의를 기울이는 것을 당신이 쉽게 막을 수 없다는 것은 단순한 느낌이 아니다. 실제로, 문자 그대로, 당신은 그걸 막을 수 없다.

그렇다면 마음이 당면한 과제에서 멀어져 방황하는 이유를 어느 정도 이해할 수 있다. 환경(외부)이나 당신의 마음(내면)에 집중을 방해하는 요소가 나타나면 당신의 자동적 주의는 곧바로 그 요소를 향해 달려간다. 마음의 방황의 일부는 이렇게 설명된다. 그러나 마음의 방황에는 다른 요인도 작용한다. 반짝이는 빛과 X자가 나타나는 화면으로 돌아가자. 우리는 인간의 뇌에서 일어나는 정말로 매력적인 현상을 알아보기 위해 그 실험을 한 단계 발전시켰다. 우리는 아주 작은 것 하나만 바꿨다.

우리는 원래의 실험과 마찬가지로 참가자들에게 반짝이는 빛을 보여줬다. 원래의 실험과 마찬가지로 그 빛은 X자가 나타날 곳에 미리 나타날 수도 있고(단서 제공) 그렇지 않을 수도 있다. 우리는 빛이 반짝이자마자 X자를 띄우는 대신 시간 간격을 아주 조금 늘렸다. 10분의 몇 초 정도 지체했다가 X자를 노출했다. 그런데 참가자들의 반응은 많이 느려졌다. 반짝이는 빛에서 단서를 얻어서 유리했던 것은? 속도가 빨라졌던 것은? 모두 없어졌다.

왜 그랬을까? 빛이 참가자들의 자동적 주의를 표적이 나타날 위치로 끌어당긴다면 이번에는 어떻게 그걸 놓쳤단 말인가? 10분의 몇 초가 어떤 차이를 만들었는가?

느리게 재생하기 버튼을 눌러서 실제로 어떤 일이 벌어지는지를 하나하나 분석해보자.

1. 화면의 좌측 상단에 빛이 반짝 하고 나타난다.
2. 참가자의 주의가 빛에 이끌린다.
3. X자가 그곳에 나타나지 않는다.
4. 참가자의 주의는 이제 화면의 좌측 상단을 관심 구역에서 제외한다(신경과학 전문용어로 '불이익'을 준다).
5. 참가자의 주의는 화면의 다른 영역으로 옮겨간다….
6. … X자가 조금 늦게 원래의 위치에 나타난다. 참가자가 그것을 감지하는 속도는 느려진다. 하지만 X자가 화면의 다른 위치에 나타날 때는 더 빠르게 그것을 감지한다.

우리는 이런 현상을 '회귀 억제inhibition of return'라고 부른다.[14] 우리의 주의는 원래 위치로 쉽게 돌아오지 않는다. 만약 우리의 주의력 섬광이 특정한 위치에 이끌렸는데 그곳에서 아무 일도 생기지 않고 아무것도 나타나지 않는다면 우리는 자동으로 그 위치에 불이익을 준다. 다시 말하면 그 위치를 흥미로운 지점에서 제외한다. 그리고 회귀 억제는 매우 신속하게 이루어진다는 점을 강조하고 싶다. 단 0.5초 만에 이 모든 일이 순차적으로 진행된다. 당신은 그걸 의식하지도 못한다! 또한 회귀 억제는 모든 형태의 감각 정보에 적용된다. 회귀 억제에 관해 내가 처음 발표한 연구에서는 소리로 실험을 했는데 동일한 결과를 얻었다.

뇌는 왜 이런 행동을 할까? 훑어보기의 전략일 가능성이 높다. 다시 한번 당신이 원시시대의 숲속에 있는 인류의 조상이라고 상상해보라. 당신은 사냥감이나 먹이를 찾는 동시에 사냥감이 되지 않으려고 조심하고 있다. 왼쪽에서 무슨 소리가 들린다. 쿵! 당신의 주의는 자동으로 그쪽으로 이동해 그 근처를 훑어본다. 아무것도 보이지 않고 소리도 들리지 않고 냄새도 나지 않는다면 당신의 주의는 빠르게 옮겨가서 주변의 다른 곳을 훑어보기 시작한다. 그 소리를 낸 것이 무엇이든 간에 그놈은 아직 근처에 있을 것이고 위치만 바뀌었을 테니까.

물론 우리는 이제 수렵채집을 하는 원시인이 아니다. 우리는 날마다 밖에 나가서 먹이를 구하거나 호랑이에게 쫓기지 않는다. 그러나 먼 옛날 조상들에게서 기원한 이와 같은 뇌 활동 패턴이 아주 쓸모없어진 것은 아니다. 이 패턴은 지금도 다양한 상황에서 도움이 된다. 그리고 자동적 주의 또는 자발적 주의를 연구하는 실험실에서는 여러 가지 상황을 인위적으로 만들어내지만, 일상생활에서 우리는 자동적 주의와 자발적 주의를 모두 사용하며 두 가지 주의 사이에서는 끊임없이 역동적인 상호작용이 일어난다.

인간의 뇌는 효율적이고 전략적이다. 인간의 뇌는 항상 가장 큰 이익을 주는 활동을 극대화하려고 한다. 궁극적으로 마음의 방황은 인간의 진화 과정에서 기회비용을 극대화하기 위해 선택된 것이 아닐까?[15] 뇌는 장기적으로 어떤 것(집중해서 눈앞의 과제를 끝까지 수행하는 것)을 포기할 때 잠재적 이익(여기서 이익은 생존일 수도 있고, 보호일 수도 있고, 더 나은 대안을 발견하는 것일 수도 있다)이 더 크다고 예측한다. 앞에서 설명한 대로 지루하다는 것은 주관적인 느낌이다. 어떤 활동이든 지루해질 수 있다. 아마도 지루함이라는 감정은 우리가 다른 할 일을 찾도록 강제하기 위해 진화했을 가능성이 매우 높다. 과거에 우리는 경계 감소 현상이 순전히 우리의 인지 자원을 소모하면서 생긴 정신적 피로에서 비롯된다고 생각했다. 하지만 나는(그리고 다른 과학자들도) 경계 감소에 또 다른 이유가 있다고 생각한다. 경계 감소는 인간의 생존 메커니즘과 관련이 있을 것이다. 이 모든 설명이 21세기를 살아가는 우리 현대인에게 의미하는 바는 다음과 같다. "우리가 오랫동안 집중력을 유지하려고 노력하면 주의력의 저항을 느끼기 시작하고, 나중에는 어떤 식으로든 집중이 흐트러진다."

내가 인지과학의 중요한 이론들을 일일이 설명한 이유는 이것을 하나의 기회로 바라보기 때문이다. 이것을 기회 삼아 당신의 마음이 원래 방황하도록 만들어졌다는 사실을 깨닫고, 마음의 방황을 당신에게 필요한 하나의 '역량'으로 받아들이기를 바란다. 만약 당신의 뇌가 쉽게 산만해지지 않는다면 당신은 차를 몰고 잘못된 방향으로 가거나 아무데로나 몰고 갈지도 모른다. 주의력 결핍 과다행동 장애(ADHD) 진단을 받은 사람들 중 일부는 그들이 집중을 못해서가 아니라 엉뚱한 데 집중을 해서 문제라고 말한다. 뭔가에 과도하게 집중하면 눈앞의 목표물을 놓칠 수도 있다. 현재의 행동이 우리의 목표와 일치하는지 점검하지 못할 수도 있다. 경로 수정이 필요할 때도 알아차리지 못하고, 우리를 향해 야구공(호랑이!)이 날아올 때도 알아차리지 못한다. 집중이 잘되다가 안 되다가 하는 현상에는 실질적인 이점이 있으며, 이 점에 관해서는 뒤에서 더 이야기할 것이다. 하지만 뇌의 이런 행동에 잠재적 이익이 있다는 이유만으로 그게 항상 옳은 길이라고 말할 수는 없다. 우리의 뇌가 그렇게 만들어졌다고 해서 우리가 그걸 무조건 받아들여야 한다는 법도 없다.

마음의 방황을 알아차리기

지금까지 상당히 많은 정보를 빠르게 훑어봤다. 알다시피 당신은 그 정보의 절반 이상을 놓쳤을지도 모른다. 그것은 당신의 잘못이 아니다. 똑똑한 조상들의 생존 본능 때문이다! 잠깐만 복습을 하고 넘어가자.

우리는 항상 우리가 가진 주의력을 100퍼센트 사용하기 때문에(부하 이론) 주의는 늘 어디론가 간다. 따라서 우리가 현재 하는 일에 집중하지 못하고 있다면 그것은 우리의 마음이 방황하고 있으며(과제와 무관한 생각을 하고 있다) 현재 우리의 주변 환경에 마음을 두고 있지 않다(지각의 탈동조화)는 뜻이다. 마음의 방황은 우리의 뇌가 원래 잘하는 일이고, 마음은 반드시 동작이 빠르고 이빨이 날카로운 호랑이를 만날 때(회귀 억제)만이 아니라 다양한 이유로 방황한다. 그리고 마음의 방황은 경계 감소로 이어질 확률이 높다. 그래서 어떤 일을 장시간 하면 성과는 떨어진다. 마음의 방황은 인류에게 유익한 기원(기회비용, 주의의 순환[16])을 가지고 있지만 우리가 지금 하려고 하는 일(당면 과제)과 우리의 기분에는 부정적으로 작용한다.

이제 마음이 방황하는 이유를 알았으니 어떤 조치를 취할지 이야기해보자. 첫 번째 할 일은 간단하다. **마음이 방황하고 있을 때 알아차리기.**

내가 주의력 위기를 겪고 나서 1~2년 후에 남편에게도 주의력 위기가 찾아왔다. 그때 남편은 힘든 대학원 과정을 시작한 직후였고, 우리 둘 다 각자의 일을 하면서 어린 아들과 두 살배기 딸 소피를 돌보느라 최선을 다하고 있었다. 남편은 대학원 과정의 유한 수열 수업을 시작한 후로 집중이 너무 안 된다고 했다. 그래서 성인 ADHD 환자들을 대상으로 마음챙김 명상이 도움이 되는지 검증하는 우리 실험실의 예비 프로그램에 참가하기로 했다. 우리는 참가자들이 처방약을 복용하고 있는 경우 약을 끊으라고 요청하지 않았다. 그들이 애초에 약을 복용하고 있었는지 여부와 무관하게 마음챙김 수련이 주의력 강화에 도움이 되는지를 알아보는 것이 우리의 목표였다. 그래서 우리는 그들의 초기 주의력을 기준으로 개선의 정도를 측정했다.

마음챙김 명상을 하고 나서 참가자들의 주의력은 향상되었다.[17] 우리가 가장 많이 받은 피드백은 "마음챙김 명상 이후 약 복용에 변화가 생기지는 않았지만 약을 더 효과적으로 사용할 수 있게 됐다"는 것이었다. 참가자들은 자신의 섬광이 어디를 가리키고 있는지를 인식하고, 필요할 경우 그 방향을 바꾸는 능력이 향상됐다고 이야기했다. 예컨대 한 참가자는 이렇게 증언했다. "이제 저는 종일 컴퓨터 앞에 앉아 이런저런 웹사이트를 돌아다니지 않아요. 제가 무슨 일을 하려고 하는지를 똑똑히 인식하고, 저의 의지에 따라 그 일에 주의력을 사용합니다."

우리가 생각해낸 활동들 중 하나는 5분마다 녹음된 음악이 울리도록 해두는 것이었다. 사람들이 정식 마음챙김 명상을 하는 중에 주의를 다시 당면한 과제로 가져와야 한다는 것을 상기시키기 위한 장치였다. 처음 몇 주가 지나자 남편은 그 알람을 집으로 가져와서 저녁 시간에 과제를 할 때도 이용했다. 5분 알람이 집중에 큰 도움이 됐기 때문에 남편은 직장에서도 근무시간 내내 알람을 켜놓기 시작했다. 그는 자신이 자주 과제에서 이탈한다는 사실을 깨달았기 때문에 5분마다 울리는 알람을 이용해서 원래 하려던 일로 돌아왔다.

남편의 주의력 위기를 계기로 나는 이런 문제를 겪고 있는 사람들이 너무나 많고 그들에게 도움이 절실히 필요하다는 것을 깨달았다. 몇 년 전에 나는 나 자신을 대상으로 맞춤형 마음챙김 '사례연구'를 했는데, 명상을 시작하고 나서 알아차린 것 중 하나는 내 마음이 자주 이곳저곳으로 메뚜기처럼 뛰어다닌다는 것이었다.

내가 매일 아침 익숙하지 않은 명상을 하려고 앉아 있던 몇 분 동안에만 그런 일이 벌어지는 것도 아니었다. 나는 하루 동안 내 마음이 얼마나 많이 방황하는지를 알고 충격을 받았다. 그리하여 실제로 눈앞의 과제에 집중하는 시간이 얼마나 되는지 알아보려고 나 자신을 점검하기 시작했다.

결과는? 과제에 집중할 때가 별로 많지 않았다.

우리 부부에게 반드시 필요했던 과정은 우리의 섬광이 우리가 원치 않는 곳을 비추는 시간이 얼마나 많은지를 알아보는 것이었다. 다음과 같은 시도를 해보라. 오늘 하루 남은 시간 동안 당신 자신을 자주 살펴라. 당신이 과제에 집중하고 있을 때와 그렇지 않을 때를 확인하라. 휴대전화 알람이 일정한 시간마다 울리도록 설정해놓아도 좋다. 5분마다 알람이 울리기를 원치 않는다면 한 시간에 1회로 설정해도 된다. 알람이 울리면 곧바로 자신을 점검하고 솔직하게 답하라. 그때 무엇을 하고 있었나? 무슨 생각을 하고 있었나? 당신은 '진짜로' 어디에 있었나?

그 방법이 효과가 있었다면 다음의 표를 보고 하루 동안의 흐름을 기록하라(아니면 당신이 휴대할 수 있는 공책에 기록하거나 휴대전화의 메모 앱을 이용해도 된다. 신속하고 간편하게 기록할 수 있으면 된다). 시간을 적고 그때 당신이 무엇을 하고 있었으며 당신의 섬광이 어디에 있었는지를 기록하라. 하루 또는 일주일을 마무리할 때 표를 들여다보면 당신이 얼마나 자주 과제에서 멀어지는지, 당신이 어디로 잘 가는지를 파악할 수 있다.

시간	과제	섬광
오전 10시	연구비 지원 신청서 작성을 끝낸다.	이번 주말 소피의 무용 대회를 위해 내가 준비해야 할 것들을 생각한다.
오후 12시	언니에게 전화한다.	언니가 버클리 여행을 다녀온 이야기에 귀를 기울인다. 현재에 온전히 머무른다. 언니가 새로운 도전에 성공한 것을 축하한다.
오후 2시	실험실을 한 바퀴 둘러본다.	처음에는 완전히 집중하고 있었지만 어느 순간부터 주의가 흐트러져서 연구비를 걱정하기 시작한다.

　원래 인간은 마음이 방황할 때마다 머릿속 시간 여행을 떠나는 경향이 있다. 따라서 당신은 미래로 가서 계획을 세우거나 뭔가를 걱정하고 있을 수도 있고, 과거로 끌려가서 반추의 고리에 갇혀 있을지도 모른다(걱정하지 마시라. 이 문제는 잠시 후에 다시 다룰 것이다). 어느 쪽이든 당신을 현재의 순간에서 벗어나게 하는 것이 무엇이며, 그런 일이 얼마나 자주 벌어지는지에 관한 데이터를 수집하면 앞으로 나아가는 데 도움이 된다. 그 데이터가 있으면 현재 당신이 느끼고 있는 어려움을 발견하고 그 문제를 해결하는 데도 유리해진다.

　당신은 당신 자신이 이메일, 문자 메시지, 전화 통화, 소셜미디어 등의 디지털 방해 요소가 있을 때 당면 과제에서 자주 멀어진다는 사실을 발견할 수도 있다. 이런 방해 요소를 없애기만 하면 집중이 잘될 거라고 생각하고 싶어진다.

주의력 위기가 정말로 디지털 때문일까?

흔히 우리가 집중을 잘하지 못하는 것은 단 하나의 강력한 악당 때문이라고들 한다. 그 악당은 바로 첨단기술이다. 그 논리대로라면 진짜로 집중하기를 원하는 사람은 전자기기를 모두 끄고 소셜미디어를 끊고 숲속에 들어가서 디지털 디톡스를 해야 한다.

　내가 그런 주장에 동의하지 않는 이유는 다음과 같다. 기본적으로 지금 우리가 사는 시대는 과거의 다른 시대들과 다르지 않다. '주의력 위기'는 어느 시대에나 있었다. 과거에도 사람들은 과부하에 시달리고 집중력이 흐트러진다는 느낌을 받을 때마다 명상(아니면 다른 형태의 사색)에 의지해서 집중력을 되찾고 우리에게 중요한 내적 가치와 사명과 목표에 관해 성찰했다. 이것을 영적인 과정이라고 부르고 싶다면 그래도 된다. 하지만 지금 우리는 마음챙김이 주의력 시스템에 영향을 미치고 우리 주변의 방해 요소와 내면에서 생성되는 방해 요소에 대처하는 데 도움이 된다는 것을 발견하고 있다. 그것은 명상 수련을 하는 사람들이 항상 추구했던 목표의 일부와도 일치한다. 먼 옛날의 삶을 한번 생각해보라. 고대 인도나 중세 유럽에는 스마트폰과 페이스북이 없었는데도 당시 사람들은 자신의 마음 때문에 괴로워했다. 그들 역시 다양한 수련을 통해 마음을 다스리려고 노력했다. 그들 역시 우리와 똑같은 고민을 글로 남겼다. "내 마음은 항상 다른 곳에 가 있다."

　주의력 위기는 우리가 자신에게 휴식을 허용하지 않을 때, 즉 당면 과제가 없는 상태로 마음이 '편히 쉬도록' 놓아두지 않을 때면 언제든지 나타날 수 있다. 마음의 방황(과제를 수행하는 동안 과제와 무관한 생각을 하는 것)과 몽상(과제에 얽매이지 않고 즉흥적인 사고를 하면서 사색과 창조의 기회를 가지는 것)의 차이를 기억하는가? 오늘날의 문제 중 하나는 우리가 항상 뭔가에 관여하고 있다는 것이다. 디지털기기에 손가락만 갖다 대면 모든 형태의 소통, 대화, 콘텐츠에 접근할 수 있다. 그래서 우리는 생각들이 아무런 제약 없이 돌아다니게 내버려두지 않는 경향이 있다. 우리는 방금 설명한 두 가지 즉흥적 사고 중에 유익한 유형인 '몽상'을 거의 안 한다. 매장 앞에 줄을 서 있다가… 그냥 주위를 둘러본 적이 있는가? 머릿속에 떠오르는 것에 관해 생각해본 적이 있는가? 아니면 당신은 휴대전화를 꺼내 문자 메시지를 확인하고 이메일을 읽었는가?

우리 모두 그런 행동을 한다. 나는 나 자신이 하나의 정신적 활동에서 다음 정신적 활동으로 넘어가는 것을 수시로 발견한다. 마치 온라인에서 하이퍼링크를 타고 돌아다니는 것(주의를 사로잡는 링크를 계속 클릭한다)처럼, 우리는 하나의 과제에서 다음 과제로, 또 다음 과제로 넘어간다. 어쩌면 지금 당신도 그런 행동을 하고 있을지도 모른다. 우리는 "과제를 계속 수행할 뿐 한시도 가만히 있지 않는다." 그래서 우리는 주의력 시스템에 엄청난 양의(지나치게 많은) 주의를 요구한다. 우리의 주의력 용량은 수백 년 전에 살았던 사람의 용량보다 작지 않다. 다만 지금 우리는 항상 주의력을 고도로 집중시켜서 사용하고 있다는 점이 다르다. 우리는 주의력에 최대치의 집중을 요구한다. 하이퍼태스킹hypertasking(지나치게 많은 과제를 수행하는 것 – 옮긴이)은 과도한 부담이다! 당신이 긴장을 푸는 일이라고 생각하는 활동들 중 일부(예컨대 인스타그램을 훑어본다거나 어떤 사람이 공유한 기사를 읽어보는 일)는 더 많은 주의를 요구한다. 그것은 또 하나의 과제가 된다. 우리가 '알림'을 확인하는 것은 '재미있게' 느껴지지만 우리의 주의력에게는 '일'이다. 여기 과제들이 있다. 내 포스트에 누가 뭐라고 댓글을 달았는지 확인하라. 내가 '좋아요'를 몇 개나 받았는지 확인하라. 나의 웃긴 콘텐츠를 공유한 사람이 누구인지 알아보라. 우리의 주의는 하나의 과제를 끝내고 다음 과제, 또 다음 과제에 집중해야 한다. 주의가 휴식을 취할 시간은 주어지지 않고, 마음이 자유롭게 산책할 시간도 전혀 없다.

플러그를 뽑는다는 것도 현실적이지 못할 때가 있다. 우리는 무조건 휴대전화를 꺼놓는다거나 이메일을 차단할 수가 없다. 방해 요소가 하나도 없는 세상을 우리 손으로 만들어낼 수도 없다. 문제는 첨단기술의 존재가 아니다. 문제는 우리가 그 기술을 활용하는 방법이다. 지금 우리는 마음이 다른 방식으로 주의를 사용하도록 허락하지 않고 있다. 바로 그래서 마음챙김이 필요하다. 마음챙김을 통해 우리의 섬광을 안정시켜서 디지털이든 아니든 집중을 방해하는 요소를 만날 때마다 그것을 낚아채지 않게 만들자는 것이다.

첫 번째 연습: 섬광 찾기

집중을 잘하기 위해 가장 먼저 익혀야 하는 기술은 우리의 주의력 섬광이 당면 과제에서 벗어날 때를 알아차리는 것이다. 이 첫 번째 '코어 운동'의 목표는 섬광을 찾고 또 찾는 것이다. 연습은 다음과 같이 이뤄진다. 주의력이 표적을 향하도록 하고, 주의력이 표적을 벗어날 때를 알아차리고, 주의력이 다시 표적을 향하도록 한다.

이것을 강아지 길들이기와 비슷하다고 생각하자. 강아지는 늘 여기저기 돌아다닌다. 우리는 잔인하고 심술궂게 행동할 필요는 없지만, 일관되고 단호한 지시를 반복해야 한다. 강아지가 명령을 따르지 않을 때 우리는 그 강아지가 정말 나쁘고 이상하고 멍청하고 훈련시키기 힘들고 사랑스럽지 않다는 이야기를 늘어놓지 않는다. 그냥 처음부터 다시 훈련을 시키면 된다. '섬광 찾기' 훈련을 할 때도 강아지를 길들일 때와 마찬가지로 따뜻하면서도 단호한 태도를 유지하라. 그리고 당신의 마음이 방황하는 것을 알아차릴 때 합리화, 자책, 반추 같은 오래된 정신적 습관들이 나타나지는 않는지 살펴라. 이제 '마음의 방황'이라는 행위에 관한 생각을 바꿔야 한다. 마음의 방황은 실패나 실수가 아니라 다시 시작해서 목표물로 돌아가야 한다는 신호에 가깝다. 주의를 부드럽게 표적에 다시 가져다놓는 일을 많이 할수록 그 일은 쉬워진다. 강아지가 방황하다 돌아오는 방법을 배우는 것처럼 우리의 마음은 방황할 때를 더 잘 알아차리게 될 것이다. 연습을 많이 하면 우리는 섬광이 완전히 사라지거나 강탈당한 다음이 아니라 섬광이 표적을 벗어나자마자 그 사실을 알아차리게 된다. 그러면 주의를 표적으로 되돌려놓기도 쉬워진다. 집중을 되찾기가 쉬워지면 시간 낭비가 줄어들고, 기분이 나빠지거나 스트레스가 급증하는 일도 줄어들고, 중요한 과제 앞에서도 덜 걱정하게 된다. 업무든, 다른 사람을 위한 일이든, 우리 자신을 위한 일이든 마찬가지다.

또 하나 흥미로운 사실이 있다. 마음이 방황할 때를 알아차리는 능력이 향상되면 우리는 정말로 마음이 자유롭게 방황하도록 놓아두어야 할 때가 언제인지를 알게 된다. 강아지 타시를 키우기 시작했을 때 나는 바로 그런 이유로 타시를 반려견 전용 공원에 자주 데려갔다. 목줄을 풀어주면 타시는 쪼르르 달려가 이곳저곳을 탐색하고 뛰어다니며 놀았다. 그럴 때 타시는 새로운 면모를 보여주었다. 호기심 많고, 흥겹고, 다정하고, 유쾌한 성격이 나타났다. 타시가 그렇게 뛰어노는 시간에는 나도 휴대전화를 꺼내지 않았다. 내 마음에 아무런 '숙제'가 없는 상태, 해결할 문제도 없고 이메일에 답하지 않아도 되는 상태에 나 자신이 익숙해지도록 놓아두었다. 이 작은 행동은 나에게 주는 선물과도 같았다. 나는 창의적인 아이디어가 막 솟아나고, 따뜻한 마음이 재충전되고, 들뜬 기운이 회복되는 느낌을 받았다. 타시와 나는 둘 다 한결 가벼워진 발걸음으로 집에 돌아왔다. 하지만 내가 나의 섬광이 어디에 있는지 몰랐거나 섬광을 고정하는 방법을 몰랐다면 그것을 자유롭게 풀어줄 수도 없었을 것이다.

섬광 찾기를 위한 연습으로 마음챙김의 기본 수련법인 호흡자각breath awareness을 활용해보자. 호흡자각은 수천 년 전부터 사용된 방법이다. 명상 전통에 따르면 호흡자각은 주의를 집중하는 힘을 키워준다. 수많은 연구를 통해 밝혀진 바에 따르면 호흡자각은 주의력 향상을 위한 인지 훈련에도 도움이 된다. 호흡자각은 믿기지 않을 만큼 간단하다. 당신의 호흡에 주의를 집중하고, 마음이 방황하면 다시 돌려놓아라. 지시문은 아주 간단하지만 호흡자각이 뇌의 주의력 시스템에 미치는 영향은 결코 작지 않다. 호흡자각 훈련은 주의력의 세 가지 시스템 모두를 동원한다. 호흡자각 훈련을 하면 초점 맞추기focusing(주의력이 호흡을 향하게 한다), 알아차리기noticing(경계를 유지하고 마음의 활동을 지켜보다가 마음의 방황을 감지한다), 방향 재설정redirecting(인지적 과성의 실행을 관리한다. 주의력을 당면 과제로 되돌리고 계속 그 과제에 머물게 한다)의 세 가지를 모두 연습하게 된다.

왜 호흡을 이용하는가? 이론상 우리는 어떤 대상에든 주의를 집중할 수 있다. 주의력 섬광을 우리가 원하는 곳에 위치시켰다가 그것이 달아나면 도로 가져오는 연습은 당연히 우리에게 도움이 된다. 일과 시간에 주의를 온전히 집중하고 싶은 어떤 일이 있을 때 그런 훈련을 해보라. 강의를 듣고, 발표를 하고, 팟캐스트를 듣고, 보고서를 읽거나 쓰고, 악기를 연주하는 일은 모두 온전한 집중을 필요로 한다. 하지만 매일 하는 훈련에 호흡을 활용하는 데는 두 가지 중요한 이유가 있다.

첫째, 호흡을 통해 우리의 몸에 닻을 내릴 수 있다. 호흡자각을 하면 우리가 호흡할 때 실시간으로 나타나는 몸의 자극을 실시간으로 생생하게 경험하게 된다. 그러면 우리의 마음이 그런 자극에서 벗어나 과거 또는 미래에 관한 생각들로 옮겨갈 때 알아차리기가 더 쉽다. 둘째, 호흡은 항상 우리와 함께 있다. 호흡은 가장 자연스럽게 주의를 집중할 수 있고 언제라도 돌아갈 수 있는 내재된 표적이다.

호흡은 항상 역동적으로 변화하는 표적이지만, 이 훈련에서는 주의를 호흡과 관련해서 신체의 어떤 부위(가슴, 코, 복부 등)에 나타나는 단 하나의 두드러진 자극에 한정한다. 표적을 구체적으로 선택하고, 훈련이 지속되는 동안에는 계속 그 표적에만 주의를 기울여라. 이것이 집중력 훈련이라는 점을 기억하라. 섬광의 광선은 넓게 퍼지지 않고 표적에 고정되어야 한다. 다음에 하게 될 훈련들 중 하나는 주의력의 빛줄기로 몸 전체를 훑는 것이다. 나중에는 표적이 아예 없이 우리가 매 순간 의식적으로 경험하는 내용들(기억, 감정, 생각, 자극)에 붙잡히거나 휩쓸리지 않고 그 내용들의 변화를 지켜보는 훈련도 할 것이다. 그때 이런 훈련에 성공하기 위해서라도 먼저 우리의 섬광을 단련시켜야 한다. 그리고 이 모든 능력이 합쳐져야 우리 자신의 주의에 주의를 기울일 수 있게 된다.

코어 연습: 섬광 찾기

1. 준비 똑바로 앉아서 움직이지 않고 경계 태세를 유지한다. 당신은 편안해지기를 원하겠지만, 지나치게 긴장이 풀려도 안 된다. '뻣뻣한' 자세가 아니라 '꼿꼿한' 자세라고 생각하면 된다. 어깨를 살짝 뒤로 젖히고 가슴은 활짝 편 채로 똑바로 앉아라. 자연스럽게 느껴지면서도 위엄 있는 존재로 보이는 자세를 취하라. 두 손은 팔걸이에 편히 올리거나 옆자리에 올려놓거나 당신의 다리 위에 올려놓는다. 눈을 감아도 되고, 눈을 감기가 불편하다면 눈꺼풀을 내린 채 앞쪽을 부드럽게 응시한다. 호흡하라. 그리고 호흡을 의식하라. 당신의 숨결이 자연스러운 경로로 움직이는 것을 따라가라. 호흡을 통제하지 말고 그저 따라가라.

2. 조율 호흡과 관련된 감각들에 당신을 맞춘다. 콧구멍에 공기가 들어오고 나갈 때의 시원한 바람도 좋고, 폐에 공기가 차서 가슴이 부풀어 오르는 감각도 좋고, 배가 나왔다 들어갔다 하는 느낌도 좋다. 신체의 한 부분을 골라보라. 호흡과 관련된 자극이 가장 예리하게 느껴지는 부분이

어야 한다. 이 훈련이 끝날 때까지 그 부분에 집중하라. 당신의 주의가 마치 밝고 강렬한 섬광처럼 그곳을 향하고 그곳에 머물게 하라.

3. 출발! 당신의 섬광이 움직일 때 바로 알아차려야 한다. 그리고 섬광을 제자리에 갖다놓는다. 표적을 선택하고 그곳에 주의를 고정하고 나면 이 훈련에서 가장 어려운 부분이 시작된다. 다음에 벌어지는 일에 주의를 기울여라. 어떤 생각이나 자극이 나타나서 당신의 섬광을 끌어당길 것이다. 이 훈련을 끝내자마자 당신이 처리해야 하는 어떤 일이 갑자기 생각날 수도 있고, 과거의 추억이 둥실 떠오를 수도 있다. 몸이 가려울 수도 있다! 섬광이 다른 곳으로 끌려간다는 사실을 알아차렸다면 섬광을 도로 당신의 호흡으로 돌려놓아라. 이처럼 부드럽고 단순하게 주의를 환기시키는 것 외에 그 어떤 특별한 행동도 섬광을 되돌려놓는 데 도움이 되지 않는다.

끝! 첫 연습이 끝났다. 정말 단순하지 않은가? 바로 그 단순함에 아름다움과 실용성이 깃들어 있다. 단 한 번의 기본적인 훈련을 통해 당신은 지금까지 어려워했고 대개는 의식하지도 못했던 일을 두 가지나 해봤다. 하나는 마음의 방황을 알아차리는 것이고, 다른 하나는 주의의 방향을 바꾸는 것이다.

이제 당신도 알고 있겠지만 마음의 방황은 어디에서나 일어나는 보편적인 현상이므로 마음의 방황과 싸울 이유는 없다. 마음의 방황은 인간의 본성일 따름이다. 우리에게 의식이 있는 한 마음의 방황은 반드시 일어난다. 하지만 우리가 호흡자각 코어 운동을 '정식'으로 하는 그 시간만큼은, 즉 훈련을 위해 가만히 앉아서 의도적으로 우리의 섬광을 호흡에 맞추는 동안에는, 마음이 방황할 때 우리가 하는 행동도 달라진다. 그럴 때 우리는 마음의 방황을 알아차리고 우리의 주의를 되돌려놓는다. 이 과정을 순서대로 정리하면 다음과 같다.

- 우리 자신의 섬광에 집중한다.
- 섬광을 고정한다.
- 섬광이 다른 곳을 비출 때 바로 알아차린다. 그리고
- 섬광을 호흡으로 돌려놓는다.

이것을 마음챙김 호흡 훈련의 '팔굽혀펴기'라고 불러도 좋다. 일정한 기간 동안 꾸준히 이 운동을 해서 주의력을 훈련시키고, 반복 훈련을 통해 주의력이 강화되는 것을 느껴보라.

그런데 과연 얼마나 오래 연습해야 할까?

앞에서 나는 12분이 '마법의 숫자'라고 말한 바 있다. 그리고 이 책 10장에서 주의력 시스템을 완전히 개조하는 데 필요한 '최소 복용량'에 관해 더 자세히 이야기하려고 한다. 하지만 신체 운동을 시작할 때 처음부터 자기 체중에 맞먹는 무게를 들어 올리려고 하지 않는 것과 마찬가지로, 정신 운동에서도 처음부터 장시간의 마음챙김 훈련에 도전하는 것은 바람직하지 않다.

나는 소박하게 시작하는 것을 추천한다. 우선 휴대전화 타이머를 맞춰놓고 3분 동안 훈련을 해보라. 3분은 물을 끓이거나 토스트를 굽는 것보다도 짧은 시간이다. 샤워를 아무리 빨리 해도 3분은 더 걸린다. 나는 엘리베이터 앞에서 3분 넘게 기다린 적도 있다.

3분은 짧은 시간이지만, 당신이 마음챙김 명상에 처음 도전한다면 1분이나 2분도 영원한 시간처럼 느껴질 수 있다. 섬광을 호흡으로 돌려놓는 일을 아주 많이 해야 할 것이고, 이런 집중력으로는 아무것도 못 해내겠다는 생각이 들 것이다! 훈련을 반복하면 달라진다고 미리 말해주고 싶다. 하루 3분으로 시작해서 날마다 충실히 훈련한다면 당신은 삶을 바꿔놓을 수도 있는 정신 운동 프로그램의 토대를 마련하는 셈이다. 다시 말하지만 시작은 소박하게 하되 훈련은 꾸준히 하라. 당신의 일과에 이미 훈련 시간이 들어 있다면 시간을 늘리는 일은 비교적 쉽다. 만약 3분이 지났는데도 훈련을 계속하고 싶다면 당연히 계속해도 좋지만, 목표로 정한 시간을 '넘겨야' 한다는 압박을 느낄 필요는 없다.

이제 당신은 섬광을 활용하는 일에 대해 어느 정도 이해하게 됐으니, 마지막 원칙이지만 아주 중요한 원칙 하나를 항상 마음의 우선순위에 놓아야 한다. **멀티태스킹은 그만!**

아들 레오가 열 살 때의 일이다. 우리 차 옆을 지나치는 운전자들이 전화 통화를 하는 것을 보고 거슬렸던 모양이다. 레오는 영리하고 호기심 많고 다방면에 관심이 많은 아이였다. 뇌과학과 주의력에 관해 평균적인 또래 아이들보다 많은 지식을 가지고 있던 레오는 우리 실험실의 연구에도 관심이 많았다. 레오는 일정한 수준의 집중을 요하는 두 가지 일(대화와 운전)을 동시에 하려고 하면 불이익이 발생할 것이라는 가설을 세웠다. 그리고 그 가설을 검증해보기로 했다.

레오는 학교 과학탐구 과제로 실험을 설계했다. 친구들을 집으로 불러서 우리 집 거실에 있는 게임기 Xbox 360으로 자동차 경주 비디오게임을 하게 했다. 그러고는 옆방에서 친구들에게 전화를 걸었다. 친구들이 스피커폰으로 통화하는 동안 레오는 갖가지 질문을 던졌다. 별로 놀랍지 않은 결과가 나타났다. 휴대전화로 통화를 하고 있던 아이들은 통화를 하지 않은 아이들보다 게임 점수가 낮았다.

그렇다. 이건 그냥 5학년 학생의 과학탐구 과제였다. 하지만 과학자들의 연구 결과들도 이 학생의 주장을 뒷받침한다! 멀티태스킹, 더 정확히 말해서 '과제 전환task switching'은 우리의 성과, 정확도, 기분에 부정적인 영향을 미친다.[18] 레오는 실험 결과에 만족하면서도, 운전 중에 통화를 하는 것이 왜 합법이냐며 분개했다. 레오를 위해 덧붙이자면, 이제는 미국의 여러 주들이 운전 중에 휴대전화를 손에 들고 통화하거나 문자 메시지를 주고받는 일을 법으로 엄격하게 금지하고 있다. 하지만 주의력에 관해 우리가 알아낸 사실들을 생각해보면 법은 아직 충분하지 못하다. 주의력을 요구하는 두 가지 일을 동시에 하려고 하면 둘 중 어느 하나도 잘 해내기가 어렵다. 손에 휴대전화를 들고 있는지 안 들고 있는지는 중요하지 않다. 이어폰으로 통화를 하거나 음성인식 기능으로 문자를 보내는 것 역시 주의력을 요구하는 활동이다.

이런 식으로 생각해보라. 당신에게는 섬광이 딱 하나밖에 없다. 2개도, 3개도 아니다. 하나밖에 없는 당신의 섬광은 한 번에 한 가지 일만 비출 수 있다(여기서는 능동적이고 집중된 주의를 요구하는 활동을 말한다. 걷기처럼 순차적인 활동은 제외된다. 이런 활동은 주의력을 사용하는 방식에 대한 요구가 다르다). 주의 집중을 요구하는 복수의 과제를 동시에 처리하려고 할 때 당신이 실제로 하고 있는 일은 섬광을 이 일에서 저 일로, 저 일에서 다음 일로, 다시 첫 번째 일로… 옮기고 있는 것이다. 당신도 그쯤은 알 것이다. 그게 왜 문제인가? 편향에 관한 설명으로 돌아가보자.

당신이 하나의 과제를 선택하고 그 과제에 관여할 때, 당신의 주의는 그 과제에 맞게 정보 처리를 조정한다. 법률 보고서를 쓰는 일이든, 예산을 짜는 일이든, 아이가 도로에서 자전거를 타는 모습을 지켜보는 일이든, 당신이 만들고 있는 앱을 점검하는 일이든 간에 마찬가지다. 당신의 뇌가 하는 모든 일은 그 과제의 수행을 돕고, 뇌의 모든 활동은 그 목표에 맞춰진다. 실험실에서 점 식별(빨간 점을 볼 때마다 스페이스바를 최대한 빨리 눌러라) 또는 문자 식별(T라는 글자가 나타날 때마다 시프트키를 최대한 빨리 눌러라) 과제를 수행해보면 이를 확인할 수 있다. 점만 계속 보여주고 다른 것은 보여주지 않는다면 당신은 정말 빠르고 정확하게 빨간 점을 찾아낸다. T자의 경우에도 마찬가지다.

그러나 두 과제를 섞어서 1분 정도 점 과제를 수행하고 나서 T자 과제로 바꿨다가 다시 점 과제로 돌아가도록 하면 당신의 속도와 정확성은 크게 떨어진다. 과제를 전환할 때마다 당신의 주의력도 다시 조정되기 때문이다.

물론 실생활에서 우리는 점과 문자만 식별하지 않는다. 우리는 이메일을 작성하다가 전화 받는 일로 전환한다. 전화를 받다가 방에 들어온 사람과 이야기를 나누기 시작한다. 그 만남이 끝나면 달력에 일정을 추가하고… 이런 식으로 계속 과제를 전환한다. 그리고 새로운 당면 과제에 맞춰 주의력을 조정하는 데는 시간과 에너지가 소모된다. 항상 시차가 생긴다.

이런 현상이 인지능력에 어떤 영향을 주는지를 이해하고 싶다면 원룸 아파트를 상상하라. 방은 단 하나다. 당신이 그 방을 사용하고 싶을 때마다 가구를 다 바꿔야 한다고 생각해보라. 잠을 자고 싶다고? 침대와 수면등을 설치해야 한다. 파티를 열고 싶다고? 침대를 치우고 소파와 탁자를 들여와야 한다. 요리를 해야 한다고? 소파와 탁자를 다 치우고 가스레인지, 조리대, 조리도구를 가져와라. 너무 힘들 것 같다고? 그렇다! 과제를 계속 전환할 경우 당신의 인지능력에도 똑같은 일이 벌어진다.

과제를 자주 전환해야 하는 날에 당신의 주의력은 어떤 상태에 있더라도 온전하지 못할 것이다. 당신의 거실은… 너저분해 보일 것이다. 주방을 보면 조리기구의 플러그가 빠져 있다. 일을 처리하는 속도가 느려지고 실수가 많아지고 감정적으로 소진된다. 당신은 그것을 정신적 피로로 느낀다. 그리고 그런 날에 우리가 당신을 실험실로 데려온다면 당신의 업무 속도가 느려졌을 뿐 아니라 마음의 방황이 더 심해졌다는 것을 확인할 수 있다. 게다가 마음이 방황하면 당면 과제로 돌아가기 위해 과제 전환을 더 많이 반복해야 한다. 그래서 일을 처리하는 속도가 더욱 느려진다. 실수가 늘어나고 기분은 나빠진다.

해결책은 무엇인가? 첫째, 마음챙김 훈련을 시작하라. 마음챙김 훈련은 마음의 방황이 문제가 될 때마다 우리를 도와준다. 둘째, 한 번에 한 가지 일만 하라.[19] '멀티태스킹'이 멋있고 훌륭하고 바람직한 일이라는 관념을 버려라. 불가피하게 과제를 자주 전환해야 할 때는(실생활에서는 그럴 때가 있다!) 당신의 일 처리 속도가 느려진다는 것을 염두에 두어라. 집중을 되찾기 위해서는 시간이 필요하다. 시간을 넉넉하게 잡고 과제 전환에 '재조정 시차recalibration lag'가 따른다는 사실을 인정한다면 장기적으로는 더 빠르고 더 효율적으로 일할 수도 있다. 일을 빠뜨리지 않고, 실수를 줄이고, 더 행복하게 지낼 수 있다(과학적 연구 결과에 따르면 그렇다).[20]

마이애미대학 총장이었던 도나 샐레일라Donna Shalala 박사의 사무실에 갔던 일이 생각난다. 그날 그녀는 나 말고도 여러 사람을 만났을 것이 틀림없다. 내가 방문했을 때 그녀는 이메일을 작성하는 일에 깊이 몰두해 있었다. 그녀는 고개를 들지도 않았다. 내가 서서 기다리는 동안에도 계속 자판을 두드렸다. 집중이 흐트러지지 않는 것 같았다. 기껏해야 1분 정도였지만 훨씬 더 길게 느껴졌다. 그녀는 노트북 컴퓨터를 닫고 잠깐 숨을 돌린 후에 고개를 들었다. 그리고 나서는 나에게 주의를 완전히 집중하는 것 같았다. 분위기가 바뀌었고, 그녀의 집중은 만남이 끝날 때까지 유지됐다. 그녀는 내가 하는 말을 한마디도 놓치지 않는 것 같았다.

몇 년 후에 나는 퇴역한 3성 장군과 대화를 나누는 영예를 얻었다. 그는 군의 다른 지도자들과 함께 복무했을 뿐 아니라 제대한 후에도 고문 역할을 수행했다. 나는 그에게 군에서 큰 성공을 거둔 사람들의 공통점이 무엇이라고 생각하는지를 물었다. 그는 한 가지가 특히 눈에 띈다고 대답했다. 그것을 '회전축 리더십'이라고 표현했다. 회전축 리더십이란 지난번 행사 또는 지난번 회의에서 생긴 감정이 다음 행사 또는 회의에 영향을 주지 않는다는 뜻이다. 성공한 지도자들은 완전히 축을 회전시켜 당면 과제에 100퍼센트 집중할 줄 아는 사람들이었다.

이 이야기의 교훈은 다음과 같다. 한 번에 한 가지 일만 하라. 과제 전환이 꼭 필요한 상황이라면 시차를 인정하고 그 영향을 최소화하기 위해 노력하라. 당신 자신에게 시간을 허용하라. 그래서 지나간 과제를 머릿속으로 계속 생각하지 않고 다음 과제로 주의를 온전히 전환할 수 있도록 하라. 물론 그런 경지에 이르기 위해서는 지금 이 순간에 무슨 일이 일어나고 있는지, 예컨대 당신의 섬광이 어디에 집중되고 있는지를 알아야 한다.

마지막으로, 당신이 이 모든 사항을 실천하고 날마다 부지런히 호흡자각 훈련을 한다고 해도 한계는 있다. **그래도 완벽한 집중은 불가능하다.**

머리말에서 나는 주의력을 오랫동안 유지하는 일을 무거운 물체를 오래 들고 있어야 하는 상황에 비유했다. 근력 운동을 하지 않고도 무거운 물체를 지탱하는 데 필요한 만큼의 지구력과 근육을 가지기를 기대하는 것은 비합리적인 생각이다. 그런데 우리는 이상하게도 정신에게는 혹독한 훈련을 거치지 않고도 큰 힘을 발휘하기를 기대한다. 나의 주장은 앞에서 했던 것과 동일하다. 그런데 사실 이것도 불완전한 설명이다.

자동적 주의라는 개념에 따르면 우리의 주의가 당면 과제에서 벗어나는 것은 자연스러운 일이다. 그걸 바꾸기 위해 우리가 할 수 있는 일은 별로 없다. 그리고 마음의 방황을 관찰해보면 설령 외부의 방해 요소가 없다고 해도 우리의 마음은 수시로 방해 요소를 찾으러 간다. 우리 자신이 당면 과제를 벗어났다는 사실을 발견했다는 건 실패도 아니고 주의력 훈련을 포기할 이유도 못 된다. 뇌는 원래 그렇게 만들어졌다! 운동을 해서 무거운 물체를 들고 있는 시간을 늘리듯이 정신적 훈련을 하면 집중하는 시간이 늘어날 거라는 기대는 하지 마라. 대신 당신이 농구공으로 드리블을 하고 있다고 상상해보라.

공이 당신의 손을 빠져나갔다가 금방 튀어 오른다. 당신의 주의가 당면 과제에서 벗어났다가 돌아온다.

공이 당신의 손을 빠져나가는 순간들은 기회(당신이 아직 당신이 원하는 곳에 있다는 것을 확인하고 과제로 돌아갈 기회)일 수도 있고 취약점(공을 놓치고, 공을 다시 잡기 위해 힘과 인지 자원을 사용한다)일 수도 있다. 마음챙김 수련을 많이 할수록 당신은 '드리블'을 잘하게 된다. 공은 저 멀리 굴러가는 대신 튀어 올라 당신의 손 안으로 다시 들어온다. 하지만 당신은 드리블을 계속해야 한다! 농구 경기와 마찬가지다. 효율을 높이는 다른 방법은 없다! 예컨대 당신이 주의력 활용의 스테픈 커리(미국의 전설적인 프로 농구선수 – 옮긴이)가 되고 싶다면 공을 손에 들고 경기장을 가로지를 수는 없다. 세계 최고의 운동선수들이 당신에게서 그 공을 빼앗으려고 하는 동안에도 당신은 능숙하게 드리블을 할 수 있어야 한다. 그리고 목표 지점에 정확히 도착해야 한다.

나는 오랜 기간 동안 거의 매일 마음챙김 명상을 했다. 이제 어떤 날에는 내가 다른 사람들보다 쉽게 산만해진다는 것을 인정하고 받아들인다. 그래도 괜찮다고 여긴다. 하지만 처음 마음챙김 수련을 시작했을 때는 집중에 성공하지 못하는 시간이 무척 힘들었고 패배감에 젖었다. 내 생각이 한꺼번에 여러 방향으로 끌어당겨졌다. 나 자신이 퇴보하고 있고 집중력은 점점 약해지는 느낌이었다.

그래서 대형 의료기관에서 마음챙김 치료실을 운영하는 동료에게 물어봤다. 그는 명상을 30년 이상 한 사람이고, 어떤 기준으로 보더라도 전문가 수준의 명상가였다. 나는 내 목표를 정하기 위해 그에게 집중을 얼마나 오래 유지할 수 있느냐고 물어보았다. 경력이 30년이나 되었으니 굉장한 숫자가 나올 것 같았다. 10분? 그 이상?

"음." 그가 대답했다. "생각이 다른 데로 흘러가지 않고 주의를 붙잡아둘 수 있는 시간 말이지? 제일 길 때가 7초쯤 될 거야."

7초? 충격이었다. 그런데 그 순간 마음챙김 훈련의 가장 중요한 원칙 중 하나가 생각났다. 훈련의 목표는 집중이 흐트러지지 않는 것이 아니다. 그건 불가능한 일이다. 훈련의 목표는 매 순간 우리의 주의가 어디 있는지를 알아차리는 것이다. 그래야 우리가 산만해질 때 섬광을 필요한 곳으로 쉽고 빠르게 돌려놓을 수 있다.

주의력 훈련이 반드시 필요한 또 하나의 이유가 있다. 주의력은 우리의 작업기억에 무엇이 들어가는지를 결정한다. 작업기억은 우리가 지금 하고 있는 작업에 사용되는 정보를 임시로 저장하는 마음의 역동적인 작업장이다. 다음과 같이 생각해보라. 우리가 뭔가를 생각하고 있을 때, 뭔가를 기억해내려고 할 때, 고민을 해결하고자 할 때, 아이디어를 검토하고 있을 때, 다른 사람이 이야기를 하는 동안 우리가 주장하고 싶은 내용을 기억하려고 할 때, 우리는 그 일들을 하기 위해 작업기억을 사용하고 있는 것이다. 작업기억은 우리가 하는 거의 모든 일에 필요하다. 그런데 주의력을 떨어뜨리는 힘과 똑같은 힘들이 작업기억을 저하시킨다. 스트레스, 나쁜 기분, 위협. 그리고 작업기억에 문제가 생기는 이유의 근원에는 마음의 가장 해로운 습관 중 하나가 있다. 그 습관은 바로 '정신적 시간 여행'이다.

5장   작업기억,
                      머릿속의
                      화이트보드

나는 퓰리처상을 수상한 기자의 전화를 기다리는 중이었다. 그 기자는 주의 분산 및 집중에 관한 기사와 책을 쓴 사람인데 나에게 인터뷰를 요청했다. 약속한 시간에 내 전화기가 진동하더니 그에게서 문자 메시지가 왔다. "10분 후에 통화해도 될까요?"

나는 "네, 괜찮습니다. 기다릴게요"라고 답장을 보냈다.

10분 후 기자가 전화를 걸어서 사과의 말을 했다. "오늘 굉장히 바쁜 날이었거든요. 제가….."

그러고 나서 말이 끊긴다. 침묵. 그는 말을 잇지 못한다. 나는 그의 뇌가 '오류를 일으켰다'는 것을 알 수 있었다. 컴퓨터가 작동을 멈추고 조그만 죽음의 비치볼(애플의 맥 OS에서 응용 프로그램이 사용 중임을 나타내는 표시를 묘사한 것 - 옮긴이)이 화면에 나타나서 빙글빙글 돌아갈 때와 비슷한 현상이다. 통화 상대는 탁월한 언어 능력으로 퓰리처상을 받은 사람이었는데도 그 순간에는 입 밖으로 말을 내뱉지 못하고 있었다.

그는 심호흡을 한 번 하더니 30초 동안 숨을 돌려도 되겠느냐고 물었다. 이번에도 나는 괜찮다고 답한다. 30초가 지나간다. 그런데 이번에는 그가 다른 부탁을 했다.

"제 머릿속에 있는 생각을 잠깐 메모하고 싶은데, 괜찮을까요?" 그가 나에게 물었다.

드디어 인터뷰가 시작될 무렵, 그가 이 모든 일을 나에게 전화를 걸기 전에 혼자서도 충분히 할 수 있었다는 생각에 짜증이 솟구쳤다. 이제 인터뷰 시간이 약간 부족해졌다. 나는 곧바로 작업기억이라는 주제[1]를 설명하기 시작했다. 작업기억은 주의력을 이해하는 것뿐만 아니라 주의력 향상 훈련을 하는 데도 핵심적인 개념이기 때문이다.

앞에서 설명한 대로 작업기억은 우리가 날마다, 깨어 있는 시간 내내 사용하는 역동적인 인지의 작업공간이다. '기억'이라는 단어에 현혹되지 마라. 작업기억에서 '기억'은 단지 정보를 저장한다는 의미가 아니다. 작업기억은 일시적으로 '긁힌 자국'과도 같다. 작업기억은 인류 진화의 과정에서 필요에 의해 비영구적이고 일시적인 성격을 띠게 됐다.

"저는 작업기억을 머릿속의 화이트보드로 생각합니다." 기자가 다시 말을 할 수 있게 됐을 때 나는 그에게 설명했다. "그런데 그 화이트보드는 저절로 사라지는 잉크를 사용합니다. 그 잉크는 아주 빨리 사라져요. 우리가 그 화이트보드에 뭔가를 '쓰자마자' 잉크가 희미해지기 시작합니다."

나는 주의력이 작업기억에 어떻게 정보를 집어넣는지를 설명했다. "우리의 주의력 섬광이 우리 주변 또는 내면세계에서 중요한 정보를 선택하면 그 정보가 작업기억에 들어갑니다. 마치 진짜 화이트보드에 글씨를 쓸 때처럼 아이디어를 끄적거리기도 하고, 개념을 정리하기도 하고, 결정을 내리기 위해 심사숙고하고, 패턴을 발견하고, 뭐라고 말할 것인지를 미리 적어놓기도 하고… 다양한 활동을 합니다. 하지만 이 화이트보드는 현실의 화이트보드와 달라요. 신기하게도 잉크가 화이트보드에 남아 있는 시간이 몇 초에 불과하거든요."

몇 초는 짧은 시간이다. 한 가지 일을 하다가 다른 일로 금방 전환할 때는 작업기억 시간이 짧아도 괜찮다. 오히려 짧아서 좋을 수도 있다. 그러나 우리에게 시간이 더 필요할 때는 화이트보드에 적힌 중요한 내용을 어떻게 저장할까? 답은 간단하다. 화이트보드에 계속 주의를 기울이면 된다.

주의력 섬광이 작업기억 안의 내용을 향하게 하면 그 내용이 '갱신'된다.[2] 희미해지고 있는 잉크 자국 위에 다시 글씨를 쓰는 것과 비슷하다. 그것도 반복해서. 작업기억 안의 내용에 주의를 기울이기를 중단하면, 즉 섬광을 다른 표적으로 옮기면 잉크는 지워지고 다른 것을 '쓰기' 시작한다.

작업기억이 주의력과 긴밀하게 얽혀 있기 때문에 작업기억도 주의력과 마찬가지로 스트레스, 나쁜 기분, 위협에 취약하다. 게다가 수면 부족과 우울증, 불안 같은 요인들과 ADHD, PTSD 같은 정신장애도 작업기억에 부정적으로 작용한다. 이런 압박 속에서 작업기억은 기능을 원활하게 수행하지 못한다. 마음이 방황할 때 우리의 화이트보드는 금방 엉망이 되어 당면 과제와 무관한 그림으로 꽉 채워지고, 우리가 정말로 원하는 내용을 기록할 공간이 없어진다. 내가 이 모든 것을 설명하고 있는데 기자가 갑자기 끼어들었다.

"제가 선생님한테 전화를 걸었을 때가 바로 그랬어요!" 그가 소리쳤다. "그때 저는 다른 통화를 끝낸 직후였거든요. 오락가락하면서 여러 가지 업무를 처리하고 있었어요. 선생님을 오래 기다리게 하고 싶지 않았지만, 제 '화이트보드'는 꽉 차 있었어요. 아마 정보를 처리할 공간이 하나도 없었나 봅니다."

그 기자는 그래서 자신이 "머릿속을 비워야" 했다고 말했다. "머릿속을 비운다"는 널리 쓰이는 표현이다. 우리 모두 이 표현을 한두 번은 써봤겠지만, 사실 머릿속을 '비울' 방법은 없다. 우리의 화이트보드를 지우개로 깨끗이 지우고 계속 그런 상태로 유지할 수는 없다. 그건 불가능한 일이다. 한 가지 내용을 기록한 잉크가 희미해지는 순간 다른 내용으로 대체된다.

문제는… 무엇으로 대체되느냐다.

화이트보드에 적혀 있는 것

잠시 당신의 화이트보드를 분석해보자. 펜과 종이, 이 책만 있으면 된다.

당신이 할 일은 다음과 같다. 당신이 자주 가는 슈퍼마켓, 회사, 아이 학교 같은 장소 중에 집에서 15분쯤 걸리는 곳을 생각해보라. 그 장소를 머릿속에 그려보라. 이제부터 당신이 현관문을 나서서 그 장소로 가는 길을 머릿속에 재생하면서 방향을 몇 번 바꾸는지 세어보라. 그곳까지 걸어가든, 승용차로 가든, 버스나 지하철을 타고 가든 상관없다. 방향을 트는 횟수만 정확히 세면 된다. 중간에 집중력이 흐트러지면 처음부터 다시 시작하면 된다.

만약 주의가 흐트러졌다면, 잠시 멈추고 무엇 때문에 주의가 흐트러졌는지를 종이에 적어라. 문자 메시지, 이메일, 트위터 알림을 받아서 휴대전화가 진동했다면 '휴대전화'라고 적어라. 몇 시간 후의 회의가 생각나서 불안해졌다면 '회의'라고 적어라. 두 번 이상 똑같은 이유로 주의가 흐트러졌다면 반복되는 양상을 기록하라. 당신은 지금 가려고 하는(머릿속으로 가는 거지만) 장소에 관해 생각했을 수도 있다. 방향을 트는 횟수를 정확하게 세려고 노력하고, 그러는 동안 당신을 방해한 요인들을 최대한 정확히 기록하라. 방해받은 사실을 축소하거나 빼먹지 마라. 우리는 많은 데이터를 원한다.

산만해지는 것이 좋은 일일 수도 있다고 생각하라. 마음의 방황이 꼭 부정적인 것만은 아니다. 당신의 생각은 오늘 아침에 있었던 유쾌한 일(내 뒤에 줄을 서 있던 사람이 나에게 커피를 사줬어. 정말 친절한 사람이었지!)로 흘러갔을 수도 있고, 당신이 기대하고 있는 일(주말을 낀 3일 연휴가 다가온다!)로 흘러갔을 수도 있다. 생각을 긍정적/부정적, 생산적인 일에 관한 생각/비생산적인 반추 등으로 분류할 필요는 없다. 그냥 종이에 기록만 하라.

이 활동은 내가 머리말에서 권했던 정신적 활동과 비슷하다. 거기에서는 당신의 섬광이 책에서 몇 번이나 이탈하는지 기록해보라고 했다. 이번에는 당신이 산만해지는 횟수는 물론이고 산만해진 원인도 파악하려고 한다.

　이제 분석을 해보자. 당신이 자꾸 되풀이하는 생각은 무엇인가? 당신의 목록을 읽어보면 어떤 주제들이 '끈질기게' 등장하는 것을 발견할지도 모른다. 당신은 오늘 점심에 먹으려고 하는 맛있는 음식에 관한 공상을 했거나, 지난주 회의에서 어색한 이야기를 했던 것이 민망해서 계속 반추했을 수도 있다. 나는 당신이 무슨 생각을 했는지 모른다. 그러나 당신의 목록에 포함된 방해 요인들의 대부분은 전화라든가 현관문 두드리는 소리 같은 외부 요인이 아닐 거라고 생각한다. 만약 당신이 보통 사람이라면, 집중력을 흐트러뜨리는 첫 번째 요인은 당신의 마음일 것이다.

　우리는 집중을 방해하는 요소가 외부에서 온다고 생각하는 경향이 있다. 휴대전화의 진동, 이메일이 도착했다는 효과음, 현관의 초인종 소리, 당신의 사고 과정을 방해하는 직장 동료의 목소리 등이 외부 요인이다. 앞에서 우리는 산만한 세상에서 섬광을 찾는 법을 알아봤다. 당신의 섬광이 길을 잃을 때 그것을 알아차리고 섬광을 당신이 원하는 곳으로 재빨리, 매끄럽게 도로 가져다놓는 것. 이것은 주의력 훈련의 첫걸음이다. 하지만 당신의 주의에 주의를 기울이기 시작하면 새로운 사실 하나를 알게 된다. 외부의 방해 요인을 모조리 제거한다 해도(휴대전화를 무음으로 해놓고, 메일함을 일시 중지하고, 조용한 방에 혼자 틀어박혀 있는 등 어떤 방법을 쓰더라도!) 뭔가가 불쑥불쑥 나타난다. 걱정, 후회, 욕구, 계획 같은 것들이.

　도대체 이런 생각은 어디에서 오는 건가? 우리가 작업기억을 다른 일에 사용하기를 원할 때도 이런 생각들이 작업기억 안에서 불쑥불쑥 나타나는 이유는 무엇일까?

'디폴트 모드 네트워크'의 발견

20년쯤 전에 신경과학 연구자들은 수수께끼 하나를 곰곰이 생각하고 있었다. 마침 새롭고 강력한 첨단기술인 fMRI가 발명된 직후여서 뇌 활동의 신기한 패턴을 이미지로 나타낼 수 있었다. 그런데 그 이미지는 우리가 기존에 알고 있던 뇌의 네트워크 중 어떤 것과도 일치하지 않았다. 왜 그럴까? 그 의문은 몇 년 동안 풀리지 않았다.

신경과학자들은 이 신기술에 흥분했다. 실험 참가자가 기계 안에 있는 동안 우리는 뇌 활동과 관련된 신호를 관찰할 수 있었고, 어떤 활동이 정확히 어느 영역에서 이뤄지는지를 추적할 수도 있었다. 신경과학의 가장 시급한 과제는 우리가 주의력이 요구되는 작업을 하는 동안 뇌의 어느 영역이 활발하게 활동하는지에 관한 정보를 수집하는 것이었다. 다른 말로 표현하자면 이렇다. 우리가 특정한 방식으로 주의를 기울일 때 우리 뇌의 어느 영역에 불이 켜지는가? 그 결과는 주의력 시스템의 작동 원리에 관해 무엇을 알려주는가? 이 질문에 답하기 위해서는 '작업 중'인 뇌와 '휴식 중'인 뇌를 비교해야 했다.

처음에 우리는 '스리백3-back 작업기억 과제'처럼 주의력과 작업기억이 요구되는 활동을 하고 있는 사람의 뇌를 들여다봤다. 스리백 작업기억 과제란? 실험 참가자가 MRI 기계 속에 들어가 있는 동안 화면에 숫자가 하나씩 나타났다 사라진다. 참가자는 숫자가 나타날 때마다 질문에 답해야 한다. "방금 본 숫자가 3개 전 슬라이드에서 봤던 숫자와 같은가요, 다른가요?" 이 질문에 제대로 답하기는 쉽지 않다! 이 실험은 활동 중인 작업기억의 사진을 찍는 것과 같다.

참가자가 과제를 수행하고 나면 우리는 비교를 위해 휴식 중인 뇌의 영상을 확보해야 한다. "그냥 편히 쉬세요." 우리는 실험 참가자들에게 이야기했다. 과제도 없고, 검사도 없고, 주의력을 사용해서 뭔가를 알아내야 하는 것도 없었다.

우리의 예상대로 실험 참가자들이 스리백 과제를 수행하고 있는 동안에는 전두엽의 특정 영역이 활발히 움직였다.[3] 그런데 여러 차례의 연구에서 참가자들이 '쉬고 있을 때' 신기한 현상이 반복적으로 나타났다. 다른 신경망이 활성화된 것이다. 작업 중일 때와 다른 여러 영역들이 동시에 활동하고 있었다. 기억, 계획, 감정과 관련된 영역들이 모두 활성 상태였다. 우리는 그전까지 그런 현상을 본 적이 없었으므로 처음에는 그게 무엇을 의미하는지 알지 못했다. 왜 휴식 중에 이 영역들이 동시에 활성화되는가? 심지어 그 영역들은 서로 엮여 있는 것처럼 일제히 활성화됐다가 잠잠해지곤 했다.

우리는 실험 참가자들에게 새로운 지시를 하거나 더 구체적인 지시를 해봤지만, 그들이 어떤 활동을 했는지는 중요하지 않았다. 우리는 참가자들에게 휴식을 취하라고 했을 때 뇌의 중앙부(의학에서는 '중간선'이라고 한다. 두피 한가운데에 가르마를 탈 때 두개골 바로 밑에 위치한 영역을 생각하면 된다)가 활성화된다는 뚜렷한 신호를 잡아냈다. 우리가 '휴식'이라고 말할 때마다 이 미지의 네트워크에 시동이 걸렸다.

그래서 우리는 MRI 기계에서 막 나온 사람들에게 물었다. "휴식 중에 무슨 생각을 했나요?"

그들의 대답은 다음과 같았다.

"점심에 뭘 먹을지 생각했어요."

"지금 불편하다는 생각을 했어요."

"오늘 아침에 룸메이트와 싸운 일을 생각했어요."

"머리를 자르러 미용실에 가야겠다고 생각했어요."

더 많은 참가자들에게 물었더니 답변에서 하나의 패턴이 나타났다. 답변 내용이 모두 자기 자신과 관련된 것이라는 점이다. 사람들은 MRI 기계 안에서 세계 평화라든가 정치를 생각하지 않았다. 그들은 자기 내면으로 방향을 돌려서 최근에 자신에게 일어난 일을 곰곰이 생각하거나, 계획을 세우거나, 자신의 감정과 생각과 느낌을 분석하고 있었다.

이런 패턴을 보고 어떤 연구자들은 실험을 조금 수정했다. 그들은 MRI 기계 안에 있는 실험 참가자들에게 일련의 형용사를 보여주었다.[4] 크다. 우습다. 똑똑하다. 매력적이다. 흥미롭다. 다정하다. 슬프다. 용감하다. 인상 좋다. 그러고 나서 참가자들에게 각각의 형용사가 빌 클린턴(당시 미국 대통령이었다)과 얼마나 일치하는지를 "전혀 아니다"에서 "아주 많이 일치한다"까지의 척도로 답해달라고 했다. 다음으로는 "이 단어가 당신과 얼마나 일치하는지를 평가해주세요"라는 과제를 제시했다. 부릉! 시동이 다시 켜졌다. 우리가 휴식 중인 뇌에서 발견했던 것과 동일한 미지의 네트워크였다. 참가자들이 미국 대통령에 관한 질문이 아니라 자기 자신에 관한 질문을 받는 순간 뇌 중간선 부위가 동일한 패턴으로 활성화됐다.

연구자들은 "휴식이 사실은 쉬는 것이 아니다"라는 통찰을 얼었다. '휴식'을 취하라는 지시를 받은 참가자들은 거의 자동으로 자기 자신에 관한 생각을 했다. 뇌과학자들은 다소 장난스러운 줄임말을 사용했다. "신속하고 항시적인 자기 자신에 관한 생각Rapid Ever-present Self-related Thinking." 줄여서 R.E.S.T.

이제 신경과학자들은 한때 미지의 영역이었던 이 네트워크를 '디폴트 모드 네트워크default mode network(DMN)'라고 부른다.[5] 사람의 뇌는 주의력을 요구하는 과제에 집중하고 있지 않을 때(잠시 후에 살펴보겠지만 심지어는 주의력을 요구하는 과제에 집중하고 있을 때조차도) 자동으로 이 상태로 전환한다. 이 네트워크를 분리해서 식별할 수 있게 된 이후로 우리는 다양한 상황에서 이 네트워크의 흔적을 발견했다. 마음이 방황할 때는 디폴트 모드 네트워크가 활동한다. 과제를 수행하다가 실수를 할 때 우리는 디폴트 모드인 것이다. 여러 실험실에서 일관된 결과를 얻었다. 사람들이 정답을 알아맞혔을 때는 주의력 네트워크가 '켜져' 있었지만,[6] 오답을 말했을 때는 디폴트 모드 네트워크가 활발하게 활동하고 있었다.

이 모든 사실은 마음의 방황에 관해 중요한 사실을 알려준다. 주의력과 작업기억이 우리의 내면을 향할 때 디폴트 모드가 활성화된다. 심지어 외부의 방해 요소가 없을 때도 우리의 뇌는 우리 자신과 관련한 눈에 잘 띄는 내용을 스스로 만들어낸다. 그리고 내부의 방해 요소는 외부의 방해 요소와 똑같이 '시끄럽다.' 감정이 개입된 생각들은 누군가가 우리의 이름을 부를 때만큼이나 강력하게 우리의 주의를 사로잡는다.[7]

다른 일에 작업기억을 사용할 필요가 없을 때는 디폴트 모드가 되더라도 별문제가 없다. 앞에서 설명한 대로 즉흥적인 사고의 공간을 허락하는 것은 좋은 일이다. 문제는 항상 이런 일이 벌어진다는 것이다. 그리고 우리는 다른 일에 작업기억을 사용해야 할 때가 많다. 작업기억은 우리가 하는 거의 모든 일에 필요하다.

작업기억의 공간 확보하기

작업기억을 사용한다는 것은 뭔가를 배우고 기억하는 것이다. 작업기억은 영구적인 저장소로 들어가는 '관문'이다. 우리는 경험, 새로운 지식 등의 정보를 암호화해서 장기기억에 집어넣기 위해 작업기억을 필요로 한다. 장기기억에서 뭔가를 꺼내고 싶을 때(회수)는 그 정보를 작업기억에 '내려 받아' 놓았다가 빠르게 찾아 사용한다.

작업기억은 사회적 연계와 소통에 결정적인 역할을 한다.[8] 우리는 작업기억에서 다른 사람의 의도와 행동을 추적하고 분석하며 그 결과를 머릿속에 간직하고 사교의 과정에 무난하게 참여한다. 예컨대 우리는 대화에서 자기 차례가 돌아오기를 기다리고, 할 말이 있더라도 다른 사람의 이야기를 들어준다.

우리가 감정을 경험하는 곳도 작업기억이다.[9] 우리는 행복한 기억이나 슬프고 속상한 일을 회상할 때 작업기억을 사용한다. 우리는 생각, 감정, 자극으로 화이트보드를 '채워서' 완전하고 풍부하고 감정적인 경험을 만들어낸다. 작업기억은 감정을 느끼는 기능과 깊은 관련이 있다.

이 원리는 반대 방향으로도 작동한다. 갖가지 감정이 생겨날 때 그 감정을 조절하기 위해서도 작업기억이 필요하다. 예를 들어 당신이 어떤 감정에 휩싸여서 마음을 안정시킬 필요가 있다고 하자. 당신은 무엇을 해야 하는가? 문제를 잘 생각해서 해결하거나, 그 문제를 잊기 위해 다른 일에 집중하거나, 상황을 바라보는 관점을 바꿔본다("어쩌면 내가 생각하는 것만큼 나쁘지 않을 수도 있어"). 이 모든 행동은 작업기억을 사용해야 가능하다.

어느 연구에서는 실험 참가자들에게 불쾌한 영화를 보여주었다.[10] 다만 그들에게 영화를 보는 동안 감정을 과도하게 표출하지 말라고 지시했다. 소리를 지르거나, 울거나, 얼굴 표정으로 감정을 드러내지 못하게 했다. 그러고 나서 간단한 수학 문제를 푸는 도중에 나타난 글자를 기억하는 과제를 주어 참가자들의 작업기억 용량을 검사했다. 다음으로는 감정 표현을 억제하는 능력과 작업기억 용량에 상관관계가 있는지를 알아봤다.

감정 조절과 작업기억 용량은 상관관계가 있었다. 작업기억 용량이 적은 사람들은 감정을 숨김없이 드러냈다. 그들은 감정 조절이라는 단 하나의 과제를 받았는데도 도무지 감정을 조절할 수 없었다. 반면 작업기억 용량이 큰 사람들은 반응을 훨씬 잘 억제했다. 아마도 그들은 작업기억 용량이 적은 사람들보다 목표를 머릿속에 확실히 담아두고 있었거나("지금 나의 과제는 반응하지 않는 것이다"), 반응을 통제하기 위해 상황을 재평가하고 있었을 것이다("이건 그냥 영화야, 현실이 아냐"). 어떤 전술을 활용했든 간에 핵심은 그들이 그 전술을 실현할 수 있는 인지능력을 가지고 있었다는 것이다.

마지막으로 중요한 사실이 있다. 작업기억은 우리가 날마다 하는 모든 활동에서 일정한 역할을 수행한다. 점심 식사를 준비하는 일부터 어떤 생각을 떠올리는 일까지. 신경과학의 전문용어로 표현하자면 작업기억은 우리가 '목표를 유지'하는 곳이다.

작업기억은 목표(!)로 가는 관문이다

작업기억은 우리가 목표를 머릿속에 간직하면서 목표를 향해 나아갈 수 있도록 해준다. 여기서 '목표'란 축구경기에서 이기겠다는 것과는 다르다(축구는 당연히 이기려고 하는 거지만). 우리가 수행하는 모든 과제에서 좋은 결과를 얻으려는 미세한 의도와 의식적인 목표를 의미한다. 우리가 하루 동안 하는 모든 결정, 계획, 사고, 조치, 행동에는 목표가 있다. 우리는 책을 읽기로 마음먹고, 저녁을 준비하기 위해 장을 보고, 가장 좋아하는 온라인 콘텐츠에 관해 생각하고, 프레젠테이션 자료를 만들고, 새로운 전자기기 사용법을 익히고, 길을 건너기 전에 차들이 다 지나가기를 기다린다. 우리는 하나의 일에서 다른 일로 계속 옮겨가면서 목표와 하위 목표를 유지하고, 그 목표들을 갱신하고, 다른 목표를 세우기 위해 이미 수행한 목표를 버리는 데 작업기억에 의존한다.

코로나19 팬데믹으로 격리되어 있던 어느 날 저녁, 우리 부부는 평소와 다른 멋진 일을 해보기로 했다. 멋진 일이란 저녁 내내 두 아이와 카드게임을 하면서 시간을 보내는 것이었다.

딸 소피는 다 같이 '이집트 슬랩'이라는 카드게임을 하자고 졸랐다. 게임의 규칙은 다음과 같다. 참가자들은 차례대로 손에 쥔 카드를 한 장씩 낸다. 카드 여러 장이 모여 특정한 조합이 만들어질 때 카드 더미를 손으로 치면 점수를 얻는다. 참가자들은 득점을 위해 샌드위치(8-2-8), 같은 숫자 3개(8-8-8), 연속된 수(7-8-9)와 같은 카드의 조합을 찾아야 한다. 아이들은 이 게임을 정말 좋아했지만 남편과 나는 싫어하는 쪽에 가까웠다. 규칙이 너무 많았고, 이기기 위해서는 항상 규칙을 생각하고 있어야 했다. 그러니까 모든 규칙을 즉시 활용 가능한 상태로 작업기억에 간직하고 있다가 필요한 순간에 재빨리 움직여야 했다.

놀랍기도 해라. 아이들은 우리를 상대로 압승을 거뒀다. 40대 엄마와 아빠는 10대 아이들의 번개처럼 빠른 정신적·신체적 반사를 따라갈 수가 없었다. 아이들은 우리가 게임을 너무 못한다고 생각했는지 이런저런 충고를 계속했다. "아니, 아니. 엄마도(아빠도) 우리처럼 카드를 빨리 쳐봐요." 그 사랑스러운 아이들은 우리가 규칙을 몰라서 그런 게 아니라, 그들의 어린 전두엽은 앞으로 달려나가면서[11] 잠재력을 100퍼센트 발휘하는 중이었지만 애석하게도 우리의 전두엽은 기능이 떨어지고 있어서 그랬다는 사실을 알지 못했다. 그래도 그것은 흥미로운 경험이었다. 게임을 하는 동안(그리고 지고 있는 동안) 나는 그 게임이 오로지 작업기억만을 사용하는 과제로 적합하겠다는 생각을 떠올렸다. 게임을 하는 사람들은 목표를 머릿속에 간직하면서 그 목표와 일치하는 행동을 취해야 한다. 그게 작업기억이 작동하는 방식이고, 바로 그래서 작업기억이 우리에게 지대한 영향을 미치는 것이다.

작업기억은 주의력에 없어서는 안 될 동반자다. 우리가 섬광이 가리키는 정보를 가지고 실제로 무슨 일을 하려면 작업기억이 있어야 한다. 하지만 만약 주의력이 눈에 잘 띄고 산만하게 만드는 내용을 작업기억에 계속 집어넣는다면 목표 달성은 고사하고 목표 유지에도 지장이 생긴다. 왜 그럴까? 작업할 공간이 한정되어 있기 때문이다. 현실의 화이트보드와 마찬가지로 우리의 작업기억에도 한계가 있다.

기억의 용량과 한계

우리 실험실에서는 작업기억을 한계치까지 가동하게 하는 실험을 자주 한다. 우리가 알고 싶었던 것은 다음과 같다. 만약 작업기억이 우리 삶의 모든 측면에 그렇게 중요하다면 우리는 이 모든 일을 처리할 '공간'을 얼마나 가지고 있을까?

우리는 사람들을 실험실로 데려와서 얼굴 사진을 보여주었다. 일부러 별다른 특색이 없는 얼굴 사진들을 골랐으므로, 사진 속 얼굴들에는 기억에 남을 만한 구석이 별로 없었다. 우리는 얼굴이 3초 동안 화면에서 사라지게 한 다음 다른 얼굴을 보여주었다. 참가자들의 과제는 두 얼굴이 같은지 다른지를 알아맞히는 것이었다. 그것은 쉬운 과제였다! 그래서 우리는 사람들이 머릿속에 저장해야 하는 얼굴을 2개로 늘렸고, 3개, 4개, 5개를 거쳐 9개까지 시도했다. 이것은 정보를 간직하는 능력인 작업기억 용량을 시험하는 간단한 방법이다. 참가자들은 첫 번째 얼굴이 더 이상 보이지 않는 3초 동안 그 이미지를 작업기억 속에 간직해야 한다. 즉 그 이미지를 화이트보드에 계속 '그려야' 한다. 참가자가 오답을 말하기 시작하면 우리는 그 참가자의 화이트보드 용량이 한계에 도달했다고 판단했다.

그러면 사람들은 작업기억의 '한도가 초과'되는 시점까지 얼굴을 몇 개나 기억할 수 있었을까? 맞혀보라. 5개? 10개? 그보다 더 많다고?

답은 3개다.

얼굴 개수가 늘어날수록 점수는 낮아졌다. 얼굴이 3개를 넘어서면 참가자들의 점수는 아무거나 찍는 것보다 높지 않았다. 그들은 제시된 얼굴들을 아예 못 봤을 때와 똑같은 점수를 받았다.

당신은 이렇게 말할지도 모른다. "그거야… 사람 얼굴은 원래 복잡하잖아요. 미세한 부분이 많고요!" 하지만 꼭 사람의 얼굴이 아니라 여러 가지 색의 도형과 같은 아주 단순한 대상을 가지고 실험해봐도 작업기억이 저장할 수 있는 최대치는 3~4개로 나타났다. 왜 그럴까? 한 가지 가설은 우리가 작업기억에 보관하는 모든 항목은 마치 라디오 채널처럼 특정한 뇌 주파수를 갖는다는 것이다. 그래서 우리는 3개 또는 4개의 채널을 동시에 '틀어놓고' 각각 따로 유지시킬 수가 있다.[12] 하지만 채널이 4개를 넘어서면 그 기억들은 서로 다투거나 '자기주장을 내세우기' 시작한다.

전화번호가 일곱 자리인 이유도 작업기억의 '용량'과 관련이 있다. 1956년 조지 밀러George Miller라는 심리학자가 〈마법의 숫자 7±2〉[13]라는 제목으로 작업기억에 관한 논문을 발표했다. 그는 일련의 숫자를 암기할 때 7(±2)개에서 변화가 생긴다는 사실을 발견했다. 7은 대부분의 사람이 숫자를 잠깐 기억하거나 쉽게 암기할 수 있는 개수의 최대치였다. 영어로 7개의 숫자를 말하는 데 걸리는 시간이 청각 작업기억의 '시간 완충지대time buffer'와 대략 일치하기 때문이다.[14] 그보다 2초만 길어져도 숫자들이 희미해져서 우리는 전화기를 돌릴 수가 없다(돌리는 전화기를 기억하는가? 그렇다면 당시에 전화번호를 암기하는 일이 얼마나 중요했는지도 기억할 것이다).

이제 작업기억에 제한이 있다는 사실을 알게 됐으니, 숫자 암기에 도움이 되는 몇 가지 전략을 구사해보자. 예컨대 나를 인터뷰하기 위해 전화를 걸었던 기자를 떠올려보라. 인터뷰를 시작하기 전에 그가 자기 생각을 종이에 메모할 시간을 달라고 했을 때 그가 활용했던 전략이 '인지적 부담 덜기cognitive offloading'[15](모든 정보를 기억하려고 애쓰는 대신 정보의 일부를 종이 또는 디지털기기에 저장하는 방법으로 작업기억의 과부하를 막고 인지적 부담을 줄이는 행동 전략을 말한다 – 옮긴이)이다. 인지적 부담 덜기는 업무 효율을 높여주는 훌륭한 전략이다. 하지만 인지적 부담 덜기 전략이 해결하지 못하는 핵심적인 문제가 하나 있다. 우리는 화이트보드에 있는 모든 것을 매 순간 자각하지는 못하며, 실패를 경험하기 전까지는 단서도 얻지 못한다.

주의력과 작업기억의 긴밀한 협업

이 장의 첫머리에서 소개한 일화는 작업기억의 가장 흔한 오작동 사례를 생생하게 보여준다. 작업기억의 가장 흔한 오작동은 바로 '과부하'다. 우리가 너무 많은 것을 처리하려 하고 작업기억이 한계를 넘어서는 지점까지 밀어붙일 때 과부하가 찾아온다. 아니면 우리는 과부하의 반대를 경험하게 된다.[16] 멍한 상태.

조금 전에 내가 그랬다! 어떤 방에 들어가긴 했는데 왜 그곳에

왔는지 생각나지 않았다. 아니면 강의를 듣고 나서 소감을 말해달라는 요청을 받았거나 회의에서 손을 들었을 때, 방금 전까지 멋지게 작성된 연설문이 있었던 당신의 머릿속은 백지처럼 하얘진다. 왜 이런 일이 벌어지는가? 신경과학의 가설 중 하나는 우리의 마음은 원래 우리가 자각하지 못하는 사이에 방황한다는 것이다…. 섬광은 끌어당겨지고, 우리가 붙잡고 있던 것은 사라지고, 우리는 '텅 빈' 화이트보드로 돌아온다. 또 하나의 가설은 우리가 어떤 정보를 간직하려고 노력하는 중에 신경의 활동이 '돌연사'한다는 것이다.[17] 뇌의 여러 영역이 교향곡을 연주하듯이 활동하다가 갑자기 모든 악기가 멈춰버린다. 당신은 그 자리에 뭔가가 있었다는 느낌을 받지만, 그것은 이미 사라지고 없다.

마지막 가설은 '분산'이다.

이제 우리는 주의를 분산시키는 요인들이 얼마나 강력하고 얼마나 눈에 잘 띄는지를 알고 있다. 외부 환경(풍경, 소리, 외부 자극)이든 내적 풍경(사고, 기억, 감정)이든 간에 눈에 잘 띄는, 그러니까 '시끄러운'(문자 그대로 시끄럽다는 뜻일 수도 있고, 비유적 표현일 수도 있다) 것들은 우리의 주의를 확고하게 사로잡는다. 그리고 '시끄러운' 것이 우리의 작업기억에 들어오고 나면 우리가 붙잡으려는 기억 위에 다른 것을 써버릴 확률이 높아진다. 우리가 유지 또는 암호화하려고 했던(장기기억 저장소에 영구적으로 '쓰려고' 했던) 내용들이 모두 흩어진다. '분산'은 작업기억과 주의력이 긴밀한 연관을 맺고 있음을 보여주는 현상이다.

작업기억과 주의력의 세 가지 하위 시스템

작업기억과 주의력은 댄스 파트너와도 같다. 크든 작든 간에 목표를 달성하려면 둘 사이의 협력이 잘 이뤄져야 한다. 카드게임의 승부에서나 생사가 걸린 위기 앞에서나 메커니즘은 동일하며 약점도 동일하다.

- **섬광**은 정보를 암호화하고 작업기억에 붙잡아두는 역할을 한다. 즉 섬광은 정보가 화이트보드에 오래 남아 있도록 하기 위해 희미해진 글자 위에 "다시 글자를 쓴다."

  약점: 미끼 상술

  우리의 주의가 눈에 잘 띄는 어떤 것에 자동으로 '붙잡히거나' 끌어당겨지면 그 새로운 내용이 기존에 유지되고 있던 기억을 덮어버린다. 그러면 자발적 주의가 새로운 내용을 다시 쓰기 시작한다. 기존의 정보는 흔적도 없이 영영 사라진다.

- **투광**은 시급한 목표를 수행하기 위해 화이트보드에 접근한다. 심각한 위험이나 스트레스를 감지할 때 우리의 경계 시스템은 뇌가 다른 어떤 목표나 계획보다 기본적인 생존을 위한 행동(싸움, 도피, 꼼짝 않기)을 우선시하도록 하기 위해 일시적으로 작업기억에 대한 접근을 차단한다.

  약점: 도로 검문소

  위협을 느끼면 실제로는 위협이 없는 상황에서도 경계 시스템이 작동할 수 있다. 그러면 작업기억에 대한 접근이 일시적으로 차단되고 작업기억에 의존하는 모든 기능(장기기억, 사회적 연계, 감정 조절)이 떨어진다.[18]

- **곡예사**는 우리의 목표들이 화이트보드에 남아 있도록 하고 상

황의 변화에 맞게 그 목표들을 갱신한다.

약점: 공을 떨어뜨린다

작업기억에 과부하가 걸리거나 멍한 상태가 되거나 분산이 일어나면 중앙 관리자인 곡예사가 경로를 이탈해서 목표를 잃어버리고 이상한 행동을 한다. 저글링을 하던 곡예사는 공을 떨어뜨린다.

각각의 하위 시스템에 관한 설명들은 작업기억과 주의력의 아슬아슬한 '댄스'가 매끄럽고 자연스러워야 우리의 목표 달성에 도움이 된다는 것을 보여준다. 그렇지 못할 때 우리는 실수를 한다. 화이트보드에 불필요한 내용을 적고 중요한 내용을 차단한다. 목표 달성은 멀어진다.

큰 문제든 작은 문제든 간에 작업기억이 제대로 작동하지 못할 때 그 결과는 하루, 일주일, 심지어 평생 동안 누적될 수도 있다. 그러면 우리는 우리가 가고 싶은 곳과 되고 싶은 사람에게서 멀어진다.

당신은 이렇게 물을 것이다. "그러면 어떻게 해야 합니까?"

머릿속 화이트보드 청소하기

2013년, 우리 실험실에서는 미국과 캐나다 전역에서 모인 교사들과 협력해서 대규모 연구를 진행했다.[19] 마음챙김 훈련이 인지능력과 번아웃burnout 증후군에 영향을 미치는지 여부를 알아보기 위한 연구였다. 번아웃 증후군은 교육자들이 많이 걱정하는 증상이었다. 훈련은 전문 강사가 진행하는 8주간의 마음챙김 강좌 형식으로 진행됐다. 교사들은 강좌에 참가할 뿐 아니라 강좌와 강좌 사이에 각자 마음챙김 과제를 수행했다. 우리는 교사들 전원을 대상으로 고전적인 검사를 실시해 작업기억 용량을 측정했다. 우선 M Z B와 같은 짧은 문자열을 기억하게 하고 나서 간단한 수학 문제를 풀어보라고 했다. 다음으로는 문자열에 문자를 하나 추가하고 또 다른 수학 문제를 풀게 했다. 다시 문자를 하나 더 추가하고 수학 문제를 냈다. 우리가 알아보려고 했던 것은 다음과 같았다. 작업기억이 점점 희미해지다가 결국 실패하는 시점까지 그들이 수학 문제를 푸는 능력을 유지하면서 정확히 기억할 수 있는 문자는 몇 개나 될까?

검사를 마친 교사들 중 절반은 8주간 마음챙김 강좌를 수강했고, 나머지 절반은 강좌를 수강할 차례를 기다렸다(이것은 연구를 오염시킬 수 있는 '동기의 차별화'라는 요소를 통제하는 방법이다. 마음챙김 강좌를 수강하지 않은 사람들이나 훈련에 전혀 관심이 없는 사람들을 통제 집단으로 설정하는 대신 강좌를 기다리고 있는 집단을 통제 집단으로 설정하면 적어도 이론적으로는 검사를 받을 때 두 집단의 동기와 의욕 수준이 비슷해진다. 통제 집단에 속한 사람들도 나중에는 훈련을 받을 것이기 때문이다). 첫 번째 집단이 훈련을 끝마친 뒤에 두 집단을 대상으로 다시 검사를 해보니, 8주간의 마음챙김 강좌를 수강한 집단이 대기 중인 집단보다 작업기억이 우수한 것으로 나타났다.

이 흥미로운 결과를 보고 우리는 또 하나의 중요한 질문을 떠올렸다. 마음챙김 훈련이 어떻게 작업기억을 개선했을까? 나의 직감으로는 마음챙김이 머릿속 화이트보드를 깨끗하게 청소했을 것 같았다.

샌타바버라에 위치한 캘리포니아대학의 동료 연구자들은 나와 똑같은 추측을 하고 훌륭한 실험을 통해 그것을 검증했다.[20] 그들은 우리가 교사들과 웨스트 팜비치의 해병대원들에게 수행하도록 했던 것과 동일한 작업기억 과제를 48명의 대학 학부생들에게 수행하도록 했다. 그런데 그들은 한 가지 중요한 사항을 변경했다. 실험이 끝나고 나서 참가자들에게 마음이 방황한 횟수를 물었던 것이다. "실험 중에 과제와 무관한 생각을 자주 했나요?"

작업기억 실험을 마치고 나서 그들 중 절반은 2주 동안 마음챙김 훈련을 받았고, 나머지 절반은 '비교 수련'으로서 영양 교육을 받았다. 그 결과 마음챙김 훈련만 학생들의 작업기억을 개선하는 효과가 있었다. 특히 훈련 전에 마음의 방황을 자주 했던 학생들에게 도움이 많이 됐다. 또 이 연구는 실용적인 질문을 던졌다. 작업기억이 개선되고 마음의 방황이 줄어들면 학업에도 도움이 될까? 그렇다! 마음챙김 훈련을 받은 학생들은 대학원 과정에 입학하기 위해 치러야 하는 GRE 시험의 독해 과목 점수가 평균 16퍼센트 올랐다.

내용을 요약하고 점들을 이어보자. 번아웃을 경험하는 교사들처럼 스트레스를 많이 받는 직군에서 스트레스는 주의력에 크립토나이트로 작용한다. 가장 큰 문제는 정신적 시간 여행이다. 우리는 섬광을 우리가 필요로 하는 곳에 두지 못하고 되감기(반추, 후회)를 하거나 빨리 감기(재앙 상상하기, 걱정하기… 대개는 절대로 일어나지 않을 일을 상상한다)를 한다. 작업기억(머릿속 화이트보드)이 내용을 암호화하고 갱신하려면 이 주의력 섬광이 필요하다. 하지만 스트레스에서 비롯된 정신적 시간 여행이 주의력을 빼앗아 가면 작업기억은 무의미한 정보로 채워진다. 그리고 작업기억을 사용하는 모든 정보 처리 과정에 지장이 생기기 때문에 이해, 계획, 사고, 결정, 감정 경험, 감정 통제 능력이 모두 저하된다.

요약하면 다음과 같다.

스트레스에서 비롯된 정신적 시간 여행은 주의력 섬광을 현재 순간의 경험에서 멀어지게 하고 머릿속 화이트보드를 어지럽힌다.

주의력이 현재에 집중할 때 주의력은 작업기억의 내용들을 암호화하고 과제와 관련된 정보를 갱신한다. 그럴 때 작업기억은 현재의 과제 수행에 필요한 일들을 성공적으로 해낸다. 이를 다른 말로 표현하면 다음과 같다.

마음챙김 훈련은 머릿속 화이트보드를 청소함으로써 작업기억의 기능을 향상시킨다.

우리의 결점에는 이유가 있다

어느 금요일 저녁, 강의와 회의와 마감으로 정말 힘든 한 주를 보낸 나는 남편 마이클에게 나의 의사결정 능력이 정말로 한계에 이르러서 아무런 결정도 하지 못하겠다고 털어놓았다. 그래서 저녁 시간에 무엇을 할지에 관한 모든 결정을 남편에게 맡기면서 한 가지 부탁과 한 가지 조건을 달았다. "일상에서 벗어날 수 있는" 재미있는 일을 하자는 부탁에 "나는 그냥 소파에만 있을래"라는 조건을.

남편은 〈루시퍼〉라는 드라마를 같이 보자고 말했다. 지옥에서 사는 데 싫증난 악마가 로스앤젤레스(이럴 때는 항상 로스앤젤레스가 배경이 된다)로 이사해서 나이트클럽을 차린다는 이야기였다(나는 항의의 뜻으로 눈을 부라렸지만 남편은 '재생' 버튼을 눌렀다. "나한테 결정을 맡겼잖아!" 그렇긴 했다!). 루시퍼는 경찰 한 명과 작당해서 사람들이 고의적으로 나쁜 행동을 할 때마다 그들을 처벌했다. 그러다 그 사람들이 죽으면? 알아맞혀 보시라. 그들을 '지옥'으로 보냈다. 그때부터 드라마는 '지옥'이라는 곳을 자세히 묘사한다. 루시퍼는 사람들을 그들이 가장 후회하는 역할을 해야만 하는 상황에 집어넣었다. 똑같은 시간의 고리가 반복되고 또 반복된다. 그때 나는 이런 생각을 했다. '하! 저건 반추잖아!'

반추는 정신적 시간 여행의 가장 강력한 형태 중 하나다.[21] 반추는 어떤 일에 관한 생각을 하고 또 하면서 헤어 나오지 못하는 것이다. 반추를 할 때 우리는 악순환에 빠진다. 사건을 다시 떠올리면서 그런 일이 벌어지지 않았으면 좋았겠다고 생각한다. 때로는 일이 어떤 식으로 진행됐으면 좋았을지 상상하거나, 실제로 벌어진 일을 기억해내고 재현한다. 최악의 상황을 상상하는 반추도 있다. 우리는 미래에 일이 어떻게 될지를 상상하고, 결코 일어나지 않을 일을 미리 걱정한다. 이런 종류의 정신적 고리들은 자석과도 같다. 이 고리들은 갈등상태가 되고, 그러면 우리의 섬광을 다른 데로 돌리기가 매우 힘들어진다. 겨우 섬광을 다른 데로 돌려놓는다 해도, 마치 혀가 아픈 이를 자꾸 어루만지는 것처럼 섬광은 최대한 빨리 그 주제로 돌아가려고 한다.

'생각을 반추하는 일이 얼마나 끔찍하면 누군가가 반추를 '지옥'으로 표현한 드라마까지 만들었겠어?' 나는 그걸 발견하고 약간의 재미를 느꼈다.

정신적 시간 여행은 우리가 현재 수행해야 하는 일을 해내는데 필요한 작업기억의 기능을 저하시킨다. 그리고 우리가 어떤 고리에 갇혀 있든 간에 머릿속에서 뭔가를 쓰고 또 쓰고 있을 때는 다른 일에 할애할 공간이 남지 않는다. 인지 또는 감정 조절에 사용할 작업기억 용량이 부족해진다. 그럴 때 우리는 성급한 결정을 하거나 아이들에게 화를 낸다. 스트레스 수치가 올라가고 기분은 나빠진다. 이렇게 스트레스를 자초하면 주의력이 소진되어 이른바 '불행의 고리'에 저항하기가 더 어려워진다.

우리의 작업기억에 무엇이 들어 있든 간에 우리의 주의력이 강조하고 보호하는 내용들은 실제로 우리가 매 순간 의식적으로 경험하는 것들이다. 우리의 작업기억이 목표 지향적이어서 어떤 외부 과제를 수행하면서 우리가 하고 싶어 하는 일과 우리가 실제로 하고 있는 일 모두와 일치하는 내용에 관여하고 있다고 가정하자. 우리는 집중하고, 관여하고, 민감하게 반응한다. 우리는 미세한 감각부터 경험의 넓은 맥락에 이르기까지 모든 것을 인지한다. 우리의 주변과 환경에 관한 '정보' 중에 우리의 과제 수행에 필요한 정보는 모두 획득할 수 있다.

반면 우리의 화이트보드에 다른 것이 적혀 있다면 그 내용이 우리의 경험이 된다. 그럴 때 우리는 우리의 목표와 우리가 시작했던 활동을 잊어버리기가 쉽다. 내가 잘 알고 있는 사례를 보자. 만약 몸은 아이와 함께 앉아서 책을 읽고 있더라도 마음은 일과 관련된 고민에 빠져 있다면 사실상 우리는 아이와 함께 소파에 있지 않고 일터에 있는 것이다. 심지어 인지부조화를 경험할 수도 있다. 우리의 섬광이 화이트보드에 적힌 글자에 너무 집중한 나머지 우리 주변에서 입력되는 감각 정보를 처리하지 못하는 것이다(이렇게 해서 우리는 어떤 책을 백 번쯤 읽었는데도 그 책에 나오는 '웜프'가 뭔지도 모르는 상황에 놓이게 된다).

그 효과가 얼마나 강력한가를 보자. 우리가 작업기억에 뭔가를 저장하고 있다면 우리 뇌의 자원들은 그 내용을 처리하기 위해 방향을 전환한다. 이것을 이른바 작업기억의 편향 효과라고 부른다. 우리 연구진은 작업기억이 지각에 어떤 편향을 일으키는지를 알아보는 실험을 해봤다. 작업기억의 편향 효과는 사람의 지각에 얼마나 '큰' 영향을 미치는가?

우리는 앞에서 설명한 작업기억의 한계를 알아보는 실험과 비슷한 실험을 설계했다. 하지만 이번에는 실험이 진행되는 동안 참가자들에게 전극이 달린 모자를 씌웠고, 얼굴을 단 하나만 기억하도록 했다.[22] 우리는 다음과 같은 결과를 얻었다. 작업기억에 얼굴 하나를 간직하고 있을 때는 화면에 얼굴이 보이지 않는 3초 동안 참가자들의 뇌에서 얼굴을 처리하는 뉴런들이 활성화된다. 그것을 어떻게 알아냈느냐고? 그 3초 동안 우리는 작은 회색의 '탐색용' 이미지를 화면에 띄웠다. 그것은 일정한 형태가 없는 물방울 같은 이미지로서, 얼굴 사진의 작은 픽셀들을 무작위로 옮겨서 만든 이미지였다. 우리는 참가자들이 다른 것(예컨대 풍경)을 기억할 때보다 얼굴을 기억하고 있을 때 그 탐색용 이미지에 대한 N170(얼굴을 보고 있을 때 생성되는 뇌파 반응)이 강하다는 사실을 확인하고 큰 흥미를 느꼈다.

분석을 해보자. 이 실험의 결과가 우리에게 흥미로운 발견이었던 이유는 무엇인가? 주의력 시스템에서 발견되는 것과 동일한 유형의 '하향식' 편향이 작업기억에서도 발견된다는 뜻이기 때문이다. 뇌가 하는 모든 일은 이제 우리의 화이트보드에 적혀 있는 내용에 맞게 조정된다. 우리의 바로 앞에 있는 것이 아니라 우리가 지금 생각하고 있는 것이 우리의 경험처럼 '느껴진다'. 아니, 신경학적 관점에서는 바로 그게 우리의 경험이다. 참가자의 눈은 회색 물방울을 쳐다보고 있지만 참가자의 뇌 '내부'에서는 얼굴을 지각하고 있다.

따라서 만약 우리가 소파에 걸터앉아 웜프에 관한 책을 읽고 있거나, 플로리다주의 긴 다리 위에서 차를 운전하고 있거나, 변호사가 최후 변론을 하는 동안 판사석에 앉아 있는데 우리의 생각이 다른 곳에 가 있다면 우리 뇌가 보기에 우리는 다른 곳에 있는 것이다.

잠시 중요한 이야기를 하겠다. 지금까지 우리가 작업기억에 관해 이야기한 것들, 즉 작업기억의 임시성, 작업기억이 위협과 스트레스에 취약하다는 것, 마음의 방황은 작업기억을 강탈할 수 있다는 것 등은 모두 부정적인 이야기로 들렸을지도 모른다. 작업기억은 오직 실패만을 목표로 설계된 것 같다. 그래도 나는 우리가 해내려고 하는 모든 일에 작업기억이 정말 중요하다는 점을 강조하고 싶다. 그래서 어떻다는 건가? 작업기억이 뇌에서 그렇게 중요한 기능을 수행한다면, 자연은 대체 왜 우리에게 그렇게 결함 많고 실수에 취약한 연장을 쥐어주었을까? 이 소프트웨어에는 '오류'가 왜 그렇게 많을까?

그것은 오류가 아니라 특색이다

그 질문에 대한 나의 답변은 이렇다. 그것은 오류가 아니라 특색이다. 모든 결점에는 나름의 이유가 있다. 하나씩 살펴보자.

사라지는 잉크

머릿속 화이트보드에 사용하는 잉크가 금방 지워지는 게 그렇게 큰 문제라면, 인류는 왜 더 오래 영구적으로 남아 있는 잉크를 가지도록 진화하지 않았을까?

화이트보드가 몇 초에 한 번 자동으로 정보를 지우지 않는다면 어떨지 상상해보라. 머릿속을 스쳐가는 모든 생각들, 우리의 주의를 사로잡은 모든 것, 사소한 방해 요소나 잡다한 일들이 계속 남아 있을 것이다. 유익한 정보도 나중에는 짐이 될 것이다. 목표를 유지하거나 문제를 해결하는 일은 당연히 불가능하다. 무슨 일이 일어나든 그 내용은 당신의 의식에 필요 이상으로 오래 저장될 것이기 때문에 어느 것이 중요하고 어느 것이 중요하지 않은지를 분간하기도 어렵다. 우리의 작업기억은 잠깐만 스쳐가도록 진화해야 했다. 우리의 뇌는 빠르면서도 일정한 속도로 정보를 자동 폐기해야 한다. 그래야 우리가 집중을 유지할 대상을 유연하게 선택할 수 있다.

취약성

그런데 나의 작업기억은 왜 그렇게 쉽게 산만해지는가?

이 문제를 해결하기 위해 우리의 유용한 조수인 옛 조상을 불러보자. 그가 숲속에 있다고 상상해보라. 그의 작업기억에는 '식량 구하기'라는 목표가 저장되어 있다. 그는 그 숲에서 자라는 특정한 빨간 열매를 찾고 있다. 뇌의 모든 기능은 그 목표를 달성하는 데 맞춰져 있다. 그가 빨간색을 찾는 동안 색채를 담당하는 신경세포들은 발화된 상태로 대기하고 있다. 그 순간 그는 나무 사이에서 어떤 움직임을 포착한다. 호랑이. 그가 손가락을 탁 튕기는 짧은 순간에 작업기억은 원래의 목표를 폐기하고 새로운 명령으로 전환한다. '꼼짝 말자.'

우리가 위협을 잘못 해석하거나 존재하지 않는 위협을 상상할 때는 이 기능 때문에 곤란해질 수도 있겠지만, 지금 우리에게는 이 기능이 필요하다. 우리는 지체하지 않고 빠르게 움직일 수 있어야 한다. 이 기능 덕분에 우리는 반드시 필요한 방향 전환을 할 수 있으며 때로는 목숨을 건지기도 한다.

용량

공간이 왜 이렇게 작을까? 왜 우리는 300개가 아니라 3개밖에 기억하지 못할까?

솔직히 말해서 우리는 아직 이 질문을 탐구하는 중이다. 아마도 주파수 기반의 뇌역학이 우리에게 답을 줄 것 같다. 하나의 가설은 작업기억은 주의력과 마찬가지로 행동을 취하기 위해 필요해서 그렇다는 것이다. 설령 우리가 100만 개를 기억할 수 있다 해도 우리의 손과 발은 2개씩이다.

작업기억이 이런 특징들을 가지도록 진화한 이유는 우리가 모든 것을 기억하지 않고 요구가 바뀔 때마다 과민반응하지 않도록 하기 위해서다. 작업기억의 이런 특징들은 수천 년 전 우리 조상들에게 큰 도움이 됐고, 호랑이와 마주칠 일이 거의 없는 현대 사회에서도 우리에게 상당한 도움이 된다. 다만 진화 과정에서 선택된 이러한 특징들에는 단점도 있다. 하지만 마음챙김 훈련이 도움이 된다는 연구가 점점 많아짐에 따라, 작업기억에 여러 가지 한계가 있더라도 훈련을 통해 최고의 마음 상태에 도달할 수 있다는 사실이 빠른 속도로 밝혀지고 있다.

화이트보드를 되찾으려면 '재생' 버튼을 눌러라

예전에 나는 마음챙김이란 '멈춤' 버튼을 누르는 것이라고 생각했고, 그게 인위적이거나 이상주의적인 일이라고만 느꼈다. 삶에는 멈춤 버튼이 없는데 왜 멈춤이 있는 척을 한단 말인가? 그러나 우리가 주의력을 안정화하고 최고의 집중을 달성하고 싶을 때 실제로 우리에게 필요한 것은 '재생' 버튼이다. 우리는 빨리 감기나 되감기 버튼을 누르고 있던 손을 떼고 '재생'으로 바꿔야 한다. 재생 상태를 유지하면서 삶이라는 노래의 모든 음을 감상하고 우리 주변에서 벌어지는 일들을 받아들여야 한다.

앞에서 첫 번째 코어 훈련인 '섬광 찾기'를 소개했다. 이제 그 훈련을 변형해서 불행의 고리에서 빠져나오는 데 도움이 되는 훈련을 해보자. 이 훈련이 효과가 있는 이유는 당신이 반추를 하며 불행의 고리에서 빙글빙글 돌다가 이제 고리 밖으로 나와서 당신의 마음이 방황하는 내용들을 분류해야 하기 때문이다. 방황의 내용을 분류한 다음에는 현재의 순간으로 돌아오라. 그래도 반추와 마음의 방황으로 빨려 들어간다면(숙련자에게도 이런 일은 일어난다) 지금 그런 일이 벌어지고 있다는 것을 인식하라. 연습을 많이 할수록 마음의 방황을 빨리 알아차리게 된다. 당신은 친구와 싸운 일을 열 번 연속 재생하기 전에, 지금은 동료가 하는 이야기에 귀를 기울여야 하는데 화이트보드에 다른 것을 쓰고 있다는 사실을 깨닫게 된다. 현재의 순간에 일어나고 있는 일을 점검하는 훈련을 하면 할수록 당신이 자동으로 길고 비생산적이고 과제와 동떨어진 정신적 시간 여행을 떠나는 일은 줄어들 것이다. 당신은 마음의 방황을 알아차리고 이런 질문을 던질 것이다. 지금 이 순간 나의 작업기억에는 어떤 내용이 있는가? 작업기억은 지금 나에게 필요한 것을 제공하고 있는가? 아니면 방향을 틀어서 현재의 순간으로 돌아오는 게 좋을까? 그렇다면 당신의 주의를 현재 순간의 풍경, 소리, 과제로 되돌려라.

집중력을 기르기 위한 전통적인 명상법을 변형해서 또 하나의 훈련을 해보자. 이 훈련은 '섬광 찾기' 훈련을 토대로 만든 것이며, 이 책의 뒷부분에 나오는 고난도 훈련에 대비하는 연습이기도 하다. 거기에서 당신은 관찰하는 기술과 마음을 주시하는 기술을 향상시켜야 하는데, 그러려면 먼저 당신 자신의 생각을 '지켜볼' 줄 알아야 한다.

추가 코어 연습: 화이트보드 지켜보기

1. 앞에서 했던 연습을 한 번 더 하라. 시작은 165~166쪽에서 소개한 '섬광 찾기' 훈련과 똑같다. 의자에 편안한 자세로 똑바로 앉아, 두 손을 무릎에 올리고 두 눈은 감거나 아래를 본다(시각적 방해 요소를 제한하기 위해). 이번에도 호흡과 연관된 자극 중에 확실히 느낄 수 있는 자극을 선택하라. 주의력이 섬광이라는 은유를 기억하라. 광선은 당신이 선택한 자극을 가리킨다. 섬광이 다른 데로 가려고 하면….

2. 섬광이 어디로 가는지를 알아내라. 여기서 당신은 한 걸음 앞으로 나아가는 것이다! 우리의 첫 번째 연습에서 나는 당신에게 주의가 방황할 때를 알아차리고 즉시 섬광을 호흡으로 되돌려놓으라고 지시했다. 이번에는 잠시 멈추고 섬광이 어느 쪽을 향하는지를 관찰하라.

3. 꼬리표를 붙여보라. 당신의 화이트보드에 나타난 방해 요소는 어떤 유형에 속하는가? 생각? 감정? 아니면 자극? 생각이라면 걱정, 상기, 추억, 아이디어, 나중에 해야 할 일들 중 하나일 것이다. 감정이라면 절망일 수도 있고, 훈련을 그만하고 다른 일을 하고 싶은 충동일 수도 있고, 짜릿한 행복일 수도 있고, 스트레스가 밀려오는 느낌일 수도 있다. 자극은 당신의 신체에서 느껴지는 것들이다. 가려움일 수도 있고, 근육통일 수도 있고, 계속 앉아 있어서 허리가 아픈 느낌일 수도 있다. 아니면 당신은 듣고, 냄새 맡고, 만져보고, 눈으로 보는 어떤 것을 알아차리고 있을지도 모른다(문이 쾅 닫히는 소리, 조리되고 있는 음식, 무릎에서 폴짝 뛰어오르는 고양이, 번쩍이는 불빛들).

4. 빠르게 앞으로 나아가라. 당신이 토끼 굴에 빠져들기 시작할 때를 알아차려라. 당신은 방해 요소에 관해 이런저런 생각을 덧붙이면서 정교

화하고 있지는 않은가? 당신이 왜 그 주제를 생각하고 있는지 궁금해하고 있는가? 아니면 아까 주의가 흐트러진 것을 자책하는 것과 같은 비생산적인 행동을 습관적으로 하고 있는가? 지금 당장 이 질문들에 답하거나 자책하는 일은 당신의 과제가 아니다. 지금은 당신의 화이트보드에 무엇이 있는지를 인식하되 그 내용에 관여하지는 마라. 화이트보드의 내용들을 생각, 감정, 자극의 세 가지 범주에 최대한 넣어보라. 그러고 나서는…

5. 넘어간다. 분류 작업이 끝나면 현재의 순간으로 돌아와 다시 당신의 호흡에 집중하라. 만약 그게 강렬한 경험이라면 계속 생각날지도 모른다. 그러면 그 생각을 다시 분류하라.

6. 반복하라. 마음이 방황하는 것을 알아차릴 때마다 그 방황의 내용에 꼬리표(생각, 감정, 자극)를 붙여라. 그러고 나서 당신의 호흡으로 돌아오라.

중요한 사항은 당신의 화이트보드에 적혀 있는 내용이 당면 과제의 내용과 항상 일치해야 하는 것은 절대 아니라는 점이다. "깨지지 않는 완벽한 집중"을 한다는 것이 틀린 명제인 것과 마찬가지로, 그런 일은 가능하지도 않고 바람직하지도 않다. 당신의 눈앞에 있는 것과 무관한 내용이 화이트보드에 있다고 해서 반드시 나쁘다고 할 수는 없다. 그건 나쁜 일도 아니고 좋은 일도 아니다. 뇌가 작동하는 방식이 원래 그렇다. 즉흥적인 생각은 항상 떠오르게 마련이다. 우리는 현재의 순간과 무관한 어떤 것을 처리하기 위해 작업기억을 사용한다. 동선을 잘 짜기 위해, 어떤 문제에 대한 우리의 감정을 정리하기 위해, 또는 계획을 세우거나 뭔가를 결정하기 위해 작업기억을 사용한다. 화이트보드에 적힌 내용이 과거 또는 미래에 관한 정보여야 유리한 상황도 수없이 많다. 그리고 그런 순간에는 시간 여행으로 얻을 수 있는 정보들이 현재의 순간을 풍요롭게 한다.

즉흥적인 생각이 업무 성과를 떨어뜨리지만 않는다면 문제될 것이 없다. 그럴 때는 '하얀 공간'을 허용하고 당신의 마음이 화이트보드에 쓰기를 원하는 것이면 무엇이든 끌어오도록 내버려둬도 좋다(사실 고삐 풀린 뇌가 당신에게 가져오는 것은 유용한 정보일 수도 있다. 이 점에 대해서는 잠시 후에 다시 이야기하자). 하지만 즉흥적인 생각이 떠오르는 순간은 대부분 현재의 과제를 위해 작업기억을 사용해야 하는 순간일 것이다. 이는 비단 업무 성과의 문제만이 아니다. 당신이 주변 세계와 단절되기를 원하지 않는 이유는 타인과의 연결, 학습, 개인적 안전 등 여러 가지가 있을 수 있다. 그러니까 당신 자신에게 질문을 던져봐야 한다.

지금 나의 주의가 흐트러지면 비용이 발생하는가?

내가 지금 이 순간을 놓친다면 그게 나에게 중요한 문제인가?

주의력을 관리하는 것과 마찬가지로, 작업기억을 관리한다는 것도 100퍼센트의 시간 동안 작업기억을 100퍼센트로 유지하는 것이 아니다. 핵심은 당신이 오직 현재의 순간에만 머무르게 되는 것이 아니다. 항상 현재에 머무를 수는 없으며, 나도 그걸 권하고 싶진 않다! 당신이 할 수 있는 일은 지금 일어나고 있는 일을 자각하는 것이다. 그것이야말로 당신이 작업기억에 개입하게 해주는 초능력이다.

실제로 무엇이 저장되어 있는가

드라마 〈루시퍼〉(결국 나는 이 드라마를 계속 시청했다)에서는 나중에 루시퍼가 감추고 있던 비밀이 밝혀진다. 지옥에 '갇힌' 사람들은 사실 갇힌 게 아니었다. 모든 문은 열려 있었다. 사람들이 지옥에서 나가려고 했다면 언제든지 나갈 수 있었다. 사람들은 그저 나갈 수 없다고 가정했기 때문에 나가지 않은 것이다.

궁극적으로 강한 작업기억을 가지고 있다는 것은 항상, 매 순간 작업기억을 우리의 목표와 계획에 맞게 사용한다는 것이 아니다. 항상 현재의 순간에 머무르는 것도 아니다. 그것은 현실적이지도 않고 바람직하지도 않다. 강한 작업기억이란 우리의 작업기억에 실제로 무엇이 저장되어 있는지를 알아차리는 것이다. 끝내야 할 과제가 있을 때는 모든 방해(예컨대 정신적 시간 여행)를 알아차리고 그 방해를 피해가는 것이다. 나아가 강한 작업기억이란 상쾌한 아침 샤워처럼 '현재성'에 몸을 흠뻑 적시는 것인지도 모른다. 실험실에서 우리는 주의력 점수가 높은 사람들이 방해 요소를 차단하는 능력도 뛰어나다는 사실을 발견했다. 그런 사람들은 잉크가 희미해져야 할 때는 잉크가 희미해지도록 놓아두었고, 선택적으로 "저건 다시 쓰지 않을 거야"라는 결정을 내렸다.[23]

주의력에 관한 과학적 연구를 통해 우리는 작업기억이라는 매우 중요한 인지 작업장을 되찾을 방법을 알아나가고 있다. 우리는 오래전부터 작업기억과 주의력의 연관성을 알고 있었고, 작업기억과 장기기억의 연관성도 알고 있었다. 그리고 이제는 작업기억이 단순히 정보를 담아두는 '저장 세포'가 아니라 그 이상의 역할을 하다는 사실이 밝혀지고 있다.

다음 장에서 살펴보게 되겠지만, 작업기억에 들어 있는 내용은 우리의 지각, 사고, 행동을 제약한다. 따라서 우리가 제일 먼저 해야 할 중요한 일은 우리의 주의력 섬광이 머릿속 화이트보드를 비추도록 해서 거기에 무엇이 적혀 있는지를 보는 것이다. 주의력 섬광을 이런 식으로 사용하는 것은 아주 생소한 일이지만, 오늘날의 세상에서 정말로 잘 살기 위해서는 우리에게 필요한 만큼의 인지 용량을 확보하는 일이 중요하다.

그러나 우리의 화이트보드에 매 순간 무엇이 적혀 있는지를 알아차린다는 것은 '결심'으로 되는 일이 아니다. 다른 모든 분야의 훈련과 마찬가지로 화이트보드의 내용을 인지하는 능력도 연습을 통해 키워야 한다. 내가 그동안 연구를 하면서 매번 저항에 부딪쳤는데도 마음챙김 명상에 관한 탐구를 계속 밀고 나갔던 이유가 바로 여기에 있다.

'경력 자살'

웨스트 팜비치의 해병대원들과 함께한 연구는 고강도 스트레스에 장기간 노출되는 사람들이 마음챙김 훈련을 하면, 특히 매일 충실히 훈련을 하면 주의력과 작업기억이 온전히 유지되고 인지능력의 회복탄력성이 강화된다는 것을 보여주었다. 마음챙김 훈련을 받은 해병대원들은 주변의 극심한 스트레스 요인으로부터 주의력과 작업기억을 보호할 수 있었다. 그 연구는 많은 가능성을 보여줬지만 규모가 너무 작았다. 우리에게는 더 큰 표본집단과 더 정교한 실험이 필요했다. 나는 어떤 유형의 마음챙김 훈련이 가장 효과적인지를 자세히 알아보고 싶었다. 그리고 스트레스를 많이 받으며 일하는 사람들에게 정말로 변화를 일으키려면 어느 정도의 마음챙김 '복용량'이 필요한지 알아보고 싶었다.

학계에서 나는 그런 연구를 계속하지 말라는 충고를 들었다. 동료들은 마음챙김이 막다른 골목이라고 말했다. "마음챙김은 너무 모호해. 확실한 게 없다고." 그들은 내가 이 길을 계속 가는 건 '경력 자살'이라고까지 경고했다.

그래도 우리는 연구비 지원 신청서를 작성했고, 자금 지원도 받아냈다. 200만 달러를 받아서 미국 육군을 대상으로 최초의 대규모 마음챙김 수련 연구를 수행하기로 했다. 나는 날아갈 것 같은 기분이었다. 어쩌면 내가 '경력 자살'을 하고 있었는지도 모르지만, 적어도 나는 모든 역량을 쏟아붓고 있었다.

문제가 하나 있었다. 군에서 아무도 그 연구를 승인하지 않았다. 이곳저곳을 찾아다니며 부탁해봤지만 내가 두드린 모든 문은 닫힌 채로 있었다. 우리의 요구가 지나친 것 같긴 했다. 우리는 시간을 요구하고 있었다. 그것도 긴 시간을. 우리의 연구에는 뇌파 측정이 필요했고, 뇌파 측정을 위해 전극 장비를 머리에 부착하는 데만도 한 시간이 걸렸다! 우리가 그들에게 시간을 내달라고 부탁한 시기도 좋지 못했다. 해외 파병 준비 기간은 군인들이 가장 위험한 격전지로의 파병을 앞두고 훈련하는 시기였다. 하지만 나는 바로 그 기간에 실험을 하고 싶었다. 군인들은 그 기간에 극심한 스트레스 속에서 최고의 성과를 내야 하고, 파병된 후에도 경계를 늦춰서는 안 된다. "그건 안 됩니다." 모두가 말했다. "그건 절대로 안 됩니다." 그렇게 1년 동안 요청한 끝에 "좋습니다"라는 대답을 하나 받아냈다.

우리의 요청을 수락한 사람은 머리말에서 언급했던 육군 중장 월트 피아트였다. 당시(10여 년 전) 그는 대령으로서 이라크로 이동하기 전에 하와이에 주둔 중이던 육군 여단을 이끌고 있었다. 우리 연구진이 피아트 대령을 만나려고 비행기를 타고 날아갔을 때 나는 그의 부관으로부터 그가 매우 바쁜 사람이니 프레젠테이션을 짧게 해달라는 부탁을 받았다. 사무실에 들어갈 때 나는 전형적인 '군인'을 예상하고 있었다. 딱딱하고 사무적이고 금욕적이며 허튼소리는 절대 하지 않는 사람.

그런데 월트가 맨 먼저 한 일은 우리를 육군 기지의 '기억의 방'으로 데려간 것이었다. 기억의 방은 살아 돌아오지 못한 군인들을 추모하는 공간이었다. 우리는 천천히 방 안을 거닐며 사망자들의 이름과 군화를 봤다. 그는 군인들이 파병 전, 파병 중, 그리고 파병 후에도 생명의 위협을 느낀다고 이야기했다. 또 그는 자신이 잃어버린 친구들의 사진을 우리에게 보여주었는데, 그중에는 이라크인 친구들도 있었다. 그는 우리의 연구를 설명한 자료를 읽고 나서 그의 아내 신시아가 항상 하던 말을 떠올렸다고 했다. "실제로 파병되기 전에는 그곳에 가지 마." 그가 몇 차례 해외 파병을 다니는 동안 아내는 그의 몸이 지구 반대편 교전 지역으로 날아가기도 전에 그의 마음이 먼저 그곳에 가곤 한다는 것을 알아차렸다. 나는 그의 말을 듣자마자 수많은 사람들이 "파병되기 전에 그곳에 간다"라는 생각을 떠올렸다. 우리는 머릿속으로 다음번에 일어날 일을 계획하고 상상하느라 너무나 많은 시간을 사용하기 때문에 현재의 삶을 완전히 놓친다. 바로 그 주에 나도 그랬다. 몸은 아들의 축구 경기장에 서 있으면서도 마음은 다음 날의 교수 회의에 미리 가 있었다. 그날의 경기에서 어떤 일이 있었는지 하나도 기억나지 않았다(그 생각을 하면 지금도 마음이 불편하다).

차를 운전하고 호텔로 돌아오면서 머릿속으로 대령과의 만남을 재현했다. 예상과 전혀 다른 경험이었다. 그가 나를 추모 공간으로 먼저 데려갔다는 것 자체가 뭔가를 말해주고 있었다. 산스크리트어로 마음챙김을 뜻하는 '스므리티smriti'는 직역하면 "기억되는 것"이라는 생각이 떠올랐다.

우리가 현재에 머물러 있을 때, 즉 우리의 화이트보드에 현재의 순간을 채우고 있을 때 그 순간을 암호화해서 장기기억에 집어넣을 확률은 훨씬 높아진다. 그리고 우리 모두는 '기억력이 좋아지기를' 바란다. 마음챙김은 '저장' 버튼을 누르는 데도 도움이 될까?

그렇다. 하지만 '저장' 버튼을 누르는 일은 생각만큼 단순하지 않다.

6장

'기억력 문제'는
대부분
'주의력 문제'다

리처드가 우리의 마음챙김 강좌에 참가하려고 들어오는 순간 나는 그가 회의적인 생각을 가진 사람이라는 것을 알 수 있었다. 리처드는 원래 현역으로 복무하다가 군 연구소에서 일하고 있었다. 그는 점잖지만 강건한 사람이었다. 절제된 자세로 조용히 자리를 지켰고, 항상 예의 바르게 행동했다. 하지만 나는 그의 눈을 보고 그가 훈련에 전혀 동참하고 있지 않다는 것을 알아차렸다.

그 강좌는 내가 동료 스콧 로저스와 함께 '훈련병을 위한 훈련'이라는 이름으로 진행한 것이었다. 리처드는 군대에 마음챙김 훈련을 보급하기 위해 교육을 받고 오라는 상사의 지시로 그 자리에 왔다. 월터 리드 육군 연구소Walter Reed Army Institute의 연구전환국에서 그가 맡은 일은 육군의 훈련 과정에 첨단과학의 성과(마음챙김 명상의 주의력 향상 효과에 관한 우리의 연구도 여기에 포함된다)를 반영하는 것이었다. 하지만 그는 마음챙김이 그의 종교적 신념과 충돌

할 것을 깊이 우려하고 있었다. 그에게 기독교 신앙은 삶과 믿음의 토대였다. 그래서 군인들에게 마음챙김 훈련을 시키기 위해 먼저 배워오라는 상사의 명령을 받았을 때 그는 걱정이 앞섰다. 과연 임무를 성공적으로 수행할 수 있을까?

그는 첫째 날 아침 마음챙김 강좌에 참석했을 때부터 가시방석에 앉은 것 같았다. "저는 '여기서 빠져나갈 방법을 찾고 말겠어'라는 마음뿐이었습니다."

하지만 우리가 명상법을 차근차근 알려주자 그의 불편한 마음은 조금씩 녹아내렸다. 마음챙김에는 종교적인 색채가 없다. 그는 마음챙김 훈련의 목표를 이해하게 됐고, 마음챙김이 주의력, 작업기억, 기분 향상 효과가 있다는 설명이 일리가 있다고 생각했다. 군인들이 다른 걱정 때문에 당면한 요구에 반응하지 못할 때가 많다는 메시지에도 크게 공감했다. '이건 정말로 도움이 되겠는걸' 하는 생각이 들기 시작했다. 그리고 그는 의문을 품었다. 기도를 할 때(그에게 기도는 아주 큰 의미가 있는 행위였다) 그의 마음은 어디에 있었나? 그는 기도에 참여하고 있었나? 무럭무럭 자라고 있는 아이들과 시간을 보낼 때 그는 실제로 아이들과 함께 있었나? 10대 자녀들은 항상 그와 추억을 공유하려고 했다. "그때 정말 웃겼잖아요…." "아빠, …했을 때 기억나요?" 그럴 때마다 그는 속으로 생각했다. '오 이런, 나는 기억이 전혀 없는데.'

그렇지만 그는 대수롭지 않게 생각했다. '내가 기억력이 안 좋아서 그래.' 이제 그는 이렇게 묻고 있었다. '내가 정말로 기억력이 안 좋은 걸까, 아니면 다른 이유가 있었을까?' 아이들이 공통의 경험을 가지고 그와 소통을 시도할 때마다 그는 마음이 아팠다.

"내가 아이들과 추억을 공유할 수 없는 건 내가 그 순간의 일부가 아니었기 때문이라는 걸 깨달았습니다. 나는 항상 다른 곳에 있었어요."

리처드는 몸은 거기에 있었지만(그 점은 사진으로 증명된다) 실제로는 그 경험을 하지 않았다. 그는 항상 바빴고, 압박에 시달렸고, 일에 열심이었기 때문에 무엇을 하든, 누구와 함께 있든 간에 그의 주의는 항상 다른 곳에 있었다.

"나는 거기에 없었어요." 그가 말한다. "그래서 그 일이 기억나지 않는 겁니다."

'기억'은 속임수를 쓰기도 한다. 우리는 많은 것을 기억할 거라고 가정하지만 실제로 우리가 기억하는 것은 그보다 훨씬 적다. 그래서 우리는 리처드가 아이들과 이야기하다 맞닥뜨린 것과 비슷한 순간을 경험한다. 그럴 때면 우리 자신이 삶을 얼마나 온전하게 누리고 있는가라는 의구심이 생겨난다. 우리가 기록하지 못한 것은 무엇인가? 사랑하는 사람들과의 중요한 순간들, 꼭 알아야 할 것들. 또 무엇이 있을까? 우리는 뭔가를 알고 있는데 그것이 필요한 순간에 금방 떠오르지 않아서 실수를 저지르기도 한다. 그러면 그 정도는 알아야 한다는 희미한 실망감이 찾아온다. 우리는 중요한 회의나 가족과의 다정한 순간에 오가는 대화를 듣고 그 내용을 기억하려고 애쓰지만, 실제로는 과거의 후회스러운 순간을 곱씹고 있을지도 모른다. 잊어버리고 싶지만 장기기억 속에 이미 저장된 순간들을 말이다.

우리는 자신의 기억력에 문제가 있다는 생각을 쉽게 한다. 우리가 경험하고 학습한 내용들이 왜 장기 지장고로 들어가는 대신 표면에서 미끄러지다 사라지는 것처럼 느껴질까? 하지만 모든 사례에는 설명이 존재한다. 왜 어떤 기억은 오래 간직되고 어떤 기억은 금방 사라지는가? 왜 지식은 어떤 때는 금방 생각나지만 어떤 때는 정말 필요한데도 생각나지 않는가? 아마도 그건 우리의 기억력과는 별 상관이 없을 것이다. 우리가 '기억력 문제'라고 생각하는 것들은 대부분 '주의력 문제'다.

기억은 실시간 녹화일까?

잠시 휴대전화를 꺼내라. 사진첩 폴더를 열어 가장 최근에 찍은 순간을 찾아보라. 어떤 순간이라도 좋다. 큰 행사(친구들과 함께 콘서트에 갔다)일 수도 있고 작은 순간(고양이가 소파 위에 앉아 있다)일 수도 있다. 당신이 찍은 사진을 보면서 스스로에게 물어보라.

- 어떤 기억이 나는가? 그때 경험했던 것에 관한 감각을 되살려 보라. 음식의 맛이라든지 공기의 냄새 같은 것들. 당신의 손안에 있는 조그만 직사각형 사진에 담겨 있지 않은 감각이면 뭐든지 좋다.
- 그때 어떤 말이 오갔나? 당신은 어떤 이야기를 했는가?
- 그때 당신은 무엇을 느꼈는가?
- 마지막으로, 당신은 무엇을 놓쳤는가? 만약 그 순간으로 돌아갈 수 있다면 빈칸을 채우기 위해 맨 먼저 무엇에 주의를 돌리

겠는가?

내가 지금 사진첩 폴더를 열어 역순으로 사진을 훑어보면, 나의 주의를 사로잡는 첫 번째 사진은 아들 레오가 대학으로 떠나기 전에 가족끼리 식사하는 장면이다. 레오는 이제 성인이 되어 세상으로 나가려 하고 있었으므로 나는 네 식구가 마지막으로 식탁에 둘러앉아 특별한 식사를 하고 싶었다. 지금 이 사진을 보니 내가 딱 맞는 각도를 잡기 위해 애썼던 기억이 생생하게 떠오른다. 나는 모두에게 카메라를 보고 웃으라고 했다. 하지만 우리가 식사 중에 무슨 이야기를 나눴고 무엇을 먹었는지는 기억이 나지 않는다.

만약 당신이 사진을 잘 찍지 않는 사람이라면 휴대전화에 저장된 문자 메시지들을 살펴보라. 최근에 누군가에게 캡처 화면이나 링크를 보낸 적이 있는가? 왜 그걸 보냈는지 기억하는가? 그게 어떤 내용이었는지 기억하는가? 아니면 그 맥락과 내용이 기억에서 완전히 사라졌는가?

흔히 우리는 기억력을 뇌의 '저장하기' 버튼이라고 생각한다. 나 역시 비유적인 의미로 '녹화 버튼을 누른다'라고 종종 표현한다. 하지만 사실 우리는 '녹화'를 하는 게 아니다. 정확히 말하면.

주의가 기억을 만들어낸다

기억은 복잡하고 미묘한 과정이다. 기억은 정적인 것이 아니라서 쉽게 변한다. 휴대전화에 저장된 사진과 달리 사람의 기억은 그 기억을 꺼내올 때마다 똑같지 않다. 기억은 변화와 변이를 일으킨다. 어떤 것들은 기억 속에 확고하게 남아 있고, 어떤 것은 사라진다. 걱정하지 마시라. 당신의 기억력에는 잘못이 없다. 기억의 속성이 원래 그렇다. 인류는 어떤 정보에 특혜를 부여해서 그런 것들은 잘 기억하고 다른 것들은 완전히 잊어버리도록 진화했다. 우리가 '기억의 오류'라고 부르는 특성들은 아마도 진화적으로 선택된 이유를 가지고 있을 것이다.

기억력은 사건을 있는 그대로 기록하는 녹화기가 아니다. 우리의 마음은 시간 여행에는 환상적인 재능을 보여주지만 사건들을 정확히 있었던 그대로 '되감기'해서 재현하지는 못한다. "정확히 있었던 그대로"라는 것은 없기 때문이다. 우리가 기억하는 것은 실제로 있었던 일들에 관한 우리의 경험을 통해 걸러진 것이고, 우리가 그 이전과 그 이후에 했던 경험을 통해서 또다시 걸러진 것이다. 경험에 관한 기억인 '일화적 기억episodic memory'은 해당 경험의 여러 측면들 중 작업기억에 가장 많이 들어오고 저장된 측면들만을 선택적으로 암호화한 결과물이다.[1] 무슨 뜻이냐 하면, 우리는 실제로 일어났던 모든 일을 기억하는 것이 아니다. 우리가 주의를 기울였고 화이트보드에 '썼던' 것만을 기억한다. 더구나 일화적 기억에는 사건의 외적 측면(누가, 무엇을, 어디서 등)은 거의 없고, 우리가 경험한 것에 관한 주관적 해석이 가득하다. 우리는 그 경험이 행복했는지, 슬펐는지, 재미있었는지, 긴장이 가득했는지를 기억한다. 따라서 우리의 감정적 경험은 우리가 무엇에 집중하며 나중에 무엇을 기억하게 되는가에 영향을 미친다.

'의미 기억semantic memory' 역시 선택적이다. 의미 기억이란 사실, 아이디어, 개념 등 세상에 관한 전반적인 지식이다. 우리가 무엇을 기억하느냐는 그전까지 무엇을 배웠느냐에 따라 달라진다.

일화적 기억과 의미 기억은 둘 다 주의력과 밀접한 관계가 있을 뿐 아니라 서로 영향을 미치며 수렴한다. 우리는 자신이 주의를 기울인 것을 기억한다. 우리가 기억한 것은 우리가 무엇에 주의를 기울이느냐에 영향을 미치고, 그것은 우리가 새로운 기억을 만들 때 다시 영향을 미친다.

우리에게 기억이 있는 이유

어느 날 한 친구가 자신의 아이들이 만들어가는 중인 기억에 관한 걱정을 털어놓았다. 특히 아이들이 엄마에 관해 어떤 기억을 만들고 있는지가 걱정된다고 말했다.

그녀는 그날 사소한 일로 아들에게 고함을 쳤다고 한다. 코로나 격리 조치가 시작되고 한두 달쯤 지나서 다들 신경이 날카로워져 있던 때였다.

"나는 아이가 그 일을 기억하지 못했으면 좋겠다고 생각했어. 오늘 좋았던 일도 많았으니까 말이야." 친구는 이렇게 말했다. "그러다 다시 생각해봤는데, 나의 어린 시절 기억 중에 엄마에 관한 생생한 기억은 대부분 부정적인 사건이더라고. 엄마가 좌절했거나, 소리를 쳤거나, 내가 야단을 맞았던 순간이 아주 생생하게 기억나. 그런 일은 몇 번밖에 없는데도 사소한 것까지 다 기억하고 있지 뭐니. 그런데 좋았던 일들은 그리 자세히 기억이 나지 않아.

사실 좋은 일이 훨씬 많았는데! 엄마는 종일 우리를 돌봐주고, 미술 활동을 도와주고, 참을성이 많은 편이고 우리 이야기를 잘 들어줬는데, 커서 기억하는 건 죄다 부정적인 일이라니? 우리 아이들도 나중에 그럴까? 엄마에 관해 부정적인 기억만 가지게 될까?"

나의 대답은 나쁜 소식으로 시작됐다. "그래, 원래 우리는 긍정적인 정보보다 부정적인 정보를 잘 기억해(다행히 60대가 되면 그런 편향이 줄어들긴 하지만)."[2] 우리의 '저장하기' 버튼은 사건들을 또렷하고 진실하게 기록하지 않는다. 기억의 목표는 우리가 과거를 회상하도록 하는 것이 아니라 우리가 지금 이 세계에서 행동하는 데 도움이 되는 것이기 때문이다. 기억력은 주의력과 마찬가지로 완전히 편향된 시스템이다. 그것은 생존에 유리하도록 진화한 결과다. 우리는 항상 생존에 필요한 경험들을 '하위 표본'으로 만든다. 그래서 무서운 경험이나 스트레스를 받았던 일이 더 뚜렷하게 기억에 남는다.

기억력은 학습의 바탕이 된다. 기억력은 안정과 연속성을 제공한다. 우리에게 일어나는 사건 중에 늘 반복되거나 '평범한' 사건은 저 뒤쪽으로 밀려나는 반면, 평범하지 않은 사건은 특혜를 누린다. 평범하지 않은 사건은 우리의 기억에 더 뚜렷하게 남는다.[3] 기억력의 이러한 특징 또한 주의력과 깊은 관련이 있다. 주의력은 독특하고 신기한 사건을 선호한다.

나는 친구에게 다음과 같은 이야기를 해주었다. 어린 시절에 관한 부정적인 기억이 더 많다는 건 좋은 신호라고. 그건 그녀가 행복하고 안정적인 어린 시절을 보냈다는 증거다. 아마 그녀의 아이들도 행복하고 안정적인 어린 시절을 보낼 것이다. 물론 그 아이들은 어떤 부정적인 사건을 다른 사건들보다 더 또렷하게 기억할지도 모른다. 하지만 그들의 삶의 배경이 사랑과 긍정이라면 그것 역시 그들의 기억의 일부가 된다. 구체적으로 말하자면 그들의 '의미 기억'이 된다. 우리는 모든 일화를 기억하지는 못한다. 그런 기능이 있다면 우리에게 도움이 안 될 테니까.

그래서 우리는 잊어버린다.

"그건 잊어버려"

망각은 고도로 진화한 뇌의 특징이며 뇌가 기능을 수행하기 위해 절대적으로 필요한 특징이다. 주의력 시스템이 선택하고 여과하지 않으면 과부하가 걸리는 것과 같은 원리가 기억에도 적용된다.

대부분의 건강한 사람은 장기기억 용량이 매우 크다. 하지만 그건 장기기억이 간섭에 취약하다는 뜻이기도 하다. 우리가 과거에 기억한 정보는 새로운 정보를 습득하는 능력을 떨어뜨린다. 또 우리가 지금 습득하고 있는 정보가 과거에 습득한 정보를 손상시킬 수도 있다.

코로나 바이러스가 유행하는 기간 중에 아주 잠깐, 우리는 마스크가 불필요하며 마스크 착용은 무책임한 행동이라는 정보를 접했다. 그때는 바로 옆에 있는 사람과 직접 접촉하지만 않으면 코로나 바이러스가 쉽게 전염되지 않는다고 생각했다. 그래서 마스크는 중증 환자들과 밀접하게 접촉하는 의료진에게나 도움이 된다고 믿었다. 마스크는 우리에게 도움이 되지 않으니 의사와 간호사들을 위해 양보하라는 것이 행동 수칙이었다. 하지만 곧 질병통제예 방센터의 지침이 바뀌었다. 갑자기 우리는 항상 마스크를 착용해야 했고, 마스크를 착용하지 않는 것이 무책임한 일이 됐다. "항상 마스크를 착용하라"라는 새 규칙을 기억하기 위해서는 "마스크를 착용하지 말라"라는 과거의 규칙을 잊어야 했다.

우리가 삶 속의 즐거운 순간들만 기억한다 해도 과부하가 걸릴 것이다. 주의와 마찬가지로 기억에도 여과와 선택이 필요하다.

망각은 좋은 일이다.[4] 망각은 우리의 생물학적 결함이 아니라 하나의 특징이다. 우리에게는 망각이 필요하다. 우리는 망각에 의존하며, 기억력의 다른 '특징'들에도 의존한다. 그 특징 중 하나는 생존, 학습, 의사결정을 위해 부정적 경험이 더 뚜렷하게 기억에 남는 것이다. 우리에게 기억력이 있는 또 하나의 이유는 학습, 즉 우리가 현재와 미래에 어떻게 행동할지에 관한 지침을 얻기 위해서다. 학습이 제대로 이뤄지려면 기억하는 것만큼이나 잊어버리는 것도 중요하다. 마음이 지금과 같은 방식으로 작동하는 데는 합리적인 이유가 있다. 우리는 기억의 이런 '특징'들을 근본적으로 바꾸기를 원하지는 않는다. 그러나 시스템 자체의 취약성 때문에 우리는 특정한 문제들에 부딪치게 된다.

기록의 방식과 기억력의 상관관계

휴대전화 사진첩으로 돌아가보자. 이 장의 첫머리에서 사진첩 폴더를 열었을 때 사진이 몇 장이나 있었는가? 방금 내 사진첩을 봤더니 수천 장이 저장되어 있었다.

우리는 중요한 정보를 사진으로 찍어 저장한다. 그 정보를 기억하고 싶은데 우리의 기억력이 얼마나 취약한지를 잘 알기 때문이다. 역설적인 것은 바로 이런 행동 때문에 우리가 중요한 정보를 기억하지 못한다는 것이다.

2018년에 진행된 한 소셜미디어에 관한 연구는 다음과 같은 중요한 질문을 탐구했다.[5] '어떤 사건을 기록하는 행위가 그 사건의 경험에 영향을 미치는가?' 연구자들은 일련의 상황을 설계하고 사람들이 현재 순간의 경험을 얼마나 즐기고 참여하는가, 그리고 나중에 그 경험을 얼마나 기억하는가를 평가했다. 그들은 참가자들을 세 집단으로 나눴다. 첫 번째 집단에게는 자신의 경험을 소셜미디어에 공유하기 위해 기록하라고 지시했다. 두 번째 집단에게는 그 경험을 자기 자신만을 위해 기록하라고 지시했다. 세 번째 집단에게는 어떤 기록도 하지 말라고 지시했다. 참가자들은 두 가지 경험을 했다. 하나는 TED 강연을 시청하는 것이었고, 다른 하나는 팰로앨토에 위치한 스탠퍼드대학의 예배당 건물을 구경하는 것이었다.

'즐거움'과 '참여' 항목에서 결과는 복합적이었다. 어떤 상황에서 참가자들은 다른 사람들이 소비할 콘텐츠를 창조하는 경험을 진심으로 즐기는 것처럼 보였다. 그들은 그 행위를 소통과 공동체의 원천으로 바라봤기 때문에 그 행위를 하면서 경험을 더 즐겁게 받아들였다. 하지만 어떤 사람들은 자신의 콘텐츠가 어떻게 받아들여질지를 걱정하거나 소셜미디어에 있는 다른 사람들과 자신을 비교하면서 경험을 제대로 즐기지 못했다. '기억'이라는 항목에서는 일관되고 명확한 결과가 나왔다. 소셜미디어용이든 자신을 위해서든 간에 행사 사진을 찍으라는 지시를 받은 사람들은 나중에 그 행사의 세부적인 사항들을 훨씬 적게 기억했다.

왜 그럴까? 첫째, 뭔가를 기록하는 행위는 멀티태스킹을 요구한다. 알다시피 멀티태스킹은 사실 과제 전환이다. 사진을 찍는 동시에 그 행사를 경험할 수는 없다. 사진을 찍거나, 경험을 하거나 둘 중 하나다. 그것은 선택이다. 사진 찍기라는 과제에 몰두하는 동시에 촬영의 대상이 되는 활동에 집중하기란 불가능하다. 이것은 교실이나 회의실만이 아니라 아름다운 장소에서 휴가를 즐기며 사진을 찍을 때도 마찬가지다(그 일몰 풍경을 나중에도 기억하겠는가). 여러 편의 연구에 따르면 강의실에서 전자기기를 사용하는 것(그냥 필기를 위해 노트북 컴퓨터를 사용한다 해도)은 학업 성적 저하와 상관관계가 있다.[6] 그 이유 중 하나는 학생들이 온라인에 접속하려는 유혹을 느끼기 때문이다(채팅창과 쇼핑몰 장바구니는 꽉 차지만 학생들의 머릿속은 강의와 연관된 내용으로 채워지지 않는다). 전자기기를 사용하면 성적이 떨어지는 또 다른 이유가 있다. 우리가 기록하는 대상에 실제로 '주의를 기울이고 있을' 때조차도 전자기기의 사용은 우리가 그 경험을 처리하고 기억하는 과정에 영향을 미친다.

강의실에서 노트북 컴퓨터를 사용하는 경우, 학생들은 강의 내용을 충실하게 입력하고 있을 때조차도 마치 인공지능 소프트웨어처럼 자동으로 기록만 하게 된다. 문제는 학생들이 그 정보를 종합화하고 있지 않았다는 것이다. 우리가 손으로 필기할 때는 저절로 종합화를 하게 된다. 우리는 강의를 들으면서 주의를 기울이고, 교수가 하는 이야기를 분석해서 가장 중요한 내용을 뽑아내거나 요약한다. 그 과정은 반드시 필요하다. 우리는 어차피 강의 내용을 모두 받아 적을 정도로 빠르게 필기할 수 없기 때문에 전략적으로 행동해야 한다. 그리고 이렇게 종합화를 할 때 우리는 그 정보를 더 완전하고, 더 통합적이고, 결과적으로 더 오래 기억되는 방식으로 암호화한다. 노트북 컴퓨터에 필기하는 것은 강연 내용을 그대로 컴퓨터에 기록하는 데는 좋은 방법이지만 그 내용을 장기기억에 집어넣는 데는 아주 나쁜 방법이다.

우리가 꼭 기억하고 싶은 내용을 휴대전화나 노트북 컴퓨터 같은 전자기기에 기록하면 우리의 의도와는 정반대 효과가 난다. 앞에서 소개한 소셜미디어 연구자들은 미디어 사용이 우리가 보존하려고 하는 바로 그 사건을 나중에 기억해내는 데 방해가 된다는 결론을 내렸다. 우선 미디어 사용은 그 사건을 직접 경험하지 못하게 한다. 우리는 실제로 기억하지도 못하는 어떤 것의 사진이나, 실제로 '참가'하지 않은 강연의 녹취록을 가지게 된다.

"휴대전화를 내려놓으세요"라는 말을 듣고 좋아하는 사람은 없다. 하지만 연구 결과는 명확했다. 경험을 기록한 사람들은 그 경험을 훨씬 적게 기억했다. 단순명쾌하다. 그 법칙을 마법처럼 피해갈 방법은 없다. 어떤 경험이 우리의 머릿속 화이트보드에 기록되어 그곳에서 정리되고 종합화(그 경험의 여러 요소들이 통합되는 것)되지 않는다면 그 경험은 장기기억으로 들어가지 않는다. 아니, 장기기억에 들어갈 기회조차 얻지 못한다.

장기기억의 관문

대학 학부생 시절 나는 신경과학의 역사에서 가장 유명한 환자에 대해 배웠다. 신경과학 교과서에 H. M.이라는 머리글자로 소개되는 환자였다. 1953년 H. M.은 뇌전증(간질)을 치료하기 위해 실험적 뇌수술을 받았다.[7] 그는 열 살 때부터 뇌전증 발작을 일으켰고, 스물일곱 살이 되자 발작이 너무 잦아지고 심해져서 어떤 일도 할수가 없었다. 의사는 항경련제의 양을 점점 늘렸지만 어떤 약도 듣지 않았다. 결국 그들은 극단적인 조치를 취했다. 뇌전증은 주로 측두엽에서 발생하기 때문에, '양쪽 내측두엽 절제술'을 통해 H. M.의 측두엽의 대부분을 제거했다. 수술은 성공적이었고 H. M.의 뇌전증 발작은 획기적으로 감소했다. 그러나 측두엽에는 장기기억에 관여하는 다양한 뇌 조직이 있다. 그 수술은 H. M.의 기억에 어떤 영향을 미쳤을까?

수술 후에 H. M.은 수술 직전 몇 년 동안의 장기기억을 전부 간직하고 있었다. 그의 작업기억 또한 손상되지 않은 것 같았다. 실험실에서 검사를 해보니 그는 보통 사람들과 마찬가지로 집중을 유지하기만 하면 연속된 숫자들을 기억할 수 있었다. 그러나 연구자들이 그의 주의를 분산시켜 잠시 다른 데로 주의를 돌리게 하자 작업기억 속의 숫자들은 사라졌다. 영원히.

나의 수업 조교 중에 H. M.의 기억력에 관한 연구를 했던 바로 그 실험실에서 일했던 사람이 있었다. 어느 날 밤 그녀는 H. M.과 함께 실험을 하고 나서 그를 차로 집에 데려다주었다. H. M.은 생활 보조인이 함께 거주하는 아파트에 살고 있었다. 차 안에서 H. M.과

수다를 떨던 그녀는 자신이 그가 사는 곳을 모른다는 사실을 떠올렸다. H. M.은 자신 있게 길 안내를 시작했고, 그녀는 그가 알려주는 대로 운전을 해서 그의 집에 무사히 도착했다…. 도시 반대편에 있는 그의 어린 시절 집에.

H. M.은 2008년에 사망하기 전까지 수십 년 동안 기억력과 기억 형성에 관한 연구의 대상이 됐다. 연구자들은 수술 전에 형성된 그의 초기 기억은 아주 생생하다는 사실을 발견했다. 아마도 그 초기 기억들을 밀어낼 새로운 기억이 형성되지 않았기 때문일 것이다. 그런데 연구를 거듭할수록 H. M.은 작업기억에만 접근할 수 있다는 것이 확인됐다. 어떤 일화나 새로운 사실에 관한 장기기억은 생성될 수가 없었다. H. M.은 내측두엽 절제술로 뇌전증을 치료한 대신 작업기억과 장기기억 사이의 연계를 잃어버렸다. H. M.은 다른 사람들과 마찬가지로 머릿속 화이트보드에 내용을 잠시 기록할 수는 있었다. 하지만 그 내용을 공고한 기억으로 만들지는 못했다.

작업기억은 창의적 사고와 관념을 만들고 집중할 대상을 찾고 목표를 추구하는 인지의 '낙서장'일 뿐 아니라 장기기억으로 들어가는(그리고 장기기억 밖으로 나가는!) 관문이다. 우리가 기억하고자 하는 내용은 작업기억을 통해 장기기억 속으로 들어가며, 장기기억에서 어떤 내용을 꺼내올(회수) 때도 그 내용은 작업기억에 나타난다. '기억한다'라는 말에는 사실 암호화와 회수라는 두 가지 기능이 다 포함된다. 우리는 뭔가를 암호화해두었다가 나중에 그것을 다시 낚아 올린다. 이 각각의 과정을 수행하려면 주의력과 작업기억을 모두 효과적으로 사용해야 한다. 그리고 알다시피 주의력 시스템과 작업기억 시스템은 문제를 많이 일으킨다. 눈에 잘 띄는 어떤 것에 사로잡히기도 하고, 목표로 가는 길에서 이탈히기도 하고, 멍해지기도 하고, 다른 정보 때문에 산만해지기도 한다.

문제의 발생: 암호화 실패

얼마 전에 시어머니가 나에게 전화를 걸어서 기억력이 나빠진 것 같다고 하소연했다. 시어머니는 나이가 들면서 주의력이 떨어지는 것에 점점 더 민감하게 반응한다. 주의력이 떨어지는 것은 더 큰 문제가 있다는 신호일지도 모른다고 생각하기 때문이다. 나는 시어머니에게 정확히 무슨 일이 있었는지 알려달라고 했다.

시어머니는 전날 장을 보러 갔던 이야기를 들려주었다. 차를 운전해 슈퍼마켓에 가던 중 장보기 목록을 안 가져온 것을 알아차렸다. 하는 수 없이 사야 할 것들을 머릿속에 떠올리기 시작했다. 슈퍼마켓에 도착해 차에서 내릴 때는 주차한 자리를 머릿속에 새겼다. 슈퍼마켓에서 장을 본 시어머니는 카트를 밀고 주차장으로 갔다. 그런데 자동차 트렁크에 식료품을 싣던 중 페인트가 벗겨진 자국을 발견했다. 시어머니는 갑자기 스스로에게 화가 났다. '내가 왜 이걸 못 봤지? 차에 흠집이 생겼는데 알아차리지도 못했다니!'

시어머니는 카트를 반납하러 가면서도 차의 긁힌 자국을 걱정했다. 돌아와 운전석에 앉았는데 이번에는 수동 변속기를 발견했다. 시어머니의 차는 자동 변속이었다. 남의 차에 타고 있었던 것이다.

시어머니는 같은 줄에서 두 칸쯤 옆으로 가서 당신의 차를 발견했다. 모델과 색상이 똑같지만 흠집은 없는 차. 시어머니는 무안해하며 식료품을 다시 옮겼다. 전화로 이 이야기를 나누면서 우리는 깔깔 웃었다. 남의 차에 물건을 싣고 출발하려고 했다니! 나는 시어머니에게 "그건 기억력 문제는 아닌 것 같아요. 아니 사실은 나이 드는 것과도 상관이 없어요"라고 말씀드렸다. 물론 나이가 들면 뇌도 늙는다. 뇌의 어떤 부분은 두께가 얇아지고 밀도가 낮아지는데, 명시적 기억explicit memory(장기기억의 일종으로, 의식적으로 회상하거나 언어로 서술할 수 있는 기억. 장기기억의 다른 유형으로는 암묵적 기억 implicit memory이 있는데, 암묵적 기억은 무의식에 존재하며 언어로 서술할 수 없는 기억이다 – 옮긴이)을 형성하는 데 필요한 해마와 내측두엽의 여러 조직들도 그렇다. 이런 조직들의 밀도가 낮아지면 실제로 기억력에 문제가 생길 수도 있다. 하지만 시어머니가 들려준 일화에서는 그저 머릿속 화이트보드에 과부하가 발생했을 뿐이다. 시어머니는 주차를 하는 동안 집에 놓고 온 장보기 목록을 생각하고 있었다. 어디에 주차를 했는지 머리에 새겼다고 생각했지만 사실은 화이트보드에 뭔가를 잔뜩 적어놓고 있었다. 그래서 공간이 꽉 차 있었던 것이다.

우리가 경험하는 기억과 노화의 문제들은 대부분 원인이 잘못 알려져 있다. 문제는 "기억력이 감퇴하고 있어서"가 아니다. 진짜 문제는 "주의를 기울이지 않아서 정보를 암호화하지 못한" 것이다.

이 이야기의 함정은 다음과 같다. 주차 위치는 우리가 장기간 기억하기를 원하는 정보가 아니다. 사실 이것은 우리가 나중에 잊어버려야 하는 정보 중 하나다. 우리가 주차하는 모든 장소를 기억하고 슈퍼마켓의 자동문 밖으로 나갈 때마다 기억 속의 모든 장소를 더듬어야 한다고 상상해보라. 기억력은 주의력과 마찬가지로 거름망 역할을 해야 한다. 무엇이 필요하고 무엇이 필요하지 않은 지, 무엇을 강조하고 무엇을 폐기해야 하는지를 가려내야 한다. 나는 이 이야기를 우리의 작업기억에 담긴 정보가 너무 많으면 다른 정보가 장기기억에 효과적으로 저장되는 데 방해가 된다는 사례로 활용한다. 만약 우리의 작업기억에 과부하가 걸린다면 장기기억 속의 정보들을 필요할 때마다 꺼낼 수 없게 된다. 이것은 최근의 미국 역사에서 가장 큰 피해를 입혔던 '오인 사격' 사건 중 하나의 원인이 됐다.

문제의 확대: 회수 실패

아프가니스탄 전쟁이 한창이던 2002년, 어느 미군 병사가 저항세력의 근거지에 900킬로그램짜리 폭탄을 투하하기 위해 GPS 시스템을 조작하고 있었다. 지상의 군인이 휴대용 GPS 장치에 공습 좌표를 입력하면 폭탄이 정확히 그 위치에 떨어지도록 되어 있었다. 그런데 그 군인은 공습 좌표를 입력하고 나서 휴대용 GPS 기기의 배터리가 얼마 안 남았다는 사실을 발견했다. 그래서 배터리를 새것으로 교체하고 나서 화면에 뜬 좌표로 폭탄을 투하했다. 그 폭탄은 그가 속한 부대에 떨어졌다.

왜 이런 일이 벌어졌을까? 그 GPS 시스템은 배터리를 교체하고 나서 재부팅이 되면 자동으로 그 장치가 있는 현재 위치의 좌표가 설정되도록 만들어졌다. 시스템을 조작하던 군인은 장비 다루는 법을 집중적으로 훈련받았는데도 그 사실을 인지하지 못했다. 배터리를 교체한 후에는 새로 폭탄 투하 지점의 좌표를 입력해야 한다는 것. 그 지식은 그의 장기기억 속에 있었다. 그는 예행연습도 여러 번 했는데, 어떤 이유에선지 그 지식이 정작 필요했을 때는 그의 화이트보드에 나타나지 않았다. 결국 그날 많은 사상자가 발생했다. 군인 한 사람의 장기기억과 작업기억 사이에 발생한 문제 때문에. 이건 어디까지나 나의 추측이지만 알고 보면 비극적일 만큼 간단한 설명이다. 스트레스로 인한 마음의 방황 때문에 작업기억에 과부하가 걸린다면 지식이 당장 필요할 때 그 지식이 표면 위로 떠오르지 않을 수도 있다.

이는 극단적인 사례지만, 이처럼 기억을 암호화하고 회수하는 과정에서 문제가 생기는 일은 누구에게나 발생할 수 있다. 기억을 암호화하고 회수하는 과정은 여러 단계로 이뤄지며, 모든 단계에서 주의력과 작업기억이 요구된다.

기억은 어떻게 만들어지는가

어떤 것을 기억하기 위해서는 세 가지 과정이 반드시 필요하다. 첫 번째 단계는 '예행연습'이다. 정보를 되짚어보라. 새로운 동료가 자기소개를 했다면 방금 들은 이름을 되풀이하라. 당신이 받고 있는 업무 교육에서 가장 중요한 사실들을 말해보라. 방금 좋은 경험을 했다면 그 세부 사항을 반복하라. 학교에서 플래시카드로 공부하는 것도 예행연습에 해당한다. 당신이 행복했던 순간의 세부적인 요소들(자녀의 결혼식 - 건배, 케이크의 맛)을 다시 떠올린다면 그것도 예행연습이다. 고통스러웠거나 창피했던 순간을 되새긴다면 그것도 (불행한 일이지만) 예행연습이 된다.

두 번째 단계인 '정교화elaboration'로 넘어가자. 예행연습을 할 때와 마찬가지로 정교화를 할 때도 새로운 경험 또는 사실을 우리가 기존에 가지고 있던 지식 또는 기억과 연결해야 한다. 우리는 어떤 주제에 관해 사전지식을 가지고 있을 때 기억을 훨씬 강렬하게 저장할 수 있다. 예를 들어 문어를 상상하라. 그리고 내가 당신에게 "문어의 심장은 3개"라고 말한다고 하자. 당신이 그 사실을 모르고 있었다면, 당신은 이 글을 읽는 순간 이 새로운 지식을 기존에 가지고 있던 문어의 이미지와 연결한다. 다음에 당신이 수족관이나 TV 다큐멘터리 프로그램에서 문어를 보면 갑자기 그 사실을 기억해내고 옆에 있는 사람에게 "문어 심장이 3개인 거 알아?"라고 말할지도 모른다.

마지막으로 '공고화consolidation'가 필요하다. 이것은 우리가 예행연습과 정교화를 하고 있을 때 항상 진행되는 일이며, 기억이 최종적으로 저장되도록 하는 과정이다. 뇌가 정보를 재생하는 동안 신경의 새로운 경로가 만들어지고, 뇌는 그 경로를 점검하면서 새로운 연결을 강화한다. 본질적으로 이것은 정보가 작업기억에서 장기기억으로 옮겨가는 과정이다. 특정한 신경세포의 재배치를 공고히 하기 위해 뇌의 구조가 바뀐다. 그리고 공고화가 잘되려면 자유롭고 즉흥적인 사고를 하는 시간이 있어야 한다. 그래서 정신적 휴식과 수면이 중요하다. 정신적 휴식과 수면은 기억을 공고화할 기회다. 기억의 공고화는 우리의 마음이 방황하는 이유 중 하나다.

마음의 방황을 유발하는 요인 중 하나는 경험을 재생하는 것과 관련된 신경세포의 활동이다. 재생을 하면 할수록 소음은 희미해지고 뚜렷한 신호가 남는데, 그 신호가 바로 뇌에 새겨지는 기억의 흔적이다. 만약 우리의 주의가 항상 뭔가에 관여하고 있다면 우리가 의식적이고 즉흥적인 생각이 떠오르는 것을 경험할 정신적 여유시간은 0이 된다. 작업기억과 장기기억의 연결고리는 손상되고 있을지도 모른다. 그럴 때 우리는 아주 중요한 공고화의 과정들을 무력화하고 있는 것이다.

뭔가를 기억하는 과정은 원래 우리의 기존 지식, 사고 틀, 편견, 경험에 종속된다. 뭔가를 기억하는 과정은 취약하며 쉽게 방해를 받는다. 주의력이 강탈당할 때 기억의 과정은 경로를 벗어난다. 우리가 기억하려고 하는 것이 아닌 다른 어떤 것이 우리의 작업기억을 차지할 때 기억 형성의 과정은 중단된다. 역설적이게도 그 '어떤 것'은 대개 장기기억이다.

기억의 형성을 방해하는 것

우리가 정보를 암호화하는 동안 주의력이 자주 하는 일을 한다면 기억은 제대로 형성되지 않는다. 여기서 '주의력이 자주 하는 일'이란? 방황이다. 주의는 쉽게 눈에 띄는 어떤 것에 사로잡혀버린다. 주의는 '갈등상태'가 된 자극적인 주제들과 선점당한 주제들로 돌아간다. 이렇게 주의를 사로잡는 생각들은 장기기억의 흔적을 원재료로 삼는다.[8] 개념과 경험을 새롭게 재구성해서 새로운 걱정거리를 만들어내거나, 이미 형성된 기억을 손상시킨다. 그리고 이런 것들은 방황하는 마음의 내용이 된다.

내가 앞에서 '정신적 시간 여행'을 언급했을 때 그 의미는 다음과 같았다. 마음이 우리 자신의 장기기억에서 얻은 재료를 사용해서 만들어낸 내용에 주의를 강탈당하는 것. 그 내용은 우리가 현재의 순간에 일어나고 있는 일에 주의를 기울이지 못하게 한다. 그리고 우리가 현재 하고 있는 경험에 관한 새로운 기억을 형성하는 것을 방해한다.

마음의 방황에 관한 여러 편의 연구에서 발견된 뇌 안의 디폴트 모드 네트워크를 기억하는가? 지금까지 밝혀진 바에 따르면 디폴트 모드 네트워크는 그보다 작은 하위 네트워크 여러 개로 이뤄져 있다. 이 하위 네트워크 중 하나가 가진 신경절들은 앞에서 언급했던 내측두엽의 장기기억 시스템을 구성한다. 나는 이 하위 네트워크를 생각의 펌프에 비유하곤 한다. 이 하위 네트워크는 기억의 재료가 투입될 때 생성되는 기억의 흔적과 마음의 수다 같은 내용들을 펌프로 퍼올린다.[9] 심지어 우리가 의식하지 못하는 사이에도 펌프질을 한다.

때때로 이 펌프는 눈에 잘 띄는 정보를 뿜어내 우리의 주의력 섬광을 사로잡는다. 그것은 우리의 외부 환경에 위협적이거나, 신기하거나, 반짝이거나, 우리 자신과 관련된 자극이 생성될 때 우리의 섬광이 이끌리는 것과 다르지 않다. 사실 디폴트 모드 네트워크의 두 번째 하위 네트워크는 내면 풍경을 비추는 섬광과 비슷한 역할을 한다. 이 하위 네트워크는 '코어 디폴트 모드 네트워크core default mode network'라고 불리기도 한다. 우리 자신과의 연관성이 우리의 주의를 자동으로 사로잡는 데 핵심이라는 점을 생각하면 아주 적절한 명칭이다.

우리의 내면 풍경에서 눈에 잘 띄는 것들은 다음과 같은 특징이 있다.

- 우리 자신과 관련이 있다.
- 감정적이다.
- 위협적이다.
- 신기하다.

이런 특징을 가진 것들은 우리의 주의를 사로잡을 뿐 아니라 붙잡아놓기도 한다. 그러면 우리의 작업기억은 그 내용으로 채워지고 정교화가 이뤄진다. 어떤 내용들이 당신의 주의력을 사로잡았다가 금방 사라져버리는 것과 달리, '생각 펌프'에서 나온 눈에 잘 띄는 내용은 우리를 깊이 빨아들인다. 그런 내용은 불행의 고리로 들어가는 입구가 된다. 그리고 다른 형태의 마음의 방황에 정보를 제공한다. 우리는 과거의 경험에 의존해 무엇을 걱정해야 하고 무슨 계획을 세울지를 결정하기 때문이다.

장기기억의 가장 큰 역설은 '새로운' 기억이 형성되는 것을 방해할 수도 있는 활동에 장기기억이 재료를 공급한다는 것이다.

에릭 슈메이커Eric Schoomaker가 육군의 의무감으로 근무하던 중에 그의 아버지가 갑자기 세상을 떠났다. 전혀 예상하지 못한 일이었다. 그의 아버지는 건강하고 활기찬 사람이었으므로 아버지의 죽음은 너무나 갑작스러운 일이었다. 게다가 그 소식은 에릭이 정신없이 바빴던 시기에 전해졌다.

2년 뒤, 에릭은 저녁 식사 중에 고개를 들어 아내를 바라보며 말했다. "아버지가 돌아가셨어."

아내는 그를 빤히 쳐다봤다. "응." 아내가 대답했다. "2년 전에."

그러자 에릭이 대답했다. "테이프가 이제야 따라잡았군."

이제 우리는 현재에 머물러야 한다는 것을 안다. 우리가 '재생' 상태에서만 '녹화'를 할 수 있기 때문이다. 기억을 형성하는 과정은 현재의 순간에서 시작된다. 물론 그 후에도 뇌는 기억을 기억으로 만들기 위해 일한다. 하지만 그 과정이 시작되려면 현재에서 (외부 환경 또는 내부의 마음에서) 얻는 재료가 있어야 한다. 그 일을 나중에 하거나 미룰 수는 없다. 현재는 우리가 녹화할 수 있는 유일한 시간이다.

우리에게는 생각할 거리가 너무나 많다. 과거의 사건들을 처리해야 하고, 미래의 일을 계획하고 예상해야 한다. 시간은 귀중하고 값진 것이어서 손가락 사이로 모래알처럼 빠져나간다. 우리는 꼭 기억해야 하거나 기억하고 싶은 어떤 일이 있을 때 이런 다짐을 한다. '나중에 이걸 다시 떠올려야지.' '나중에 이걸 생각해봐야겠어.' '나중에 이걸 기억해낼 거야.' 하지만 주의는 저장할 수가 없다. 주의는 지금 사용해야만 한다. 그걸 알고 나면 우리가 경험을 대하는 방식과 경험을 기억하는 방식이 바뀐다.

만약 우리가 주변 사람들과 공유하는 기억에 참여하지 못한다고 느끼거나(육군 연구소의 리처드처럼) 우리 삶 속의 사건들에서 한 발짝 떨어져 있다고 느낀다면(테이프의 '시차'를 경험한 에릭 슈메이커처럼), 그건 주의력의 문제가 겉으로 드러난 것일지도 모른다. 우리의 기억은 우리의 감각과 밀접한 관련이 있다. 그러므로 우리가 중요하게 생각하는 일을 기억할 확률을 높이는 방법은 마음챙김 훈련을 통해 우리 자신의 몸에 닻을 내리는 것이다.

두 번째 연습: 보디스캔

경험에 관한 기억, 즉 일화적 기억에는 맥락에 관한 세부적인 사항들이 포함된다. 이 세부 사항들은 주로 소리와 냄새, 우리가 받았던 느낌, 그 순간에 우리가 했던 생각과 같은 감각들이다. 일화적 기억은 의식의 특정한 상태와 연관이 있는데, 이 상태를 자기 인식 의식autonoetic consciousness이라고 부른다.[10] 자기 인식 의식이란 삶 속의 어떤 일화를 우리 자신에 대한 자각과 함께 회상할 때의 형상화된 온전함을 가리킨다. 우리가 회상하는 일화의 풍부함, 세부 사항, 3차원의 깊이 같은 것들.

지금 한번 시도해보자. 어린 시절의 좋은 추억 하나를 떠올려보라. 무더운 여름날 할머니와 아이스크림을 사 먹었던 기억도 좋고, 형제자매와 함께 부모님의 자동차를 청소한 기억일 수도 있다. 자기 인식 의식은 내면에서 그 사건을 경험했던 그 느낌이다. 당신은 맛과 소리, 냄새, 다른 사람들의 얼굴 표정을 기억할 수도 있다. 기쁨이나 행복감을 기억할 수도 있다. 그리고 그 감각들을 되새기다 보면 지금 이 순간에 작은 기쁨이 솟아날 수도 있다.

우리가 일화적 기억을 이렇게 기억한다는 사실은 일화적 기억의 암호화 방식에 관한 단서를 제공한다. 우리는 더 자세하고 풍부한 기억을 형성하기 위해 그 작은 알갱이 같은 요소들로 우리의 화이트보드를 채운다.

작업기억은 기억을 위한 아주 훌륭한 도구인 동시에 가장 취약한 지점이다. 작업기억에 우리가 암호화하려고 하는 경험 또는 습득하려는 정보 외에 다른 내용이 채워져 있다면 기억 형성은 효과적으로 이뤄지지 않는다. 우리의 몸이 어떤 자리에 있다고 해서 우리가 그 경험을 다 흡수할 것이라고 생각해서는 안 된다. 우리는 우리가 암호화하기를 원하는 것에 의도적으로 주의(섬광)를 돌려야 한다. 기억하고 싶은 어떤 일이 있다면 우리의 몸과 마음이 모두 그 자리에 있어야 한다.

아래에 소개하는 코어 연습은 당신의 신체적 자극에 닻을 내리는 훈련이다. 이 연습을 하면 불쾌해지거나 심지어는 고통스러울 수도 있다. 피부를 스치는 바람도 좋고, 이마가 간지러운 느낌도 좋다. 배고픈 느낌도 좋다. 아무런 감각이 없는 느낌도 좋다. 어떤 느낌이든 간에 섬광이 그곳을 비추게 하라. 섬광을 손전등처럼 사용해서 몸 전체를 천천히 훑어 나가면서 현재의 순간에 몸속에 존재하는 연습을 하라. 당신은 육체화된 방식으로 현재의 순간에 존재하는 연습을 하고 있는 것이다.

코어 연습: 보디스캔

1. 다른 연습과 마찬가지로 편안하게 앉아서 두 눈을 감고 시작하라. 두 눈을 감고 당신의 섬광을 찾아라. 호흡 자극에 주의를 돌려라.

2. 하지만 이제는 호흡에만 머무르지 않을 것이다. 주의를 이동시키며 몸 전체를 훑을 것이다. 그 주의력의 광선은 한곳에 모이는 상태를 유지하지만, 그 모이는 지점은 움직인다. 마치 수색용 손전등처럼 몸 구석구석을 천천히 비추면서 이동한다.

3. 먼저 주의를 발가락 하나로 옮겨보라. 그 발가락에서 느껴지는 모든 감각을 확인하라. 차가운가? 따뜻한가? 간질거리는가? 신발이 꽉 끼는가? 아무런 느낌이 없는가? 감각을 모두 확인한 다음 다른 발가락으로 넘어가고, 한쪽 발이 끝나면 반대쪽 발로 옮겨라.

4. 서두르지 마라! 지난번 연습과 마찬가지로 이 연습을 3분 동안 하려고 한다면 당신의 몸을 3등분해서 각 부분에 1분씩 할애하라. 아래에서 위로 천천히 주의를 옮겨보라. 무릎 아랫부분에서 무릎 윗부분으로, 몸의 정중앙으로. 골반, 아랫배, 윗배, 가슴, 어깨, 팔 위쪽, 팔 아래쪽, 그리고 손. 그러고 나서는 목에 집중하고, 얼굴에 집중하고, 뒤통수에 집중하고, 맨 나중에 머리 꼭대기로 올라가라.

5. 하나하나의 자극(자극이 없을 수도 있다)에 주의를 기울여라. 자극이 나타났다가 사라지는 것을 매 순간 자각하되 하나의 자극에 계속 머물지는 마라. 섬광을 계속 이동시켜라.

6. 이 연습을 하면서 주의의 초점을 천천히 위로 옮기는 동안 당신의 마음이 방황한다면, 마음의 방황이 생기기 직전에 당신이 집중하고 있던 신체 부위로 주의를 돌려보내라. 그리고 연습을 계속하라.

‘보디스캔’을 하면 스트레스, 걱정, 감정이 몸 안에서 어떻게 나타나는지를 알게 된다. 당신 자신의 감정을 관찰하게 되고 그 감정이 몸에 어떻게 나타나는지를 관찰하게 된다. 만약 보디스캔을 하기가 힘들다면, 예컨대 끝까지 집중을 유지하기가 어렵다면, 언제든지 165~166쪽에서 소개한 '섬광 찾기' 연습으로 돌아갈 수 있다. 섬광 찾기를 토대로 삼으라. 당신이 몸 구석구석으로 주의를 이동시키는 동안 표적이 움직여서 산만해지는 느낌을 받는다면 섬광 찾기를 임시 착륙장으로 활용하라. 하지만 주의를 호흡으로 가져가서 안정시키고 나면 보디스캔을 다시 시작하라. 기억 형성에는 보디스캔이 더 큰 도움이 될 것이다. 보디스캔은 당신을 현재 순간에 머물게 해줄 뿐 아니라 당신의 몸 안에 머물게 해주기 때문이다.

이런 식으로 주의를 기울이는 훈련을 하면 당신은 더 많은 데이터, 더 좋은 데이터를 획득하고 보존할 수 있는 조건을 갖추게 된다. 그러면 경험을 더 풍부하게 암호화하고, 새로운 정보를 더 확실하게 습득할 수 있다. 당신은 모든 것을 기억하지는 못하겠지만, 분명히 더 잘 기억하게 될 것이다.

마음의 '줌 렌즈'를 당겨라

내 딸은 무용가다. 딸의 무용 공연에 처음 갔을 때 사진과 동영상 촬영이 금지되어 있다는 것을 알고 실망했다. 소피의 공연을 촬영해서 후대에 물려줄 수 없다는 생각에 속이 상해서 휴대전화를 가방에 넣었다. 그런데 객석에 앉아서 무대 위의 소피가 조명 아래

빛나는 모습을 보고 있는 동안, 나의 주의력이 집중하고 강화되는 것을 느꼈다. 나는 정신적으로 소피를 확대해서 바라보고 있었다. 소피의 춤을 느끼려고 완전히 집중했던 기억이 난다. 나는 소피의 움직임이며, 음악에 맞춰 딸의 발이 무대에 부드럽게 닿는 소리며, 춤을 시작할 때 긴장된 표정과 춤을 끝냈을 때 만족해하는 표정을 알아차렸다. 그 경험의 온전함이 아주 좋게 느껴졌다. 그 순간 나에게는 주의를 온전히 집중하는 것 말고 다른 선택이 없었다. 그 공연은 아직도 생생하게 기억난다.

이 장의 첫머리에서 나는 우리가 기억하고 싶은 것을 저장하기 위해 휴대전화와 노트북 컴퓨터 같은 장비를 사용하면 큰 부작용이 따를 수도 있다고 이야기했다. 장비를 사용하면 우리가 가장 기억하고 싶어 하는 것을 기억할 가능성은 더 낮아진다고 했다. 그렇다면 우리는 휴대전화를 내려놓아야 할까?

반드시 그렇지는 않다. 어떤 연구에서는 참가자들에게 박물관에 전시된 미술 작품들의 사진을 찍게 했더니 앞에서 설명한 것과 똑같은 결과가 나왔다.[11] 사진을 찍을 때 사람들은 그 작품을 더 적게 기억했다. 그들이 카메라에 "일을 떠넘겼기" 때문에 내용을 잊어버렸다는 점은 앞의 실험과 동일했다. 하지만 이번 실험에는 다른 점이 하나 있었다. 실험 참가자들에게 작품의 사진을 찍을 때 카메라의 줌 기능을 활용해서 특정한 부분을 확대해달라고 부탁한 것이다. 그러자 참가자들은 그 경험의 세부 사항을 잘 기억해냈다. 줌 렌즈를 작동시키는 단순한 행위, 즉 어디에 초점을 맞출지를 결정하고 그것을 실행에 옮기는 행위가 사람들로 하여금 그 경험을 더 상세하고 구체적으로 기억하게 했다.

나는 중요한 순간을 사진으로 찍지 말라고 충고하는 것이 아니다. 하지만 당신이 기억하고 싶은 뭔가를 포착하기 위해 휴대전화를 꺼냈다면, 잠깐만 멈춰보라. 휴대전화의 직사각형 틀 바깥의 장면을 머릿속에 담아보라. 당신이 진짜로 기억하고 싶은 것을 마음에 간직하라. 풍경과 냄새와 색채 같은 세부 사항을 인식하라. 당신의 감정이 어떤지를 인식하라. 지금 당신은 경험을 온전히 암호화하기 위해 작업기억 안에서 그 경험의 요소들을 극대화하고 통합하고 있다. 어떤 장면을 흑백이 아니라 천연색으로, 2D가 아니라 3D로 본다고 상상하라. 마음챙김 훈련을 하면 우리의 주의가 어떤 사건이 일어나고 있는 순간에 더 온전히 집중하게 된다. 그러면 우리의 일화적 기억도 더 온전해진다.

사진을 찍을 때마다 마음챙김 연습을 할 필요는 없다. 때로는 사진은 그냥 사진이라고 생각하라! 하지만 자칫하면 전자기기들 뒤에서 우리의 삶을 살고, 실제 기억은 만들지 않으면서 디지털 기억만 잔뜩 생성하게 된다. 그렇게 되지 않기 위해 반드시 시간을 많이 투입할 필요는 없다. 잠깐 시간을 내서 사건이나 주변 환경을 인식하고 온전히 경험하는 것만으로도 그 사건과 환경을 기억하는 능력이 크게 향상된다. 정말로 기억하고 싶은 것이 있을 때는 '줌 렌즈'를 당겨 확대해서 보라.

마지막으로, 우리가 경험하는 것과 배우는 것들을 잘 기억하고 싶다면 즉흥적인 생각의 자유로운 흐름을 허용해야 한다. 우리의 하루가 뭔가에 관여하는 일로만 채워진다면 우리는 앞에서 설명한 '공고화'라는 중요한 단계를 건너뛰고 있는 셈이다.

당신이 슈퍼마켓에서 카트를 끌고 계산대로 향한다고 하자.

이런! 계산대마다 긴 줄이 있다. 당신은 가장 짧은 줄에 서서 휴대전화를 꺼낸다. 업무와 관련된 이메일 한 통과 개인적인 이메일 한 통이 와 있다. 당신은 두 통의 이메일을 다 읽어보고 업무 관련 이메일에 답장을 쓰기 시작한다. 그때 알림이 울려서 클릭한다. 작성 중이던 이메일은 자동 저장되고, 당신은 휴대전화 화면을 움직여 트위터로 넘어간다. 트위터에서 당신이 아까 올린 글에 대해 같은 분야에 종사하는 어떤 사람이 답글을 썼다. 당신은 긍정적인 반응을 보이고 싶어서 하트와 리트윗을 누른 후에 화면을 아래로 내린다. 기후위기에 관한 기사가 눈길을 끈다. 당신은 그 기사를 클릭한다. 기사를 절반쯤 읽었는데 계산대 점원이 금액을 알려주면서 당신의 카트에 비닐봉지를 집어넣는다. 당신은 챙겨온 친환경 장바구니를 여전히 겨드랑이에 끼고 있다. 이런 경험을 해봤는가? 나는 많이 해봤다. 우리 모두 바쁘게 살아간다. 시간의 모든 주머니를 꽉꽉 채워 넣으려는 욕구는 참으로 강렬하다. 만약 내가 계산대 앞에 줄을 서 있는 동안 그 업무 이메일에 답장을 쓰지 않는다면 나중에 실험실에서 써야 하는데, 사실 그 시간은… 내가 다른 어떤 일을 할 수도 있는 시간이다.

시간을 이런 식으로 사용해야 하는 것처럼 보일 때가 종종 있다. 우리는 시간을 상품으로 생각한다. 시간에는 비용이 있고, 일반적으로 시간은 매우 귀중하다. 우리는 시간을 낭비하고 싶어 하지 않는다. 그래서 정신적 휴식 시간, 즉 우리가 주의력 섬광을 찾고, 붙잡고, 섬광이 지금 당장 시급한 과제에만 집중하도록 하는 일에서 의도적으로 멀어지는 시간을 귀중하게 여기지 않는다. 그러나 그것은 우리가 정신적 휴식 시간이 반드시 필요하다는 사실을 몰라서 그런 것이다. 혹시 샤워를 하다가 근사한 아이디어를 떠올린 적이 있는가? 그것은 당신이 쓰는 샴푸의 향이 영감을 불러일으켰기 때문이 아니다. 샤워하는 시간은 정신이 강제로 휴식하는 시간이기 때문이다. 샤워를 하는 동안에는 휴대전화나 노트북 컴퓨터나 책을 꺼낼 수 없다. 대신 우리는 특별히 주의를 끄는 것이 없는 작고 축축한 공간에 갇힌다. 샤워 시간은 창조와 생성의 시간이 될 수 있다. 그 시간에 우리는 새로운 연결을 만들거나, 아이디어를 떠올리거나, 몽상에 빠져들 수 있다. 실제로 몽상은 기억 형성과 학습의 공고화를 지원하는 매우 중요한 기능을 수행한다.

우리가 듣고 경험한 것을 곰곰이 생각하기 위해서는 백지 같은 공간이 필요하다. 리더 역할을 하는 사람들에게는 빈 공간이 도전으로 느껴질 수도 있지만 한편으로는 혁신적인 일을 해볼 기회일 수도 있다. 물론 마음챙김 훈련을 하면 기억 형성과 학습에 도움이 되지만, 우리에게는 둘 다 필요하다. 마음이 현재에 머무르는 것도 필요하지만, 그러고 나서는 마음이 어떤 과제 또는 요구에도 속박당하지 않고 자유롭게 돌아다닐 수 있는 공간을 가지는 것도 필요하다.[12]

그럼 샤워를 더 자주 하는 것이 답일까? 그렇다. 시간과 물을 더 사용할 여유가 있다면! 하지만 알다시피 우리는 즉흥적이고 자유로운 생각을 위해 하루 일과 속에서 아주 짧은, 아니 극소량의 시간을 만들어낼 수도 있다. 다음과 같은 방법을 써보라. 휴대전화를 주머니나 가방에 넣어둔다. 차 안에 휴대전화를 숨겨놓는 방법도 있다. 직장에서는 회의를 마치고 다음 회의실로 이동하는 동안 당신의 발이 땅에 닿는 것을 느껴보고, 당신의 마음속 생각들이 자유롭게 떠올랐다 사라지도록 내버려두라. 그렇게 마음이 속박당하지 않는 순간들이 가치 있다는 것을 스스로에게 상기시켜라. 매분 매초를 과제로 채우는 것보다 그게 훨씬 좋은 일이다.

불쾌한 기억을 다루는 도구

우리가 무엇에 주의를 기울이고 있는지 알아차리지 못할 때 우리는 기억도 하지 못한다. 그럴 때 우리는 주의를 현재의 순간으로 가져오지 않는다. 섬광의 위치를 조절하는 일을 잊어버린다. 작업기억에 적힌 내용을 오래 간직하지 못한다. 외부의 풍경 또는 내면의 생각들에 주의를 빼앗겨 산만해진다. 우리는 항상 뭔가에 관여하려고 한다.

주의력을 향상시키기 위해 마음챙김 훈련을 하면 우리가 기억하기를 원하는 순간에서 멀어질 때를 알아차리게 된다. 이제 우리에게는 선택지가 있고, 개입을 선택할 수도 있다. 눈에 잘 띄는 '끈끈한' 내용이 작업기억을 빙빙 돌고 있을 때를 알아차리고, 우리의 몸을 통해 현재의 순간으로 돌아올 수도 있다. 특히 우리가 트라우마처럼 유해하거나 불쾌한 기억들을 계속 떠올리는 매우 강력한 '불행의 고리'에 갇힐 때 선택과 개입은 중요해진다.

트라우마의 기억은 마치 금속판에 새겨 넣은 것처럼 견고하게 느껴지기도 한다.[13] 트라우마의 기억은 특별한 기억인가? 다른 중요한 질문들과 마찬가지로 이 질문을 두고도 활발한 논쟁이 벌어지고 있다. 지금까지 밝혀진 것은 트라우마가 다음과 같은 결과를 낳는다는 것이다.

트라우마는 불행한 사건을 다시 경험하게 만들고, 트라우마를 상기시키는 것을 피하게 하고, 경계 시스템을 과도하게 활성화한다. 시간이 흐르면 이런 증상은 약해지거나 사라진다. 하지만 증상이 약해지지 않고 고통을 계속 느끼는 경우 임상적으로 PTSD가 된다. 마음챙김을 활용한 임상 치료가 PTSD 환자들에게 도움이 된다는 증거가 점점 많아지고 있다.[14] 여기서 중요한 경고를 하나 하고 싶다. 환자가 자기 혼자 하는 마음챙김 훈련은 임상 치료를 대체하지 못한다. 트라우마 중에는 극도로 복잡한 유형도 있으며, PTSD 진단을 받을 정도로 증상이 심각한 사람들은 유능한 전문가에게 치료를 받아야 한다.

나는 임상의가 아니라 신경과학을 연구하는 사람이다. 따라서 나는 PTSD 환자를 치료하지 않는다. 하지만 세상에는 PTSD 진단을 받지 않았더라도 트라우마를 경험했거나 불쾌한 기억 또는 생각 때문에 집중력이 흐트러지고 일상생활에 지장을 받는다는 사람이 정말 많다. 내가 보기에 그런 불쾌한 생각이나 기억을 어느 정도 축적하지 않고 살아간다는 건 대단히 어려운 일이다. 그러므로 누구나 그런 불쾌한 생각이나 기억을 다루는 도구를 필요로 한다. 그 도구의 핵심은 우리의 화이트보드에 거듭 나타나는 불쾌한 내용에 언제, 어떻게 대처할지를 아는 것이다. 앞에서 우리는 마음속에 떠오르는 내용(생각, 감정, 감각)의 유형을 알아차리고, 그 내용에 집중하지 않고 그냥 흘려보내는 연습을 했다. 이 기술은 불쾌한 기억이 떠오를 때 확실히 도움이 된다. 그리고 앞으로 우리의 도구 상자에 추가할 훈련법이 한두 가지 더 있다.

어떤 내용들이 우리의 화이트보드에 더 '끈끈하게' 달라붙는 것은 '일반화' 때문인지도 모른다. 우리는 다른 사람의 행동과 의도에 관해 일반화("그녀는 절대 내 편을 들어주지 않아")를 하기도 하고, 우리 자신의 행동에 관해 일반화("나는 평생 뭔가를 이루지 못할 거야")를 하기도 한다. 예컨대 당신이 실수를 저지른 사건을 일반화하면 "나는 매번 이 일을 망친다. 내가 멍청이라서 그렇다!"가 된다. 당신의 화이트보드 한가운데를 차지하는 것은 그 사건 자체가 아니라 당신이 그 사건을 일반화한 내용이다. 그런 내용은 지나치게 단순화한 포장 덕분에 최소한의 노력만으로도 작업기억에 남아 있게 된다. 그런 내용들은 짧고 선명하지만 반드시 정확하지는 않다.

일반화는 우리가 기억해야 하는 정보를 효과적으로 압축해주기 때문에 우리에게 도움이 되기도 한다. 그러나 틀린 내용의 일반화는 우리에게 해로울 수도 있다. 그리고 복잡한 감정 상태를 처리할 때는 일반화의 내용이 틀리거나 전체 그림의 일부만을 보여주는 경우가 많다. 일반화는 우리가 장기기억에서 가져온 재료를 사용해서 시뮬레이션을 할 때 매우 중요한 과정이다. 우리는 날마다 깨어 있는 시간 내내 시뮬레이션을 한다.

우리의 마음은 성능이 우수한 가상현실 기계다. 아니, 세계 최고의 가상현실 기계라 할 수 있다. 우리의 마음은 우리의 기억과 지식을 가지고 온갖 세상을 창조할 수 있다. 그 세상에는 풍경과 소리, 나아가 우리가 경험한 감정과 우리가 상상한 감정들이 가득 담겨 있다. 우리는 항상 시뮬레이션을 한다. 그리고 우리에게는 시뮬레이션이 필요하다. 우리는 시뮬레이션을 통해 계획을 세우고 전략을 짜고 혁신을 한다. 시뮬레이션을 통해 미래를 상상하고 다양한 가능성을 찾아낸다. 우리는 지식과 경험을 통해 미래에 일어날 사건들을 예상하고 준비하며 성과를 높일 수 있다.

문제는 우리가 만들어내는 정교한 시뮬레이션들이 다른 모든 가상현실과 마찬가지로 필연적으로 우리 자신의 마음속에서 꺼내온 대단히 유동적인 이야기일 수밖에 없다는 것이다. 이 이야기들은 우리의 주의를 사로잡고 우리가 그곳에 계속 머물게 한다. 그렇다면 우리의 이야기가… 음, 틀린 것일 때는 무슨 일이 벌어질까?

7장

마음속 편견에
휩쓸리지 않고
중심 잡기

2004년 아프가니스탄. 당시 육군 대령이었던 월트 피아트의 부대
는 근처 산악지대에 대규모 탈레반 조직이 있다는 정보를 입수했
다. 부대가 몇 달 동안 추적하고 있던 바로 그 조직이었다. 그 장소
를 촬영한 사진도 있었는데, 그들이 생각했던 탈레반 주둔지의 모
습과 모든 사항이 일치했다. 그곳은 저항 세력의 근거지임이 확실
했다. 피아트는 이미 폭격 승인을 받아놓았고, 전투기도 배치되어
있었다. 모든 관계자들은 탈레반 상층부의 정보원으로부터 그곳이
탈레반 근거지가 맞는다는 첩보를 전달받았다. 이제 피아트는 폭
격 명령을 내리기만 하면 되는 상황이었다. 그의 명령이 떨어지는
순간 탈레반 근거지는 사라질 예정이었다. 하지만 피아트는 부대
원들을 데리고 산 위에 올라갔다. 산을 타고 계속 가면 그 근거지
에 도달할 수 있을 정도로 가까웠다. 그것은 힘든 등반이었다. 근
거지는 3350미터 높이에 있었고, 눈까지 내리기 시작했다. 그러나

피아트는 그 근거지를 가까이에서 자세히 살펴봐야 한다는 강렬한 느낌에 휩싸였다. 그래서 눈이 휘몰아치던 그 추운 날 아침, 그곳이 탈레반 근거지가 맞는지를 최종적으로 확인하기 위해 부대원들 일부가 더 위로 올라갔다.

부대원들이 산을 오르는 동안, 피아트는 지도부로부터 그에게 작전 승인 권한이 있다는 메시지를 계속 받고 있었다. 굳이 산에 오를 필요가 없다는 뜻이었다. 하지만 피아트는 기다렸다. 마침내 무선통신 장비가 켜지고, 선두에 있던 병사의 보고가 들어왔다. 부대원들은 그곳에 무척 가까이 있었기 때문에 선두의 병사가 확인한 모든 것을 그들도 직접 볼 수 있었다. 야영지. 여러 개의 텐트. 턱수염을 기른 젊은 남자가 야영지를 돌아다니고 있었는데 그는 보초인 것 같았다. 그때 다른 남자가 나타나서 그와 나란히 걷기 시작했다. 둘씩 짝을 지어 순찰을 도는 모양이었다.

"그래서 확인이 끝났지요. 작전 개시." 피아트가 회상했다. "야영지, 보초병 2명. 모두 우리가 전달받았던 정보와 일치했습니다."

피아트가 지상 폭격 명령을 내리려는 순간 무선통신 장비에서 병사의 목소리가 다시 흘러나왔다.

"잠깐, 잠깐만요." 병사가 말했다. "이 남자는 무기를 들고 있지 않습니다. 다시. 무기가 없습니다!"

얼음장 같은 침묵이 흘렀다.

"지금 아주 가까이 있습니다." 병사가 말했다. "바로 습격할 수도 있어요!"

병사들은 눈과 안개를 헤치고 달려 나가 두 남자를 바닥에 쓰러뜨렸다. 나머지 부대원들도 무기를 들고 앞으로 나왔다. 여러 개의 텐트에서 탈레반 전사들이 벌떼처럼 쏟아져 나올 것에 대비하기 위해서였다. 그런데 키 크고 풍채 좋은 한 여성이 텐트에서 뛰어나오더니 화를 내며 소리를 질러댔다. 병사들은 그녀의 말을 알아듣지 못했지만 핵심은 다음과 같았다. "우리 집 남자들을 괴롭히지 마!"

첩보가 틀렸던 것이다. "저항세력의 근거지"라고 보고된 곳은 알고 보니 베두인족이 겨울을 나기 위해 만든 야영지였다. 텐트마다 일가족이 살고 있었다. 그들은 수백 년 전부터 이 땅에서 가축을 키우며 생계를 유지했다. 탈레반과는 아무런 관계가 없었다.

이것은 이른바 확증 편향confirmation bias이 한 부족 전체를 몰살시킬 수도 있었던 상황이다. 확증 편향이란 자신의 기대에 어긋나는 정보는 무시하고 '보고 싶은 것만 보는' 현상이다. 확증 편향은 매우 흔하게 나타난다.[1] 명령을 받고 산 위로 올라갔던 병사들은 자신들이 탈레반 근거지를 보게 될 것이라고 예상했다. 그래서 처음에 그들은 탈레반 근거지를 '봤다.' 단 한 사람이 사물을 정확하게 본 덕분에 재앙을 피할 수 있었다.

월트 피아트는 세월이 흐르고 나서 그날의 일을 떠올렸다. 그는 자신의 기대를 신속하고 유연하게 내려놓고 눈앞에서 실제로 벌어지고 있는 일을 제대로 보는 것이야말로 귀중한 능력이라고 생각했다. 일반적인 군대 훈련으로는 그런 능력을 키울 수가 없었다. 그는 그 점이 큰 문제라고 생각했다. 그는 의문을 품었다. '주변의 모든 사람이 편향된 렌즈로 바라보고 있었는데 그 병사만이 상황을 정확히 파악할 수 있었던 이유가 무엇일까? 다른 병사들도 그런 능력을 획득하도록 훈련할 방법이 있을까?'

스토리의 힘

내가 군인들과 협력해서 연구를 하고 싶었던 이유 중 하나가 바로 이것이었다. 나는 군인들의 집중력 향상은 물론이고 분별력과 상황 자각situational awareness을 키우는 방법을 알아보고 싶었다. 상황 자각이란 주변에서 어떤 일이 벌어지는지를 항상 알고 있는 마음의 상태를 가리킨다. 경찰, 응급의료원 같은 직업을 가진 사람들에게 상황 자각은 매우 중요한 능력이다. 나는 이런 의문을 품고 있었다. 군인들이(또는 다른 사람들이) 마음챙김 훈련을 하면 그들이 편향된 사고에 빠지지 않고 상황을 더 정확하게 파악하고, 과민반응을 덜 하고, 적절한 비례적 반응을 하는 데 도움이 될까?

우리의 예상은 '그렇다'였다. 마음챙김 훈련은 주의력을 다르게 사용하는 방법을 알려주기 때문이었다. 마음챙김은 주의력을 현재의 순간에, 평가와 정교화와 과민반응이 없이 사용하도록 해준다. 다시 말하면 마음챙김은 '우리가 경험하고 있는 것에 관해 스토리를 만들어내지 않게' 해준다.

때때로 우리에게 어떤 스토리가 주어지면 우리는 그 스토리를 신속하게 받아들인다. 산 위에 탈레반 근거지가 있을 거라고 예상했던 군인들처럼. 때때로 우리는 정신적 시뮬레이션을 통해 스스로 어떤 스토리에 도달한다. 우리는 한 시간 뒤에 일어날 일, 내일 일어날 일, 다른 사람들이 생각하거나 느끼는 것들, 또는 다른 사람들의 숨은 동기에 관해 끊임없이 서사를 만들어낸다.[2] 우리는 선택과 행동의 경로를 눈앞에 그려본다. 사건들이 어떻게 펼쳐질지를 상상하면서 미래에 대비하려고 한다. 우리는 다양한 가능성을 탐색한다. '그녀가 x라고 말하면 나는 y라고 대답해야 하나? 아니면 z라고 대답해야 하나? 그 길이 막혀 있다면 어떤 우회로를 택해야 할까? 코로나 확진자 수가 아직 많은 데다 새로운 변이 바이러스들이 출현하고 있는데, 학교가 다시 문을 연다면 아이들을 보내야 할까?' 이런 질문에 대한 답을 시각화하기 위해 우리는 머릿속에 하나의 세상을 만든다. 그 세상에는 온갖 세부적인 감각, 등장인물, 줄거리가 있고 때로는 대화까지 있다. 우리는 우리가 창조한 그 세상에 반응하면서 여러 가지 감정을 느낀다. 그 세상은 우리를 슬프게 하고, 초조하게 하고, 흡족하게 만들기도 한다. 이런 감정들은 우리가 실제로 하려는 일에 관한 결정을 하는 데 도움이 된다.

우리는 사고, 의사결정, 행동의 기준이 되어주는 마음속 모델에 도달하기 위해 시뮬레이션이라는 방법을 사용한다.[3] 내가 '스토리'라고 말한 것이 바로 이것이다. 우리는 이 마음속 모델, 즉 '스토리'를 아주 빠르게, 끊임없이 만들어낸다. 우리는 시뮬레이션을 하고, 하나의 스토리에 도달하고, 그 스토리를 사용하고 나서 다음으로 넘어간다. 아니면 그 스토리를 갱신하거나 폐기하게 만드는 새로운 정보를 획득해서 다른 시뮬레이션을 할 수도 있다. 시뮬레이션의 재료는 무엇일까? 우리가 삶에서 경험했던 일화들에 관한 기억, 그 기억의 파편, 그리고 우리가 학습했거나 기억한 온갖 것이 재료로 사용된다. 이 재료에 우리의 생각하는 능력, 추론하는 능력, 예상하는 능력을 추가하면, 짠! 새롭게 시뮬레이션을 한 스토리가 등장한다.

시뮬레이션의 과정은 생생하고, 디테일이 풍부하며, 매혹적이다. 그리고 마음속의 모델이 살아 움직이려면 주의력과 작업기억이 요구된다. 그러나 시뮬레이션은 제한된 용량을 가진 주의력과 작업기억 시스템에 큰 부담이 된다. 스토리가 강한 힘을 발휘하는 이유 중 하나가 그것이다. 스토리는 마음속에 있는 어떤 상황, 문제, 계획을 틀 속에 집어넣고 유지하는 일종의 효율적인 '편법'이 될 수도 있다. 그리고 이 효율성 덕분에 인지 자원이 자유로워져서 다른 일을 할 수가 있다. 그러나('그러나'는 언제나 있다) 스토리는 정보 처리 과정에 제약을 가한다. 스토리는 우리의 주의를 사로잡아 한 묶음의 데이터에 갇혀 있게 만든다. 그러면 우리의 지각, 우리의 사고, 심지어는 우리의 결정에도 제약이 생긴다. 따라서 우리가 만들어낸 스토리가 틀린 것이라면 그 스토리를 따라 우리가 하는 행동과 결정도 그릇된 방향으로 나아갈 가능성이 있다. "그것은 스토리가 주의력과 상호작용하는 방식 때문이다."

앞부분에서 소개했던 그 유명한 춤추는 고릴라 실험을 기억하는가? 기억을 되살려보자. 농구 경기장에 두 팀이 있다. 한 팀은 검정색 티셔츠를 입고, 다른 한 팀은 흰색 티셔츠를 입고 있다. 실험 참가자들은 흰색 티셔츠를 입은 팀 선수들끼리 패스를 몇 번이나 하는지 세야 한다. '경기' 도중 고릴라로 분장한 사람이 경기장 한가운데로 들어와서 잠시 춤을 추다가 나간다. 그런데 패스 횟수를 세고 있던 사람들은 고릴라를 아예 보지 못했다. 그들은 흰색 티셔츠를 입은 선수들을 유심히 보라는 지시를 받았기 때문에 어두운 색 사물은 모두 배제했다(매우 적절하고 유능한 행동이었다)! 그 어두운 색 사물에는 고릴라도 포함된다.

나는 이 연구를 주의력의 놀라운 힘을 보여주는 사례로 소개했다. 그건 사실이다. 하지만 이 연구는 아주 나쁜 결과를 초래할 수도 있는 주의력의 취약점도 보여준다. 실험 참가자들은 단순하고 명확한 과제를 받았다. "검은색은 차단하고 흰색에 집중하라." 그러나 실생활에서는 무엇에 집중해야 하고 무엇을 차단해야 할지를 미리 알지 못하는 경우가 대부분이다. 그리고 실제 상황에서는 '고릴라를 놓칠 때' 훨씬 큰 것을 잃을 수도 있다.

훌륭한 스토리가 더 위험한 이유

'시뮬레이션 모드'일 때 마음이 하는 일은 우리를 이동시키는 것이다. 우리를 어딘가로 이동시켜서 우리가 다른 세계에 완전히 빠져들어 시간의 흐름을 잊게 만드는 것들을 생각해보라. 영화, 책, 비디오게임. 이런 매체들의 특징은 무엇인가? 이런 매체들은 탁월한 서사, 생생한 세부 사항, 풍부한 감정적 의미를 가지고 우리를 끌어당긴다. 그 결과 우리의 주의는 완전히 고정되어 꿈쩍도 하지 않는다. 훌륭한 스토리는 원래 그렇다. 훌륭한 스토리는 모든 것을 빨아들인다. 우리가 마음속에서 생성하는 시뮬레이션도 마찬가지다. 우리의 마음은 모든 것을 흡수하고 몰입시키는 강렬한 스토리를 창조하는 능력을 지니고 있다.

우리의 마음은 다재다능한 시뮬레이션 생성 장비다. 우리는 우리의 화이트보드에 '영화'를 상영하고, 과거의 경험을 재생하고, 미래의 일을 예측할 수 있다. 시뮬레이션은 우리에게 재상영relive과 사전 상영pre-live이라는 능력을 부여한다. 이것은 인간의 마음만이 가진 능력인 것 같다. 인간의 마음은 복수의 가능성과 시간표를 '예행연습'할 수 있고, 실제 행동에 돌입하기 전에 시나리오를 상상할 수 있다. 우리는 차를 몰고 5개의 길을 다 가보시 않아도 어디가 최적의 경로인지 알아낼 수 있다. 머릿속에서 시뮬레이션을 생성하고 교통 혼잡의 정도를 생각하면서(심지어는 주변 풍경도 떠올리면서) 하나의 경로를 골라 차를 운전해보면 된다. 과거의 경험과 지식을 바탕으로 미래를 세세한 부분까지 생생하게 그려내는 우리의 능력은 참으로 유용하고 강력하다. 이것은 뇌의 결함이 아니라 바람직한 특성이다. 당신도 그런 능력이 없이 살고 싶지는 않을 것이다.

시뮬레이션은 다음과 같은 일을 가능하게 만든다.

- 여러 가지 선택을 미리 연습해본다.
- 과거, 미래, 심지어는 다른 사람의 마음에 우리 자신을 투영한다.
- 현실을 반영하는 생생한 이미지들을 창조함으로써 의사결정을 돕는다.

마지막 항목을 보자. 지난 일주일 동안 당신은 그저 기분이 어떨지를 예상하기 위해 아직 일어나지 않은 일의 결과를 몇 번이나 상상했는가? 과거의(하지만 아직도 흔히 통용되는) 견해는 감정이란 골칫거리로, 논리적이고 합리적인 의사결정에 방해가 된다는 것이다. 사실 의사결정 과정에서 감정적 반응은 반드시 필요하다. 감정이 없다면 우리는 계속 허둥대고 있을 것이다. 감정은 뇌가 어떤 것(예컨대 어떤 사건 또는 선택)의 가치를 결정하는 기준이다.[4] B 대신 A를 선택한다면 당신은 화가 나겠는가, 행복하겠는가? 슬프거나 두렵겠는가? 당신은 시뮬레이션을 해보고 그때 떠오르는 감정을 토대로 결정을 한다.

2020년 미국 대통령 선거가 진행되는 동안 전국의 유권자들은 특정한 후보가 이기면 자신의 기분이 어떨지를 시뮬레이션하고 있었을 것이다. 개표가 늦어지고, 결과 예측이 여러 번 바뀌고, 소셜미디어가 나름의 견해를 밝히고, 소송이 제기되는 동안에도 유권자들의 시뮬레이션은 계속되었다. 시뮬레이션은 의사결정에 이르는 과정에서 중요한 역할을 할 뿐 아니라 특정한 결과를 받아들일 마음의 준비를 하는 데도 도움이 된다.

우리의 뇌는 이 세상에서 가장 우수하고 가장 튼튼한 '가상현실' 기계일 것이다. 우리는 갖가지 세상을 창조할 수 있다. 우리는 시간과 지리의 제약을 뛰어넘어 다른 사람의 마음속에 우리 자신을 투사할 수 있다. 이것은 우리가 인간으로서 능숙하게 해낼 수 있는 모든 일에 요구되는 능력이다. 상상하기, 전략과 계획 세우기, 의사결정하기, 문제 해결, 혁신과 창조와 연결.

문제가 있다면? 가상현실 능력은 양날의 칼과 같다는 것이다. 우리의 시뮬레이션이 지나치게 훌륭해도 문제가 된다.

시뮬레이션을 통해 우리의 최종적인 결정, 계획, 행동을 알아내려면 마치 직접 그곳에 가 있는 것과 같은 느낌을 받아야 한다. 이런 목적을 달성하기 위해 우리의 뇌는 지각, 개념화, 정교화, 서사의 능력을 동원해 최대한 생생하고 자세하고 현실적인 세계를 만들어낸다. 그런데 우리 마음속 풍경의 '생생함'은 외부 풍경의 '현저함'과 동일하다. 마음속에서 쾅쾅 울리는 소리를 생각해보라. 그 소리가 우리의 주의를 끌고 붙잡아둔다. 우리의 섬광은 자동으로 그걸 낚아챈다.

'지각의 탈동조화' 현상을 기억하는가? 앞에서 마음의 방황을 설명하면서 지각의 탈동조화라는 개념을 소개했다. 우리의 마음이 방황할 때 우리는 실제 주변 환경에서 '풀려나게' 된다. 우리가 시뮬레이션을 가동할 때 정확히 이런 일이 벌어진다. 시뮬레이션은 눈에 잘 띄고 시끄럽지만 다른 모든 것은 조용하고 희미해진다. 뇌에 입력되는 감각 정보는 조잡해지고 일관성이 없어진다. 우리가 스트레스, 나쁜 기분, 위협, 피로에 대처하고 있을 때 지각의 탈동조화는 더 심해진다. 우리가 시뮬레이션에 몰두하고 있을 때(즉 "깊은 생각에 잠겨 있을 때") 누군가가 우리 이름을 불러도 그 소리를 듣지 못한다. 심지어는 촉각도 둔해진다.

시뮬레이션은 효과가 아주 좋다. 그래서 우리는 시뮬레이션에 몰두하고, 녹아들고, 설득을 당한다. 광고 효과에 관한 연구에 따르면 생생함은 사람들의 주의를 사로잡고 구매 욕구를 불러일으키는 요인이다.[5] 시뮬레이션을 할 때 우리는 설득력 있는 내용을 직접 만든다. 실제로 그런 시뮬레이션은 설득력이 강해서 우리의 몸이 반응을 하기도 한다. 케이크 사진을 보여주면 침이 고인다. 흡연자는 담배 사진을 보고 강한 흡연 욕구를 느낀다. 스트레스가 되는 기억 또는 시뮬레이션이 있을 때 우리 몸은 스트레스 호르몬인 코르티솔을 분비한다. 우리의 몸과 마음은 우리가 시뮬레이션 속의 사건을 진짜로 경험하고 있다고 믿기 시작한다.

우리는 항상 시뮬레이션을 한다.

시뮬레이션은 항상 돌아간다

지금까지 나는 시뮬레이션이 우리가 적극적인 의사결정과 계획을 위해 의식적으로 하는 행위인 것처럼 이야기했다. 하지만 사실 우리는 항상 시뮬레이션을 하고 있다.

마음이 방황하는 시간이 전체의 50퍼센트라는 것을 기억하는가? 앞에서 설명한 대로 우리의 마음이 방황할 때는 디폴트 모드 네트워크가 활성화된다. 디폴트 모드는 시뮬레이션에 광범위하게 관여한다. 주의력과 작업기억은 내면을 향하고, 우리는 현실을 여러 가지로 변형해 시뮬레이션을 시작한다. 우리 자신을 과거나 미래, 또는 다른 사람들의 생각과 삶에 투영한다. 마음이 방황하는 시간의 대부분은 시뮬레이션을 하는 시간이다.

나는 최근에 영화배우 짐 캐리가 했다는 말을 듣고 깜짝 놀랐다. "우리의 눈은 사물을 보는 장치일 뿐 아니라, 우리 눈앞에 보이는 그림 위로 항상 두 번째 이야기를 상영하는 영사기와 같다."[6]

짐 캐리가 신경과학 강의를 들은 적이 있는지는 모르겠지만, 내가 꼭 하고 싶은 말이었다. 그의 말은 아주 정확하다. 그리고 바로 그게 문제다. 우리가 능동적으로 시뮬레이션을 하겠다는 선택을 하지 않았을 때도 시뮬레이션은 진행된다. 시뮬레이션은 우리의 정보 처리에 혼란을 조장하고 제약을 가하며, 우리의 행복감을 떨어뜨리고, 우리의 판단을 흐리게 하고 의사결정을 방해한다.

이처럼 우리가 끊임없이 하는(대개는 저절로 하게 되는) 시뮬레이션은 다음과 같은 경우에 신속하게 문제로 비화한다.

1. **'크립토나이트'를 시뮬레이션하고 있을 때.** 슬프고 부정적이고 위협적이거나 스트레스를 유발하는 시나리오(기억이든 상상이든 간에)로 우리 자신을 이동시킨다면 그 시뮬레이션은 우리의 주의력과 작업기억에서 상당한 용량을 잡아먹는다. 그래서 우리는 실수를 하게 되고 기분이 나빠진다. 반복적 부적응 사고maladaptive repetitive thought[7]라 불리는 이런 종류의 시뮬레이션은 '초진단적 취약성 transdiagnostic vulnerability'으로 간주된다. 다시 말하면 이런 시뮬레이션은 우울증, 불안 장애, PTSD(외상 후 스트레스 장애)와 같은 중증 정신장애의 징표가 된다.

2. **시뮬레이션 때문에 우리의 장기 목표 또는 시민의식과 일치하지 않는 결정을 하게 될 때.** 우리는 식습관을 바꾸기로 다짐해놓고도 그 케이크 한 조각을 먹는다. 우리는 금연을 절실히 원하면서도 그 담배를 피운다. 우리는 사정을 잘 알지 못하면서도 누군가를 헐뜯고 비난하는 문자 메시지를 보낸다. 우리는 전 세계적으로 전염병이 유행하는 기간에 휴지를 사재기하고 새치기를 한다. 이 모든 일은 우리의 마음속 시뮬레이션이 우리에게 행동을 강요한 결과일 수도 있다.

3. **시뮬레이션이 잘못된 마음속 모델로 우리를 인도할 때.** 우리의 행동 경로가 왜곡된다. 기억하라. 시뮬레이션은 지각에 제약을 가한다. 시뮬레이션과 일치하지 않는 정보는 희미해진다. 우리가 상상하는 시나리오와 일치하지 않는 것은 보고, 듣고, 느끼기 어렵게 만든다. 따라서 우리의 시뮬레이션이 틀릴 때는 우리의 생각, 결정, 행동도 틀린 것이 된다.

내 마음속 모델의 성차별주의

얼마 전에 우리 가족은 어머니의 생일 파티에 참석했다. 성대한 잔치가 열리던 날, 어머니의 집은 가족의 오랜 친구들로 붐볐다. 친구분들은 대부분 60대와 70대의 인도인 여성과 남성이었다. 파티가 진행되는 동안 나는 언니와 분주하게 돌아다니며 접시를 교체하고 음료를 대접했다. 케이크를 내놓아야 할 때가 되자 나는 정신이 하나도 없었다. 내 딸은 어디로 갔는지 보이지 않았고, 언니는 케이크를 잘라 접시에 담느라 바빴다. 나는 양손에 접시를 들고 미친 듯이 왔다 갔다 하면서 손님들에게 케이크를 나눠주었다. 마침내 내 팔에 누군가의 손이 닿았다. 남편 마이클이 아들, 조카와 함께 서 있었다.

"우리가 도와줘도 될까?" 내가 도움을 청하지 않은 것이 의아하다는 얼굴로 마이클이 물었다.

나는 화들짝 놀랐다. 그제야 내가 어리석었다는 것을 깨달았다. '도와줄 사람들이 있었잖아!' 그들은 계속 같은 자리에 앉아 있었다. 바로 내 앞에. 나는 그들에게 각자 접시를 몇 개씩 가져오라고 부탁했고, 불과 몇 분 만에 방 안의 모든 사람이 케이크를 받았다.

'왜 남편과 아들에게 부탁할 생각을 안 했을까?' 나중에 곰곰이 생각해봤다. 그때 내가 방 안의 남자들을 나를 도와줄 사람으로 보지 못했던 것이 마음에 걸렸다. 나는 왜 딸과 언니만 '음식 나르는 사람'이라고 생각했을까? '인도 가정에서는 남자들이 음식을 나르지 않으니까!'

나는 내 마음속 모델의 성차별주의에 충격을 받았다. 하지만 그때 나의 주의가 순전히 성별을 기준으로 편향되어 있었다는 사실은 부정할 수 없다. 나의 섬광은 나를 도와줄 수 있는 여성들만을 찾고 있었다. 남자들은 나의 시야에서 지워진 것과 같았다. 그때 내가 했던 행동도 편향된 것이었다. 시야에 들어오는 여성이 없었기 때문에 나 혼자 케이크를 다 날라야 한다고만 생각했다. 마이클의 부드러운 질문을 듣고서야 나는 나 자신의 스토리에서 빠져나올 수 있었다. 눈가리개를 치우고 나니 나의 주의가 넓어졌고, 그때서야 상황을 헤쳐나갈 다른 방법이 있다는 것이 보였다.

과학계에 종사하는 여성으로서 나는 일상적이고 항시적으로 나타나는 은근한 편향들을 매일같이 민감하게 느낀다. 나를 '선생님sir'(남자에게 붙이는 호칭 – 옮긴이)으로 부르는 이메일을 받거나, 연구실에서 전화를 받았는데 상대가 "자 박사님과 통화하고 싶은데, 박사님은 언제쯤 오시나요?"라고 묻는 일은 드물지 않다. 나의 나이 든 친척들이 병원에 가서 '여자 의사'에게 진료를 받았다고 말하는 소리가 지금도 귓가에 울린다.

나 자신의 편향에 관해 생각하자니 이렇게 소리치고 싶어진다. "나는 성차별주의자가 아니라고요!" 하지만 진실은 이렇다. 우리의 마음속 모델들은 우리의 기억과 지식에 의존해서 정보를 입력한다. 따라서 세상에 성차별이 존재한다면 세상을 살면서 내가 했던 경험 속에도 성차별은 존재한다. 즉 나의 뇌 안에 저장된 경험에 관한 기억의 흔적들 속에도 성차별은 존재한다. 이 점을 받아들이면 편리하게도 나의 책임은 면제된다. 나 자신의 마음속 모델에서 성차별주의의 영향이 나타나는지를 앞으로 잘 살필 수도 있다. 성차별주의의 영향을 발견하면 내가 개입할 수도 있다. 그것이 나의 주의력과 나의 행동에 편향을 일으킨다는 사실을 알기 때문이다. 나는 더 나은 정보를 입력해서 새로운 모델을 만들 수도 있다.

그러나 우리를 인도하는 마음속 모델을 자각하지 못한다면 우리는 그 모델에서 벗어날 수 없다. 그럴 때 우리가 하는 결정과 행동은 우리의 모델 안에서는 타당한 것이겠지만 현실에서는 부적절할 수도 있으며, 다른 사람들에게는 물론이고 우리 자신에게도 좋지 않은 결과를 가져올 가능성이 있다. 편향과 주의에 관한 과학적 연구는 경찰과 구급대원들, 외과의사, 교사, 변호사와 판사들의 훈련… 아니 우리 모두의 훈련에 뚜렷한 함의를 지닌다. 우리는 모두 세상의 어떤 영역에 영향력을 행사한다. 그리고 우리 모두의 마음속 깊은 곳에는 일정한 편향들이 있고, 그 편향들은 우리의 마음속 모델을 지배할 수도 있다. 그래서 우리는 우리 각자가 간직하고 있는 마음속 모델에 관해 더 잘 인식해야 한다.

잘못된 마음속 모델은 우리에게 다양한 피해를 입힐 수 있다. 편향은 큰 문제다. 우리가 어떤 결과를 시뮬레이션하고 그것을 포기하지 못할 때마다 편향이 우리를 힘들게 할 수도 있다. 만약 당신이 어떤 사람과 논쟁을 벌일 것을 예상하고 대화를 시작한다면 그 마음속 모델은 당신으로 하여금 상호작용의 여러 측면들 중에 그 스토리를 뒷받침하는 측면에만 선택적으로 집중하고 더 나은 방향으로 이끌어주는 다른 정보들은 희미하게 만들지도 모른다.

마음속 모델은 우리 자신의 지식과 경험의 파편들과 그 순간에 관찰한 것들로 만들어지므로, 마음속 모델에는 한계가 있고 그 한계는 우리에게 도움이 되기보다 우리를 제약한다. 과거에 일어난 일을 토대로 예측을 하는 능력은 계획을 세우고 준비를 할 수 있게 해준다. 하지만 세상일은 반드시 과거에 일어났던 것과 똑같이 전개되지도 않고 우리가 습득한 정보를 바탕으로 예측한 대로 전개되지도 않는다. 아프가니스탄에서 잘못된 첩보를 입수하고 산에 올랐던 군인들도 그랬다. 그날 흙먼지가 가라앉은 뒤(현실적인 표현인 동시에 비유적인 표현이다) 월트 피아트는 베두인족 지도자의 초대로 텐트에 들어가서 그들이 따라주는 뜨거운 차를 노인들과 함께 마셨다. 군 통역관은 베두인족 방언을 몰랐지만 원초적인 방식으로 소통할 수 있었다. 피아트는 차를 마시면서 어둑한 천막 안의 사람들을 하나하나 쳐다봤다. 그의 부대원 하나가 "스토리를 내려놓고" 그 스토리와 상충하는 정보를 받아들이지 못했다면 그 사람들은 목숨을 잃었을 것이다. 여기서 스토리와 상충하는 정보는 '그 남자는 무기를 들고 있지 않다'였다. 그들이 잘못 알고 그 야영지를 날려버렸다면 자신들이 실수했다는 사실도 영영 몰랐을 수 있다. 그들은 탈레반 근거지를 폭격하는 데 성공했다는 스토리를 믿으며 계속 전진했을 것이다.

우리의 장기기억 또는 주변 환경에서 얻는 미묘하고 부정확하고 불완전한 내용들이 우리의 시뮬레이션에 재료로 공급되는 일이 종종 있다. 그리고 현재까지의 뇌과학 지식에 따르면 우리는 그 점을 거의 또는 아예 자각하지 못한다.[8] 그 내용들은 우리가 생성하는 스토리 속의 시뮬레이션을 떠받치는 뼈대가 된다. 그렇다면 우리는 무엇을 할 수 있을까? 우리의 놀라운 가상현실 능력을 어떻게 활용해야 우리가 제약당하고 위축되지 않으면서 상상하고, 계획하고, 전략을 세울 수 있을까?

스토리를 내려놓으려면 어떻게 해야 할까?

마음의 편향을 없애라

앞에서 섬광을 찾는 연습을 해봤다. 우리 뇌의 주의력 정향 시스템이 그 '광선'을 어디로 향하게 하고 있는지를 알아내서 우리가 원하는 곳으로 광선을 옮기는 연습이었다. 우리는 자신의 화이트보드를 관찰하고 무엇이 작업기억을 차지하고 있는지를 알아차리는 연습을 했다. 그 내용에 꼬리표를 붙이는 연습도 했다. 마음속에 있는 내용들을 '분류'하는 작업을 하면 그 내용들 속에서 길을 잃지 않는다.

지금까지 연습한 기술들만 가지고 있어도 우리는 이미 '스토리를 내려놓을' 준비를 갖춘 셈이다. 그리고 우리가 마음챙김 상태에서 집중을 유지하면, 즉 개념을 정교화하지 않고 현재의 순간에 머무르면 상황 자각이 향상된다. 상황 자각이란 어떤 상황에서나 무슨 일이 벌어지고 있는지를 관찰하고 명료하게 파악하는 능력이다. 우리가 보거나 느끼거나 생각하는 것을 정교화하지 않고, 생각과 감정을 분석하거나 거기에서 뭔가를 추론하지 않는 것이다. 현재 순간에 벌어지고 있는 일을 미래로 끌어들이거나, 앞으로 어떻게 될지를 상상한다거나, 과거에 경험했던 유사한 상황을 다시 떠올리고 현실이 그렇게 전개되리라고 예상하지 않는 것이다. 마음챙김 상태일 때 우리는 예측을 하거나 전략을 짜거나 분석하려고 애쓰지 않는다. 그저 마음챙김을 하면서 관찰한다.

그럴 때 우리는 시뮬레이션을 하지 않는다.

알다시피 세상에는 마음챙김을 다룬 책, 앱, 프로그램과 워크숍이 많이 있다. 이런 프로그램들은 '마음챙김 상태'의 특징을 구체적으로 설명하는데, 그 특징에는 대부분 '~하지 않는다'가 붙는다. 정교화하지 않는다. 비판하지 않는다. 서사를 만들지 않는다. 오래전부터 나는 이 특징들이 어떻게 서로 연관되는지 궁금했다. 생생하고 풍부한 시뮬레이션을 하는 데 무엇이 필요한지를 알고 나니 마음챙김의 특징들에 관해서도 이해할 수 있었다. 시뮬레이션 상태는 디폴트 모드의 활동을 요구한다. 반면 마음챙김은 디폴트 모드의 활동을 감소시킨다. 간단히 말하자면 마음챙김은 끊임없는 시뮬레이션의 '해독제'가 된다.

다음 표를 보면 이런 의문이 들지도 모른다. '내가 왜 왼쪽 칸에 들어가려고 노력해야 하지? 오른쪽 칸이 훨씬 재미있어 보이는데!'

나의 대답은 이렇다. 우리가 '영원한 현재'에 머무르는 삶을 살아야 한다는 것은 아니다. 나는 그런 것을 주장하지 않는다. 하지만 훨씬 우세한 힘을 가진 시뮬레이션 상태에서 마음챙김 상태로 전환할 수 있도록 마음을 훈련시키는 일은 우리에게 반드시 필요한 안전망이다. 우리의 마음은 오른쪽 칸에 나열된 모든 일을 지나치게 많이 하기 때문이다.

우리 자신의 마음에 개입하지 않으면 우리는 거의 항상 시뮬레이션 모드로만 삶을 살게 된다. 우리는 자동으로 시뮬레이션에 의지한다. 우리는 별다른 노력을 하지 않아도 끊임없이 시뮬레이션을 하며, 대개는 자신도 모르게 시뮬레이션을 한다. 시뮬레이션을 하지 않고, 정교화를 하지 않고, 내용을 생성하지 않는 것은 정말 어려운 일이다. 그래서 우리는 훈련을 통해 그런 능력을 키워야 한다. 우리는 시뮬레이션 모드에서 마음챙김 모드로 전환할 줄 알아야 한다. 그래서 우리가 만들어낸 가상현실이 아니라 실제로 우

마음챙김 모드 vs 시뮬레이션 모드

마음챙김은…	시뮬레이션은…
현재에 집중(지금 이 순간)	과거와 미래에 집중(마음의 시간 여행)
직접 경험(상상이 아님)	상상, 기억, 가정 또는 다른 사람의 경험에 투사
실체 있음, 감각적	개념적
호기심은 있고 기대는 없음	계획, 기대, 예상이 있음
정교화를 하지 않음(관련을 짓거나 '하이퍼링크'를 생성하지 않음)	정교화, 연관화, 풍부한 개념
비서사적(스토리 없음)	서사적(강렬한 스토리)
비판과 평가를 하지 않음(선과 악을 판단하거나 꼬리표를 붙이지 않음)	감정적 평가(긍정 또는 부정, 보람 있음 또는 보람 없음)
감정적 반응이 없음(또는 약함)	강한 감정적 반응(몰입)

리 주변에 있는 것에 눈을 떠야 한다. 우리가 사는 세상이 예측 불가능해질수록 이런 능력은 필수적인 것이 된다. 최근 몇 년 동안 우리는 팬데믹에서부터 정치적인 문제에 이르기까지 유례없는 난관에 직면했으며 우리의 미래는 더욱 불확실해졌다. 시뮬레이션 모드로는 이런 시대를 헤쳐 나갈 수가 없다. 회복력 있는 유능한 사람이 되기 위해, 주의력과 인지능력을 보존하기 위해 우리는 마음챙김 상태로 들어갈 수 있어야 한다.

앞의 표는 각기 다른 두 가지 마음속 모델을 나타낸다. 두 모델 다 나름대로 효용이 있다. 차이점은 우리가 시뮬레이션 상태일 때보다 마음챙김 상태일 때 도달하는 마음속 모델이 편향되지 않을 확률이 훨씬 높다는 것이다.

하지만 우리의 궁극적인 목표는 둘 중 하나의 상태에만 의존하지 않는 것이다. 둘 다 가치 있는 모델이다. 우리는 두 가지 상태 모두에서 중요한 정보를 수집한다. 우리의 목표는 필요할 때 마음챙김 상태로 전환하는 능력을 기르는 것이다. 우리는 스위치를 껐다 켰다 할 줄 알아야 한다. 우리가 처한 상황을 가장 정확히 묘사하는 마음속 모델을 만들기 위해 적어도 몇 분 동안은 스토리를 내려놓을 줄 알아야 한다. 만약 우리가 스스로를 훈련시켜 더 빠르고 효과적으로 마음챙김 상태로 이동하는 법을 익힌다면, 시뮬레이션 모드에서 잠깐 빠져나와서 우리가 선택할 수 있는 가능성들 중에 어느 것이 최선인가에 대해 더 나은 판단을 하고 다시 시뮬레이션 상태에 들어갈 수도 있다. 여기서는 앞에서 연습한 기술들을 활용하는 방법에 관한 '최고의 마음 속성 훈련법'을 알려주려고 한다. 그리고 새로운 기술 한 가지도 추가로 알려주겠다.

1. 우리는 언제나 스토리를 만든다는 사실을 인지하라. 어떤 상황에서든 당신은 어떤 예측에 도달할 것이다. 스토리, 계획, 틀, 마음속 모델. 첫 번째 단계는 그것을 인식하고 알아차리는 것이다. 자신에게 "이것에 관해 나는 어떤 스토리를 가지고 있는가?"라고 묻는 습관을 가져야 한다.

2. '생방송 상태'를 유지하라. 당신은 현재에 머무르는 방법을 이미

알고 있다. 지금쯤 프로가 되어 있어야 마땅하다! 농담이고, 사실은 연습이 많이 필요하다. 요점은 당신이 연습 중인 기술들이 여기서도 도움이 된다는 것이다. 생방송 상태를 유지하면서 마음이 예측 경험 또는 재경험 상태로 달아나지 못하게 잡아당길 수 있다면, 당신은 필요할 때 신속하게 스토리를 내려놓고 방향을 전환할 수 있다. 현재 상황이 과거에 경험한 어떤 상황과 80퍼센트 겹친다고 해도, 그것은 20퍼센트의 새로운 정보를 간과할 이유가 못 된다.

3. '생각은 사실이 아니다!'라는 점을 상기하라. 우리가 마음속의 스토리를 따라갈 때 그 스토리는 사실상 마음에 '새겨지게' 된다. 생각을 반추하거나 '생각의 고리'에 빠질 때도 같은 일이 일어난다. 그럴 때 우리는 스토리를 구체화한다. 대부분의 상황에서 당신이 하고 있는 모든 생각, 예측, 시뮬레이션은 수많은 가능성 중 하나일 뿐이라는 점을 고려하라. 생각, 예측, 시뮬레이션은 고정된 사실이 아니다. 생각과 사실을 분리하려면 당신 자신과 현재 당신의 마음속에 들어 있는 내용 사이에 일정한 거리를 두어야 한다.

탈중심화

마음챙김과 심리학에서는 시뮬레이션과 마음속 모델에서 빠져나오는 일을 '탈중심화decentering'라고 부른다.[9] 탈중심화는 경험상의 '나'가 중심에 위치하지 않는 관점을 취하는 것이다. 중심을 벗어난 관점을 취하면 우리의 시뮬레이션이 현실을 얼마나 정확히 반영하는지를 판단하기가 더 쉽다. 시뮬레이션은 어디까지나 추측이며 다양한 마음속 모델 중 하나일 뿐이다. 우리가 경직된 사고에서 벗어날 수 있다면, 어떤 스토리에 갇혀 있는 대신 우리에게 이롭지 않은 스토리를 가려내서 그것을 신속하고 유연하게 내려놓을 수 있다.

코로나 위기가 시작된 2020년 봄, 우리는 팬데믹 기간에 특히 위태로워진 집단인 노년층에게 마음챙김 훈련을 제공하는 연구를 진행했다.[10] 구체적으로 말하자면 노년기의 성인들이 공포, 스트레스, 고독에 대처하는 데 도움을 주기 위해 맞춤 설계된 훈련을 제공했다. 연구를 시작할 때 우리의 목표는 사람들이 팬데믹에 관한 자신의 생각과 걱정이 파괴적이라고 인지하는지, 만약 그렇다면 어느 정도 파괴적이라고 인지하는지를 알아보는 것이었다.

이 질문에 답하기 위해 우리는 이른바 '코로나 침해 척도'를 사용했다. 우리는 실험에 참가한 60~85세 성인 52명에게 코로나에 대해 얼마나 자주 생각하며, 그 생각들이 얼마나 불쾌한가를 물었다. "갑자기 그런 생각이 떠오릅니까?" "원하지 않는데도 그런 생각이 납니까?" 또 우리는 그들의 기분, 스트레스 정도, 탈중심화 능력에 관한 질문을 던졌다. 다시 말해서 그들이 생각과 감정을 자기 자신과 분리해서 바라볼 수 있는지 여부를 조사했다. 그들은 원치 않는 생각 또는 침해적 생각으로부터 자연스럽게, 자동적으로 거리를 두는가? 아니면 그런 생각과 일체화(결합)되어 있는가? 그들은 불쾌한 감정과 '마주앉아' 그 감정이 지나가기를 기다릴 줄 아는가, 아니면 반주의 고리에 휩쓸려 들어가는가?

우리는 탈중심화 점수가 높은 사람들이 불쾌한 생각을 적게 하고, 기분이 더 좋고, 잠을 더 깊이 자고, 외로움을 덜 느끼고, 행복지수가 높다는 결과를 얻었다. 자기 자신을 마음속의 내용으로부터 떨어뜨려놓고, 외부 사건과 내면의 스토리에 대한 자신의 반응을 나타났다 사라지는 마음속 내용으로 바라보는 능력은 모든 측면에서 그들에게 유익했다.

우리는 실험 참가자들에게서 이 데이터를 수집할 때 어떤 지시도 하지 않았다. 그들에게 마음챙김 강좌에 참가하라는 지시도 하지 않았다. 우리는 단지 그들이 실험실 문으로 들어올 때 가지고 있던 마음의 경향을 평가했다. 하지만 참가자들에게 탈중심화를 하는 방법에 관해 구체적인 지침을 제공했던 다른 연구들도 똑같은, 아니 그 이상의 유익한 결과를 얻었다.[11]

어떤 연구자들은 참가자들에게 과거의 부정적인 기억들을 소환하라고 요청했다.[12] 그 부정적인 기억은 그들이 생생하게 기억하는 개인적인 사건에 관한 것이어야 했다. 연구자들은 모든 기억에 단서가 되는 단어를 하나씩 할당했다(만약 부정적인 기억이 학창 시절에 괴롭힘을 당한 일과 관련이 있다면 단서 단어는 '괴롭힘'이다). 그러고 나서 참가자들에게 한 쌍의 단어를 보여주면서 fMRI로 그들의 뇌 활동을 관찰했다. 두 단어 중 하나는 기억 신호 단어(괴롭힘)였고, 다른 하나는 그들이 그 기억에 대해 어떤 입장을 취할 것인가를 지시하는 단어였다. 두 번째 단어는 다음 중 하나였다.

1. 재경험 기억에 빠져들어 그 사건을 시뮬레이션한다. 마치 두 눈으로 보고 있는 것처럼 그 사건을 재생하면서 그때의 생각과 감정을 되새긴다.

2. 분석 그 사건을 떠올리면서 그때 당신이 그런 감정을 느꼈던 이

유가 무엇인지를 곰곰이 생각해본다.

3. 탈중심화 어느 정도 거리를 두고 관찰자의 입장에서 바라본다. 기억이 펼쳐지는 모습을 '관객'의 관점에서 지켜본다. 그 기억과 결부된 모든 감정을 받아들이고, 감정들이 나타났다가 사라지도록 놓아둔다.

단어 한 쌍을 보여줄 때마다 참가자들은 자신이 느끼는 부정적인 기분의 강도를 1(부정적인 감정이 전혀 없다)부터 5(매우 부정적이다)까지의 점수로 매겼다. 예상대로 그들은 '재경험'을 하라는 지시를 받았을 때 부정적인 감정을 가장 많이 느꼈다. 두 번째로 부정적인 감정을 느끼게 만든 단어는 '분석'이었고, '탈중심화' 지시를 받았을 때 부정적 감정을 가장 적게 느꼈다. 탈중심화는 기분을 보호하는 데 가장 효과적인 방법이었다. 흥미롭게도 참가자들의 평가는 fMRI 촬영 결과와도 일치했다. 특히 '디폴트 모드에서 뇌의 활동량'과 정확히 일치했다.

이 연구는 탈중심화가 디폴트 모드 네트워크의 활동을 감소시킨다는 것을 입증했다. 디폴트 모드 네트워크는 주로 마음의 방황과 시뮬레이션에 관여한다. 그리고 이 연구는 우리가 과거의 기억에 접근하는 방식이 기분에 큰 영향을 미친다는 것을 밝혀냈다. 뇌 영상을 분석한 결과, 사람들이 탈중심화를 하는 동안 디폴트 모드 네트워크의 활동과 부정적인 기분이 적었던 이유는 그들이 시간을 되돌려 부정적 기억 속으로 자신을 이동시키지 않기 때문이다. 즉 '그들은 시뮬레이션을 하지 않았다.'

나는 마음챙김이라는 주제로 이야기를 하면서 왜 '스트레스 완화'를 강조하지 않느냐는 질문을 종종 받는다. 그러면 나의 대답은? 나는 원래 주의력을 연구하는 사람이고, 주의력 향상에 효과적인 인지 훈련 도구를 찾다가 마음챙김을 연구 대상에 포함시키게 된 것이라고 말한다. 우리가 찾는 실험 대상자는 처음부터 스트레스를 줄이려고 마음챙김 훈련을 했던 사람들이 아니다. 그들의 목표는 스트레스 완화가 아니다. 그들의 목표는 우리의 목표와 마찬가지로 주의력을 향상시켜 주의력이 필요한 업무를 잘 수행하는 것이다. 좋은 소식은 마음챙김 훈련이 두 가지 효과를 모두 발휘한다는 것이다. 마음챙김 수련은 스트레스를 완화하며 주의력을 향상시킨다. 그리고 이 두 가지 효과를 다 누리기 위해서는 탈중심화를 통해 시뮬레이션의 견인력을 약화시켜야 한다.

마음챙김 훈련법 중에는 '자발적으로 주의 기울이기, 마음의 방황 알아차리기, 필요할 때 주의의 방향 바꾸기'를 강조하는 방법(예컨대 '섬광 찾기' 연습)이 있는가 하면, 탈중심화 기술에 초점을 맞추는 방법도 있다(이런 연습법은 나중에 소개할 것이다). 주의력 섬광에 대한 통제력을 키우고 그 섬광이 어디로 향하는지를 자각하게 되면, 우리는 마음의 방황을 더 자주 알아차리고 다시 주의를 집중할 수 있다. 그리고 탈중심화를 잘하게 되면 마음의 방황 일화들이 우리를 움켜쥐고 있는 손을 느슨하게 만들 수 있다. 특히 우리는 강력하고 감정이 충만하며 부정적인 생각과 걱정을 포함하는 시뮬레이션으로 채워지는 일화들을 약화시킬 필요가 있다. 이런 일화들은 우리를 단순히 붙잡는 것이 아니라 갈고리로 낚아챈다. 이런 일화들은 우리의 주의를 사로잡고 주의가 그곳에서 빙빙 돌게 만든다(반추).

탈중심화가 강력한 기술인 이유는 마음의 방황 일화들이 우리의 주의력을 붙잡는 힘을 약화시키기 때문이다. 어떤 스토리가 우리에게 유익하지 않거나 우리를 불쾌하게 만들 때 탈중심화를 하면 '그 스토리를 내려놓을' 수 있다. 탈중심화는 이렇게 주의력을 해방시킴으로써 스트레스를 줄이고 나아가 불안장애와 우울증 같은 정신장애의 증상도 완화한다.[13]

'조감 시야'의 중요성

지난 세월 동안 나는 강연을 많이 했다. 하지만 국방부에 와서 강연해달라는 요청을 받았을 때는 조금 긴장이 됐다.

나는 꼼꼼하게 준비를 하고, 슬라이드 작업도 미리 해놓았다. 우리가 최근에 진행한 연구의 성과를 포함시키고, 하나의 슬라이드에서 다음 슬라이드로 자연스럽게 넘어가도록 신경을 썼다. 준비는 끝났다. 내가 챙긴 노트북 컴퓨터에 프레젠테이션 내용이 담겨 있었고, 만약을 위해 모든 파일은 백업을 해놓았다. 나는 강연 하루 전날 밤에 워싱턴 D.C.로 날아갔다. 그곳에 도착해서 저녁을 잘 먹고는 다음 날 맑은 정신으로 강연을 하기 위해 잠자리에 들려고 했다. 그런데 혹시 실험실에서 급한 연락이 온 것이 있는지 확인하려고 노트북 전원을 켰더니 메시지 하나가 나의 주의를 사로잡았다. 육군 장교이자 육군대학원 교수인 동료가 보낸 메시지였다. 나는 전날 그에게 파워포인트 파일을 보내면서, 발표 내용을 나의 청중인 국방부의 고위 관계자들에게 최적화하기 위한 아이디어나 방법이 있으면 알려달라고 부탁했다. 그도 강의로 바쁜 몸이었으므로, 설령 그가 그 자료를 볼 시간이 난다 해도 사소한 수정사항 몇 가지를 알려주는 정도일 거라고 생각했다. 그러나 이메일을 여는 순간 나는 가슴이 철렁했다. 그는 내가 보낸 파일을 몇몇 학생들에게 시험 삼아 보여주었다고 했다. 그리고 거의 모든 슬라이드에 긴 주석을 달아놓았다.

그의 조언은 광범위했다. 이 부분은 삭제해라, 저 부분은 더 자세히 설명해라, 학생들이 이건 별로라고 하더라 등등…. 나의 마음은 하룻밤 사이에 그걸 다 고칠 방법을 찾으려고 허둥대기 시작했다. 동료가 시간을 내서 사려 깊은 피드백을 보내준 것은 정말 고마운 일이었지만, 시간이 촉박했기 때문에 한편으로는 부담스럽고 걱정이 됐다. 나에게 도움이 안 되는 부정적인 생각들이 마음을 가득 채우는 것이 느껴졌다. '나는 절대 이걸 다 고치지 못할 거야. 강연은 실패하겠군!'

나는 노트북 컴퓨터를 닫고 5분 동안만 예행연습을 해보기로 했다. 나에게 필요한 일은 내 스토리에서 멀어져서 조감 시야를 확보하는 것이었다. 언제나처럼 나는 호흡을 찾는 것에서 시작했다. 그 다음에는….

선택 연습: 넓은 시야로 보기

1. 데이터를 확보하라. 거리를 두고 당신 자신과 상황을 관찰하라. 당신이 지금 하고 있는 경험을 분석하지 말고 그 경험에 관한 데이터를 수집하라.

2. 대체하라. 내면의 독백을 관찰하고 그 독백으로부터 거리를 두라. '나는'으로 시작하는 문장을 '당신은'으로 바꾸거나 당신의 이름을 넣어도 좋다. 더 좋은 방법은 머릿속에 떠오르는 생각들을 그냥 알아차리기만 하는 것이다. "아미시는 이걸 해낼 수 없다고 생각한다. 그녀는 강연을 망칠까 봐 걱정하고 있다."

3. 생각들은 원래 잠깐씩 떠올랐다 사라진다는 것을 상기하라. 이런저런 생각들이 떠오르더라도, 그 생각들은 당신 마음속에서 만들어진 것임을 기억하라. 생각들은 나타났다가 희미해져갈 것이다. 나는 생각 하나하나를 하늘로 둥실둥실 떠오르는 비눗방울이라고 상상한다.

탈중심화 연습은 단 5분간이었다. 그러나 그 짧은 연습을 통해 내가 지어내기 시작했던, 걱정과 의심으로 가득한 스토리에서 벗어날 수 있었다. 나는 내 화이트보드에 무엇이 있는지를 멀찍이 떨어져서 바라봤다. 생각들, 감정들, 신체의 자극들에 압도당하지 않고 그것들이 나타났다가 사라지는 것을 인식했다. 나는 신속하게 스토리를 내려놓았고, 최악의 시나리오를 만들어내는 일을 중단했다. 그리고 나 자신을 '3인칭'으로 바라봤더니 아미시를 쓰러뜨리는 대신 격려해주고 싶어졌다. 좋은 친구를 격려하듯이 나 자신을 격려하고 싶었다. 그 짧은 연습이 끝나자 머리가 맑아지고 덜 예민해졌다. 고작 몇 분간 탈중심화를 했을 뿐인데도 중요한 목표를 되찾을 수 있었다. 나의 목표는 청중에게 성공적인 배움의 경험을 선사하는 것이었다.

그 목표를 실현하기 위해서는 청중에게 다가가야 했고, 바로 그 지점에서 동료의 피드백이 도움이 될 것 같았다. 나는 다시 프레젠테이션을 들여다봤다. 이번에는 동료의 제안에 위축되고 압도당하는 대신 호기심을 느꼈다. 프레젠테이션 파일을 열면서 나는 생각했다. '내가 청중에게 정보를 전달하는 데 도움이 되는 지침이 이 파일 안에 있어. 내게 주어진 시간 동안 배워서 활용할 만한 것이 있는지 한번 보자.'

프레젠테이션을 마친 다음 날, 내 슬라이드에 피드백을 주었던 동료에게서 문자 메시지를 받았다. 그는 내 강연을 실시간 스트리밍으로 지켜봤다고 했다. 메시지는 다음과 같았다. '넌 최고였어!'

"생각하는 것을 다 믿지 마라"

나와 협력했던 사람들 중 다수는 처음에는 '스토리를 내려놓는다'라는 개념에 거부감을 보였다. 그 사람들은 성공하려면 계획하기, 전략 수립하기, 비전 설정하기, 다음 단계 구상하기가 반드시 필요한 세계에서 살아가기 때문이다. 국방부에서 강연을 했을 때 나는 미국 육군 내부의 전통적인 부대와 특수작전 부대에 마음챙김 기반 주의력 훈련(MBAT)이라는 프로그램을 제공했던 결과를 소개했다.[14] 강연을 마친 후에는 짧은 질의응답 시간을 가졌다. 퇴역한 육군 중장이며 육군 제42대 의무감이었던 에릭 슈메이커가 가장 먼저 손을 들었다.

"왜 스토리에 관여하지 말라고 하시는 거죠?" 그의 질문이었다. "미래에 대비하려면 스토리를 만들어야 합니다."

"맞는 말씀입니다." 내가 대답했다. "마음챙김 훈련에 스토리를 만들어내지 말라는 지침은 없습니다. 다만 어떤 상황에서든 우리 자신이 스토리를 만들어내고 있다는 것을 인식하자는 겁니다. 그리고 우리가 언제 어떤 스토리를 가지고 있든 간에 그 스토리는 수많은 결과들 또는 해석들 중 하나라는 사실도 알고 있어야 해요. 우리가 가진 스토리가 유일한 스토리도 아니고, 정확하지 않을 수도 있다는 겁니다."

나는 그와 비슷한 질문을 하는 사람들에게 자주 하는 대답을 슈메이커에게도 들려주었다. "당신이 생각하는 것을 모두 믿지는 마세요."

우리는 결단력과 실행력을 포기하지 않고도 현재 우리의 작업기억을 채우고 있는 시뮬레이션이나 정교화를 인식하는 능력을 키울 수 있다. 아니, 그런 자각을 가지면 결단력과 실행력은 오히려 향상된다. 새롭게 생성되는 데이터를 기반으로 상황을 다른 틀에 넣어볼 수도 있고 아예 틀을 없애버릴 수도 있는 유연성을 획득하기 때문이다.

"스토리를 내려놓는다는 것"

앞에서 논의했던 중요한 질문으로 돌아가보자. 마음챙김 훈련은 우리 모두가 나고 자란 세계에서 비롯되어 우리 마음속에 자리 잡은 강력한 편향들과 맞서 싸울 수 있는가?

지금 내가 들려줄 수 있는 최선의 대답은 '아마도 그렇다'일 것이다. 연구자들은 마음챙김 훈련이 암묵적인 편견을 없애는 데 도움이 되는지 여부를 알아보는 중이다. 그런 연구는 우리 모두에

스토리를 내려놓는다는 것은 이것이 아니다	스토리를 내려놓는다는 것은 이것이다
자기를 의심한다.	민첩하게 현재의 순간으로 돌아간다.
주저한다.	실제로 일어나고 있는 일을 관찰한다.
우유부단하게 행동한다.	유연하게 반응한다.

게, 그리고 우리의 사법 체계를 비롯한 사회 시스템에 큰 의미가 있을지도 모른다. 연구 전망은 밝지만, 우리는 아직 데이터를 확보하지 못했다. 우리가 들여다본 것은 마음챙김과 차별적 행동이 교차하는 지점이다. 실제로 마음챙김 훈련이 편견을 없애는 데 도움이 된다는 연구 결과들이 나오고 있다.[15] 아마도 그것은 사람들이 마음챙김 훈련을 통해 자신의 마음속 모델을 더 많이 자각하고 스토리를 내려놓게 되었기 때문일 것이다.

마음 관찰하기

한 무리의 심리학자들이 그들의 훈련 프로그램에 마음챙김을 도입하는 일을 의논하기 위해 우리 실험실을 찾아왔다. 그들은 평범한 심리학자들이 아니었다. 그들은 미국 육군에 배속된 심리학자들로서 해외 파병 부대의 임무를 지원하며 때로는 파병 부대와 함께 해외에 가서 생활한다. 그들의 임무 중 하나는 12시간마다 교대하며 드론 영상을 보는 병사들을 지원하는 것이었다. 심리학자들은 그 병사들에게 어떤 도움을 주어야 하는지를 알아보고 싶다고 했다.

그 질문에 가장 좋은 답변을 하기 위해 먼저 내가 궁금한 것을 물었다. "그 병사들이 10시간도 넘게 드론 영상을 시청하는 목적이 무엇인가요? 그 일을 왜 하는 거죠?"

군 심리학자들의 대답은 다음과 같았다. "그들은 킬체인(타격 순환 체계)의 중요한 고리입니다."

아주 명료한 답변이었다. 나는 그 말의 의미를 금방 이해했다. 그 병사들은 표적을 발견해서 그 정보를 상부로 전달하는 임무를 맡고 있었다. 나는 군과 협력해서 연구를 진행한 경험이 많았지만, 그 말을 듣고는 잠시 망설이지 않을 수 없었다. 군대에서 내려지는 결정과 군사적 행동에 대한 부담을 가장 많이 짊어지는 사람은 권한을 가장 많이 가진 사람일 거라고 생각하기 쉽다. 하지만 미국의 군대에서는 부대원 각자가 자신이 하는 모든 결정의 무게를 짊어진다. 나는 내가 주의력 연구를 하는 이유를 다시 생각했다. 나는 사람들이 올바른 결정을 내리도록 돕기 위해 주의력을 연구한다. 드론 영상을 담당하는 병사들의 경우에는 자신들이 어떤 종류의 편견을 일터로 가져오는지를 인식하는 것이 절대적으로 중요하다. 이런 상황에서는 우리가 갖고 있는 스토리가 우리가 보고 있는 것에 영향을 미친다. 만약 우리가 어떤 사람을 민간인이 아닌 테러리스트라고 생각하고 있다면 우리 눈에 보이는 모든 행동은 그 렌즈를 통해 해석된다. 군 심리학자들은 드론을 조작하는 병사들이 장시간 근무를 하기 때문에 마음의 회복력과 유연성을 유지하기가 매우 어렵다고 말했다. 그들은 오랫동안 한자리에 앉아 있으면서 피로를 느꼈기 때문에 마음의 회복력과 유연성을 유지하는 능력이 떨어졌다. 그런데도 그들의 손에 누군가의 생명이 달려 있었다.

특히 흥미로웠던 점은 그들이 항상 넓은 시야를 가지고 있다는 것이다. 그들은 저 높은 곳에서 아래의 풍경을 내려다본다. 하지만 단지 시야가 넓다고 해서 모든 것이 더 선명하게 보일까? 그러려면 자신이 무엇을 내려다보고 있는지만이 아니라 자신의 마음속 모델에 대해서도 잘 알아야 한다.

물론 대부분의 사람들은 군대의 드론 담당자가 아니다. 그래도 우리는 우리 자신의 마음을 주시할 수 있어야 한다. 다른 사람들의 의도와 동기에 관해 우리가 지어내는 스토리가 큰 피해를 불러올 수도 있다. 그 스토리는 우정을 망가뜨릴 수도 있고 정치적 분열을 일으킬 수도 있으며 심지어는 전쟁을 일으킬 수도 있다.

그래서 거리를 두고 바라보기의 가장 중요한 특징을 강조하고 싶다. 우리의 시야에 포함시켜야 하는 가장 중요한 것은 '우리 자신의 마음'이다.

정식 명상 시간에 탈중심화 연습을 하는 것도 좋지만, 실제 생활 속에서나 힘든 상황에서도 탈중심화를 하려면 우리의 주의를 완전히 다른 방식으로 사용해야 한다. 우리의 인지 과정이 궤도에서 이탈할 때 그 과정에 개입하기 위해서는 먼저 개입이 필요하다는 사실을 깨달아야 한다. 다시 말하자면 스토리를 내려놓는 일의 첫 단계는 우리가 스토리를 가지고 있다는 사실을 아는 것이다. 이는 주의력 기술 중에서도 가장 익히기 어려운 기술이다.

8장

주의에 주의를
기울이는
메타자각

모든 분야의 지도자들은 성공을 거두려면 주의력을 특정한 방식으로 사용해야 한다고 생각하는 경향이 있다. 멀티태스킹을 하고, 항상 계획을 세우고, 미래 지향적인 태도(마인드셋)를 가지고, 결과를 시뮬레이션해서 전략을 짜고 준비해야 한다는 것이다.

그들은 또 감정에 치우치지 않고 사람들과 연결되지도 않고 금욕적이어야 한다고 생각한다. 특히 군, 응급의료, 경영 분야의 지도자들이 그런 경향이 강하다. 최근에 나는 대규모 IT 회사의 임원들에게 주의력 향상을 위한 마음챙김 훈련에 관해 브리핑을 했다. 나는 경쟁이 치열한 업계에서 혁신을 주도하는 사람들에게 마음챙김이 중요한 이유를 설명했다. 또 강한 리더십과 명료한 전략적 사고란 무엇인가에 관한 일반적인 가정들은 틀린 것이라고 이야기했다. 대신 이런 조언을 했다.

더 많은 일을 하려면, 한 번에 한 가지 일만 하세요. 멀티태스킹을 하지 마세요. 과제 전환은 속도를 떨어뜨립니다.

미래를 위해 가장 좋은 계획을 세우려면 여러 개의 시나리오를 가지고 시뮬레이션만 해서는 안 됩니다. 현재를 관찰하고, 현재의 순간에 머물면서 더 나은 아이디어를 수집하세요.

사람들을 잘 이끌어 나가려면 당신 자신의 감정과 다른 사람들의 감정을 잘 알아야 합니다.

지금까지 말한 것들을 해내려면 지금, 여기에 온전히 머물러야 합니다. 당신은 관찰해야 합니다. 지금 당신의 주변 세계와 내면세계(마음속)에서 어떤 일이 벌어지고 있는지를 자각하고 있어야 합니다. 당신의 마음속 세상은 당신을 둘러싼 세상만큼이나 산만하고 역동적이며 정보가 풍부합니다.

우리는 행동 모드로 생활하는 데 익숙합니다. 항상 생각하고 항상 행동하지요.

마음챙김 훈련은 새로운 모드의 빗장을 엽니다. 알아차리기, 관찰하기, 존재하기.

관찰하는 자세는 당신이 뭐든지 더 잘하게 만들어주는 묘약입니다. 과업 완수하기, 계획하기, 전략 수립하기, 리더십, 혁신, 연결. 이 모든 일은 현재의 순간에 온전히 접근하는 능력과 매 순간 '당신의 마음속에서' 벌어지는 일을 알아차리는 능력에서 출발합니다.

눈앞의 작은 불에 사로잡힌 소방관

호주의 황무지에서 산불이 한번 시작되면 불길이 금방 커져서 동식물을 모조리 죽이고 인간의 주거지를 향해 질주한다. 그래서 통제 불능이 되기 전에 산불을 꺼야 한다. 하지만 호주의 잡목림은 대부분 접근이 어렵다. 도로로 접근할 수도 없고, 땅 위의 어떤 경로로도 접근할 수가 없다. 그래서 특수 훈련을 받은 소방관들을 헬기로 투입해야 한다. 호주의 헬기 소방대원들은 산불이 발생한 지점에 직접 낙하한다. 그들은 시시각각 변하는 매우 위험하고 역동적인 상황의 한가운데에 던져진다. 미국에서는 이런 사람들을 공수 소방대원이라고 부른다. 우수한 신체 조건과 고도의 정서적 안정 및 정신적 민첩성은 공수 소방대원이 갖추어야 할 자격 요건이다.

스티븐은 호주의 헬기 소방대원이었다. 그는 최근에 일어난 사고와 관련해서 도움을 받기 위해 우리 실험실까지 먼 길을 왔다. 그와 그의 동료 대원들은 호주 산림지대에서도 특히 까다로운 지역에서 걷잡을 수 없이 번지기 시작한 산불을 진화하기 위해 파견되었다. 그들은 각자 갈퀴와 삽 같은 도구들과 소방 장비로 이뤄진 개인 장비를 들고 다녔다. 무거운 장비를 몸에 장착하고 각자의 담당 구역으로 흩어졌다. 곧 지원 헬기가 와서 공중에서 소방용 포말이나 물을 뿌려줄 예정이었다. 스티븐은 바로 눈앞에 불길이 활활 타고 있는 곳에서 진화 작업에 착수했다. 그는 고도의 집중을 유지하면서 꼼꼼하게, 순서대로 일을 처리하고 있었다. 그때 뒤쪽에서 큰 소리가 들렸다. 세상에서 가장 시끄러운 진공청소기가 공기를 빨아들이는 것 같은 소음. 불길이 모든 것을 집어삼키는 소리였다. 뒤쪽에서 다가오는 거대한 불길이 그를 에워싸고 있었다.

요즘은 소방대원도 응급의료원, 비행기 조종사, 보건의료 종사자, 군인, 판사, 변호사 등 다양한 분야에서 활동하는 사람들과 마찬가지로 철저한 상황 자각 훈련을 받는다. 그들의 상황 자각 훈련은 대부분 의사결정 모델이라는 형식으로 이뤄진다. 의사결정 모델은 급격하게 변하는 상황 속에서 뭔가를 결정해야 할 때 지식과 경험은 물론이고 실시간으로 바뀌는 현재 순간의 관찰을 토대로 목표에 부합하는 선택을 하도록 하기 위한 것이다. 스티븐의 목표는 '산불 진화'였고, 그는 그 목표를 달성하기 위해 적극적으로 행동하고 있었다. 큰 압박을 받고 눈에 잘 띄는 방해 요소들에 둘러싸인 상황에서도 그는 놀라운 집중력을 발휘했다. 그의 주의는 강력한 힘에 의해 불길에 고정되었다. 그리고 그가 받았던 훈련에도 바로 이런 시나리오를 시뮬레이션하고 연습하는 과정이 포함되어 있었다. 그러나 그 순간에는 결정적인 뭔가가 빠져 있었다.

앞 장에서 우리는 시뮬레이션을 이용해 마음속 모델에 도달한다고 이야기했다. 우리는 '지각하고, 처리하고, 예측한다.' 그러면 우리는 결정하고, 행동하고, 소통할 수 있게 된다. 이 단계들은 꼭 순서대로 진행되지는 않으며 역동적으로 상호작용을 한다. 시뮬레이션이 마음속 모델을 만들고, 그 모델은 의사결정으로 이어지고,[1] 그 결정은 다음 시뮬레이션에 영향을 미치고⋯ 이런 식으로 계속된다. 이것은 정적인 과정이 아니라 변화무쌍하고 유동적이며 항상 진행되는 과정이다. 그렇다면 '스토리 내려놓기'는 하나의 행동이 아니라 '현재 진행 중인 과정'에 더 가깝다. 스토리를 내려놓으려면 우리 주변은 물론이고 '우리 마음속'에서 벌어지고 있는 일들을 끊임없이 자각해야 한다.

스티븐은 눈앞에 있는 작은 불을 끄는 데 몰두한 나머지 더 큰 불의 움직임을 보지 못하고 있었다. 인지심리학에서는 이를 '목표

무시'라고 부른다.[2] 목표 무시란 지시 사항을 기억하고 있지만 특정한 과제를 수행하지 못하는 현상이다. 스티븐은 어떻게 전개될지 모르는 예측 불가능한 상황을 살피는 것이 그의 중심 목표라는 사실을 알고 있었음에도 한곳에 지나치게 집중하다가 중심 목표에서 벗어났다.

알다시피 스티븐은 살아남았기 때문에 우리에게 그 이야기를 들려줄 수 있었다. 그는 가까스로 위험을 빠져나왔다. 그러나 그 아찔했던 경험은 그의 머릿속을 떠나지 않았다. 그는 그 이야기를 활용해서 신입 소방관들을 교육하기 시작했다. 그 이야기는 만반의 준비를 한다고 해도 사람의 상황 자각은 불완전할 수 있다는 것을 알려준다. 스티븐은 신입 소방대원들에게 상황 자각으로는 충분하지 않다고 이야기한다. 외부 풍경을 잘 살피는 것만으로는 충분하지 않다. 아무리 잘 살핀다 해도, 마음챙김을 한다고 해도, 그리고 주의가 현재 순간에 머문다고 해도 그것만으로는 충분하지 않다.

상황 자각을 뛰어넘어

스티븐은 특별히 위험한 순간에 처해 있었다. 고난도의 일을 하면서 좁은 범위에 집중해야 하는 상황이었다. 하지만 우리는 반드시 산불 현장에 투입되지 않더라도 목표 무시와 비슷한 경험을 하고 그 때문에 힘들어한다. 당신이 중요한 목표를 이루는 길에서 벗어났던 때를 생각해보라. 그리고 삶에서 목표들은 여러 형태로 나타난다는 사실을 잊지 마라. 우리는 직장에서의 목표에 관해 이야기할 수도 있다. 간혹 우리는 어떤 프로젝트의 한 측면에 집중하다가 옆길로 새버리고, 그 한 측면이 조직의 핵심적인 사명에 부합하는지에 관해서는 미처 생각하지 못한다. 아니면 우리는 부모로서의 목표에 관해 이야기할 수도 있다.

어느 날 딸 소피가 좌절한 표정으로 나에게 자기 방으로 와달라고 부탁했다. 아주 까다로운 수학 문제로 씨름하다가 도움을 청한 것이었다.

그 방에 들어간 나는 소피의 옆자리에 앉아 그 문제를 읽어봤다. 우선 대화를 나누면서 해결해보려고 했다. 그래서 "그래, 이 문제를 엄마한테 한번 설명해볼래?"라고 물었고, 소피가 스스로 해결책을 알아내도록 유도하는 질문을 몇 개 더 던졌다. 하지만 사실은 나 자신도 혼란스러웠다. 그런 유형의 문제를 어떻게 풀어야 하는지 기억이 가물가물했다. '내가 이것도 몰라서는 안 되지!' 나는 굳은 결심을 했다. 그때부터 45분 동안 맹렬한 기세로 그 문제에 매달렸다. '이 문제가 이기나 내가 이기나 어디 한번 해보자. 6학년 수학 따위에 질 수는 없어!'

나의 노력은 통했다. 드디어 문제를 풀었다! 내가 우쭐해져서 고개를 드는 순간, 소피가 의자에 등을 기대고 책을 읽고 있는 모습이 보였다.

이런. 부모로서 나의 목표는 스스로 문제를 해결할 줄 아는 독립적이고 자기주도적인 아이를 키우는 것이었다. 딸아이 옆에 앉아서 그 문제에 관해 이야기를 나누기 시작했을 때만 해도 나는 분명히 그 목표를 가지고 있었다. 그런데 금방 옆길로 새버렸다. 그러면서도 눈앞의 과제에 집중하고 있다고 '느꼈다.'

이럴 때 우리가 옆길로 새는 이유 중 하나는 기분이 좋기 때문이다. 우리가 달성할 수 있는 작은 목표가 눈에 들어온다. '저 불을 꺼야지.' '이 문제를 풀고 말겠어.' 그러다 보면 '점점 번져가는 큰 불길을 잡는다'라든가 '독립적으로 사고하는 아이로 키운다'와 같은 더 큰 목표를 놓치게 된다. 그 수학 문제를 푸는 과정이 나에게는 아주 만족스러웠지만, 고개를 드는 순간 '이건 나의 에너지를 아이에게 가장 잘 사용하는 방법이 아니다'라는 사실을 깨달았다. 그것은 바람직한 깨달음이었지만, 꼬박 한 시간가량을 그 과제에 투입하기 '전에' 조금 더 일찍 알아차렸더라면 얼마나 좋았을까?

물론 우리는 과제에 집중할 수 있기를 원한다. 그리고 이 책의 첫머리에서부터 그 중요한 기술을 익히기 시작했다. 하지만 필요할 때는 집중 상태에서 빠져나올 수도 있어야 한다. 우리가 언제, 어떻게, 무엇에 집중하는가에 의도가 담겨 있어야 한다. 그 문제를 푸는 순간에 나는 '고도로' 집중하고 있었다. 아니, 완전히 몰두하고 있었다. 당신이 그 모습을 봤다면 나에게 주의력 문제가 없다고 생각했을 것이다. 문제는 그 순간은 내가 고도로 집중해야 하는 시간이 아니었다는 것이다. 나는 그 사실을 잊어버렸고, 내 마음이 무엇을 하려고 하는지를 놓쳤다. 경로를 이탈했는데도 알아차리지 못했다.

이것은 우리가 자주 실수하는 또 하나의 중요한 경로다. 우리는 주의를 기울이고 있다. 그러나 우리의 주의가 너무 좁거나 너무 넓고, 너무 안정적이거나 너무 불안정하다. 우리는 어떤 의미에서는 성공적으로 주의를 기울이고 있지만, 그 주의는 '그 순간에 적절한' 것이 아니다.

이런 함정에 빠지지 않기 위해서 '메타자각meta-awareness'이 필요하다.

메타자각과 메타인지

메타자각은 의식적 경험의 현재 내용 또는 과정을 명료하게 알아차리고 지켜볼 수 있는 능력이다.[3] 그러니까 우리 자신의 인지를 인지하는 능력이다. 내가 "당신의 주의에 주의를 기울여라"라고 말했던 것은 메타자각을 활용하라는 뜻이었다. 그날 호주의 산속에서 스티븐은 불길에 집중하고 있었다. 하지만 그가 자신의 주의에 주의를 기울이고 있었다면 더 좋은 결과를 얻었을 것이다. 그랬다면 자신이 작은 불에 주의를 완전히 고정하고 있으며 주의의 범위를 더 확장해야 한다는 사실을 깨달았을 것이다.

만약 고난도의 직업을 가진 사람들에게 상황 자각이 '외부 풍경을 살피는 능력'을 뜻한다면 메타자각은 '내면 풍경에 대한 상황 자각'이라고 말할 수 있다.

스콧 로저스는 나의 친구이자 동료로서 지난 10여 년 동안 나와 함께 온갖 유형의 사람들에게 마음챙김 훈련을 제공해왔다. 그는 메타자각을 설명할 때마다 마법사 같은 능력을 발휘한다. 메타자각은 이해하기가 쉽지 않은 개념이지만 스콧은 특유의 재능으로 어려운 개념을 쉽게 설명한다. 우리가 마이애미대학 축구팀과 협업했을 때 그는 다음과 같이 설명을 시작했다. "여러분은 경기장을 구석구석 훑어보고 있습니다."

그는 선수들에게 미식축구 경기장을 머릿속에 그리고, 경기장 안의 모든 움직임을 상상하라고 말했다. 경기장 경계선, 골대 경계선, 움직이는 선수들, 날아다니는 공, 관중의 함성, 상대편 선수들의 목소리, 코너마다 설치된 대형 화면… 모든 것을 다. 그는 선수들에게 그들의 주의를 강탈하려고 하는 눈에 잘 띄는 요소들로 가득한 그 복잡한 풍경을 어떻게 헤쳐 나갈지를 생각해보라고 말했다. 그러고 나서 선수들에게 그들의 마음을 똑같은 방법으로 시각화하라고 지시했다. 마음을 미식축구 경기장으로 생각하고, 그 경기장 안에 그들의 주의를 붙잡고 빨아들이는 물체들이 가득한 모습을 상상하라고 했다. 그는 선수들에게 경기장을 어떻게 가로지를지, 그리고 다른 선수들과 언제 어떻게 상호작용할지를 선택하듯이 마음속의 '경기장'을 어떻게 누비고 다닐지도 상상해보라고 제안했다.

당신은 자신의 머리 위를 맴돌면서 약간의 거리를 두고 관찰할 수도 있다. 앞 장에서 높은 곳에서 내려다보는 '조감 시야'를 가지고 탈중심화 연습을 했던 것처럼 자신을 관찰해보라. 그러면 당신은 다른 중요한 단서들을 발견하고, 당신에게 단서를 제공하는 '자각에 대한 자각'을 키워나갈 수 있을 것이다.

이런 신호 중 일부는 몸속에서 나타날 수도 있다. 딸의 방에 들어가서 중학교 수학 문제 푸는 것을 도와주려고 했는데 거꾸로 내가 주인공이 되어 한 시간 동안 수학 문제와 거창한 전투를 치렀을 때, 나는 과집중hyperfocused을 했던 것이다. 나는 뚜렷한 목표를 가지고 그 방에 들어갔는데 왜 그런 일이 벌어졌을까? 그때의 일을 다시 생각해보니, 내가 승부욕에 사로잡혔던 느낌이 떠오른다.

그 수학 문제를 '정복하고야' 말겠다는 욕구. '승리'에서 얻는 만족감이 나를 움직이고 나의 과집중에 연료를 제공했다. 나를 '꽉 붙잡고 있던' 그 감정은 빨간 깃발과도 같았다. 이제 나는 그런 감각을 전보다 잘 자각하고, 그런 감각을 느낄 때마다 다시 확인한다. 지금 나의 주의력은 있어야 할 곳에 있는가?

'만족감'만 그런 것도 아니다. 때때로 우리는 불안, 두려움, 걱정에 사로잡혀 바람직하지 않은 과집중 상태(또는 그 순간에 적절하지 않은 주의력 상태)로 빨려 들어간다. 때때로 마음을 '본다'는 것은 몸 안에서 마음의 상태를 느끼는 것과 같다. 마음의 상태는 다리가 덜덜 떨리거나, 뱃속이 불편하거나, 입을 꽉 다무는 것으로 표현되기도 한다. 오래전에 치아 감각이 마비되었을 때 나는 아무런 자각을 하지 못하고 있었다. 그래서 증상이 그렇게 심각해졌던 것이다. 그때 나에게는 메타자각이 없었다. 나의 몸과 마음속에서 벌어지는 일을 알아차리지 못했고, 그 일들이 심각해져서 위기 상태에 이를 때까지도 경로를 수정하지 못했다.

지금 나는 나 자신의 내면 풍경을 더 잘 인지하고 있으므로 나의 주의력에 문제가 생길 때 더 일찍, 더 효과적으로 개입한다. 과집중을 하거나 스트레스를 받을 때 나의 몸과 마음이 소통하는 방식에 익숙해졌다. 이제 나는 턱에 힘이 들어가기 시작하면 바로 알아차린다. 그럴 때면 3분 명상을 하고, 산책을 하고, 턱의 힘을 뺀다. 무의식적으로 입을 꽉 다무는 행동을 멈추기 위해 할 수 있는 일은 다 한다. 그리고 지난번에 촉박한 기일에 맞춰 연구비 지원 신청서를 작성했을 때 나는 내가 메타자각을 잘 유지하지 못하리라는 것을 예상했다. 그래서… 턱뼈와 치아를 보호하는 마우스가 드라는 장치를 사용했다(때로는 자신의 한계를 받아들여야 한다).

나는 실험실에서 소방관 스티븐에게 그가 겪었던 일이 "목표 무시"라고 설명했다. 그러자 스티븐은 당시에 그 작은 불을 끄는 일에 "유혹당하는" 기분이었고, 그래서 과집중을 하게 됐다고 말했다. 이제 그는 팔 위쪽과 배에 "그 맛있는 만족감"(그가 사용하는 표현이다)이 나타나는지 아닌지를 잘 살핀다. 그것은 그가 과집중 상태로 빠져들고 있을지도 모른다는 신호다. 그런 신호가 나타나면 그는 주의의 범위를 넓혀서 대응한다.

스티븐은 소방대원의 관점에서 메타자각을 "보초 서기"라고 표현한다. 어떤 일이 벌어지는지를 명료하게 바라볼 수 있는 장소에 자리를 잡는다는 뜻이다. 그것은 '최고의 마음' 상태의 중요한 부분이기도 하다. 최고의 마음이란 '가장 높은 봉우리'에 올라서서 우리의 마음 풍경을 전체적으로 조망할 수 있는 상태를 가리킨다. 메타자각이 있을 때 우리는 지금 우리가 하고 있는 의식적 경험의 내용을 인지하고 그 내용이 우리의 목표와 일치하는지를 점검한다. 우리는 우리 자신에게 이런 질문을 던진다.

- 지금 나는 무엇을 인지하고 있는가?
- 나는 그 정보를 어떻게 처리하고 있는가?
- 지금 내가 주의를 활용하는 방식이 나의 목표에 부합하는가?

메타자각은 일반적으로 '메타인지metacognition'라고 불리는 사고 과정과 헷갈리기 쉽다. 메타자각과 메타인지의 차이를 알아보자. 메타인지는 우리가 생각하는 방식에 관한 생각이다. 메타인지는 우리가 특정한 정신적 경향을 가지고 있음을 알아차리는 것이다. 어떻게 보면 메타인지는 자기 자신에 관한 사각이다. "저는 최악을 가정하는 경향이 있어요"라든가 "저는 결정하는 데 오래 걸려요"라는 말은 메타인지의 한 예다. 메타인지는 확실히 우리에게 유익하다. 자신의 인지 성향에 관한 예리한 자각은 당연히 우리에게 도움이 될 수 있다. 하지만 메타인지는 메타자각과 똑같지 않으며 메타자각을 대신할 수도 없다. 자신이 특정한 방식으로 생각하는 경향이 있다는 사실을 안다고 해서, 문제가 생길 때 바로 그걸 자각한다는 뜻은 아니다. 당신의 마음이 방황하거나 시뮬레이션을 하고 있을 때는 당신이 지구상에서 메타인지 능력이 가장 뛰어난 사람이라고 해도 소용이 없다. 그런 순간에 당신은 마음속에서 벌어지는 일들에 갇혀버린다.

'멍해지기'와 '한눈팔기'의 차이

우리는 대학생 143명을 실험실로 데려와서 그들이 마음의 방황을 얼마나 잘 인지하는지를 시험했다.[4] 우리는 사람들이 전체 시간의 50퍼센트 정도를 마음의 방황에 사용한다는 사실을 알고 있었다. 그렇다면 사람들은 자기 마음의 방황을 알아차릴까? 우리는 대학생들에게 표준 '작업기억 과제'를 수행하도록 했다. 얼굴 2개를 기억하고, 그 얼굴 2개를 다른 얼굴과 비교하는 과제였다. 그들은 20분 동안 이 과제를 여러 번 수행했다. 우리는 평소대로 그들의 과제 수행의 정확성과 속도를 측정하되 이번에는 도중에 임의로 검사를 중단시키고 두 가지 질문을 던졌다.

"당신은 과제에 얼마나 '집중'하고 있었는가? 매우 집중? 조금 집중? 아니면 집중하지 않고 있었는가?"

"당신은 당신의 집중 상태를 얼마나 정확히 알고 있었는가?"

결과는 어땠을까? 응답은 크게 네 가지로 나뉘었다. (1) 과제에 집중하고 있었고 그 사실을 알고 있었다는 응답. (2) 과제에 집중하고 있었고 그 사실을 인지하지 못했다는 응답(이것은 과제에 깊이 빠져든 '몰입 상태'와 비슷했을 것이다). (3) 과제에 집중하지 않고 있었고 그 사실을 알고 있었다는 응답(그 과제가 지루하다고 생각해서 의식적으로 집중하지 않은 경우다. 연구자들은 이것을 '한눈팔기'라고 부른다). (4) 과제에 집중하지 않고 있었고 그 사실을 알지도 못했다는 응답(멍해지기).

우리는 이 네 가지 응답을 얻어낸 데 이어, 참가자들이 과제를 수행한 20분 동안 점수가 점점 나빠졌고 마음의 방황이 점점 심해졌으며 메타자각은 점점 약해졌다는 사실을 알아냈다.

20분 동안 점수가 계속 떨어졌다는 것은 놀라운 일이 아니다. 우리는 앞에서 '경계 감소' 현상을 살펴본 바 있다. 어떤 과제에 계속해서 주의를 집중해야 한다면 성과는 시간이 지날수록 감소한다. 이 실험 결과가 우리에게 알려주는 것은 점수가 낮아질수록 마음의 방황이 증가했다는 것이다. 앞에서 마음의 방황에 관해 처음 이야기했을 때 우리는 뇌가 '원래 방황하도록 만들어진' 진화론적 이유들을 모두 살펴봤다. 기회비용, 훑어보기, 더 나은 할 일 찾기 등이 그 이유였다. 인간의 뇌는 원래 당면 과제로부터 주기적으로 멀어지도록 설계된 것인지도 모른다.[5] 우리의 주의력에는 원래 주기적 패턴이 있는 것인지도 모른다. 그래도 괜찮을 것이다. 그렇게 주의가 끌어당겨지는 걸 우리가 알아차리기만 한다면. 하지만 이 실험의 결과에 따르면 우리는 그걸 알아차리지 못한다.

메타자각 반응은 바로 이 점을 알려주고 있었다. 마음의 방황이 늘어날수록 메타자각은 감소한다. 우리는 시간이 갈수록 마음의 방황을 많이 하게 되고 그러한 마음의 방황을 잘 알아차리지 못하게 된다.[6] 그리고 자신의 상태를 알지 못할 때 우리는 경로를 수정해서 주의를 당면 과제로 돌려놓을 수가 없다.

이 책의 첫머리에서 나는 당신이 가진 시간의 50퍼센트가 마음의 방황에 사용된다고 말했다. 그것은 진실이다. 이 수치는 여러 편의 연구를 통해 확인된 바 있다. 이 숫자만 보면 마음의 방황이 주의력 문제의 근본 원인이라는 결론을 내리기가 쉽다. 하지만 이 연구를 비롯한 여러 연구들은 놀랍게도 마음의 방황 자체가 나쁜 것이 아니라고 지적한다. 알고 보면 마음이 방황해도 괜찮은 시간들은 많이 있다. 자녀 또는 손주가 가장 좋아하는 영화를 세 번째로 같이 보는 동안, 또는 청소기 돌리기처럼 쉽고 단순한 일을 하는 동안 우리는 생각들이 마음대로 돌아다니도록 놓아둔다. 그럴 때 우리는 '멍해지는' 것이 아니라 의식적으로 '한눈팔기'를 하는 것이다.

'멍해지기'와 '한눈팔기'의 차이는 무엇일까? 메타자각이다.

한눈팔기는 상황에 대한 메타자각을 통해 우리가 현재 하는 행동이 과제 목표에 부합하는지를 확인하고 나서 주의를 다른 데로 돌리는 것이다. 그래서 주의를 조정할 필요가 없다. 하지만 과제가 갑자기 많아지고 성과가 떨어지기 시작하면 주의력 자원은 다시 당면 과제로 돌아간다.[7] 우리의 마음이 우리에게 신호를 보낸다. 외부 신호는 필요하지 않다. 알다시피 외부 신호는 보통 너무 늦게 도착하니까. 메타자각이 없으면 우리는 마음을 살피지 않는다. 과제의 양이 늘어나도 알아차리지 못하고, 현재 우리의 주의가 어떤 상태인지 알아차리지 못하고, 주의의 방향을 다시 설정하지도 못한다.

ADHD 환자들은 마음의 방황을 많이 하는 편이다. 마음의 방황을 너무 많이 해서 실생활에서 피해를 입는 경우도 있다. 최근의 한 연구는 ADHD 환자들이 보통 사람들보다 마음의 방황을 많이 하긴 하지만, 환자들 중에 마음의 방황에 관한 메타자각이 강한 사람은 그렇지 않은 사람들보다 마음의 방황의 '비용'을 적게 치른다는 사실을 발견했다.[8] 마음의 방황과 관련된 실수를 하지 않도록 메타자각이 그들을 '보호해'준다. '문제는 마음의 방황이 아니다. 문제는 메타자각이 없는 마음의 방황이다.'

명상 신경과학이라는 신생 학문은 주의력에 관한 새로운 과학적 사실을 발견하고 있다. '메타자각은 주의력이 필요한 일의 성과를 높이는 열쇠일 수도 있다.'

판단하지 않으려는 판사

플로리다주의 연방법원 판사인 크리스 매컬라일리Chris McAliley는 "다른 사람들과 비슷한 계기로" 마음챙김 명상을 시작하게 됐다고 말한다. "제 삶에 반갑지 않은 일이 생겨서 괴로워하고 있었거든요." 당시 그녀는 이혼 절차를 밟는 중이었고, 자녀들은 10대 청소년이었다. "그 일에 뒤따르는 문제가 많았지요." 그녀는 한숨을 쉬며 당시를 회상했다.

"그때 저의 정신은 '현재'와 격렬한 전투를 벌이고 있었어요." 그녀가 말한다. "제가 원해서 그랬던 건 아니에요. 그때 저는 나 자신에게나 다른 사람에게나 삐딱했어요. 온 세상을 향해 화가 나 있었죠. 같은 생각을 하고 또 했어요. 게다가 그 모든 걸 혼자 이겨내려고 하고 있었죠. 법원에 가면 이런저런 결정을 해야 했는데, 그 결정은 사람들에게 영향을 주는 것이었어요. 그러는 동안 제 머릿속에서는 항상 생각들이 죽기 살기로 경쟁을 벌였어요. 피로감이 엄청났죠."

크리스와 나는 여성 판사들의 콘퍼런스 자리에서 만났다. 우리는 둘 다 '마음챙김과 판사 업무'라는 주제에 관해 이야기를 들려달라고 초대받은 손님이었다. 우리는 행사 전에 무대 뒤편에서 대기하면서 악수를 했다. 크리스는 "참가자가 적어서 토론자들이 청중 역할까지 해야 할 것"이라고 농담했다. "마음챙김과 판사 업무에 관해 토론하는 자리에 대체 누가 오겠어요? 이건 법률가들의 세계에서나 통하는 틈새 주제라고요." 그런데 우리가 무대에 나가서 자리를 잡고 보니 그 커다란 강연장에 사람들이 가득했다. 500개의 좌석이 다 채워져 있었고 강연장 뒤편에는 여성들이 무리지어 서 있었다. 판사의 업무에는 정말로 마음챙김이 필요한 모양이었다.

사실 법정은 '상황 자각'과 '메타자각'을 동시에 필요로 하는 장소의 대표적인 예다. 크리스는 판사석에 앉을 때마다 여러 가지 형태의 주의력을 발휘하고 유지해야 한다. 판사는 변호사의 증인 심문에 주의를 기울여야 한다. 방금 들은 증언들을 기억하면서 그 사건의 사실들에 적용되는 법률을 생각하고, 변호사가 그 순간에 하고 있는 주장에 적용되는 규칙과 판례를 염두에 두어야 한다. 즉 판사는 법정에서 오가는 말을 듣는 한편, 반대편 변호사가 이의를 제기할 경우 반응할 준비도 갖추고 있어야 한다(이의 제기를 인정할 것인가, 기각할 것인가). 그러면서 '다른' 사람들의 주의도 살펴야 한다. 뒷줄의 저 배심원이 자고 있나? 법정 속기사가 속기를 잘하고 있나? 법정에서는 한마디도 놓치지 않고 다 기록으로 남겨야 하기 때문에, 만약 속기사가 힘들어하는 것 같으면 판사는 재판의 진행 속도를 늦춰야 한다. 그녀가 신경을 써야 하는 통역관이 있을 수도 있고, 통로에서 아기가 울고 있을지도 모른다.

"신경 쓸 일이 너무나 많습니다." 크리스가 말한다. "그리고 무엇보다 나 자신의 마음에 주의를 기울여야 해요. 만약 변호사가 최후변론을 하고 있는데 제가 이혼에 관한 생각을 하거나 점심에 뭘 먹을지 생각하고 있다면 저는 업무에 충실하지 못한 거죠. 저는 법정에 있지 않은 것과 같아요! 그건 중요한 문제입니다."

즉 크리스에게는 법정에서 벌어지는 일들에 대한 자각과 그녀의 마음속에서 벌어지는 일들에 관한 자각이 필요하다. 그녀는 마음챙김 명상을 통해 주의를 흐트러뜨리는 것들에 관한 통찰을 얻었다. 실망, 긴장, 걱정. 이 모든 감정은 몸에 나타난다. 그녀는 법정에서 짧은 명상을 자주 한다. 고요한 상태로 몸의 감각과 호흡을 느낀다.

"제 목 아래로 내려가야 해요." 그녀는 말한다. "우리가 어떤 감정을 느낄 때 몸에 어떤 변화가 생기는지를 알아차린다는 건 멋진 일입니다. 우리는 몸에서 벌어지는 일을 무시하지만, 사실 몸은 많은 정보를 제공하고 있어요."

크리스에게 이런 감정들은 초조함 또는 실망감으로 나타난다. 변호사들이 준비를 제대로 하지 않은 것 같을 때, 그녀는 자신의 목소리가 높아지는 것을 알아차린다. 그녀는 자신이 반추를 하고 있었다는 것을 알아차린다. '저 변호사들을 불러서 준비 부족을 지적해야 할까? 그러면 저 사람들에게, 사건에, 피고에게 어떤 영향을 주게 될까?' 마음챙김 훈련은 그녀 자신의 감정에서 정보를 얻도록 해준다.

"사법 체계는 합리적이어야 합니다. 그래서 제가 상황을 이해하지 못했거나 결정하지 못한 상태에서 감정에 이끌려 판결을 하고 싶지 않아요. 하지만 저는 로봇이 아니라 판사입니다. 감정을 느낄 수도 있고 그 감정을 통해 정보를 얻을 줄도 알아야 해요. 감정에 휘둘리면 안 되겠지만요."

크리스는 메타자각을 통해 자신의 생각과 감정만이 아니라 암묵적 편견을 자각한다. 그녀는 새로운 사건을 다룰 때마다 암묵적 편견에 관해 생각해본다. 경찰이 전에 기소된 적이 있는 사람에게 불리한 증언을 하고 있을 때면 크리스는 자신에게 질문한다. '나는 개인적으로 어떤 가정을 하고 있는가? 젠더, 직업, 계층, 인종과 관련해서 어떤 편견을 갖고 있는가? 나는 그 편견에 영향을 받지 않고 그 편견을 알아차릴 수 있는가?'

"마음챙김 훈련은 그냥 삶 속에서 제가 가진 가정들을 알아차리려고 노력하는 겁니다." 크리스는 이렇게 말한다. "제 마음에 진짜로 주의를 기울이면 알게 됩니다. 가정들이 속사포처럼 쏟아져 나와요."

크리스에게 '판단하지 않고' 주의를 기울인다는 것은 커다란 전환이었다. 그녀는 그녀 자신, 다른 사람, 또는 상황을 쉽게 판단하지 않는다. 이것은 역설적인 일이다. '판단judging'은 문자 그대로 크리스의 직업이기 때문이다. 하지만 지금 그녀는 '판단이나 정교화를 하지 않고 현재의 순간에 주의를 기울일' 줄 알기 때문에 사람들의 삶에 영향을 미치는 결정을 더 합리적으로 한다.

"판사로 일한다는 것은 특권입니다. 우리 사회가 저 같은 사람들을 선택해서 분쟁 해결 임무를 맡기는 거죠. 저는 판사석에 앉아서 사람들이 사건을 서로 다르게 진술하는 증언을 듣습니다. 누구의 말이 신빙성이 있는지 판단하는 것이 저의 일이에요. 어떤 때는 명백하지만 어떤 때는 명백하지 않습니다. 그래도 올바른 판단을 하려고 노력해야 합니다."

메타자각은 왜 효과적인가

실험실에서는 사람들의 행동만 가지고 메타자각을 직접적으로 '보기는' 정말 어렵다. 그래서 작업기억 연구에서처럼 우리는 사람들에게 주의력 과제와 작업기억 과제를 주고 나중에 그들에게 스스로 평가해보라고 요청한다. 거듭된 연구로 밝혀진 바에 따르면, 사람들이 자신의 주의가 어디에 있는지 자각을 잘할수록 성과가 좋다.[9] 또한 사람들이 자신의 주의를 자각하고 있을 때는 자신의 마음이 방황한다는 것을 알아차릴 수 있다(지시가 없어도). 그리고 어떤 것들은 메타자각의 질을 떨어뜨린다. 예를 들면 담배에 대한 갈망과 알코올 섭취가 그렇다.[10]

마음챙김 수련 경험이 많은 사람들, 그리고 심지어는 8주간의 마음챙김 기반 스트레스 완화 강좌를 수강한 사람들을 대상으로 실험을 해보면 다른 것도 발견된다. 디폴트 모드 활동이 감소한다.[11] 디폴트 모드 활동의 감소가 무엇을 뜻하는지 기억하는가? '나me' 네트워크로도 불리는 뇌 신경망 속의 네트워크로서 내면에 주의를 기울이고, 자기 자신에게 집중하고, 마음속으로 시뮬레이션을 하고, 마음의 방황을 할 때 가장 많이 관여하는 네트워크의 활동이 감소한다는 뜻이다. 마음챙김 훈련을 하면 왜 아무런 훈련을 하지 않을 때와 다른 어떤 훈련을 할 때에 비해 디폴트 모드 활동이 더 많이 감소할까? 앞에서 설명한 대로 마음챙김 훈련이 주의력과 탈중심화 능력을 향상시키고 마음의 방황을 줄여준다는 증거가 쌓이고 있다. 마음챙김을 하면 주의력을 강탈하는 마음속 시뮬레이션의 빈도가 적어지고 시뮬레이션이 우리를 가둬놓는 힘도 약해진다. 하지만 이 모든 장점은 마음챙김 수련이 메타자각을 증진하는 힘에 달려 있을지도 모른다.

메타자각 상태일 때 우리는 우리 자신을 바라본다. 즉 우리 자신이 주의의 대상이다! 자아와 관련된 생각에 빠져드는(마음의 방황, 시뮬레이션) 동시에 자아에 관해 사색하기란 불가능하다. 그래서 메타자각이 증가하면 마음의 방황은 감소한다. 이 두 가지는 당연히 길항적인 관계다. 자아가 외부에 있는 동시에 내면에도 존재할 수는 없기 때문이다. 앞 장에서 연습한 탈중심화 기술을 다시 한번 생각해보라. 탈중심화는 잠시 자아의 밖으로 나가기, 즉 '비일체화de-fuse'를 하는 기술이다. 탈중심화를 하는 순간 우리는 이미 메타자각을 실행하고 있었던 것이다. 이제부터 탈중심화를 마음의 습관으로 삼아 더 자주 해보자.

우리는 메타자각을 더 높이기를 원한다. 그리고 메타자각을 높여주는 것은 마음챙김 훈련이다.

주의는 움직이는 공과 같다

'섬광 찾기'라는 이름으로 맨 처음 마음챙김 연습을 했던 때로 돌아가보라. 당신의 주의가 생각보다 너무 많이 움직여서 놀랐을 것이다. 주의는 움직이는 공과 같다. 드리블을 잘하려면 공을 계속 튕기고 또 튕겨야 한다. 만약 당신이 '멍해진다면'(당신이 알지 못하는 사이에 마음이 방황한다면) 공은 굴러가버린다. 그리고 공은 원래 자주 굴러간다. 당신은 공을 완전히 놓쳤을 때만 메타자각을 획득한다. 예컨대 당신은 회의를 마치고 나왔는데 회의에서 무슨 이야기가 오갔는지 하나도 모른다는 사실을 깨닫는다. 중요한 대화 중에 누군가가 "지금 듣고 있어요?"라는 소리에 그냥 고개를 끄덕이기만 했지 아무것도 듣고 있지 않았다는 사실을 깨닫는다. 당신 자신이 화난 말투로 '나는 화나지 않았어!'라고 외치는 소리를 듣고서야 당신의 감정 상태를 알아차린다. '이런. 내가 화가 났구나.'

이 모든 사례에는 당신의 주의가 실제로 어디에 있었고 당신의 마음이 무엇을 하고 있었는지를 깨닫는 순간이 있다. 그것이 바로 메타자각이다. 끝. 메타자각은 그런 느낌이다. 우리는 그런 '메타의 순간'을 원한다. 하지만 그런 순간은 훨씬 일찍 찾아오는 것이 바람직하다. 그래야 메타자각이 정말로 효과를 발휘하고 우리를 보호할 수 있다.

마음챙김 훈련의 목표는 메타의 순간을 증가시켜 우리의 성공과 행복에 반드시 필요한 주의력 회전축을 우리가 사용할 수 있도록 하는 것이다. 설령 우리가 세상에서 가장 강력한 주의력 시스템을 가지고 있다 할지라도 우리의 주의는 엉뚱한 곳을 향할 가능성이 있다. 지금까지 배운 전략 중 하나라도 실행하기 위해서는 그것을 실행해야 한다는 깨달음이 필요하다.

머리말에서 언급한 《손자병법》에서 손자는 자신보다 강한 상대와 싸울 때 활용할 수 있는 전략을 제시한다.

힘을 적게 쓰고도 좋은 결과를 얻는다.[12]

벽돌담을 무너뜨리려고 힘을 빼지 마라. 최소한의 힘으로 최대한의 충격을 가할 방법을 찾으라. 우리가 계발하려는 기술은 단순히 주의를 잘 기울이고, 집중을 더 잘하고 유지하는 능력만이 아니다. 그건 전쟁터에 나가서 전투 훈련을 하는 것과 같다. 유익하지만 불완전하다. 우리는 그 이상의 뭔가를 계발해야 한다. 우리에게는 비디오게임의 '파워업'과 같은 '힘의 승수'가 필요하다. 우리가 획득해야 하는 주의력의 힘의 승수는 메타자각, 즉 알아차리는 능력이다.

우리가 집중하고 있지 않을 때나 과도하게 집중하고 있을 때를 알아차려야 한다. 우리의 마음이 지금 여기에 있지 않고 딴 데가 있을 때를 알아차려야 한다. 우리 주변과 자신의 내면에서 무슨 일이 벌어지고 있는지를 알아차려야 한다.

그걸 알아차리면 이처럼 만연한 주의력 문제들에 개입할 수 있게 된다. 원리는 간단하다. 우리가 뭔가에 사로잡혀 있어서 개입이 필요하다는 사실을 알아차리려면 우리 자신을 지켜보고 있어야 한다. 좋은 소식은 우리는 지금까지 줄곧 이것을 연습하고 있었다는 것이다. 메타자각은 우리가 지금까지 했던 모든 훈련의 일부였다.

세 번째 연습 : 생각의 강물

'섬광 찾기' 연습에서 당신의 섬광이 호흡과 관련된 감각에서 멀어졌다는 사실을 알아차린 순간. 그것이 메타자각이다. '화이트보드 지켜보기' 연습에서 당신은 어떤 생각, 감정, 감각을 알아차리고 그것에 꼬리표를 붙였다. 그것이 메타자각이다. 탈중심화 연습에서 당신은 조감 시야를 가지고 당신의 마음을 훑어보며 편견, 시뮬레이션, 마음속 모델을 찾아봤다. 그것이 메타자각이다. 보디스캔 연습을 하면서 신체의 특정한 감각에 주의를 기울였을 때 당신은 그곳에 어떤 감각이 있는지를 알아차리고 마음의 방황을 인지하고 있었다.

이 시점에 이르기까지 우리의 목표는 우리의 주의가 표적(예컨대 우리의 호흡)에 제대로 놓여 있는지를 확인하는 것이었다. 이제 주의의 목표물을… 우리 자신의 주의로 바꿔보자.

궁극적으로 우리가 지금까지 했던 훈련들은 모두 메타자각을 향상시킨다. 그중 하나라도 꾸준히 연습하면 우리 자신의 마음을 관찰하고 지켜보는 능력에 도움이 된다. 이번에 할 연습은 매 순간 떠오르는 생각, 감정, 감각에 사로잡히지 않고 우리의 의식적 경험의 내용을 매 순간 알아차리기 위해 특별히 설계된 것이다.

이것은 전통적인 '통찰 명상' 수련을 변형한 것으로, 매 순간의 의식적 경험에 관여하지 않으면서 그 경험의 내용들을 관찰하는 활동이다. 앞에서 소개한 정식 연습 방법들이 주의를 제대로 위치시키는 능력을 키우는 것이었다면, 이번 연습은 수용적이고 광범위하고 안정적인 주의력을 획득하기 위한 것이다.

코어 연습: 생각의 강물

1. 준비. 이번에는, 일어서라! 앞에서 했던 다른 훈련처럼 앉아서 하고 싶다면 앉아 있어도 된다. 하지만 나는 이 훈련을 이른바 산 자세Mountain Pose로 해보기를 권한다. 두 발을 어깨 너비로 벌리고 편안하게 선다. 두 팔에 힘을 빼고 손바닥이 밖으로 향하게 해서 옆구리에 위치시킨다. 두 눈을 감거나 아래쪽을 쳐다본다.

2. 본격적인 준비. 당신의 섬광을 찾아라. 호흡을 몇 번 하는 동안 섬광이 호흡과 연관된 뚜렷한 감각들을 비추게 하라. 우리는 앞으로 어떤 연습이든 이 지점에서 시작할 것이다. 이 연습을 하는 도중에 산만해진다고 (예컨대 반추의 고리에 갇힌다고) 느낀다면 호흡에 다시 닻을 내려라. 호흡에

맞춰진 섬광은 전진 기지와도 같다. 필요할 때마다 기지로 돌아와서 재조정을 하라.

3. 출발! 이제 자각의 범위를 넓혀라. 어떤 목표물도 정하지 말고, 당신의 마음이 강물처럼 흐른다고 상상하라. 당신은 강둑에 서서 흘러가는 물을 바라보고 있다. 당신의 생각, 기억, 감각, 감정 등 떠오르는 모든 것이 당신을 지나쳐서 흘러간다. 무엇이 나타나는지를 알아차리되 그것에 관여하지는 마라. 그것을 낚아 올리지 말고, 정교화하지도 말고 그냥 흘러가게 내버려두라.

4. 계속. 앞에서 했던 '화이트보드 지켜보기' 훈련과 달리 이번에는 당신의 화이트보드에 적히는 것들에 적극적으로 '꼬리표'를 붙이지 않을 것이며, 앞에서 했던 것처럼 호흡으로 돌아가지도 않을 것이다. 지금 당신이 할 일은 어떤 내용이 유용하거나 유의미하고 어떤 내용이 마음의 방황인지를 판별하는 것이 아니다. 당신의 마음이 방황하는 것을 막으려고 하지도 말자. 강물은 계속 흘러간다. 당신이 할 수 있는 일도 없고 해야 할 일도 없다. 이것이 통찰 명상의 핵심이다. 당신의 마음이 하고 싶어 하는 일을 하도록 허용하라. 당신이 할 일은 거리를 조금 두고 그 강물의 흐름을 관찰하되 참여하거나 관여하지 않는 것이다.

5. 분쟁 조정. 생각이나 감각들을 그냥 흘러보내기가 어렵다면 당신의 호흡으로 돌아가라. 당신의 호흡 감각을 그 흐르는 강물의 한가운데에 위치한 바위라고 상상하라. 한자리에 고정되어 있는 그 묵직한 사물에 당신의 주의를 위치시켜라. 준비가 됐다는 느낌이 들면 다시 주의를 확장해서 지켜보기 시작하라.

코어 연습을 해본 사람들은 통찰 명상이 가장 어렵다는 이야기를 종종 한다. 그래서 이 연습을 왜 하는지를 생각해볼 필요가 있다. 최근에 내가 통찰 명상 수련 중에 경험했던 일이다. 나는 우리 집 거실에서 연습을 하려고 준비를 끝마쳤다. 따뜻하고 아름다운 가을날이고 산들바람이 불고 있어서 창문을 활짝 열어놓았다. 우리 집 강아지 타시가 나와 함께 거실에 있었다. 타시는 창가에 누워서 길을 내다보고 있었다. 타시는 라사압소 종이다. 라사압소 종은 작은 몸집에 길고 하얀 털이 나 있어서 털을 깎아주지 않으면 바닥을 다 쓸고 다닌다. 나는 타시가 사랑스럽다고 생각하지만 청소용 걸레처럼 보일 때도 있다는 것을 인정한다. 티베트에서 개량된 종인 라사압소는 옛날에 사원에서 경비견으로 키우던 개였다. 라사압소의 임무는 사원의 공용 구역들을 순찰하고 침입자가 있을 때 큰 소리로 짖어 알리는 것이었다. 그래서인지 라사압소는 아주 잘 짖는다.

내가 연습을 시작한 지 몇 분도 지나지 않아서 타시는 벌써 뭔가를 향해 요란하게 짖어대고 있었다. 타시는 항상 짖는다. 특히 창가에서 밖을 내다보다가 사람이 지나갈 때마다 짖어대기를 좋아한다. 꼭 사람이 아니어도 된다. 자동차, 다람쥐, 나무에서 떨어진 작은 가지… 무엇이든 타시를 자극할 수 있다. 나는 연습을 계속하려고 노력했다. 따지고 보면 개 짖는 소리도 다른 소리와 마찬가지로 그냥 감각이니까. 하지만 타시는 고집스럽게 계속 짖었고, 나는 짜증이 나기 시작했다. 그때 이런 생각이 떠올랐다. '지금 나는 타시와 똑같은 행동을 하고 있구나.' 나는 거실 바닥에 앉아서 내 화이트보드에 어떤 새로운 것이 있는지 살피고 있었다. 타시는 직사각형 유리창 안에 어떤 새로운 것이 보이는지 살피고 있었다. 이거야말로 통찰 명상이 아닌가! 물론 나는 뭔가를 발견할 때마다 '짖는 소리를 내지는' 않았지만, 나의 행동은 개의 행동과 본질적으로 다르지 않았다. 타시는 뭔가를 알아차릴 때마다 짖었고, 나는 뭔가를 알아차릴 때마다 거기에 갇혀 감정적으로 반응하고 있었다. 나는 벌떡 일어나 커튼을 쳤다. 타시는 더 이상 짖어대지 않고 바닥에 드러누웠다.

우리는 우리의 생각에 그냥 '커튼을 쳐버릴' 수가 없다. 창가에 앉아서 뭐가 지나갈 때마다 짖어댈 수도 없다. 하지만 그것을 알아차리고, 그냥 지나가게 내버려두는 법을 익힐 수는 있다.

우리 집 강아지에게는 그런 능력이 없다. 하지만 우리에게는 있다! 이런 식으로 생각해보자. 당신은 누군가가 당신의 집 앞을 지나갈 때마다 밖으로 뛰쳐나가서 말을 걸고 싶은가? 아니다. 그렇다면 온종일 떠오르는 생각들도 똑같은 방식으로 대하면 된다. 당신은 사람들이 당신의 집 앞을 지나가지 못하게 할 수 없는 것과 마찬가지로 머릿속에서 아무런 생각이 떠오르지 않게 할 수 없다. 하지만 당신이 그 생각들과 상호작용하는 양상을 변화시킬 수는 있다. 언제 생각들에 관여할 것인지, 언제 관여하지 않고 생각이 그냥 지나가게 내버려둘지를 당신이 정할 수 있다.

선택의 지점

마이애미대학 총장과 참모들에게 내가 동료 스콧 로저스와 함께 개발한 전문직 종사자들을 위한 MBAT 프로그램을 제안했을 때의 일이다. 우리는 회의실에서 강좌를 진행했다. 약간의 설명을 하고 나서 실제 훈련으로 들어갔다. 우리는 마이애미대학 사람들과 꾸준히 협력하고 있었고, 그들에게 통찰 명상법을 알려주는 프로그램을 진행하는 중이었다.

우리는 모두 자리에 앉아서 '산 자세'를 취하고 있었다. 우리는 사람들에게 "마음속의 내용들이 하늘의 구름처럼 흘러가는 모습을 지켜보라"고 지시했다. 정식 명상을 시작하기 전에 그들 중 하나가 큰 소리로 한숨을 쉬었다.

"저 소음 때문에 미치겠네!" 그녀가 말했다. 에어컨에서 불규칙한 소리가 계속 나고 있었다. "저 에어컨 소리가 들리는 데서는 연습을 못하겠어요. 소리가 너무 거슬려요!"

맞는 말이었다. 그 에어컨 소음을 무시하기는 힘들었다. 그리고 그것은 통찰 명상을 하는 것이 삶 속의 바로 그런 순간들, 신경에 거슬리고 짜증나고 화가 치밀어 오르는 순간들에 대처하는 데 도움이 된다는 것을 알려줄 절호의 기회였다. 통찰 명상은 선택의 지점을 알아차리게 해준다.

나는 그날 모인 사람들에게, 그 순간 그녀가 경험한 것을 내가 똑같이 느끼지는 못하지만 나도 명상을 하다가 귀에 거슬리는 소음 때문에 짜증이 났던 적이 있다고 말했다. 만약 그런 순간에 그녀의 마음속 화이트보드 또는 내 화이트보드를 볼 수 있었다면 이런 것들이 보였을 것이다. 어떤 소리에 대한 자각. 이것은 마음속 화이트보드에 등록되는 감각적 경험이다. 그러고 나서는 어떤 개념이 나타난다. 저 소리가 아주 거슬린다는 생각. 다음은 감정이다. 그 거슬리는 것을 느낀다. 마지막으로 감정을 소리 내어 표현하게 된다. "저 소리가 너무 거슬려요!"

　감각, 생각, 감정, 행동을 하나씩 떼어 나열하니 조금 부자연스럽게 느껴지기도 한다. 이 모든 것이 마치 커다란 짜증 덩어리처럼 한꺼번에 느껴질 때는 더욱 그렇다. 하지만 통찰 명상과 같은 방법으로 우리 마음속에서 펼쳐지고 있는 것들을 관찰하는 법을 배운다면, 우리는 마음속의 사건들이 흘러가는 순서를 더 정확하고 더 미세하게 인식할 수 있게 된다. 사건들 사이의 작은 틈새를 인식할 수도 있다. 그 틈새에서 우리는 선택을 한다. 소리에 관한 감각적 경험을 '거슬린다'는 개념과 연결하는 것은 선택이다. 거슬린다고 느끼는 것은 선택이다. 그 감정을 표현하는 것도 선택이다.

　연습을 하면 우리는 마음속의 사건들을 알아차리고 개입할 기회를 더 잘 포착하게 된다. 그래서 다른 선택을 할 수 있게 된다. 일상에서 어떤 사건이 우리를 자극할 때 총알처럼 빠르게 반응하는 순간을 생각해보라. 예컨대 도로에서 누가 끼어들기를 해서 그 사람에게 손가락으로 욕을 했다고 치자. 그런 일화를 분해해서 선택 지점들을 알아차리는 것은 대단히 어려운 일처럼 보인다. 하지만 우리는 지금보다 잘할 수 있고, 통찰 명상이 여기에 큰 도움이 된다. 통찰 명상은 우리의 메타자각을 조율한다. 연습을 많이 하면 우리는 넓은 시야를 가지고 사건들을 경험하면서 매 순간 우리 앞에 펼쳐진 무한한 가능성을 발견할 수 있을지도 모른다. 이런 종류의 통찰에 관한 표현들 가운데 내가 가장 좋아하는 것은 록밴드 벨벳언더그라운드의 보컬 루 리드가 한 말이다. "생각과 표현 사이에는 평생의 시간이 놓여 있다."

그 에어컨 소음을 우리가 어떻게 할 수는 없었다. 온도를 조절해서 에어컨을 끌 수도 없었고, 에어컨을 고칠 사람을 찾아볼 시간도 없었다. 그 소리가 계속 나는 곳에서 명상 수련을 진행하는 수밖에 없었다. 그러나 선택 지점이라는 관점에서 우리의 경험을 생각하고 그 생각과 표현 사이의 공간을 발견하면 우리에게 기회가 생겨난다. '이 소리는 정말 거슬려'라는 생각이 떠오를 때 우리는 다른 선택을 할 수 있다. 화가 난다고 느끼고 화를 표현하는 대신, 그 감정에 매달리지 않는다는 선택을 할 수도 있다. 그냥 그 감정이 희미해지도록 내버려두고, 우리의 화이트보드가 다음번에 떠오를 내용에도 '수용적으로' 반응할 수 있게 해주면 된다.

에어컨이 덜덜거리는 소리에 관한 생각이든, 아니면 마음속에서 요란하게 울리는 걱정이나 공포든 간에 우리는 동일한 전략을 사용할 수 있다. 생각, 기억, 불안은 우리가 원하지 않을 때 마음속에 불쑥 나타나기도 한다. 다음번에 어떤 행동을 할지에 관해서는 우리에게 선택권이 있다는 사실을 기억하자. 강아지 타시를 생각하라. 그리고 다른 선택을 하라. 짖어댈 필요 없이 사람들이 그냥 지나가게 내버려두자.

불교에는 유명한 우화에서 유래한 '두 번째 화살'이라는 개념이 있다.[13] 부처가 제자에게 물었다. "네가 화살에 맞는다면, 아픔을 느끼겠느냐?"

"예!" 제자가 대답했다.

"만약 두 번째 화살에 또 맞는다면, 더 큰 아픔을 느끼겠는가?" 부처가 다시 물었다.

"예." 제자가 대답했다.

부처는 인생에서 화살에 맞느냐 맞지 않느냐를 우리가 선택할 수는 없다고 가르쳤다. 그러나 두 번째 화살은 첫 번째 화살에 대한 우리의 반응을 의미한다. 첫 번째 화살은 고통스럽다. 두 번째 화살은 그 고통에 관한 우리의 불편한 마음이다.

나는 이 우화를 아주 좋아한다. 마음챙김과 주의력의 관계를 단순하게 요약해서 보여주고 있기 때문이다. 첫 번째 화살을 맞을 수는 있다. 화살은 날마다 날아온다. 하지만 우리의 주의력 용량을 차지하는 것은 두 번째 화살, 즉 첫 번째 화살에 대한 우리의 반응이다. 이 두 번째 화살은 우리가 통제할 수 있다. 이것은 우리 자신의 마음에 대한 자각이 있으면 얼마든지 접근 가능한 또 하나의 선택 지점이다.

선택 지점은 또 하나의 영역에서 특별히 중요하다. 바로 '관계'라는 영역이다.

당신이 사랑하는 사람과 상호작용을 하고 있든, 방금 만난 사람과 상호작용을 하고 있든, 아니면 복수의 여신 네메시스와 상호작용을 하고 있든 간에 당신이 작업기억에 가지고 있는 그 사람에 관한 이야기, 또는 그 상호작용이 어떻게 진행될 것인지에 관한 '한 묶음'의 이야기가 사건의 흐름을 결정할 수도 있다. 당신과 그 사람의 관계만이 아니라 당신과 다른 사람들의 관계도 그렇다. 인간관계의 파급 효과는 상당히 멀리까지 퍼져 나갈 수도 있다. 우리의 관계들이 효과적인지, 따뜻한지, 소통이 잘되는지, 아니면 소통이 막혀 있고 오해가 많은지가 여기저기에 영향을 미친다.

뇌 신경망 안에서 메타자각에 중요한 역할을 하는 결절node 중 하나가 전전두엽 피질의 맨 앞쪽에 위치한다. 이 결절은 사회적 연결을 담당하는 뇌 신경망의 일부이기도 하다.[14] 이 결절은 우리가 메타자각을 가지고 있을 때 활성화된다. 우리가 다른 사람과 연결되어 그들의 현실을 시뮬레이션하고 그들의 관점에서 사물을 바라보고 있을 때도 이 결절은 활성화된다. 메타자각은 마치 다른 사람의 시각으로 우리 자신의 마음을 들여다보는 것과 같은 창을 제공하지만, 한편으로는 우리가 다른 사람의 마음을 들여다보게도 해준다. 우리는 주의력을 사용해서 시간 여행만 하는 것이 아니라 마음 여행도 할 수 있다.

9장　　　　　　　눈앞의 사람에게
　　　　　　　　집중하는 법

미국 오하이오주의 하원의원 팀 라이언Tim Ryan으로부터 워싱턴 D.C.에 와서 현역 군인들의 마음챙김 훈련에 관해 들려달라는 초청을 받았을 때, 나는 곧바로 우리가 군에서 최초의 마음챙김 연구를 수행했던 시기에 대위였던 제이슨 스피탈레타와 대위였던 제프 데이비스를 떠올렸다. 제이슨은 처음에 "이건 순조롭지 못할 겁니다"라고 경고했지만 나중에는 진심으로 훈련에 임했던 사람이다. 플로리다의 다리 위에서 주의력을 강탈당한 경험이 있는 제프는 마음챙김이 그의 "생명을 구했다"라고 이야기한다. 나는 두 사람에게 라이언 의원과의 만남에 동행해달라고 부탁했다.

　　우리는 워싱턴 내셔널몰 근처의 지하철역 앞에서 만났다. 몇년 만에 만난 두 사람은 내가 기억하는 것과 똑같이 원기 왕성한 모습이었다. 그들은 나를 만나자마자 근황 이야기를 들려주었다. 이라크에 파병될 무렵 심리학 박사과정을 반쯤 수료한 상태였던 제이슨은 우리와 협력했던 마음챙김 연구에서 깊은 인상을 받고서는 귀국한 후에 연구 주제를 바꿨다. 이제 그는 '고통 내성distress tolerance'을 연구하고 있다고 했다. 고통 내성이란 마음이 불편한 상태를 참아내는 능력을 의미한다. 제프는 군을 떠나 워싱턴대학에서 MBA 과정을 밟고 있었다. 플로리다 기지에서 훈련을 받고 워싱턴에서 대학원을 다니다가 바그다드로 파병된 두 사람의 생생한 이야기는 나를 사로잡는 동시에 나를 다른 곳으로 이동시켰다. 내가 의식하지도 못하는 사이에 나는 그 유명한 흰색 의회의사당 건물을 정면으로 응시하고 있었다. 그 순간 나는 이상한 점을 발견했다. 사람들이 죄다 우리 쪽을 쳐다보고 있었다. 정장 차림의 두 여성은 우리 쪽으로 힘차게 걸어오다가 갑자기 발걸음을 멈추고 길 건너편에서 우리를 뚫어져라 쳐다봤다. 이게 무슨 일일까?

나는 누가 있나 하고 뒤를 돌아봤다. 아무도 없었다. 제이슨이 웃음을 터뜨리며 말했다. "우리가 당신의 비밀 경호원으로 보여서 그런 거예요." 제프도 장단을 맞췄다. "아미시, 사람들은 당신이 누군지 알고 싶어 하는 겁니다." 정장 재킷을 입은 건장한 남성 두 명이 키가 158센티미터인 인도계 여성의 양편에 서서 걷는 모습은 워싱턴 D.C.에서도 사람들의 주의를 끌 만큼 진기한 광경이었다. 의사당까지 걸어가는 동안 두 사람은 나의 "형편없는 상황 자각"에 대해 서슴없이 놀려댔다. 나는 잠자코 듣는 수밖에 없었다.

우리는 하원의 부속건물인 레이번 빌딩에 있는 라이언 의원의 사무실로 갔다. 그리고 곧장 안내를 받아 그를 만났다.

"팀이라고 불러주세요." 나보다 키가 훨씬 큰 라이언 의원이 나와 악수를 하며 말했다.

모두 한자리에 앉은 순간부터 나는 팀의 완전하고 흐트러지지 않는 주의력에 놀랐다. 그는 직설적이고 질문이 많았다. 그는 제이슨과 제프의 군 복무 경험과 마음챙김 여정을 알고 싶어 했다. 또 앞으로 어떻게 하면 현역과 퇴역 군인들이 마음챙김을 쉽게 접할 수 있을지에 관한 의견을 물었다. 우리는 그들의 부대에서 수행했던 연구와 우리 실험실에서 진행 중인 연구의 결과를 설명했다. 20분이 지난 후 보좌관이 노크를 했다.

"하원에서 투표가 시작돼요." 보좌관이 말했다.

팀이 사무실을 떠난 지 몇 분 후, 벽에 설치된 TV 화면에 그의 모습이 다시 나타났다. 그는 무역에 관해 짧지만 열정적인 연설을 했다. 그러고 나서 잠시도 지체하지 않고 우리에게 돌아와 적극적으로 논의를 이어갔다.

그날 가장 인상적이었던 것은 팀이 자신의 삶에서도 마음챙김 훈련이 큰 가치가 있다고 이야기했다는 사실이다. 팀은 겸손한 태도로 자신이 워싱턴에서 겪은 일들은 제이슨과 제프가 해외 파병 기간에 견뎌낸 것에 비하면 아무것도 아니라고 말했다. 그는 날마다 마음챙김 훈련에 의지하고 마음챙김을 마음의 갑옷으로 삼고 있다고 털어놓았다. 그리고 그것은 가시적인 결과로 나타났다. 공익을 위한 그의 헌신은 사람들의 마음을 움직였다.

마이애미로 돌아오는 비행기 안에서 여러 가지 생각이 거품처럼 솟아났다. 팀 라이언 의원은 다른 중요한 일 몇 가지를 틈틈이 처리하면서도 우리에게 동기를 부여하고, 우리의 이야기를 귀 기울여 듣고 잘 이해했다. 그것은 경이로운 능력이었다. 예전에 나는 군인이나 응급의료원과 마찬가지로 정치 지도자들의 경우에도 압박과 요구가 그들에게 가장 필요한 자질들을 갉아먹는다는 것을 미처 생각지 못했다. 팀은 명료함, 연결, 공감이 훈련으로 획득 가능하다는 사실을 깨닫고 날마다 훈련을 했다고 한다. 나는 스스로에게 물었다. 이런 도구를 다른 지도자들에게도 선사하려면 어떻게 해야 할까? 이런 도구의 효과를 연구할 방법은 무엇일까? 비행기가 착륙할 때쯤 나는 에너지가 채워진 느낌을 받았다. 다시 일하러 갈 시간이었다.

'마음속 모델' 공유하기

코로나19 대유행 기간에 미국 질병통제예방센터에서 발표한 지침들은 사회적 거리 두기를 지속적으로 강조했다. 전염성이 강하고 치명적일 가능성이 있는 신종 코로나 바이러스의 전파를 막기 위해 다른 사람과 적어도 2미터의 간격을 유지하라고 했다. 사회심리학자들이 신속하게 지적한 대로 '사회적 거리 두기'는 부정확한 명칭이었다. 우리의 신체적·정신적 건강을 위해 더 중요한 것은 사회적으로는 연결된 상태를 유지하면서 물리적으로 거리를 두는 것이었다.

인간은 영아기부터 사회적 연결을 필요로 하며, 영아기를 지나서도 평생 동안 연결을 필요로 한다. "사회적 연결이 없으면 우리의 수명은 단축될 것"이라는 나의 말은 과장이 아니다. 고독과 사회적 고립은 건강 악화와 조기 사망의 위험 요인이다.[1] 지난 수십 년 동안 여러 분야에서 사회적 연결을 과학적으로 연구했다.

연구는 엄마와 아기의 애착관계에서부터 연애관계, 팀워크와 사회 관계망에 이르는 모든 측면에서 이뤄졌다. 그리고 주의력은 모든 사회적 관계의 근본 토대 중 하나다. 주의력은 매 순간 다른 사람들과의 상호작용을 결정한다. attention(주의)이라는 영어 단어는 '앞으로 내민다'라는 뜻의 라틴어 attendere에서 유래했다. 그런 의미에서 주의는 곧 연결이다.

당신이 전화로 누군가와 이야기를 나눈다고 상상해보라. 휴대전화 신호에 문제가 있다면 당신이 지각하는 내용들의 세부 사항이 잘 전달되지 않을 것이다. 당신의 집중이 흐트러지면 주의는 다른 곳을 향한다. 당신은 그 대화에 관한 조잡한 마음속 모델과 부정확한 상황 자각을 가지게 된다.

대화는 공통의 마음속 모델에 의지해서 이뤄진다.[2] 공통의 마음속 모델은 양쪽 화자가 공동으로 창조하며, 대화가 진행되는 동안 계속해서 갱신된다. 당신의 상상 속 전화 통화로 돌아가보자. 만약 입력과 처리 과정에 장애가 발생한다면 공통의 모델에도 문제가 생길 것이고, 그 통화는 두 사람 모두에게 부정적인 경험이 될 확률이 높다. 누구나 한번쯤은 그런 경험을 해봤을 것이다. 이것을 휴대전화 연결이 잘되는 상태에서 다른 데 신경 쓰지 않고 내 말에만 주의를 집중하는 상대와 통화하는 경험과 비교해보라. 상대의 말은 단어 하나하나가 또렷하고 선명하게 들리고, 상대의 주의는 오직 당신에게 고정되고, 통화하는 동안 두 사람이 오랫동안 깊이 공유했던 내용을 따뜻한 분위기에서 이야기한다. 이런 조건에서 공통의 마음속 모델은 안정적이고 풍성해지며 연결감을 강화한다. 두 사람은 인지적 조화를 느끼면서 둘이 함께 만드는 마음속의 공간으로 이동한다.

양질의 상호작용을 위해서는 일관성이 높은 마음속 모델이 필요하다. 그리고 일관성이 높은 모델을 만들기 위해서는 우리의 주의력 기술을 모두 동원해야 한다. 우리가 원하는 곳으로 섬광을 이동시켜야 하고, 눈에 잘 띄는 방해 요소의 유혹에 저항하거나 모델을 바로잡아야 한다. 시뮬레이션을 하되 마음속 모델이 틀린 경우, 즉 우리의 모델이 대화 상대의 모델과 맞지 않는 경우 스토리를 내려놓아야 한다(당신이 '동상이몽'이라는 표현을 사용한 적이 있다면 그게 어떤 느낌인지 알 것이다). 마지막으로 이 모든 것을 실행하려면 메타자각이 필요하다.

여기서는 우리가 지금까지 연습했던 기술들을 모두 사용해야 한다. 섬광의 방향을 통제하고, 다른 사람의 현실을 시뮬레이션해야 한다. 그리고 상호작용의 전 과정이 올바른 궤도에서 이뤄지도록 지켜봐야 한다.

복잡한 상호작용

인간의 상호작용은 복잡하고 미묘하다. 상호작용은 재미있고, 유쾌하고, 스트레스를 덜어주고, 만족스럽고, 생산적이다. 아니면 긴장이 가득하고, 까다롭고, 적대적일 수도 있다. 우리는 날마다 사람들과 상호작용을 한다. 어떤 상호작용은 손꼽아 기다리지만 어떤 상호작용은 두렵게 느껴진다. 그래도 우리는 모든 상호작용에 참가해야 한다. 상호작용이 매끄럽지 못할 때는 마치 극복할 수 없는 문제나 근본적인 문제가 있는 것처럼 보이기도 한다. 아니면 그냥 "사람은 원래 그래서" 문제가 생기는 것처럼 보이기도 한다.

삶 속의 다른 어려움과 마찬가지로 상호작용을 하다가 부딪치는 문제들은 대부분 알고 보면 비교적 간단하고 바로잡기도 쉬운 것들이다. 혹은 우리가 이 책에서 줄곧 논의했던 것처럼 훈련을 통해 해결할 수도 있다. 당신이 최근에 연결, 소통, 협업을 하다가 어려움을 느꼈던 일을 생각해보라. 확신하건대 두 사람 중 하나, 또는 둘 다에게 주의 산만, 조절 이상, 연결 단절 현상이 나타났을 것이다. 이런 현상은 주의력 및 작업기억과 어떤 관련이 있을까?

주의 산만
- 당신은 주의력 섬광을 한 명 또는 여러 명의 대화 상대에게 고정하지 못한다.
- 당신의 마음속 화이트보드가 어수선하다. 작업기억에서 주의를 산만하게 만드는 내용이 희미해지지 않고 그대로 남아 있다.
- 당신은 자꾸만 시간 여행을 떠난다. 대화를 하는 동안에도 그 순간에 머물지 못한다.

조절 이상
- 당신은 감정을 조절할 수가 없다.
- 당신은 사람들과 상호작용을 하는 도중에 과민반응을 하거나 변덕스러운 행동을 한다.

연결 단절
- 당신은 생각을 사실로 잘못 받아들인다.
- 당신은 상황에 관한 마음속 모델을 공유하지 못한다.

• 당신은 잘못된 마음속 모델을 상황에 적용한다.

내가 '당신'이라고 말한 것은 당신 자신을 책망하라는 뜻이 아니다. 손바닥도 마주쳐야 소리가 난다는 말이 있듯이, 주의가 흐트러지는 모든 순간은 당신 혼자만의 문제가 아닐 가능성이 높다.

이런 문제들은 대부분 우리가 자발적 주의의 방향을 돌리려고 할 때나 작업기억이 고갈될 때 경험하는 어려움에서 비롯된다. 작업기억이 고갈되면 많은 피해가 생긴다. 감정 조절 전략(예컨대 프레임 바꾸기나 재평가)에 사용할 정신적 자원이 줄어든다. 우리의 화이트보드는 마치 평소보다 '크기가 작아진 것처럼' 기능을 수행한다. 감정적으로 힘든 상황에서 정신적 작업에 사용할 수 있는 인지 자원이 얼마 남지 않았기 때문에 주의가 쉽게 산만해지는 것이다. 안타깝게도 양육 행동과 작업기억 용량에 관한 최근의 연구에 따르면, 작업기억 용량이 작은 부모들은 (작업기억 용량이 큰 부모들과 달리) 자녀에게 언어적 또는 감정적 학대 행동을 할 확률이 더 높았다.[3] 메타자각이 소실되면 다른 사람들과의 상호작용이 힘들어질 수도 있다. 그럴 때 우리는 다른 사람들과 공유되지 않는 부정확한 스토리(마음속 모델)를 만들어내고 이런저런 가정을 한다. 그 결과 실수를 연발하게 되는데, 그중에는 잘못된 결정과 행동이 포함된다. 사람들과의 상호작용이 힘들어지는 원인이 무엇이든 간에 결과는 동일하다. 그럴 때의 상호작용은 가장 좋은 경우에도 불충분하고 불만족스러우며, 최악의 경우에는 불쾌하거나 해로울 수 있다.

어떤 감정은 갑자기 우리를 덮친다

어떤 사람들은 '조절control'이라는 말을 들으면 로봇을 떠올린다. 여기서 조절은 그런 뜻이 아니다. 우리가 이야기하는 '조절'은 비례적인 반응을 의미한다. '비례적'이란 사건에 대한 감정 반응의 강도가 실제로 일어난 일의 중요도와 일치한다는 뜻이다. 예컨대 어떤 사람이 해고를 당하고 나서 울음을 터뜨린다면, 내가 보기에 그건 적절한 반응이다. 비례적인 반응이라고도 할 수 있겠다. 만약 어떤 사람이 커피를 쏟았다는 이유로 울음을 터뜨린다면? 음, 그건 좀 문제가 있다.

우리 모두 그런 경험을 해봤을 것이다. 감정을 주체하지 못하는 순간들은 갑자기 우리를 덮친다. 때로는 전혀 예상하지 못해서 아무런 준비도 하지 않았는데 그런 일이 닥친다. 직장에서, 친구들과 함께 있을 때, 아이들 또는 부모 앞에서, 또는 연인과 함께 있을 때. 우리는 나중에 후회할지도 모르는 방식으로 반응한다. 조절에 실패하고, 비례에서 벗어나고, 사건과 어울리지 않는 반응을 했다고 느낀다. 만약 당신이 이런 느낌을 받은 적이 있다면 그건 당신이 인간이기 때문이다. 그리고 당신이 직면하는 어려움의 일부는 주의력 및 작업기억과 관련이 있을 것 같다.

이것은 골치 아픈 역설이다. 강렬한 감정들은 우리의 주의를 사로잡고, 침해하고, 우리의 작업기억을 차지해버린다. 강렬한 감정들은 우리가 주제에서 벗어난 불쾌한 기억과 생각을 들춰내게 만든다. 강렬한 감정들은 '불행의 고리'에 연료를 제공한다. 그러는 동안 우리는 바로 그 작업기억을 사용해서 우리 안에서 생겨나는 감정들에 발 빠르게 대처해야 한다. 일종의 악순환인 '끌어내리기' 효과가 발생한다. 기분이 나빠지면 작업기억이 저하되고, 작업기억이 저하되면 기분은 더 나빠진다. 이 인지 급강하의 악순환에서 빠져나오려면 어떻게 해야 할까?

우선 우리는 마음챙김 수련을 통해 주의 분산, 조절 이상, 단절을 막아주는 능력을 함양해야 한다. 앞에서 소개한 코어 연습들은 모두 도움이 되며, 바로 앞 장에서 설명한 메타자각을 키워야 한다. 그러면 우리가 매 순간 하는 경험들 속의 내용과 처리 과정을 명료하게 바라볼 수 있다. 우리 자신의 감정 상태를 자각하고 있어야 필요할 때 개입해서 그 감정을 조절할 수 있다.

나의 경우 마음챙김 수련을 처음 시작했을 때 나 자신의 감정 상태를 자각하고 있으면 과민반응을 억제하는 데 도움이 된다는 것을 느꼈다. 그리고 내가 과민반응을 했더라도(예컨대 좌절해서 고함을 쳤더라도) 더 빨리 사과할 수 있게 됐다. 나의 경우 고함치는 것을 아예 억제하지는 못했다. 반응이 터져 나오는 속도가 너무 빨랐다. 하지만 나의 분노가 솟구치는 것을 지켜볼 수는 있었다. 나는 분노가 상승하는 경로를 따라가다가 얼굴이 달아오르고, 목 안에서 덩어리 같은 것이 올라오고, 두 팔이 얼얼해지는 것을 실제로 느꼈고, 다음 순간 큰(지나치게 큰) 목소리를 들었다. 이 과정들을 하나하나 자각할 수 있게 된 건 발전처럼 보이지 않을 수도 있지만 사실 작지 않은 발전이었다. 물론 애초에 고함을 치지 않았다면 더 좋았을 것이고, 앞으로 그 방법도 알아볼 것이다. 하지만 사과를 신속하게 하게 된 것도 나와 내가 고함친 상대를 덜 불행하게 만드는 일이다. 고함을 치고 나서 나 자신의 과민반응을 후회하며 15분 동안 의기소침해져 있거나 자신을 책망할 일도 없어진다. 신속하게 사과할 수 있게 된 것만으로도 큰 성과였다. 그건 내가 발전하고 있으며 과민반응의 악순환을 깨뜨릴 수 있다는 신호였다.

어떤 경험이 우리를 감정적으로 압도한다 해도 우리는 그 경험을 대하는 태도를 바꿀 수 있다. 이 말은 무슨 뜻일까? 얼마 전에 나는 실험실에서 힘든 하루를 보내고 저녁 늦게 집에 들어갔다. 회의가 연달아 열렸고, 다음 날에는 신경 써야 하는 마감이 있었다. 나는 굉장히 피곤했고, 나만의 생각에 사로잡혀 있었다. 그런데 차고에 딸린 문을 통과해 부엌에 들어서자마자 혈압이 오르게 하는 광경이 보였다. 믹서기. 그날 아침에 만들어 먹은 스무디의 흔적이 그대로 남아 있었고, 초파리가 들끓고 있었다.

얼굴이 화끈 달아올랐다. 화가 치밀었다. 나의 생각은 곧바로 그날 아이들과 함께 집에 머물렀던 남편 마이클을 향했다. '믹서기를 쓰고 나서 물에 헹궈내는 데 1분이면 되는데.' 전에도 믹서기에 관해서 잔소리를 한 적이 있었다. 나는 믹서기가 지저분한 게 정말 싫다고 했고, 남편은 앞으로 잘 기억하겠다고 대답했다. 내 마음은 섣부른 결론으로 직행하고 있었다. '마이클은 정말로 내 말을 안 듣는구나! 나에게 애정이 없다니까!' 몇 초 사이에 나의 생각은 지저분한 믹서기에서 그보다 훨씬 심각한 문제로 옮겨갔다.

그 시점에 나에게 가능한 선택이 몇 가지 있었다. (1) 남편의 방으로 달려가서 불쌍한 남편에게 고함을 친다. (2) 화를 가라앉히고 아무렇지도 않은 것처럼 행동한다. (3) 상황을 재평가한다. (4) 탈중심화를 한다.

이 모든 선택은 내가 주의를 기울여야 하고 나의 작업기억을 사용해야 하는 것이었지만, 그중 어떤 것은 주의와 작업기억을 더 많이 필요로 했다. 특히 (2)와 (3)은 주의와 작업기억을 많이 요구 하는 선택이었다. 그리고 (2)는 '억압'이라서 장기적으로는 효과적 이지 않을 것 같았다. 믹서기에 대한 나의 분노는 다른 어떤 상황 에서 터져 나올 것이 뻔했다. 억압은 실행 주의력과 작업기억을 사 용하는데, 억압을 계속 유지하는 데도 이 자원들이 필요하다. 적극 적으로 뭔가를 억압하고 있을 때는 다른 활동을 하기 위한 인지 용 량이 줄어든다.[4]

결국 남은 선택은 (3) '재평가'이다. 재평가란 우리가 어떤 상 황에 관해 생각하는 방식을 바꾸는 것이다. 그 상황의 감정적 영향 을 변화시키기 위해 상황을 다르게 평가하거나 다르게 해석한다. 다행히도 나는 재평가에 성공했다. 나는 그 자리에 가만히 서서 부 엌을 맴도는 초파리들을 바라보면서 그 사태에 대해 생각하는 틀 을 바꿨다. '내가 일하러 나간 동안 남편은 여기 집에서 요새를 지 켰다. 남편도 할 일이 많았지! 그래도 아이들은 건강하고, 잘 먹었 고, 안전하게 잘 있어. 지금 우리가 가진 좋은 것들에 비하면 이건 작은 문제야.' 우리는 재평가를 통해 부정적 감정을 약화하고 상황 을 더 명료하게 바라볼 수 있으며, 그 상황이 우리가 처음에 생각 했던 것만큼 부정적인 영향을 미치는지 여부를 판단할 수 있다. 사 실 그건 그렇게 큰 일이 아니었다. 망가지거나 고장 난 것도 없었 다. 그저 남편에게 믹서기를 씻어달라고 부탁하면 될 일이었다. 아 니면 그냥 내가 씻어도 되고.

요즘 내가 자주 사용하는 전략은 (4) 탈중심화다. 앞에서 연습 한 대로 조감 시야를 가지고 상황을 바라본다. 아니면 더 신속하게 움직이기 위해 '멈추기-엎드리기-굴러가기'(화재에 대응하는 간단한 수칙으로, 옷에 불이 붙었을 때 침착하게 바닥에 누워 몸을 양옆으로 굴리는 방법. 여기서는 머릿속에서 복잡하게 생각하지 말고 몇 가지 정해진 행동을 순서대로 한다는 뜻으로 해석된다 – 옮긴이) 방법을 쓴다. 멈추고, 엎드리고, 굴러가라.

- **머릿속으로 실제 상황과 전쟁을 벌이지 마라.** 그냥 상황을 받아들여라. 그게 현실이다. 분명히 말하자면 당신이 그 상황에 '무조건 만족'해야 한다는 뜻은 아니다. 전쟁을 벌이지 않는다는 것은 실제 사건에 대한 당신의 판단과는 아무런 상관이 없다. 그저 당신이 실제로 벌어진 일을 인정하고 있다는 뜻이다.
- **스토리를 내려놓아라.** 상황에 대한 당신의 분석은 그저 하나의 이야기일 뿐이다. 그게 유일한 정답은 아니다.
- **그 상황과 함께 굴러가라.** 계속 움직이고, 계속 앞으로 나아가라. 다음 순간에 대한 호기심을 가져라.

'멈추기-엎드리기-굴러가기' 방법을 사용하면 민첩하고, 개방적이고, 수용적인 태도를 유지할 수가 있다. 또 이 방법은 작업 기억을 자유롭게 해준다. 재평가를 할 때처럼 기분을 달래기 위해 새로운 틀이나 스토리를 짜낼 필요가 없기 때문이다. 멈추기-엎드리기-굴러가기 방법을 선택할 때 나는 그 상황에 관해 더 많은 데이터를 얻을 것이라는 자신감을 갖게 된다. 나의 스토리가 무엇인지 자각하고, 그 스토리가 불완전하거나 부정확할 가능성을 염두에 두고 있다. 그리고 나의 감정 상태가 달라질 것이라고 확신한다. 나의 생각과 감정들을 붙잡거나 고리에 갇히지 않고, 생각과 감정이 자유롭게 오가도록 내버려둔다.

남편에게 다가갔을 때, 그는 자신의 작업기억 용량을 모두 잡아먹은 것이 틀림없는 새로운 업무를 처리하느라 컴퓨터 앞에서 바쁘게 일하고 있었고, 나는 더 이상 화가 나 있지 않았다. 나에게 이런 도구가 있다는 것이 감사할 따름이었다.

우리의 하루, 우리의 삶은 '믹서기의 초파리들' 같은 상황으로 가득 차 있다. 때로는 사소한 일이, 때로는 심각한 일이 벌어진다. 때로는 엄청나게 큰 문제가 생긴다. 위기의 순간, 또는 당신과 다른 사람들의 운명을 좌우할 중대한 결정의 순간이 찾아온다. 작은 사건이 큰 영향을 미칠 수도 있다. 작은 사건들 또는 통제되지 못한 감정 반응이 많아지면 우리의 가장 소중한 관계를 갉아먹는다.

비례적으로 반응하는 능력은 사람들과의 모든 상호작용에 영향을 미친다. 그리고 연결하고 협력하고 소통하는 능력도 우리의 주의력에 의존한다.

현재에 머무는 것

육군 중장 월트 피아트는 이라크 키르쿠크에 도착했다. 분쟁 중인 부족들의 지도자 3명의 만남을 중재하기 위해서였다. 미국에서 새로 파견된 지휘관으로서 그는 세 부족을 한자리에 불러서 해결책을 찾고 싶었다. 한때 그 부족들은 공통의 적인 ISIS(이라크이슬람국가)에 대항하기 위해 힘을 합쳤다. 하지만 ISIS가 그 일대에서 철수하자 그들은 서로 충돌을 일으켰고 모두 미국에 분노하고 있었다. 좋게 표현하더라도 회의실에는 '팽팽한 긴장'이 감돌았다.

회의의 시작은 모닥불과 흡사했다. 긴장과 적의가 활활 타올랐다. 3명의 지도자들은 서로에게 불만을 표시하고 키르쿠크에 미군이 주둔하는 것에 대해서도 불만을 제기했다. 가장 쉬운 방법은 재빨리 문제의 해결책을 찾는 논의로 화제를 바꾸거나 방어적인 태도를 취하는 것이었다. 하지만 피아트는 그들이 이야기를 다 쏟아내도록 두었다. 그는 그저 이야기를 들을 생각이었다. 모든 주의력을 그 순간으로 가져오고, 말을 할 때는 각각의 지도자에게 집중하고, 그들의 말을 최대한 열린 자세로 받아들이려고 노력했다.

모두가 이야기를 끝냈을 때 월트는 말했다. "지금까지 제가 들은 내용을 정리해보겠습니다." 그러고 나서 그는 그들이 방금 쏟아낸 불만들을 아주 정확히 되풀이했다.

그날 그는 큰 문제들을 해결하지는 못했다. 그는 그 회의에서 제기된 까다롭고 민감한 문제들에 대해 거창한 해결책을 제시하지 않았다. 그런데 그보다 좋은 일이 생겼다. 관계 자체가 달라진 것이다. 부족 지도자들은 상대가 자신들의 이야기를 경청하고 자신들을 존중한다고 생각했다.

"그들의 얼굴만 봐도 알 수 있었습니다." 월트가 말했다. "그들은 '이 사람과는 협력할 수 있겠다'라고 생각하는 것 같았어요."

회의는 생산적으로 끝났다. 세 부족은 서로 이야기를 나눌 수 있게 됐다. 회의가 끝날 때쯤 부족 지도자 중 한 명이 월트에게 다가왔다. 그는 아름다운 장식이 들어가고 은이 박힌 기도용 묵주 팔찌를 차고 있었다. 그가 자기 팔에서 그 팔찌를 풀어 월트에게 주며 이렇게 말했다. "당신이 아니었다면 이런 결과를 얻지 못했을 거요." 그건 감사를 표시하는 아름다운 행동이었다.

'듣기'를 수동적인 행위로 생각하기 쉽지만, 사실 듣기를 제대로 하는 것은 까다로운 일이고 상당히 능동적인 과정이다. 듣기를 제대로 하려면 주의력을 통제하고 감정을 조절해야 하며 상대에게 공감해야 한다. 집중, 메타자각, 탈중심화를 해야 한다. 듣기는 수동적인 것과 거리가 멀다. 듣기는 힘든 일이다. 그리고 잘 듣는다는 것은 귀중한 일이다. 때로는 잘 듣는 것이야말로 우리가 가장 먼저 실행해야 할 '행동'이다. 주의력으로 갈등의 경로를 바꾼 월트의 이야기는 나에게 희망을 준다. 이 이야기는 아주 간단하지만 결코 쉽지 않은 '현재에 머물기'가 실제로 어떤 성과로 이어질 수 있는지를 보여준다.

듣기 연습

전통적인 지혜는 소통을 잘하고 싶으면 소통하는 법을 연습하라고 가르친다. 하지만 중요한 사항이 하나 더 있다. 소통을 잘하는 사람이 되려면 들을 줄 알아야 한다. 정말로 잘 들을 줄 알아야 한다. 정말로 잘 듣는 사람은 다음번에 뭐라고 말할지에 관한 정보를 더 많이 얻는다. 어떤 말을 해야 가장 적절하고 친절하며 전략적으로 유용할지를 파악하게 된다. 다음과 같이 연습을 해보자.

무대 만들기 친한 친구 또는 가족에게 던질 질문 하나를 생각한다.

"이번 주말에 뭐 하고 싶어?"와 같은 질문을 선택하라. 상대가 2분 동안 이야기를 이어갈 수 있는 주제가 좋다(가급적 대화를 시작하기 전에 당신이 경청 연습 중이라는 사실을 알려라).

1단계 상대에게 질문을 던진다.

2단계 2분 동안 당신의 주의가 상대의 답변에 머물게 한다. 상대의 답변에 주의의 닻을 내려라. 코어 연습을 할 때와 마찬가지로, 당신의 마음이 방황하는 것을 알아차리면 마음을 제자리로 돌려놓는다. 이것 역시 연습이다.

3단계 1분 동안 당신이 들은 이야기를 세세한 사항까지 모두 종이에 적어보고, 그 종이를 상대에게 건네준다.

4단계 역할을 바꿔서 상대에게 당신의 이야기를 2분 동안 들어달라고 요청한다.

결과 보고 당신의 이야기가 끝나면 다음의 평가 질문에 답해보라.

상대의 이야기를 들으면서 당신의 주의를 온전히 집중할 때 기분이 어땠는가?

상대가 당신의 이야기에 주의를 기울일 때 기분이 어땠는가?

들기는 강력한 연습이다. 듣기 연습은 우리에게 수용적인 상태에 익숙해질 기회를 제공한다. 심지어는 그냥 지켜보기만 해도 수용적인 태도를 연습할 수 있다. 미국의 전설적인 야구선수 요기 베라는 특유의 무심한 말투로 이런 말을 했다. "그냥 지켜보기만 해도 많은 것을 알아낼 수 있다."

집중이라는 최고의 애정 표현

얼마 전에 우리 딸 소피는 학교에서 '숙제 없는 날'을 맞이했다. 내가 저녁에 무엇을 하고 싶은지 물었더니 소피는 쿠키를 굽고 싶다고 했다. 하지만 소피의 요구는 구체적이었다. 나와 함께 베이킹을 하고 싶다고 했다. 아빠가 도와주는 것은 원하지 않는다면서 아빠한테는 부엌에 들어오지도 말라고 했다. 꼭 엄마와 딸의 베이킹 시간이어야 한다는 것이었다. 우리 둘만의 시간.

　우리는 인터넷에서 쿠키 레시피를 찾아서 베이킹을 시작했다. 모든 재료를 조리대 위에 늘어놓고, 팬에 기름칠을 하고, 오븐을 예열했다. 처음 해보는 조리법이었기 때문에 나는 휴대전화를 꺼내 지시문을 확인하고 또 확인했다. 그런데 내가 휴대전화를 볼 때마다 소피가 불만을 표시했다. "엄마, 왜 전화기를 보고 있어?" 내가 휴대전화를 힐끔 보기만 해도 소피는 목청을 높였다. 처음에는 당혹스러웠다. '저 아이가 왜 저렇게 과민반응을 하지?' 그러다가 내가 요즘 굉장히 바빴고, 첫째의 대학 입학과 여름 인턴십에 관해 의논하느라 아들과 주로 시간을 보냈고, 지난 며칠 동안은 실험실에서 야근까지 했다는 데 생각이 미쳤다. 소피는 엄마가 자신에게 시간을 내주지 않는다고 느꼈던 것이 분명했다.

　나는 지난 몇 주 동안 소피의 마음이 어땠을까 하는 생각에 갑작스러운 죄책감과 슬픔을 느꼈다. 그러나 재빨리 현재 순간으로 돌아와서 나 자신에게 두 가지 중요한 질문을 던졌다. 지금 당장 필요한 것이 무엇인가? 중요한 것은 무엇인가? 소피와 함께 쿠키를 굽는 것, 우리 둘이 함께하는 것. 그것이 중요했다. 그러면 가장 중요한 목표를 위해 지금 당장 할 수 있는 일은? 소피에게 완전히 집중하는 것. 그 아이가 원하는 것도 그것뿐이었다. 그날 밤 우리 둘은 쿠키를 얼마나 많이 먹었는지 모른다. 소피가 잠든 후에, 만약 내가 주의력 위기를 겪고 있었다면 그날 저녁 시간이 어떻게 흘러갔을지를 한번 상상해봤다. 주의력 위기를 맞이했을 때 나는 훨씬 산만했고 주변에서 벌어지는 일을 다 수용하지 못했다. 그때였다면 소피가 나에게 원했던 것을 놓쳤을 가능성이 높다. 설사 소피가 원하는 것을 알아차렸다 해도 나는 그걸 해주지 못했을 것 같다. 나 자신에게도 온전히 집중하지 못할 때였으니 다른 사람에게 온전히 집중하기란 불가능했을 것이다.

지금은 무엇이 달라졌나? 내 마음은 조금 더 현재에 집중하고, 더 유연하고, 언제든지 사용 가능한 것처럼 느껴진다. 나는 미소를 지으며 생각했다. '최고의 마음 상태란 이런 거구나.' 나에게 최고의 마음이란 완벽한 상태도 아니고 가상의 산봉우리에 있는 것도 아니다. 동기부여를 위한 포스터들은 대개 어떤 여자가 산꼭대기에 서서 허공을 향해 두 팔을 벌리고 절정의 순간을 만끽하는 모습을 보여준다. 최고의 마음은 다른 어딘가로 가려고 애쓰는 것이 아니다. 최고의 마음은 그보다 단순하고 우아하며 도달하기 쉽다. 내가 생각하는 최고의 마음은 삼각형이다. 밑변은 현재의 순간이고, 양쪽 변은 두 가지 주의력이다. 하나는 알아차리고 관찰하며 현재에 머무는 데 사용하는 수용적 주의력이고, 다른 하나는 한곳에 집중하고 유연성을 유지하는 집중적 주의력이다.

수용적 주의력과 집중적 주의력은 둘 다 뇌의 귀중한 자원이며 우리가 가진 귀중한 통화currency 자원이다. 우리 곁에 있는 사람들은 우리가 그 자원을 무엇에, 어디에, 누구에게 사용하는지 알게 된다. 주의 집중은 어느모로 보나 최고의 애정 표현이다.

다른 사람과 온전히 연결되기 위해서는 주의력과 함께 일련의 고유하고 복잡한 기술들이 필요하다. 우리가 원하는 연결의 순간들은 대부분 긍정적이고 사랑이 깃들어 있지만, 살다 보면 까다롭거나 적대적인 상호작용에 참여할 일도 생긴다. 실제 인간관계의 스펙트럼은 다양하며, 그중에는 특별히 까다로운 관계들도 있다.

불편한 연결도 존재한다

2012년 전략 및 소통 컨설턴트인 세라 플리트너Sara Flitner는 일생일대의 결정을 했다. 시장에 출마하기로 한 것이다. 그녀는 회사를 경영하는 일을 즐겼고 비판적 사고와 공감 능력을 활용해 복잡한 문제를 해결하는 일을 좋아했다. 그녀는 관광객들의 성지인 그랜드티턴 국립공원과 옐로스톤 국립공원에 인접한 와이오밍주 잭슨(일반적으로 잭슨홀이라고 불린다)에 살았는데, 그곳에서 여러 가지 문제를 발견했다. 잭슨은 사회경제적 계층이 가장 극명하게 나뉘는 곳이었다. 그래서 우울증과 약물 남용, 노숙자의 비율이 높았고 스트레스가 많았다. 세라는 자신이 정책을 통해 지역사회를 변화시킬 수 있다고 생각했다. 시스템 내부로 들어가서 사회를 바꾸려는 노력을 꼭 해보고 싶었다. 그녀의 목표는 "권력자들에게 연민, 시민의식, 동료 시민들에 대한 기본적인 예의와 존중이 스며들게 하는 것"이었다.

그래서 결과는 어땠을까?

세라는 웃음을 터뜨렸다. "저는 태풍의 눈으로 곧장 걸어 들어 갔죠."

선거에서 승리한 세라는 시장에 취임한 후 지방자치의 영역에서도 정치적 분열이 심하다는 것을 알았다. 처음에는 세라와 상대편 후보 모두 정직하고 깨끗하게 선거운동을 했지만, 두 번째 선거에서는 상대편이 네거티브 전술을 사용했다. 세라는 날마다 수사학적 공격에 어떻게 대응할지를 결정해야 했다. 그녀는 아침에 일어나서 제일 먼저 마음챙김 명상을 하고 휴대전화, 뉴스, 소셜미디어는 일체 보지 않았다. 세라는 마음챙김 명상이 "뇌를 쉬게 하고", 자신에게 "정말로 중요한 것에" 집중할 시간을 확보해준다고 말한다. 선거운동 초반부터 "더러운 전략"을 쓰지 않겠다고 결심한 그녀는 그 원칙을 끝까지 지켰다. 선거에서 지고 있었을 때도.

2년의 시장 임기가 끝나갈 즈음, 세라는 "저는 사람들을 사랑해요!"라는 농담을 던지고 나서 바로 말을 정정했다. "저는 사람들이 정말 싫어요!" 하지만 솔직히 말해서 그녀는 시장 자리에 있었던 시간이 비록 어렵고 고통스럽고 환상이 깨지는 시간이긴 했지만 자신에게 가치가 있었고 실제로 변화를 일으키기도 했다고 생각한다. 그녀는 마음챙김 명상이 "구명 밧줄"을 던져주었다고 말한다. 마음챙김 명상 덕분에 그녀는 다른 사람들과 연결될 수 있었고 일을 끝까지 해낼 수 있었다. 특히 사람들과의 상호작용이 적대적이고 갈등으로 가득 차 있었던 시기에 마음챙김 명상이 큰 도움이 됐다.

다른 사람들과 불편하거나 어려운 상호작용을 하다 보면 감정적 반응에 압도당할 수도 있다. 우리는 그 상호작용을 회피하거나 최대한 빨리 끝낼 방법을 찾기도 한다. 그러나 장기적으로는 둘 다 주의력과 정신건강에 좋은 전략이 못 된다. 해결되지 않은 문제, 의문, 의심들은 갈등상태가 되어 당신의 생각을 반추의 고리로 끌어들인다. 사람 사이의 갈등 역시 주의력을 고갈시킬 수 있다. 그러면 우리는 어려운 상황을 우아하게 또는 생산적으로 헤쳐 나가지 못하게 된다.

"우리가 연민이나 공감에 사용할 '예산'이 정해져 있는 것처럼 행동하면서 서로를 힘들게 하는 모습을 보면 가슴이 아픕니다." 세라가 말한다. "우리는 이런 태도를 가지고 있어요. '나의 연민은 내가 좋아하는 사람들을 위해 아껴둬야 해. 당신에게는 줄 수가 없어.' 이것은 뇌의 원초적인 추론입니다. 사실 우리는 여기에, 바로 우리의 머릿속에 훨씬 발달한 기술을 가지고 있는데도 말이지요."

선택 연습: "나처럼 해봐요"

까다로운 상호작용을 할 때는 잠깐 쉬는 시간을 가져라. 심호흡을 한 번 할 정도 시간도 좋다. 아니면 까다로운 상호작용을 시작하기 전에 잠시 시간을 내서 그 사람을 머릿속에 떠올려보고, 자신에게 다음과 같은 이야기를 들려주어라. "이 사람은 나와 똑같은 고통을 겪고 있어. 이 사람도 나와 똑같이 사랑하는 사람을 잃은 적이 있어. 나와 똑같이 기뻐하기도 했고. 나와 똑같이 엄마 뱃속에서 태어났지. 이 사람은 언젠가 죽을 텐데, 그것도 나랑 똑같아." 만약 이런 문구들이 와 닿지 않는다면, 모두가 공유하는 인류의 보편적인 특징을 강조하는 다른 문구로 바꿔도 무방하다.

네 번째 연습: 연결 명상

세라 플리트너는 잭슨 시장 임기를 마친 뒤에도 지역사회를 더 나은 곳으로 만들려는 노력을 멈추지 않았다. 그녀는 '비커밍 잭슨 홀Becoming Jackson Whole'이라는 재치 있는 이름의 단체를 설립했다. 비커밍 잭슨홀은 지역사회 서비스, 보건, 교육, 비즈니스, 법률 등 다양한 분야의 리더들에게 증거 기반 마음챙김 기술들을 훈련시켜 회복력을 키워준다. 그렇게 해서 사람들의 개인적 웰빙과 직업적 성취에 도움을 주고자 한다.

내가 세라를 만난 것은 2019년, 비커밍 잭슨홀이 지역사회의 시민 수백 명을 모아 대토론회를 개최했을 때였다. 나는 그 행사에 초청받은 연구자 중 한 명으로서, 우리 실험실에서 마음챙김에 관해 연구한 결과들을 발표하기로 했다. 발표 시간에 나는 스콧 로저스와 공동으로 진행하고 있던 연구와 훈련 프로그램에 관해 설명했다. 당시 우리는 다양한 프로젝트를 운영하면서 교사, 전문경영인, 군인의 배우자, 의료계 종사자와 의사 지망생 등 다양한 집단에 마음챙김 기반 주의력 훈련(MBAT) 프로그램을 제공하고 있었다. 세라는 MBAT가 여러 직업군에 두루 활용 가능하며 시작은 대면으로 하되 나중에는 원격으로 수련을 이어갈 수 있다는 사실을 알고, 우리에게 다시 잭슨에 와서 프로그램을 만들어달라고 요청했다. 세라의 팀은 지역사회 리더들을 모아서 우리 프로그램에 참여시켰다. 특히 각자의 조직 내에서 다양한 위치에 있는 사람들을 대상으로 삼았다. 여기에는 병원의 CEO와 간호사, 보안관 외에 하급 경관도 포함되었다. 세라는 그 프로젝트에 대해 이렇게 회상한다. "그냥 '상대'에게 주의를 집중할 수 있게 된 것만으로도 놀라운 변화가 나타났어요. 그들이 우리와 대면으로 함께한 시간은 고작 이틀이었지만, 마음챙김 훈련이 아니었다면 그런 종류의 연결들은 만들어지지 않았을 겁니다."

세라는 자신이 단체를 설립하고 그렇게 많은 사람들(그들은 대부분 바쁘게 살아가는 고위급 전문직 종사자들이다)을 한자리에 모을 수 있었던 것이 모두 마음챙김 명상 덕분이라고 말한다. 연결 명상과 자애 명상은 초창기부터 그녀의 경력을 든든하게 받쳐주었다. 지역사회 지도자들을 위한 MBAT 프로그램을 시작할 때 그녀는 잭슨의 이름난 CEO들에게 일일이 연락해서 '이틀만 시간을 내주세요'라고 부탁해야 했다. "그분들이 기꺼이 이틀을 내주신 것은 저와 좋은 관계를 맺고 있었기 때문입니다." 세라가 말한다. "저는 '이걸 먼저 챙기세요. 그러면 성공하실 겁니다'라고 말했고, 그분들이 저를 믿어준 거죠. 그분들에게 시간 낭비가 되지 않을 거라고 생각했어요."

세라의 결론, 연결은 '끈적거리는' 것도 아니고, 소프트 스킬soft skill(대인관계와 관련된 스킬로서 소통, 팀워크, 문제해결 등과 같은 비전문적이고 포괄적인 능력을 말한다. 협업 능력, 의사소통 능력, 리더십 등이 소프트 스킬에 포함된다 – 옮긴이)도 아니다. 연결은 기본 중의 기본이다. 연결은 친절한 태도와 다르고, 모든 사람과 무난하게 잘 지내는 것과도 다르다. 연결을 하려면 감정 독해력과 관계 형성 기술을 사용해야 한다. 세라는 까다로운 상호작용을 잘 해내려면 진지해져야 한다고 생각한다. 당신은 얼마나 많은 기여를 하려고 하는가? 당신은 방 안에서 목소리를 가장 크게 내거나 사람들을 위협하는 방법에 의존하고 싶은가? 아니면 가장 고차원적인 상호작용에 필요한 연결과 협업 기술을 연마하기를 원하는가?

"연결과 협업 능력이 없으면 다른 능력이 아무리 뛰어나다고 해도 소용없다고 생각해요. 그 사람은 성공하지 못할 테니까요." 세라의 말이다. "그 사람이 암 치료법을 발견했을 수도 있지만, 아무도 그의 말을 들어주지 않는다면 그 치료법은 아무런 가치가 없잖아요."

이 책에서 마지막으로 소개하는 코어 연습은 연결 명상이다. 전통적인 명상에서는 연결 명상을 '자애 명상'이라고 부르기도 한다. 하지만 이 명상은 꼭 사랑하는 사람들에게만 초점을 맞추지 않는다. 시작은 그런 식으로 많이 하지만. 연결 명상의 목표는 다른 사람들과, 그리고 우리 자신과 연결되고 그들에게 선의를 베푸는 능력을 키우는 것이다. 우리와 가까운 사람으로 시작하고, 나중에는 범위를 넓힌다. 우리의 섬광을 넓은 세상에 비추고 다른 사람들에게 '선의'를 투사하는 것은 주의력을 사용해서 명상하는 또 하나의 방법이다.

코어 연습: 연결 명상

1. 편안하게 앉은 자세를 취하되 경계를 늦추지 않는 상태로 시작한다. 호흡에 닻을 내리고 호흡과 관련된 감각에 집중한다.

2. 이제 당신 자신에 대한 감각을 삶의 지금 이 순간, 당신의 마음속으로 집어넣어라.

3. 선의를 베풀기 위해 다음의 문구들을 속으로 외워보라(3분간).

(주의: 핵심은 자신에게 선의를 베푸는 것이지 요청이나 요구를 하는 것이 아니다. 다음 문장들을 소리 없이 암송하라.)

내가 행복하기를
내가 건강하기를
나의 안전이 지켜지기를
내 삶이 평안하기를

문구의 내용과 순서는 중요하지 않다. 어떤 사람들은 '나의 안전이 지켜지기를' 대신 '내가 고통에서 벗어나기를'이라고 말하기도 한다. '내 삶이 평안하기를' 대신 '내가 평화를 찾기를'이라고 말하기도 한다. 중요한 것은 당신의 마음에서 우러나오고 메시지를 받을 사람에게 선의를 전달할 수 있는 문구를 선택하는 것이다.

4. 다음으로 당신 자신에 대한 감각이 초점에서 벗어나는 것을 허용하라. 그동안 당신에게 친절을 베풀고 힘이 되어준 고마운 사람, 당신이 은혜를 입었다고 생각하는 사람을 마음속으로 불러내라. 아래의 문구를 소리 없이 암송하면서 그 사람에게 선의를 전하라.

당신이 행복하기를
당신이 건강하기를
당신의 안전이 지켜지기를
당신의 삶이 평안하기를

5. 이제 그 사람에 대한 당신의 감각은 물러나게 하고, 당신과 별다른 관계가 없고 당신이 중립적인 감정을 느끼는 어떤 사람의 이미지를 머릿속에 그려보라. 가끔 만나는 사람이지만 좋은 쪽으로든 싫은 쪽으로든 특별한 감정을 느끼지 않는 사람이어야 한다. 그 사람은 강아지를 산책시키다가 마주치는 이웃일 수도 있고, 날마다 보는 주차장 관리인일 수도 있고, 슈퍼마켓 점원일 수도 있다. 그 사람을 떠올리며 위의 문구를 암송하라.

6. 그 사람에 대한 감각이 당신의 초점에서 벗어나게 하고, 이번에는 요즘 당신과 관계가 원만하지 못한 어떤 사람의 이미지를 떠올려라. 그를 '어려운 사람'이라고 부르자. 당신을 가장 힘들게 하는 사람을 선택할 필요는 없다. 앞에서도 말했지만 당신은 그 사람의 생각에 찬성하는 것도 아니고 과거에 그 사람이 했던 행동을 반드시 용서하는 것도 아니다. 당신은 그저 그 사람에게 친절을 베풀고 있을 따름이다. 당신은 다른 사람의 관점을 취하는 능력을 강화하고, 그들도 당신과 마찬가지로 행복, 건강, 안전, 평안을 염원한다는 사실을 깨닫는 연습을 하고 있다. 이 점을 염두에 두고 속으로 그 사람에게 선의를 전달하는 문구를 암송하라.

7. 이제 당신의 가정, 동네, 시 또는 도, 나라에서 함께 살아가는 모든 사람으로 넘어가라. 범위를 계속 넓혀서 나중에는 세상의 만물에게 선의를 전달하라. 각각의 장소(당신의 집, 당신의 동네)를 몇 분 동안 시각화하고 그곳에 사는 모든 사람들에게 선의의 문구를 전달하라.

8. 이 연습을 하는 동안 당신의 마음이 지정된 표적을 떠나 방황하는 것을 알아차리면 주의를 표적으로 부드럽게 돌려놓아라.

9. 준비가 되면 당신의 호흡에 닻을 내리고 나서 명상을 끝낸다.

지시문은 단순하지만 이 명상의 효과는 심오하다. 연결 명상이 뇌와 신체에 미치는 영향에 관한 연구는 점점 늘어나고 있는데, 그 영향으로는 긍정적인 기분과 행복감의 증가, 타인의 관점에서 생각하는 능력 향상 등이 거론된다.[5] 다른 사람의 관점에서 생각하는 능력은 사회생활에서 긍정적 감정을 가지기 위해 반드시 필요하다. 최근의 몇몇 연구에 따르면 연결 명상은 사람들의 암묵적 편견을 해소하는 강력한 힘을 지니고 있다. 앞으로 더 많은 연구가 필요한 분야이지만, 초기의 연구 결과들은 상당한 희망을 준다.

당신도 알아차렸겠지만, 연결 명상은 앞에서 소개한 여러 가지 마음챙김 명상법과는 큰 차이가 있다. 내가 연결 명상을 권하는 데는 몇 가지 이유가 있는데, 그중 하나는 이 명상이 긍정적인 기분을 만들고 스트레스 완화에 도움이 된다는 확실히 입증된 장점이 있기 때문이다. '자애 명상'이라는 별명처럼 이 명상은 우리의 연결감을 증진시키고 고독감을 줄여준다. 이 명상도 혼자 하는 활동인데 왜 그럴까?

누군가를 생각하고 또 생각하기

우리의 뇌가 시뮬레이션에 아주 능한 기계라는 사실을 잊지 마라. 우리가 삶 속의 일화들을 기억하기 위해 사용하는 디폴트 모드 네트워크의 소영역들은 한편으로 우리 자신을 과거와 미래로 투사하는 데도 사용된다. 또한 우리 자신을 다른 사람들의 마음속에 투사하는 역할도 한다. 다른 사람의 마음에 우리 자신을 투사하는 일은 다른 사람의 관점에서 세상을 경험하는 일종의 시뮬레이션이다. 관점을 바꿔보면 다른 사람들의 의도를 이해하게 되고, 그래서 더 많이 공감하게 된다. 연결 명상 연습에서 해본 것처럼 '친밀한 정도'가 제각각인 사람들에게 선의를 전달할 때, 우리는 우리 자신에게 관심과 애정을 확장하는 경험을 제공하는 셈이다. 이 모든 일은 마음속에서 아무도 모르게 진행되지만, 앞에서 설명한 대로 마음은 강력한 가상현실 시뮬레이션 기계와 같다. 우리가 관심을 확장하면 우리 자신이 관심을 받을 때와 똑같이 다른 사람들과 연결되는 느낌이 커진다.

나는 자애 명상 수련회에 참가했을 때 그걸 직접 경험했다. 자애 명상의 대상으로 '중립적인 사람'을 정하라는 지시를 받았을 때 나는 마이애미대학 우리 학과장인 리처드 윌리엄스 박사를 선택했다. 나는 리처드에게 특별한 애정도 반감도 느끼지 않았으므로 그는 중립적인 인물이었다. 사실 나는 그와 연결된 느낌을 전혀 받지 못하고 있었다. 그는 가끔 연구비 예산에 대한 검토를 받거나 고가의 장비를 구입할 일이 있을 때만 만나는 사람이었다. 왜 그랬는지는 정확히 모르겠지만 나는 그를 선택했다.

이 명상을 일상에서 매일 하는 것과 수련회에 가서 하는 것의 차이는 다음과 같다. 353~355쪽에서 소개했던 연결 명상 연습은 15분이면 끝난다. 선의를 받을 사람을 향해 약 3분간 소리 없이 문구를 암송하는 일을 반복한다. 반대로 일주일 동안 진행되는 수련회에서는 100명에서 150명의 참가자들이 널찍한 방에 모여 날마다 이른 아침부터 밤늦게까지 명상을 한다. 연결 명상은 원래 말없이 하는 명상이고, 하루를 시작할 때 강사가 하는 당부의 말 외에는 어떤 지시도 받지 않는다. 수련은 45분 단위로 진행된다. 45분마다 짧은 휴식 시간이 있고 식사 시간은 그보다 길다. 45분간 좌식 명상을 하고, 45분간 걷기 명상을 하고, 다시 좌식 명상을 하는 식으로 하루를 채운다. 저녁에는 명상 강사가 정식으로 강연을 한다. 내가 참가했던 수련회에서는 내가 집에서 했던 것처럼 중립적인 사람 한 명을 위해 3분간 문구를 암송하는 것이 아니라 그 사람을 위해 꼬박 하루를 사용했다. 3일째 되던 날, 나는 리처드를 향해 긍정적인 문구들을 계속 외우고 선의를 전달했다. '당신의 안전이 지켜지기를, 당신이 행복하기를, 당신이 건강하기를, 당신의 삶이 평안하기를.' 별다른 감흥은 없었다. 사실 나는 리처드를 잘 몰랐으니까. 나는 그의 생활, 그의 관심사, 그의 취미에 관해 아무것도 몰랐다. 솔직히 말하자면 그 하루는 정말 단조롭게 느껴졌다. 내가 알아차린 것이 있다면 그날 하루 동안 리처드에게 선의를 전달하는 나의 주의 집중과 책임감이 점점 강해지고 뚜렷해졌다는 것이다. 수련을 마치고 집에 돌아가서는 원래 매일 하던 마음챙김 명상을 다시 시작했고, 드물게 연결 명상까지 하는 날이면 중립적인 사람으로 리처드를 계속 선택했다. 하지만 그것에 관해 깊이 생각하지는 않았다.

수련회를 마친 지 한 달쯤 지나서 마이애미대학 캠퍼스의 심리학과 건물을 다시 찾았다. 리처드의 사무실이 그 건물에 있었다. 원래 나는 어떤 학생의 논문 발표를 들으러 간 것이었는데, 논문 발표가 끝나고 그의 사무실에 들러보기로 마음먹었다. 그냥 안부 인사를 하기 위해서였다. 리처드는 나를 보고 깜짝 놀랐는지, 자신이 달력에 약속 날짜를 써놓는 일을 깜빡한 거냐고 물었다. 나는 그게 아니라 그냥 안부 인사를 하려고 들렀다고 대답했다. 리처드는 그런 내가 조금 이상하다고 생각하는 듯했다. 그를 보는 순간 나의 내면에서 일어난 일은 더 이상했다. 일종의 조용한 기쁨과 관심이 내 안에 가득했다. 나는 그의 친절한 눈과 얼굴 윤곽선을 이루는 부스스한 흰머리를 발견했고, 그가 약간 노쇠해 보인다고 생각했다. 우리가 주고받은 이야기는 지극히 평범했다. 그 상호작용에서 뭔가를 원하거나 얻어내려는 생각은 전혀 없었다. 별다른 여운도 없었다.

다음 몇 년 동안, 나는 연구비와 관련된 일로 리처드를 몇 번 더 만났다. 그럴 때마다 그 기분 좋은 연결을 느꼈다. 그가 나를 대하는 태도가 전혀 달라지지 않았더라도 상관없었다. 그는 예전과 똑같이 친절하고 유능한 학과장이었다. 내 이야기가 이상하게 들릴 수도 있다는 건 나도 인정한다. 사실 평범한 일은 아니니까. 하지만 그 일을 통해 나는 일부 특별한 사람들, 예를 들면 달라이 라마 같은 사람들의 마음속에서 어떤 일이 벌어지고 있는지를 살짝 엿볼 수 있었다.

나는 명상과학이라는 분야의 활성화에 도움을 주던 마인드&라이프연구소가 개최한 행사에서 우리의 연구 결과를 발표하던 날 무대 위에서 달라이 라마를 만났던 일을 기억한다. 달라이 라마는 모든 발표자를 반갑게 맞이했다. 내 차례가 되자 나는 내가 그에게 의미 있는 존재라는 느낌에 흠뻑 젖었다. 어떤 업적이 있어서가 아니라 그저 "내가 중요한 존재이기 때문에" 그에게 의미가 있는 것 같았다. 그의 주의는 친밀하면서도 진실하게 느껴졌지만, 사적인 느낌은 아니었고 지나치게 오래 머물지도 않았다. 우리의 발표가 소개되는 동안 그는 강연장을 훑어보고, 사람들과 눈을 마주치고, 사람들 하나하나에게 따뜻한 미소를 지어주었다. 그리고 나는 사람들의 얼굴에서 그 짧은 시간 동안 달라이 라마의 따뜻한 관심을 받은 효과를 감지할 수 있었다. 그 경험은 내가 읽은 최근의 연구 결과들을 상기시켰다. 연구 결과에 따르면 자애 명상을 단기간 연습한 사람들은 (자애 명상을 하지 않은 대조군에 비해) 암묵적인 인종 편견이 감소했다.[6]

나는 달라이 라마가 여러 가지 이유에서 특별한 사람이라는 사실을 의심하지 않는다. 하지만 그가 모든 사람에게 편견 없이 온정과 친절을 베푸는 것이 순전히 그의 기질 때문은 아닐 것이다. 어쩌면 그것은 그가 매일 자애 명상을 한 결과인지도 모른다. 하원의원 팀 라이언과 달라이 라마는 명료한 정신과 공감과 연결을 위해 자신의 마음을 훈련시킨다. 우리도 그렇게 할 수 있지 않을까?

이 책에서 나는 줄곧 뇌와 뇌의 처리 과정을 망가져서 고쳐야하는 것이 아니라 훈련을 통해 최적화가 가능한 것으로 바라보라고 당부했다. 그리고 이제는 당신도 그 훈련 방법을 알게 됐으니, 자신에게 또 하나의 중요한 질문을 던져보라. 당신은 최고의 마음을 가지고 무엇을 하려고 하는가?

생각해보라. 하지만 당신이 항상 하는 분석적 사고는 하지 마라. 메타자각을 동원해서 "그것이 무엇인지"를 보고, 탈중심화를 통해 "스토리 내려놓기"를 하면서 당신의 주의력을 안정적이고 수용적인 상태로 유지하라.

얼마 전 리처드 윌리엄스가 세상을 떠났다. 나는 가슴이 찢어지는 것 같았다. 그를 애도하는 동안 나는 그와 연결감을 형성한 것이 과연 가치 있는 일이었나 하는 의문을 품었다. 그냥 그와 연결되지 않은 상태로 계속 살았다면 내 삶이 더 편하지 않았을까? 왜 굳이 누군가와 가까워져야 하지? 그 사람들은 또 하나의 두통거리가 될 수도 있는데? 내가 알기로는 많은 사람들이 이런 생각을 하며 살아간다.

얼마간 시간이 흐르고 나서, 리처드와 연결되지 않았다고 해서 내 삶이 '더 편하지는' 않았을 것이라는 답을 얻었다. 리처드 자신은 몰랐겠지만 그는 나에게 큰 선물을 주었다. 그는 삶이 제로섬 게임(누군가가 이익을 보면 다른 누군가가 손해를 보기 때문에 항상 합이 0이 되는 게임 - 옮긴이)이 아니라는 것을 알려주었다. 애정, 관심, 친절을 확장하는 일은 거래가 아니어도 된다. 그것들은 우리의 삶에 의미를 부여한다. 그리고 내가 이 장의 첫머리에서 말한 바와 같이 애정, 관심, 친절이 없다면 우리는 더 일찍 죽고 만족을 덜 느낀다.

당신이 주의력에 관한 뇌과학적 사실을 알고 마음챙김에 관해 알아보고 싶었던 이유는 당신과 연결된 사람들의 삶을 개선하기 위해서였을 것이다. 그 사람들은 가족일 수도 있고 동료, 동네 이웃, 당신을 따르는 사람일 수도 있다. 당신은 어떻게 그들의 삶을 향상시킬 것인가? 답은, 당신 자신에게서 시작하라는 것이다.

"자신에 대해 명상을 하기. 이것이 맨 먼저 해야 할 가장 중요한 일입니다." 와이오밍 잭슨의 전 시장 세라 플리트너의 말이다. "시장 자리에 있었을 때 저는 공개 행사에 참석하기 전에 반드시 어떤 식으로든 사색하는 시간을 가졌어요. 지역사회의 갈등이 격화될 때는 나 자신이 가장 좋은 상태를 유지하는 것이 절대적으로 중요했거든요."

　당신 자신에게서 시작하라. 그러면 당신은 "혼란의 한가운데", 또는 스트레스나 불확실성 속에서도 현재에 온전히 머물 수 있다. 그러면 비단 당신만이 아니라 당신이 사랑하는 사람, 당신과 함께 일하는 사람, 당신이 딱 한 번 만나고 다시는 보지 않을 사람들에게도 큰 변화를 일으킬 수 있다. 현재에 머물 때 당신은 자신이 어려운 상황 안에 온전히 머물 수 있고 그 상황을 헤쳐 나가는 데 필요한 인지 자원을 가지고 있다는 믿음을 갖게 된다. 이 방법이 통하려면 '실제로 연습을 해야만' 한다.

　우리가 확실히 알고 있는 것 하나는, 주의력에 관한 지식은 분명 도움이 된다는 것이다. 그러나 지식만으로는 부족하다. 마음챙김 훈련의 이점을 당신의 것으로 만들고 싶다면 마음챙김 훈련을 일정한 양만큼 '복용'해야 한다. 마음챙김 훈련은 실제로 주의력 향상에 도움이 되는 방향으로 당신의 뇌 구조를 변화시킨다…. 당신이 명상을 충분히 할 경우에만.

　그러면 명상을 얼마나 자주 해야 '충분'한가?

10장   하는 만큼
                       나아질 것이다

세계 각지에서 사람들은 아침에 눈을 뜨면 운동화 끈을 묶고 운동을 하러 나간다. 어떤 사람들은 유튜브의 요가 강좌 동영상을 '재생'한다. 어떤 사람들은 운동기구에 올라가서 땀을 흘린다. 역기를 들어 올리고, 근육을 탄탄하게 만드는 일련의 운동을 하기도 한다.

어떤 운동이든 간에 우리는 신체 운동이 효과가 있다는 것을 알기 때문에 운동을 한다. 몸을 움직이면 우리의 몸이 더 튼튼해지고 더 유연해지고 더 많은 일을 할 수 있다는 사실을 안다. 너무나 당연한 사실이라 굳이 이런 생각을 하는 게 이상하게 느껴질 지경이지만, 우리가 처음부터 이걸 알았던 것은 아니다. 가끔 실내 사이클 연습장을 지나칠 때면 그 안에서 가상의 언덕을 힘겹게 올라가는 사람들을 힐끔 쳐다보면서 '과거에서 시간 여행을 온 사람이 이 광경을 본다면 뭐라고 할까?' 궁금해진다. 만약 과거에서 온 사람을 현대의 마이애미에 데려다놓는다면 그는 어리둥절해할 것이다. 100년 전만 해도 사람이 바닥에 고정된 자전거에 올라타 아무 데도 갈 수 없는데도 실세로 어디를 가는 것처럼 빠르고 힘차게 페달을 밟는 일은 정말로 우스꽝스러워 보였을 테니까.

1960년대에 케네스 쿠퍼Kenneth Cooper라는 미국인 의사가 심혈관 질환의 치료법을 찾고 있었다. 구체적으로 말해서 그의 관심사는 신체 운동이었다. 그때까지 신체 운동은 심혈관 질환을 예방하는 방편으로 간주되지 않았다. 그러나 쿠퍼는 유산소운동과 심혈관 건강의 높은 상관관계를 발견했다.[1] 그는 특정한 종류의 운동(심장박동수를 늘리는 운동)이 호흡기와 심장 근육을 튼튼하게 해서 혈중 산소 포화도를 높이는 등 이점이 많다는 것을 알아냈다. 지금은 누구나 다 아는 사실이지만 당시에는 혁신적인 발견이었다. 쿠퍼의 연구(머지않아 미국 육군이 그의 연구 결과를 받아들였다)는 심장 근육을 운동시키면 근육이 더 튼튼하고 건강해진다는 것을 발견했다. 심장 근육을 강화하는 데는 특정한 종류의 운동이 더 효과적이라는 사실도 알아냈다.

유산소운동에 관한 쿠퍼의 발견은 곧 실험실 밖으로 나가서 가정으로 전해졌다. 그래서 수많은 사람이 레오타드, 타이즈, 레그워머를 입고 거실 바닥에서 제인 폰다(미국의 배우, 작가, 사회운동가. 건강을 위한 에어로빅 비디오를 만들어 판매했다-옮긴이)를 열심히 따라 했다. 하지만 유산소운동 열풍은 운동에 대한 인식에도 상전벽해와 같은 변화를 일으켰다. 심혈관 건강을 위해 특정한 방법으로 심장을 단련해야 한다는 관념이 널리 퍼지면서 달리기가 인기를 끌었다. 지금은 신체 운동이 어떻게 우리 몸을 튼튼하고 건강하게 만들어주는지에 관한 수십 년 동안의 연구 결과가 축적되어 있다. 보건당국의 공무원들도 그런 연구 결과를 참조해서 어떤 활동이 어떻게 건강에 도움이 되는지에 관한 지침을 발표한다.

그런데 왜 '마음'의 건강을 지키는 방법에 관해서는 과학적 사실에 근거한 지침이 없는가?

오늘날 마음의 건강에 관한 연구는 유성처럼 빠른 속도로 발전하고 있다. 우리는 운동이 신체 단련에 효과적인 것과 마찬가지로 특정한 형태의 마음 훈련이 뇌를 효과적으로 단련시킨다는 사실을 알아가고 있다. 그리고 집중력 향상이라는 측면에서 성과를 높이고 감정을 조절하며 소통과 연결에 도움이 된다고 지속적으로 입증되고 있는 마음 훈련의 한 형태가 바로 '마음챙김'이다.[2] 마음챙김은 더 이상 신비의 영역이 아니다. 마음챙김 훈련은 뇌가 다른 '기본값'으로 작동하도록 뇌를 훈련시킨다.

쿠퍼 박사는 사람들이 운동기구 위에서 달리는 동안 심장, 폐, 근육량, 그리고 전반적인 신체 건강을 추적해서 심장 강화 운동이 신체를 더 건강하게 변화시킨다는 근거를 찾아냈다. 오늘날 내가 운영하는 것과 같은 명상 신경과학 실험실에서는 사람들에게 뇌 영상 촬영 장치 안에 편안하게 누워서 마음챙김 훈련(마음의 운동)을 하도록 한다. 우리는 무엇을 발견하고 있는가? 이 책에서 거듭 이야기한 대로 마음챙김 훈련은 집중, 주의력 관리, 내면의 사건과 외부 사건에 대한 인식, 주시, 그리고 마음의 방황과 관련이 있는 뇌 영역을 모두 활성화한다.[3] 실험 참가자들이 몇 주 동안 마음챙김 강좌를 듣고 나면 다음과 같은 변화가 관찰된다. 시간이 지날수록 주의력과 작업기억이 개선된다. 마음의 방황은 줄어든다. 탈중심화와 메타자각이 향상된다. 행복감이 커지고, 인간관계가 좋아진다.

정말 멋진 일은 시간이 흐르면 이런 변화에 상응해서 뇌 구조와 뇌 활동도 변화한다는 것이다.[4] 주의력과 관련된 신경망 내부의 중요한 신경절의 안쪽 피질이 두꺼워지고(특정한 운동을 했을 때 특정한 근육의 탄력성이 높아지는 현상이 뇌에서도 똑같이 나타난다고 생각하면 된다), 주의력 네트워크와 디폴트 모드 네트워크의 협력이 원활해지고, 디폴트 모드의 활동은 감소한다. 이런 결과는 우리에게 마음챙김 훈련의 '왜'와 '어떻게'에 관한 통찰을 제공한다. '왜'와 '어떻게'가 먼저이고, '무엇'을 처방할지는 그다음이다. '무엇'이란 우리가 그런 좋은 결과를 얻기 위해 구체적으로 해야 하는 일을 의미한다.

다른 사람들이 모두 거절했을 때 월트 피아트가 우리와 함께 군대에서 마음챙김 연구에 착수한 동기가 바로 이것이었다. "우리는 매일 2시간 이상 신체 운동을 합니다. 그러나 정신 건강을 위해 쓰는 시간은 0이었어요."

월트는 군인들을 제대로 준비시킬 그 어떤 정신적 훈련도 없이 교전지역에 보내거나 외교적 임무를 맡기는 일에 대해 우려하고 있었다. 군인들에게는 과민반응하지 않고, 명료하게 보고, 관찰하고, 듣고, 궁극적으로는 중요한 순간에 올바른 결정을 하기 위해 특정한 인지능력을 키우는 훈련이 절실히 필요했다. 해외에 파병된 군인들은 미국으로 돌아오고 나서 민간인의 생활에 잘 적응하지 못했다. 하급 군인들과 그 가족들의 웰빙을 보장해야 하는 위치에 있던 월트는 군인들의 삶이 망가지는 것을 날마다 목격했다.

"우리는 그들에게 '돈을 다 써버리지 마라, 가족에게 화를 폭발시키지 말라'고 말하곤 했습니다. 그들에게 아무런 도구도 주지 않은 채 말입니다." 월트의 말이다.

우리의 연구는 이미 마음챙김 훈련이 주의력에 영향을 미친다는 사실을 입증하고 있었다. 특히 마음챙김 훈련을 많이 할수록 효과는 커졌다. 숙련된 명상가들을 대상으로 했던 우리의 연구를 기억하는가? 콜로라도 산악지대에서 한 달 동안 명상 훈련을 하기 전과 후에 그들의 주의력을 측정한 결과, 훈련 후에 주의력과 경계 능력이 향상된 것으로 나타났다.[5] 작업기억의 암호화 기능이 향상되고 마음의 방황이 줄었으며 메타자각이 높아졌다. 그러니까 하루에 12시간 동안 마음챙김을 하고, 그 12시간의 대부분을 정식 마음챙김 명상에 사용할 경우 측정 가능한 효과가 있다고 봐야 한다. 하지만 정말로 중요한 질문이 남아 있었다. '마음챙김 명상을 얼마나 많이 해야 하는가?' 우리는 사람들에게 하루 12시간 동안 명상을 하라고 충고할 수는 없었다.

웨스트 팜비치 해병대와 공동으로 진행했던 연구에서는 마음챙김 훈련의 양과 주의력, 작업기억, 기분의 개선 효과가 상관관계를 나타냈다.[6] 훈련을 많이 할수록 효과도 커졌다. 그러면 훈련을 얼마나 해야 효과가 나타나기 시작했을까? 우리는 해병대원들에게 매일 30분 명상을 하라고 당부했지만, 실제로 그들이 명상을 한 시간은 제각각이었다. 평균적으로 효과를 얻은 해병대원들은 8주 동안 하루 12분 명상을 했다.

콜로라도 연구와 웨스트 팜비치 연구의 결과는 모두 고무적이었다. 마음챙김 훈련과 주의력 향상의 관계가 진짜라는 희망적인 증거가 발견됐다. 다음으로 우리는 현실 세계의 사람들이 일상생활에서도 적용할 수 있는 해결책을 찾아내야 했다.

STRONG 테스트

우리 연구진이 하와이의 스코필드 미군 기지로 날아가서 연구를 시작했을 때 몇 가지 곤란한 문제가 있었다. 스코필드 기지는 오아후섬 한가운데에 박혀 있었고, 우리가 캠퍼스에서 사용하던 것과 같은 최첨단 장비를 갖춘 뇌파 측정 실험실이 없었다. 우리는 뇌파 연구를 위해 패러데이 상자가 필요했다. 패러데이 상자는 외부 전자기장을 차단하기 위해 금속판으로 둘러싼 방이다. 하지만 무게만 900킬로그램이 넘는 막대한 양의 금속을 구해서 하와이 미군 기지에 있는 방 하나를 둘러싸는 일은 사실상 불가능했다. 우리는 차선책을 찾았다. 청소도구 보관실에 뇌파 기록 장치 실험실을 차리고, 외부 전자기장의 영향을 차단하기 위해 조심스럽게 장비를 설치했다.

우리는 다른 물건을 모두 치웠다. 빗자루와 쓰레받기, 여러 개의 상자, 청소용품, 업소용 휴지 묶음, 금속 선반 등을 모두 꺼냈다. 그리고는 통제된 실험 환경을 만들기 위해 차를 몰고 오아후섬 곳곳을 돌아다니며 재료를 구해 와서 빛과 소리를 차단하는 벽을 설치했다. 우선 대형 마트에 가서 검정색 펠트 천을 있는 대로 다 사왔다. 기지로 돌아와서는 펠트 천을 여러 장 겹쳐 스테이플러로 벽에 고정했다. 우리는 미리 우편으로 부친 컴퓨터 장비, 전선, 증폭기 따위가 든 상자들을 가져왔다. 옆방에는 군인들이 테스트를 하는 데 사용할 컴퓨터를 설치하고, 인근의 사무용품점에서 구입한 마분지로 꼼꼼하게 가림막을 만들었다. 완벽하지는 않았지만 그걸로 어떻게든 해내야만 했다.

우리는 그 프로젝트에 STRONG(Schofield Barracks Training and Research on Neurobehavioral Growth)이라는 이름을 붙였다. STRONG 프로젝트는 해외 파병에서 돌아와 다시 파병(이번에는 아프가니스탄이었다)을 준비하고 있는 현역 병사들에게 마음챙김 훈련을 실시한 최초의 대규모 연구였다. 마음챙김 훈련에 관한 우리의 초창기 연구들은 측정 가능한 효과를 보여주었다는 점에서 고무적이었지만 규모가 작았다. 반면 STRONG 프로젝트는 4년이라는 기간 동안 다수의 현역 군인들을 대상으로 마음챙김을 시험할 예정이었다. 그이후로 우리는 군인, 군인들의 배우자, 응급의료원, 지역사회 리더들을 비롯한 여러 집단과 협력해서 대규모 연구를 다수 수행했다.[7] 시간에 쫓기고 스트레스를 많이 받는 집단(어떻게 보면 우리 모두가 여기에 속한다)에 처방전을 제시하기 전에, 우리는 마음챙김 훈련의 내용과 양에 관한 핵심 질문들에 답해야 했다.

- 마음챙김 훈련은 다른 유형의 정신적 훈련보다 효과가 좋은가?
- 마음챙김 훈련에는 어떤 종류의 정보가 포함되어야 하는가? 스트레스 해소와 마음챙김의 장점에 관한 이론 강좌를 듣는 것은 실제로 명상을 하는 것과 똑같이 유익한가?
- 마지막으로 가장 중요한 질문. 마음챙김 훈련에 얼마 이상의 시간을 투입해야 주의력 향상 효과를 느낄 수 있을까? (시간에 쫓기는 사람들에게는 가장 중요한 질문이었다.)

마음챙김과 주의력 향상

우리는 마음챙김 훈련을 미군이 이미 실행하고 있던 다른 훈련 프로그램과 비교하기로 했다. 그 프로그램에서는 참가자들에게 긍정적인 경험을 떠올리거나 현재의 어려움을 긍정적인 렌즈로 바라봄으로써 긍정적 감정을 불러일으키는 연습을 시켰다.

긍정 훈련은 마음챙김 훈련보다 효과가 적었을 뿐 아니라 파병을 앞둔 병사들의 주의력과 작업기억을 고갈시켰다.[8] 긍정적인 태도를 유지하려면 생각의 틀을 바꾸고 재평가를 해야 하므로 주의력이 요구된다. 주의력과 작업기억을 사용해서 허공에 성을 쌓는다고 생각하면 된다. 그 연약한 성이 무너지지 않게 하려면 노력을 많이 들여야 한다. 특히 미군 병사들이 직면하고 있던 힘들고 스트레스가 많은 상황에서는 더 많은 노력이 필요했다. 긍정 훈련은 그렇잖아도 긴장된 주의력에 더 많은 긴장을 유발하는 것 같았다.

다른 연구들의 결론도 동일했다. 마음챙김 훈련은 동일한 시간 동안 진행된 다른 어떤 프로그램보다 주의력 강화에 효과적이었다. 경기 시즌을 앞두고 훈련하는 기간에 실내 체력 단련실에서 마음챙김 명상을 했던 대학 미식축구 선수들을 기억하는가? 우리는 그들이 마음챙김 훈련을 '운동'이라는 개념으로 받아들이게 하려고 의도적으로 그런 환경을 선택했다. 한 집단은 마음챙김 훈련을 받았고, 다른 집단은 긴장 완화 체조를 했다. 긴장 완화 운동도 선수들에게 긍정적인 효과가 있었지만, 그 효과는 긴장 완화 운동에만 국한되지 않았다. 마음챙김이든 긴장 완화든 간에 프로그램에 성실하게 참여한 선수들은 도중에 그만둔 선수들보다 정서적 웰빙이 더 높다고 답했다. 하지만 주의력 향상 효과는 마음챙김 수련을 받은 선수들에게만 나타났다.

마음챙김 훈련이 다른 형태의 훈련들(긍정 훈련, 긴장 완화 훈련)보다 효과적이라는 사실을 발견한 것은 큰 성과였다. 이제 모든 형태의 능동적인 훈련이 주의력과 작업기억을 개선하는 것이 아니라 오직 마음챙김 훈련이 주의력과 작업기억을 개선한다는 점이 분명해졌다.

그러면 다음 질문으로 넘어가보자. 마음챙김 훈련에는 어떤 내용이 포함되어야 하는가? 참가자들에게 이른바 '교훈적인 이야기'를 들려주거나 마음챙김의 장점에 관해 가르쳐주면 도움이 될까?

마음챙김 훈련에 관한 실험에서는 참가자들에게 두 가지를 요구한다.

1. 일주일에 한 번 강좌에 참가해서 전문 강사와 함께 훈련을 하고 이야기를 듣는다.
2. 강좌 시간 외에 매일 일정한 양의 마음챙김 훈련('숙제'라 할 수 있다)을 한다.

STRONG 프로젝트의 첫 번째 연구(마음챙김 훈련과 긍정 훈련의 비교)에서는 참가자들에게 8주 동안 매일 30분간 훈련을 하라고 지시했다. 하지만 프로그램의 구성을 총 24시간에서 16시간으로 줄였다. 우리는 강사와 함께하는 시간을 이 정도로 줄여도 마음챙김 훈련의 효과가 유지된다는 사실을 발견하고 흥분했다. 그건 시간에 쫓기는 우리의 참가자들에게 아주 좋은 소식이었다. 시간을 더 줄일 수도 있을까? 절반으로 줄이면 어떻게 될까?

시간을 절반으로 과감하게 줄이기 위해서는 훈련 프로그램에서 어떤 부분을 반드시 유지해야 하며 어떤 부분을 생략해도 되는지를 파악해야 했다. 스트레스를 많이 받는 다양한 집단을 대상으로 진행한 다른 연구들을 살펴보니 마음챙김의 효과를 좌우하는 것은 실제 훈련이었다. 따라서 우리는 실제 훈련이라는 부분에 초점을 맞췄다.

다음 연구에서 우리는 두 가지 강좌를 동시에 진행했다.[9] 둘 다 기간이 8주였고, 둘 다 하루 30분 명상하는 '숙제'가 있었고, 둘 다 같은 강사가 가르쳤다. 차이는 단 하나, 한쪽 강좌에서는 강사가 8시간 중 7시간을 마음챙김과 관련된 '교훈적'인 이야기를 들려주는 데 사용했다. 참가자들은 마음챙김, 스트레스, 회복력, 신경가소성에 대해 공부했다. 마치 헬스클럽에 가서 근력 운동 코스를 신청했는데 강사가 근력 운동이 얼마나 좋은지, 어떤 장점들이 있는지, 장비를 어떻게 사용하고 몸매 관리를 어떻게 해야 하는지를 설명하는 데 대부분의 시간을 할애하면서 실제 운동하는 시간은 많지 않은 것과 같았다. 다른 강좌에서는 강사가 마음챙김 명상을 하는 데 시간을 훨씬 많이 썼다. 배경지식은 생략하고 직접 명상을 하고 명상법에 관해 설명했다.

사실 그건 직관적으로 알 수 있는 실험이었다. 운동을 하지 않는다면 시간 낭비가 되지 않겠는가? 우리가 얻은 결과가 정확히 그랬다. 명상에 초점을 맞춘 집단이 명상을 거의 하지 않은 집단보다 성적이 좋았다. 이 발견은 우리에게도 큰 성과였다. 우리는 강좌 시간을 16시간에서 8시간으로 줄일 수 있었다. 단, 강좌 시간의 대부분을 실제 명상에 할애하기로 했다.

하지만 장애물이 하나 더 있었다. STRONG 프로젝트에서 시행하는 우리의 모든 연구에서 골치 아픈 패턴이 발견됐다. 실험 참가자들은 우리가 요청한 시간보다 훨씬 적게 훈련하고 있었다. 그들의 실제 명상 시간은 30분에 한참 못 미쳤다. 그들은 숙제를 하지 않았다. 어떻게 된 일일까?

우리의 추측에 따르면 하루 30분 명상을 하라는 것은 과도한 요구였다. 그것은 넘지 못할 벽처럼 보였다. 너무 어렵고 시간이 너무 길었다. 우리는 참가자들이 운동을 하면서 열량을 연소시키는 느낌을 받기를 원했지만, 정작 그들은 단 하나의 근육을 단련하는 운동도 두려워하고 있었다. 빡빡한 일정에 30분이라는 시간을 끼워 넣을 수가 없었기 때문에 규칙적인 훈련을 아예 포기했다. 물론 하루 30분의 마음챙김을 실천하기만 한다면 매우 유익하겠지만, 그게 비현실적인 과제라면 누구에게도 도움이 못 된다.

내가 풀어야 하는 문제가 하나 더 있었다. 육군에서 우리의 노력을 긍정적으로 보고 나에게 되도록 빨리 프로젝트의 규모를 키워서 더, 더, 더 많은 병사들에게 훈련 기회를 제공해달라고 요청했다. 그들은 내가 여러 곳의 미군 기지에 마음챙김 강사를 보내주기를 바라고 있었다. 그것도 신속하게. 그럼 내가 파견할 수 있는 강사는 몇 명이었을까? 한 명. 우리의 모든 연구에 등장한 강사는 단 한 명이었다. 그녀는 나의 동료였고, 전역 군인이었고, 마음챙김 훈련을 해본 자신의 경험을 토대로 이 프로그램을 개발한 사람이었다.

나는 다른 접근법을 사용해야 했다. 시간을 효율적으로 사용하고 측정이 간편한 프로그램이 필요했다. 우리가 제공할 수 있는 것 중에서 가장 부담이 적고, 가장 단순하고, 가장 효과적인 프로그램이어야 했다. 시간의 압박 속에서 마음챙김 훈련을 절실하게 필요로 하는 사람들이 변화를 확인하기 위한 '최소 복용량'은 얼마일까?

하루 12분, 변화를 위한 '최소 복용량'

마음챙김 훈련이 유익하다면, 하지만 아무도 실제로 훈련을 하지 않는다면, 마음챙김은 누구에게 도움이 될까? '아무에게도 도움이 안 된다.'

우리는 사람들에게 제공할 수 있는 현실적인 '처방전'을 찾아보기로 했다. 처방전을 알아내는 방법은 몇 가지가 있었는데, 가장 확실한 방법은 다음과 같았다. 실험 참가자 1000명을 모아 그들을 여러 집단으로 나누고, 각 집단에 시간의 양을 다르게 할당한 다음 (예컨대 A집단은 30분, B집단은 25분, C집단은 20분) 참가자 전원을 대상으로 주의력 검사를 실시해서 집단별 비교를 한다. 합리적이지 않은가? 다수의 과학 연구는 이런 식으로 진행된다. 예컨대 연구자들이 어떤 약의 '최소 유효량'을 결정하기 위해 약의 효능을 알아볼 때 이런 방법을 쓴다. 문제는 마음챙김 연구에는 이런 방법이 통하지 않는다는 것이다. 마음챙김 시간 처방은 약의 복용량을 정해주는 것과 다르다. 실험 참가자들은 우리가 지시한 대로 행동하지 않는다. 우리가 참가자들에게 '하루 30분'과 같은 과제를 부여 할 수는 있지만 그들이 그대로 실천한다는 보장은 없다. 아마도 그들은 지시를 따르지 않을 것이다. 우리는 금방 이것을 깨달았다.

나는 스콧 로저스와 협력하기로 했다. 스콧은 부모와 변호사들을 위한 마음챙김 책을 출간했는데, 그의 글은 쉽고 유연하고 실용적이었다. 우리에게는 바로 그런 도움이 필요했다. 그때 우리가 가지고 있던 데이터를 사용해 마음챙김 훈련을 한 집단과 하지 않은 집단을 비교해봤더니, 결과는 썩 좋지 않았다! 훈련을 했을 때와 하지 않았을 때 주의력 테스트의 결과는 실질적인 차이가 없었다. 왜 그럴까? 마음챙김이 소용이 없어서? 아니면 사람들의 훈련시간이 제각각이라서? 어떤 사람들은 30분 동안 훈련을 했고, 어떤 사람들은 훈련을 전혀 안 했다.

다행히 숨은 보석이 있었다. 해답에 대한 단서를 주고 사람들에게 진짜로 통할 것 같은 방향을 알려주는 데이터였다. 우리는 참가자들을 하나로 뭉뚱그리지 않고 두 집단으로 나눴다. 훈련을 많이 하는 집단과 훈련을 적게 하는 집단이었다. 여기서 우리는 뭔가를 알아냈다. 훈련을 많이 하는 집단은 실제로 주의력이 향상되었다. 우리는 그들에게 주목했다. 그 집단에 속한 사람들은 평균적으로 하루 몇 분 훈련을 했을까? 답은 '12분'이었다.

이제 숫자를 얻었다. 우리는 그 숫자를 가지고 새로운 연구 한 편을 설계했다. 참가자들에게(이번에는 미식축구 선수들이었다) 하루에 단 12분 동안만 훈련을 하라고 요청했다. 그리고 그들이 정확히 12분을 채울 수 있도록 스콧이 12분 길이의 안내문을 녹음해서 제공했다. 참가자들은 각자 타이머를 맞추거나 '중지'를 누를 필요

없이 안내문을 따라 훈련을 하면 된다. 우리는 최대한 사용자 친화적인 안내문을 만들었다.

우리는 참가자들에게 매일 12분 동안 안내문을 따라 마음챙김 훈련을 하라고 지시하고 한 달간 연구를 수행했다. 이번에도 참가자들을 두 집단으로 나눴다. 훈련을 잘하는 집단과 잘하지 않는 집단. 이번에도 훈련을 잘하는 집단이 긍정적인 결과를 보여주었다. 그들의 주의력이 향상된 것이다. 평균적으로 이 집단에 속한 사람들은 주 5일, 12분 동안 훈련을 했다.

퍼즐 조각들이 제자리를 찾아가고 있었다. 우리는 시간에 쫓기는 사람들이 실천할 수 있는 처방전을 찾는 일에 전념했다. 그리고 그들이 그 처방전을 따랐을 때 그들의 주의력은 향상됐다. 그 시점까지 우리가 습득한 지식을 토대로, 우리는 현실적인 처방전이자 주의력 향상을 위해 필요한 최소 복용량을 결정했다. 4주, 주 5일, 하루 12분.

마지막으로 우리는 다른 마음챙김 강사들에게 쉽게 가르칠 수 있는 프로그램을 만들어냈다. 그 프로그램을 필요로 하는 집단에게 전파하기 위해서였다. 그리고 우리는 그 프로그램을 다른 강사들에게 신속하게 가르쳤다. 우리는 업무 강도가 세고 성과에 대한 압박이 큰 집단(예를 들면 운동선수들)과 협력하고 싶었다. 그래서 특수부대(SOF)의 정예 군인들을 대상으로 한 편의 연구를 수행했다. 다행히 우리는 나의 동료이자 SOF에서 근무한 적이 있는 군 심리학자와 제휴 관계였고, 그는 마음챙김 기반 스트레스 완화 훈련을 진행할 자격을 가지고 있었다. 그가 마이애미로 날아오자 우리는 그를 훈련시켜서 우리의 프로그램을 전파하는 역할을 맡겼다. 우리는 그 프로그램을 '마음챙김 기반 주의력 훈련(MBAT)'이라고 불렀다. 늘 하던 대로 우리 연구진은 노트북 컴퓨터 몇 대를 챙겨서 다른 미군 기지로 향했다. 그 훈련이 대학 캠퍼스 바깥 현장에서도 효과를 발휘하는지 알아보고 싶었다. 우리는 MBAT를 두 가지로 변형했다. 하나는 우리가 설계한 대로 4주 동안 하는 훈련이었고, 다른 하나는 2주 동안 하는 훈련이었다. 실험 결과는 우리에게 기대와 희망을 안겨주었다. MBAT는 이 정예부대원들의 주의력과 작업기억을 향상시키는 효과가 있었다. 단, 그 효과는 프로그램을 4주 이상 진행했을 때만 나타났다. 2주는 너무 짧았다.

우리는 프로그램을 계속 발전시켰다. 그 이후로도 여러 명의 강사를 양성했다. 군에 배속된 강사들이 군인들을 계속 훈련시키고, 군인 배우자들이 다른 군인 배우자들을 훈련시키고, 의과대학 교수들이 의대생들을 훈련시키고, 인사관리 전문가들이 직원들을 훈련시켰다. 이 강사들의 대다수는 마음챙김을 해본 경험이 없었지만 우리는 단 10주 만에 그들을 속성 훈련시켜 MBAT 강사로 양성했다. 성공 비결은 그들이 그 프로그램을 전파하기 전에는 마음챙김에 관해 잘 알지 못했지만 그들이 훈련시키려고 하는 사람들의 환경과 어려움은 아주 잘 알고 있었다는 것이다.

그렇다면 이 모든 것이 우리에게 어떤 의미가 있는가? 실제로 마음챙김 훈련의 효과는 훈련의 양에 따라 달라진다. 즉 훈련을 많이 할수록 효과가 크다. 하지만 "명상을 최대한 많이 하세요"라고 말만 해서는 소용이 없다. 수많은 연구를 토대로 우리가 얻은 결론은 사람들에게, 특히 할 일이 많고 시간이 없는 사람들에게 명상을 오래 하라고 지시하면 그들의 의욕이 오히려 떨어진다는 것이다.

핵심은 의욕을 고취하면서도 '달성 가능한' 목표를 제시하는 것이다. 12분은 30분보다 효과적이었고, 주 5일은 '매일'보다 효과가 좋았다.[10] 그래서 내가 당신에게 추천하는 방법도 동일하다. 주 5일, 하루 12분 동안 명상을 하라. 그 정도만 해도 도움이 된다. 더 좋은 소식 하나. 하루 12분보다 길게 명상을 하면 효과는 더 커진다.

유의사항. 만약 당신이 바쁘고 스트레스를 많이 받고 있으며 질병이나 장애로 고생하는 사람이라면 이 처방이 맞지 않을지도 모른다. 이 처방은 약도 아니고 치료도 아니다. 우리는 증상을 완화하거나 스트레스를 줄이려는 것이 아니다. 우리의 훈련은 주의력 향상에 초점을 맞춘다. 그게 목표다. 세상에는 우울증, 불안, PTSD 같은 정신장애를 치료하기 위해 마음챙김 명상을 하는 프로그램들도 있고,[11] 그런 프로그램들 역시 적지 않은 가능성을 보여준다. 그런 프로그램들은 더 많은 시간을 필요로 하며(어떤 경우에는 하루에 45분간 명상을 해야 한다), 명상 수련 외에 다른 개입을 요구하기도 한다. 내가 이 책에서 제시하는 마음챙김 처방전은 주의 집중을 위한 것이다. 만약 당신이 다른 문제에 대한 해결책으로서 마음챙김을 활용하고자 한다면 의사 또는 전문 치료사의 도움을 받기를 권한다.

이제 무엇을 해야 할지는 알았는데, 어떻게 하면 날마다 실천할 수 있을까? 당신의 달력에 훈련 시간을 표시하거나 휴대전화 알림을 설정하는 방법을 추천한다. 12분. 긴 시간은 아니다. 하지만 12분은 최소한의 필요 시간이다. 그리고 당신이 이 책에서 뭔가를 얻는다면 나는 그것이 실천의 중요성에 대한 분명한 인식이기를 바란다. 우리는 모두 바쁘다. 우리는 시간에 쫓긴다. 우리에게는 항상 할 일이 있다. 하지만 12분 더 일하는 것보다 12분간 조용히 앉아서 의식적으로 호흡에 집중하는 것이 낫다. 약간의 노력과 짧은 시간을 투자해서 어마어마한 보상을 얻을 수 있다.

나는 성과에 대한 압박을 많이 받는 전문직 종사자들로부터 마음챙김 훈련을 더 짧게 압축할 수 없느냐는 질문을 많이 받았다. 당연한 일이지만 어떤 사람들은 이렇게 묻는다. "4주는 너무 길어요. 하루 오후 시간에 어떻게 안 될까요?" "하루 일과에서 12분을 따로 빼기가 힘든데, 그보다 짧게 명상을 해도 될까요?"

나의 대답은? 당연히 그렇게 해도 된다. 그렇게 해도 일시적으로는 도움이 될 것이다. 산책을 한 번이라도 하면 우리에게 유익한 것과 마찬가지다. 하지만 운동을 통해 심장이 튼튼해지기를 원한다면 이따금씩 한가로이 걷는 것 이상의 노력을 해야 한다. 마찬가지로 당신의 주의력을 보호하고 강화하기를 원한다면 더 많은 노력을 해야 한다. 명상 효과에 관한 연구가 점점 많아지고 있는데, 과학은 정확하다. 마음챙김 명상으로 효과를 보려면 실제로 명상을 해야 한다.

가장 바쁜 사람조차 포기하지 않는 일

파산 전문 변호사인 폴 싱어먼Paul Singerman은 플로리다에서 가장 유명한 비즈니스 로펌 중 한 곳의 공동 대표를 맡고 있다. 그는 내가 아는 한 가장 바쁜 사람 중 하나이고 스트레스가 아주 많은 세계에서 일한다. 그는 파산보호 신청을 하는 개인들과 기업들을 만나고 그들을 대변하는 일로 하루의 대부분을 보낸다. 해 뜨기 전에 일어나고, 일과 시간에는 회의를 하거나, 전화 통화를 하거나, 법정에서 보낸다. 저녁에는 서류 작업, 자료 조사, 글쓰기로 하루를 마무리한다. 코로나 대유행 기간에 몇 달 동안 재택근무를 하고 집에서 자가격리를 하면서도(나는 그 무렵에 그와 이야기를 나눴다) 그는 화상 플랫폼을 통해 법정에 나갔다. 그가 변호사로 일한 37년 중에서 가장 바쁘고 가장 힘든 시기였다.

"사실 바쁜 건 축복할 일이지요." 폴이 말했다. "하지만 그때의 바쁨은 제가 경험한 것 중에서 가장 슬픈 바쁨이었습니다. 기업 가치가 여기저기서 추락했어요. 사람들은 자기 잘못이 아닌데도 모든 걸 잃었어요. 힘들고, 슬프고, 아주 피곤한 시기였습니다."

나는 그에게 물었다. "그런 재난 속에서 일이 엄청나게 많아졌는데도 시간을 내서 마음챙김 명상을 하셨나요?"

"당연하죠. 마음챙김은 제가 아침에 일어나서 제일 먼저 하는 일입니다. 잠시 시간을 내서 명상을 하면 그날 하루 내내 여러 면에서 도움이 됩니다. 사람들이 하는 말이 있잖아요. 5분 동안 명상할 시간이 없다면 10분 동안 명상하라고."

폴은 원래 마음챙김 명상을 열심히 했던 사람이 아니다. 그는 〈뉴욕타임스〉의 일요판 비즈니스 면에 실린 기사를 보고 마음챙김을 처음 알게 되었다고 한다.

"그 기사가 비즈니스 면에 있었기 때문에 눈길이 갔어요." 폴이 말한다. "만약 그 기사가 '일요 스타일' 면에 있었다면 보지도 않고 넘겼을 겁니다. 그때까지 저는 마음챙김이니 뭐니 하는 건 사기라고 생각하고 있었거든요."

그 기사는 차드 멩 탄Chade-Meng Tan이라는 엔지니어를 소개하고 있었다. 차드는 구글의 107번째 직원이자 초창기부터 일한 엔지니어였다. 그는 마음챙김 명상을 시작하고 나서 그것이 유용하며 과학적 근거가 있다고 생각하게 됐다. 폴은 그 기사를 보고 흥미를 느껴서 자신도 한번 해보기로 마음먹었다. 그리고 곧 마음챙김 명상이 그가 애초에 생각했던 "말랑말랑하고 편안한" 활동과 거리가 멀고 법정 변론을 비롯한 법률 업무 전반의 효율을 높여준다는 사실을 발견했다. 법조계에서 일하는 수많은 변호사들과 마찬가지로 그도 과거에는 법률가로서 일을 잘 해내려면 공격적이어야 한다고 생각했다. '마음챙김' 같은 활동을 하면 그 공격성이 무뎌질 것만 같았다. 그런데 막상 마음챙김을 해보니 업무 능력이 오히려 향상됐다. 그는 더 예리해졌고 '더' 효율적으로 일하게 됐다. 그것은 마음챙김이 코어의 힘을 길러주기 때문이었다. 코어의 힘이란 현재에 머무는 능력, 과민반응을 하지 않는 능력, 자신의 마음 상태를 알아차리는 능력, 다른 사람의 마음 상태를 알아차리는 능력, 주변 환경을 알아차리는 능력을 말한다.

"저는 항상 매분 매초 더 효율적으로 일해서 성과를 높이고, 3개의 양동이에 더 많은 걸 모으는 사람이 되려고 노력하고 있습니다." 폴의 말이다. "3개의 양동이란 나 자신, 다른 사람, 그리고 제가 있는 장소입니다⋯. 제가 있는 장소는 주로 법정이죠."

폴은 자기 자신에게서 시작한다. 우선 자신의 마음속에서 무슨 일이 벌어지고 있는지를 알아차려야 한다. 그 알아차림에는 업무와 무관한 생각이 들 때를 알아차리는 것도 포함되지만, 그가 자주 경험하는 스트레스가 가득하고 적대적인 상황 속에서 자신의 감정과 감각을 알아차리는 것도 있다. 좌절, 불안, 피로, 분노, 공복….
장시간 논쟁이 자주 빌이지는 법정에서 일하는 변호사들은 모두
이런 감정과 감각에 압도당한다. 하지만 마음챙김 훈련 덕분에 폴
은 자신을 신속하게 현재로 돌아오게 하는 도구를 획득했다. 법률
관련 업무를 처리할 때는 잠깐씩 주의가 흐트러지는 시간들이 일
의 성과를 크게 떨어뜨릴 수 있다. 폴은 회의가 끝나고 나서, 법정
에서 마주칠 때, 또는 다른 기회가 있을 때 동료 변호사들에게 종
종 이렇게 말한다. "10년 전이었다면 이렇게 못 해냈을 거야." 그런
상황은 일주일에 몇 번씩 생긴다. 마음챙김으로 길러진 인지 역량
들은 실질적이고 강력한 힘을 발휘해서 일의 결과를 바꿔놓는다.
"마음챙김은 미래를 통제하는 능력을 획득하는 것과 같아요. 미래
에 의미 있는 영향을 미치니까요. 과민반응을 피할 수 있으니, 과
민반응을 했다가 수습할 일도 없습니다…. 예전에 저는 순간적인
감정에 휩쓸려 어떤 말이나 행동을 하고 나중에 후회하곤 했어요.
그 말이나 행동의 결과가 저의 시간과 에너지를 잡아먹었거든요.
제 생각은 그래요. 지금 저는 미래를 통제하고 있다고 생각합니다.
내 시간을 더 가치 있는 일에 사용할 능력을 나 자신에게 주고 있
으니까요."

폴은 마음챙김이 그 자신에게, 그의 업무에, 그리고 그의 역량
에 아주 긍정적인 영향을 미친다는 것을 알고 나서 다른 사람들에
게도 알리고 싶어졌다. 내가 그를 만난 것은 그가 로펌의 전 직원
을 위해 개최한 최초의 마음챙김 워크숍에 초대받았을 때였다. 지
금도 나는 동료 스콧 로저스와 함께 그의 로펌에 마음챙김 강좌를
계속 제공하고 있다. 로펌 직원들도 마음챙김의 효과를 확인하고

있기 때문에 우리 강좌를 우선순위에 놓는다.

우리가 이 책에서 만난 폴과 같은 사람들, 시간에 쫓기고 굉장히 바쁜 사람들, 하루 일정이 빈틈없이 짜여 있는 육군 중장 월트 피아트, 시장직을 수행하는 동시에 컨설팅 업체를 운영하는 세라 플리트너 같은 사람들에게 마음챙김은 '뭔가를 포기해야 하는' 아주 빡빡한 날에도 '마지막까지' 포기하지 않는 활동이다. 이처럼 고난도의 일을 하고 많은 것을 성취하는 사람들은 마음챙김 훈련이 단순히 시간을 잡아먹는 것이 아니라 시간을 '창조한다'는 사실을 발견했다. 폴은 이렇게 표현했다. "마음챙김을 공부하고 수련한 것은 제가 평생 했던 투자 중에서 가장 수익률이 높은 투자였습니다."

준비물은 몸과 마음뿐

코로나 대유행 기간 동안 나는 사람들로부터 마음챙김 명상이 코로나 상황에 대처하는 데 도움이 되느냐는 질문을 많이 받았다. 전염병의 대유행은 길고 힘든 도전이었다. 우리가 "부담이 큰 시기"라고 부르는 바로 그것이었다. 우리는 영향력이 크고, 힘이 많이 들고, 주의력을 떨어뜨리는, 크립토나이트가 많은 환경을 가리켜 VUCA라는 약칭을 사용한다.

불안정성, 불확실성, 복잡성, 모호성.

2020년 내내 진행된 코로나19 대유행은 VUCA 중에서도 극단적인 사례였다. 상황은 계속 바뀌었다. 정보는 희소했고, 서로 모순된 정보가 끊임없이 생성됐다. 손쉬운 답이나 해결책은 나오지 않았다. 그런 환경은 주의력을 계속 사용하게 해서 고갈시킨다. 사람들은 머릿속에 한 가지 생각밖에 없다고 나에게 말하곤 했다. 머릿속에서 온갖 생각들이 경주를 벌인다는 생각. 나는 바로 이런 몽롱함을 경험했다는 사람들의 이야기를 많이 들었다. 그들은 마치 뇌가 흐물흐물해진 것처럼 아주 간단한 일에도 집중할 수가 없다고 했다. 그 느낌은 나도 안다. 나도 그걸 느꼈으니까! 가상공간에 실험실을 다시 만들고, 강의를 온라인으로 옮기고, 가족과 친구들이 달라진 세상에 적응하는 것을 도와주면서 나도 그런 느낌을 받았다. '할 일이 너무 많아. 그냥 깊은 잠에 빠졌다가 이 난리가 다 끝난 다음에 깨어나면 좋겠다'라는 조급하고 불안한 느낌.

사람들은 절박한 심정으로 물었다. "마음챙김 명상이 저에게 지금 당장 도움이 될까요?"

"네, 물론입니다. 지금 시작하세요." 내가 대답했다.

나는 사람들에게 이렇게 이야기했다. 마음챙김 명상은 언제든지 시작할 수 있어요. 마음챙김 명상은 돈이 들지 않아요. 그리고 아주 간단하죠. 특별한 장비, 특별한 장소가 필요 없고 언제라도 가능해요. 오늘 당장이라도 마음챙김 명상이라는 방법으로 당신의 주의력과 작업기억을 보호할 수 있습니다. 만약 당신이 '해외 파병' 중이라 해도, 즉 부담이 큰 시기를 맞이했다 해도 그 기간 동안 주의력을 보호할 방법은 있습니다.

지금 당신이 있는 곳에서 시작하라. 만약 스트레스와 요구가 많은 시기를 보내고 있다면 당장 훈련을 시작하라. 스트레스와 요구가 많은 시기를 보내고 있지 않더라도 당장 시작하라. 부담이 커질 때까지 기다릴 이유가 없다. 당신의 능력을 키우기 위해 지금 당장 마음챙김 명상을 시작하라. 우리는 항상 '파병 전'이다. 언제 커다란 난관이 찾아와서 우리에게 그걸 넘어서기를 요구할지 모른다. 그러니 지금 시작하라.

어떻게 시작해야 할까?

이 책에서 우리는 두 가지 유형의 연습을 해봤다. 하나는 코어 연습이라고도 불리는 '정식' 명상으로, 앉은 자세 또는 선 자세로 3분 이상 명상하는 것이다. 다른 하나는 선택에 의한 '맞춤형' 연습이다. 코어 연습과 맞춤형 연습은 둘 다 중요하다. 코어 연습은 기초를 다져주고, 맞춤형 연습은 마음챙김의 순간들에 닻을 내리고 하루를 보낼 수 있도록 해서 당신의 주의력을 더 높여준다.

이 책의 부록에 처음 4주 동안 훈련 계획을 수립하는 데 도움이 되는 주간 일정표를 수록했다. 하지만 훈련 계획은 개인의 요구에 따라 얼마든지 변형이 가능하다. 내가 제시한 방식대로 주의력을 활용하면 당신은 성공으로 나아갈 것이다.

우리는 흥미진진한 순간들을 맞이하고 있다. 연구의 기초가 되는 증거가 축적되고 있다. 우리는 주의력 향상에 도움이 되는 방법을 점점 많이 알아내고 있으며, 앞으로 수십 년 동안 우리의 지식은 계속 발전할 것이다. 지금으로서는 이 책에서 설명한 내용이 당신의 주의력과 작업기억에 가장 큰 도움이 되는 지식이다.

언제 하는 것이 좋을까?

내가 당신에게 하루 중 언제 수련을 하라고 정해줄 수는 없다. 보통은 아침에 수련을 하는 사람이 많다. 신체 운동으로 하루를 시작하는 것과 똑같이 정신 운동으로 하루를 시작하는 것이다. 폴 싱어먼은 아침에, 보통은 해가 뜨기 전에 잠에서 깨자마자 명상을 한다. 세라 플리트너 역시 명상을 하루의 첫 일과로 삼는 방법을 선호한다. 싱어먼과 플리트너는 휴대전화를 보고 뉴스를 읽고 밤사이 메일함에 들어온 메시지를 확인하기 전에 아침 시간을 더 가치 있게 만든다. 두 사람에게는 매일의 과제에 관여하기 '이전' 시간이 마음을 훈련시키기에 적합한 때다.

반면 월트 피아트는 하루 일과 중에 짬이 날 때 명상을 한다. 마음챙김이 가치 있는 '정신 운동'으로 받아들여지는 분위기라 해도 군대에서는 시간을 내기가 쉽지 않다. 월트는 단 5분이라도 "아무것도 하지 않는" 시간을 내기가 여전히 어렵다. "아무것도 안 하고 5분을 흘려보낸다고 하면 국방부 사람들은 제가 미쳤다고 생각할 겁니다." 월트의 말이다. "그들은 '나라면 그 5분 동안 열 가지 일을 처리할 텐데!'라고 생각합니다. 저는 이렇게 응수하죠. '맞습니다. 하지만 당신이 아무것도 안 하는 데 5분을 사용하면 그 후에 백 가지 일을 더 할 수 있을 겁니다.'"

마지막 이라크 파병을 떠났을 때 월트는 마음챙김 명상을 날마다 하는 신체 운동과 연동시켰다. 그가 아침마다 하는 운동이 끝나는 지점에는 건조한 사막의 공기 속에서 갈색으로 변해버린 야자나무들이 있었다. 그는 가만히 앉아서 그 나무들을 응시하고, 그곳에 주의를 고정하고, 날마다 호흡자각 연습을 하면서 하루를 버텨낼 힘을 얻었다.

이라크에 체류하는 동안에는 명상할 시간이 더 줄어들었지만 명상을 해야 할 이유는 더 많아졌다. 그는 명상을 할 수 있는 모든 장소에서 아주 짧은 명상을 했다. 헬리콥터를 타고 이동하는 동안에도 시간을 내서 명상을 했다. 외교적 목적의 비행이든 아니든 간에 헬기를 타면 항상 새로운 장소와 새로운 환경에 도달하게 된다. 그는 잠시 헤드셋을 꺼서 조종사들의 말소리가 들리지 않도록 했다. 헬기가 갑자기 출렁이며 시속 240킬로미터로 날아오를 때면 그는 시선을 낮춰서 '스토리 내려놓기'를 했다. 그는 자신을 향해 다음과 같은 이야기를 들려주었다.

이번 임무는 나의 예상과 다를 수도 있다.
세상에는 내가 알지 못하는 것이 아주 많다.
그리고 내가 가진 정보는 불완전하다.

"그 명상은 나 자신을 조절하는 데 도움이 됐습니다." 월트가 회상했다. "올바른 결정을 할 능력이 내게 없다고 느낄 때가 있거든요. 정신적 에너지가 없을 때요."

이라크에서 그런 기분을 느낄 때면 월트는 밤중에 나가서 작은 잔디밭에 물을 주곤 했다. 밤 10시, 11시, 자정에도 나갔다. 아침 일찍 일어나서 계속 활동했는데도 몇 시간 분량의 일이 남아 있었다. 하지만 그는 주의력을 다시 채울 필요가 있다는 사실을 알고 있었다.

"정신적 고갈이 저를 갉아먹기 시작했습니다." 월트는 말한다. "주의가 산만해지기 시작했어요. 제가 집중하지 못하고 남의 이야기가 귀에 들어오지 않는 것이 느껴졌어요."

그가 처음 기지에 도착해서 잔디를 심었을 때는 아무도 그게 싹을 틔우고 자랄 거라고 기대하지 않았다. 하지만 잔디는 자랐다. 그래서 그는 그에게 반드시 필요한 주의 역량들이 소진되는 밤 시간에 나가서 잔디에 물을 주었다. 호스를 가져와서 엄지손가락으로 윗부분을 눌러 잔디밭에 물을 살살 뿌렸다. 한 병사가 그를 도와주려는 의도에서 스프링클러를 구해 오겠다고 말했다. "중장님, 잔디에 물을 주는 일은 저희가 알아서 하겠습니다!" 월트는 그러지 말라고 했다. 잔디에 물을 주는 것이 핵심이 아니었다. 그의 목표는 '그가' 잔디에 물을 주는 것이었다. 그는 잔디에 물 주는 시간을 명상 시간으로 활용하고 있었다. 보디스캔을 할 때처럼 그 활동의 감각적 경험으로 마음속 화이트보드를 채웠다. 차가운 물이 엄지손가락을 살살 스치고 지나가는 느낌. 잔디 냄새. 사막의 냄새.

그러다가 월트는 그곳을 지나가는 사람들과 대화를 나누게 되었다. 사람들은 그가 밤중에 호스를 들고 나와서 풀이 무성하지도 않은 좁은 잔디밭에 물을 주는 모습을 보고 깜짝 놀랐을 것이다. 그의 부하들도 그곳을 지나가다가 잠깐씩 이야기를 나눴다. 그는 그렇게 대화를 나누지 않았다면 몰랐을 병사들의 사소한 일상에 관한 이야기를 들을 수 있었다. 이라크 장교 한 명도 가끔 비슷한 시각에 산책을 나왔는데, 그도 월트와 이야기를 나누게 됐다. 두 사람은 농사에 관해 이야기했다. 그 이라크 장교의 고향 마을에 관해 이야기하고, 멀리 떨어진 곳에 있는 그의 농장에 대추야자나무가 몇 그루나 있는지도 이야기했다.

당신이 시간을 내기만 한다면 이런 연습은 당신에게도 도움이 된다. 하루 중에 적당한 시간을 찾아서 정식 명상과 자유 명상을 실천해보라. 다음과 같은 방법을 추천한다. 아침에 잠에서 깨어나 자마자 몸을 돌려 휴대전화를 집어 들거나 바로 일어나지 마라. 바닥에 등을 대고 똑바로 누운 채로 열 번, 아니면 단 다섯 번이라도 심호흡을 하라. 당신의 호흡에 집중하면서 어떤 생각이 떠오르는지를 알아차리려. 그러면 당신은 통찰을 얻을 것이다. 당신 자신, 당신의 마음, 당신의 주의력에 관한 정보를 얻어서 그날 하루 동안 활용하라.

마음챙김 양치질을 해보라. 이를 하나씩 닦는 동안 당신의 주의력 섬광이 그 감각을 향하게 하라. 버스나 지하철에서도 휴대전화를 꺼내지 말고 가만히 앉아서 정식 명상을 해보라. 경계 상태를 유지하면서 편안한 자세를 취하라. 두 눈을 감거나 시선을 아래로 향한 채 5분 동안, 또는 버스나 지하철을 타고 가는 내내 정식 명상을 해보라. 아니면 당신과 함께 그 열차에 타고 있는 사람들을 향해 자애의 문구를 외워보라. 내 친구이자 많은 사람들의 신임을 받는 명상 강사인 샤론 샐즈버그Sharon Salzberg는 새해를 맞으면서 "무시당하는 사람이 하나도 없는" 한 해를 만들겠다는 결심을 했다. 그녀는 줄을 서 있을 때, 뭔가를 기다리고 있을 때, 혹은 뉴욕 시내의 혼잡한 길을 걷고 있을 때 주변에 있는 사람들을 알아차리고 한 사람 한 사람에게 속으로 짧은 행복의 메시지를 꾸준히 전했다. "당신이 행복하기를! 당신이 행복하기를! 당신이 행복하기를!" 마치 오프라 윈프리가 자기 프로그램의 방청객 전원에게 새 차를 선물했던 것처럼, 샤론은 마음속에서 행복을 비는 문구를 사방에 뿌렸다. 우리 주변 사람들을 알아차리고 우리의 주의가 바깥쪽을 향하게 하는 행동은 부메랑처럼 우리에게 돌아와서 다른 사람들과의 상호작용을 개선하고 행복감과 웰빙감을 높여준다.

"의자나 매트에 앉아서 해도 됩니다." 월트 피아트의 말이다. "저는 잔디밭에 물을 주면서 했고요."

우리의 주의력은 모두 다르다

에이미는 자유기고가로 활동하는 사람이고, 그녀의 남편은 고등학교 교사다. 마음챙김과 집중에 관한 기사를 쓰기 위해 우리 실험실을 방문한 그녀는 흥미로운 질문을 던졌다.

에이미는 자신과 남편이 집중과 관련해서 서로 다른 강점과 약점을 가지고 있다는 사실을 발견했다. 남편은 작업기억이 좋지 못한 것 같았다. 그의 화이트보드는 왼쪽과 오른쪽에 이런저런 내용들이 어지럽게 적혔다. 그런데 남편은 현재 순간에 머무르는 능력이 있었다. 그는 압박이 심한 상황에서도 정신적 시간 여행과 반추에 쉽게 빠져들지 않았다. 그녀는 남편이 학부모들이 보낸 공격적인 이메일을 열어보는 모습을 자주 목격했다…. 그런데 남편은 이메일 앱을 닫아버리고 남은 하루를 즐겁게 보낸다. 그는 아무런 타격을 받지 않은 것처럼 보인다. 그는 '불행의 고리'로부터 주의를 보호할 줄 안다.

에이미는 이렇게 말했다. "만약 제가 그런 이메일을 열었다 하면, 그걸로 끝이에요. 저는 아무것도 못해요. 그걸 잘 처리하거나 문제를 해결할 때까지 그 생각을 떨치질 못하는 거죠. 심지어 지금은 그걸 고민할 때가 아니고 해결할 방법도 없다는 걸 똑똑히 알고 있을 때도 그래요. 나 자신을 억제할 수가 없어요."

하지만 그녀는 주의력이 필요한 다른 일들은 거뜬히 해냈다. 예컨대 그녀는 작업기억에 많은 것을 담아놓을 수 있다.

그녀는 우리에게 물었다. 왜 자신의 남편은 주의력의 한 측면이 그렇게 형편없는데 다른 측면은 우수한가? 이런 선천적인 능력과 취약성은 어디에서 나오는가?

나의 답변은 썩 만족스럽지 못했을 것 같다. 그런 능력과 취약성이 어디에서 오는지는 우리도 정확히 모른다. 개개인의 주의력의 양태는 여러 가지 힘에 의해 형성된다. 뇌의 화학물질과도 관련이 있고 성장 과정과 인생 경험, 그리고 현재 우리가 주의력을 어떻게 사용하고 있는가와도 관련이 있다. 나는 이것을 '마음의 믹싱보드'라고 부른다. 녹음실의 믹싱보드처럼, 우리는 각자 능력이 다르고 설정이 다르다. 주의력의 양태는 사람마다 다르다. 다만 당신의 '설정'이 어떻든 간에 마음챙김 훈련은 당신에게 유익하다.

인간의 밑바닥에 존재하는 지루함

새로운 운동 계획을 실행해본 적이 있는 사람이라면 누구나 그 기분을 안다. 상태가 더 나빠지는 기분. 만약 당신이 달리기를 시작했다면 처음 1~2주는 몸이 무척 힘들 것이다. 당신이 명령하는 대로 몸이 따라주지 않는다는 것을 예리하게 자각할 것이다. 새로운 정신 운동을 시작할 때 뇌에서도 똑같은 일이 벌어진다.

우리가 겪는 어려움 중 하나는 마음챙김 수련 강좌에 1~2주 동안 참가하고 나서 사람들이 이렇게 말하는 것이다. "저는 기분이 더 나빠졌고, 스트레스가 더 심해졌어요."

그럴 때 나의 대답은? "그건 좋은 신호입니다." 기분이 나빠졌다는 건 마음의 운동 처방이 효과가 있다는 신호. 메타자각이 높아지기 때문에 일시적으로는 기분이 더 나빠질 수도 있는 것이다. 그 이전에는 당신의 마음이 방황하고 있다는 것을 거의 의식하지 못했지만 이제는 수시로 알아차린다. 마음이 불행의 고리를 벗어나지 못할 때, 또는 생각이 어떤 부정적인 주제로 자꾸만 돌아갈 때 당신은 그것을 의식하게 된다. 이런 일이 예전보다 많이 일어나는 것이 아니다. 다만 당신이 '그 일들을 더 잘 알아차리게' 된 것이다.

그것은 힘든 일이다. 마음챙김 훈련을 하면 맨 처음 나타나는 변화는 당신이 정말로 원하는 일을 하지 않으려고 저항하는 것을 예리하게 자각하게 되는 것이다. 당신의 마음은 불안정하고 가만히 있지 못한다. 마음은 12분 동안 호흡자각 연습을 하려고 하지 않는다. 마음은 다른 일을 하고 싶어 한다. "다른 거라면 뭐든지!"

"하지만 그건 지루하잖아요!" 마음챙김 훈련을 막 시작한 사람들에게서 가장 많이 듣는 항변이다. 나의 답변은? 그렇다, 지루하다. "그게 핵심입니다."

그건 어려운 일이다. 우리는 금방 싫증을 낸다. 마음은 한곳에 머물러 있지 못하고 곧바로 다른 일로 옮겨가고 싶어 한다. 마음은 자기 자신을 향하는 '디폴트 모드'로 매우 신속하게 복귀한다. 우리의 마음은 방황하고 싶어 한다. 우리의 임무는 마음의 방황을 알아차리고 그 마음을 제자리로 돌려놓고 또 돌려놓는 것이다(어떤 연습법들은 그렇다). 그게 바로 정신 운동이다. 기초적인 호흡자각 연습을 하고 있는데 마음이 다른 데로 흘러가면 우리는 그걸 알아차리고 우리의 자각을 호흡에 관한 감각으로 부드럽게 끌어당긴다. 이것은 '팔굽혀펴기'쯤 된다.

다음과 같이 사고의 틀을 바꿔보자. 마음챙김은 지루하기 때문에 우리에게 유익한 것이다. 우리가 주 7일, 하루 24시간 동안 하는 활동의 맨 밑바닥에는 '지루함'이 있다. 지루함은 우리가 다른 과제를 수행하는 도중에, 또는 여유시간이 생길 때 우리를 휴대전화와 뉴스 피드로 끌어당긴다. 그래서 창의적이고 즉흥적인 생각과 기억이 공고화될 시간을 앗아간다. 그리고 우리 실험실에서 진행한 연구를 통해 발견한 사실은 '어떤 일이든' 오랫동안 하면 지루해질 수 있다는 것이다. 세상에서 가장 흥미진진한 활동이나 초긴장 상태에서 해야 하는 활동도 예외가 아니다. 경계의 감소, 즉 시간이 갈수록 과제 수행의 효율이 낮아지는 현상은 집중하느냐 못하느냐가 생사를 가르는 상황에서도 나타난다. 지루할 때 우리는 휴대전화를 집어 들고 스크롤을 하거나 자신의 머릿속에 있는 내용들을 훑어본다. 지루할 때 우리는 다른 유형의 인지 활동을 끊임없이 찾는다. 그리고 끊임없이 뭔가에 관여하면 인지 자원은 고갈된다.

우리가 지루함을 느낄 때, 예를 들면 다른 뭔가를 하고 싶어질 때, 바로 그때 당신은 호기심을 가져야 한다. 신체 운동에서는 그것을 '열량을 태우는 느낌'이라고 부른다. '내가 진짜 12분 동안 이

걸 해야 하나?'라든가 '얼마나 더 있어야 타이머가 울리지?'라든가 '다른 연습을 하면 안 되나?'라는 생각이 떠오르는 순간, 바로 그 순간에 당신의 '정신적 연소'가 이뤄진다. 정신적 연소는 스쿼트 운동을 할 때 칼로리가 소모되는 느낌에 해당하지만, 이때 우리가 느끼는 것은 '마음의 불안정'이다. 지루함. 불편함. 월트 피아트의 부대원들은 "그 고약한 기분을 즐겨보자Embrace the suck"라는 표현을 자주 썼다고 한다.

우리는 마음의 수다, 저항, 지루함을 이겨내야 한다. '바로 거기서부터 내성을 키워야 하기 때문'이다. 다음번에 정식 명상이 아닌 실생활에서 우리의 마음이 집중하지 못하고 현재에 머물려 하지 않을 때 우리는 그 상황에 훨씬 수월하게 대처할 수 있을지도 모른다.

'기분이 좋아진다'는 것의 진정한 의미

나는 어느 라디오 프로그램에 출연해서 스트레스를 많이 받는 직업을 가진 사람들의 마음챙김과 주의력에 관한 나의 연구를 설명해달라는 요청을 받았다. 프로그램은 다른 초대 손님의 인터뷰로 시작됐다. 그 초대 손님은 자신이 명상 지도자라고 하면서 생방송으로 간단한 명상 강좌를 진행했다. 우선 그는 청취자들에게 두 눈을 감으라고 하고⋯ "꽃이 만발한 들판과 푸른 하늘을 상상하라"고 말했다. 곧이어 그는 청취자들에게 유쾌한 장면을 상상하면서 긴장을 완화하는 활동을 지시했다.

나는 여기저기서 위험 신호를 감지했다. 그 명상 지도자라는 사람은 그 활동을 마음챙김 훈련이라고 불렀지만, 현재에 중심을 둔다거나 비판하지 않고 과민반응하지 않는 것과 같은 중요한 지점들은 강조하지 않았다. 그리고 우리가 이 책에서 계속 논의한 바와 같이, 그런 식의 접근은 스트레스가 심한 상황에서는 효과를 발휘하지 못한다. 극심한 스트레스 속에서는 긍정적인 사고와 이완이 통하지 않는다. 그 사람의 명상법을 따른다면 우리는 필수적인 역량을 구축하는 일이 아니라 사랑스러운 상상의 세계를 구축하는 일에 인지 연료를 다 써버리게 된다. 우리 자신의 주의가 어디에 있는지 알아차리고, 마음이 방황할 때 도로 가져오는 능력. 우리의 화이트보드를 지금 순간의 경험으로 채우는 능력. 스토리를 만들어내지 않으면서 관찰하는 능력. 마음의 방향을 재설정해야 할 때를 알아차리는 능력. 힘든 상황 속에서 우리에게 도움이 되는 것은 이런 능력들이다.

다른 초대 손님의 '마음챙김' 연습이 끝나자 라디오 방송 진행자는 나에게 고개를 돌려 따뜻한 인사말을 하고 나서 인터뷰를 시작했다. "아름다운 명상이었습니다." 진행자가 말했다. "그럼 자 박사님, 마음챙김을 하면 기분이 좋아지는 이유가 뭘까요?"

"그게요⋯." 내가 대답했다. "사실 기분이 좋아지진 않습니다."

진행자가 당황해서 입을 다물어버린 동안 나는 설명을 시작했다. 마음챙김 훈련은 '기분이 좋아지기 위해' 하는 것이 아니라고. 마음챙김은 특수한 이완 상태에 진입하거나 황홀한 기쁨에 젖어들기 위한 것이 아니다. 유의하라. 마음챙김 훈련의 기본적인 정의는 현재의 경험에 관한 스토리를 지어내지 않으면서 현재의 경험에 주의를 기울이는 것이다. 그것이 바로 마음챙김의 약속이다. 꾸준히 훈련하면 지금 이 순간에 우리 사신의 능력을 최대로 발휘할 수 있다는 것. 그 현재의 순간이 무척 힘든 순간이라도 마찬가지다.

기분이 좋아지기를 원하는 것이 나쁜 일은 아니다! 하지만 이 책에서 살펴본 대로 우리가 기분 전환을 위해 자주 사용하는 보편적인 전술들, 즉 불쾌한 생각을 회피하거나 억압하거나 도피하는 전술들은 우리를 방해하고 주의력을 더 많이 고갈시키고 대개는 기분도 나빠지게 만든다. 아마도 우리가 현재 순간에 대해 '더 좋게 느낀다'는 것은 불가능할 것이다. 솔직히 말하자면 현재의 순간은 우리가 실제로 그 안에서 살아가는 유일한 순간이다. 우리가 만들어야 하는 것은 일종의 정신적 민첩성이다. 우리는 어려운 상황을 밀어내거나 그 상황으로부터 눈을 감아버릴 것이 아니라 우리에게 닥치는 상황과 '함께하는' 능력을 가져야 한다. 그리고 그런 능력을 키우면 어려운 상황을 더 잘 헤쳐 나갈 수 있다.

요점은 다음과 같다. 당신이 마음챙김 훈련을 한다면 기분이 '좋아질 것이다.' 하지만 단순히 명상을 하기 때문에 기분이 좋아지는 것은 아니다. 명상을 하면 주의력 용량이 늘어나는데, 그 '늘어난 주의력 용량'이 기쁨의 순간들을 온전히 경험하도록 해주고, 힘든 상황을 잘 이겨내도록 해주고, 위기의 순간에는 축적된 회복력을 발휘해 성공적으로 대처하게 해준다.

내 주변에는 마음챙김으로 삶을 변화시킨 사람이 정말 많다. 내 실험실에서 일하는 학생들, 우리 가족, 그리고 이 책에서 당신이 만난 몇몇 특별한 사람들도 그렇다. 이라크 파병 기간에 메마른 갈색 야자나무 밑에서 명상을 했던 육군 중장도 그렇다. 마음챙김 훈련은 나의 삶을 바꿔놓았다. 마음챙김 훈련 덕분에 나에게 선택의 여지가 없다고 느꼈던 시기에도 내가 하고 싶었던 모든 일을 계속할 수 있었다. 과학자로 살면서 엄마 노릇을 하고, 실험실을 운영하면서 남편의 곁에도 있어주고, 내가 꿈꾸던 생활과 직업을 모두 가지려면⋯ 나에게는 마음챙김 훈련이 필요했다. 그건 기분이 좋아지기 위해서가 아니라 '내 삶을 더 온전히 경험하기 위해서'였다. 그리고 당시에는 잘 몰랐지만 내 기분도 나아지기 시작했다⋯.

이제 당신은 어떻게 해야 하는지 알고 있다

얼마 전에 나는 달라이 라마가 마음챙김과 교육이라는 주제로 개최한 콘퍼런스에서 나의 연구 결과를 발표하기 위해 인도에 다녀왔다. 그때 나는 마음이 뒤숭숭했다. 18시간 비행을 위해 안전벨트를 매는 동안에도 다른 데 정신이 팔려 있었다. 발표가 얼마 안 남은 그 순간에도 나는 내가 준비한 하나하나의 슬라이드에서 강조하고 싶은 것이 무엇인지를 곰곰이 생각하고 있었다. 발표 내용은 콘퍼런스의 주제에 부합하는가? 다른 발표자들은 대부분 아동을 대상으로 수행한 연구를 소개할 것 같은데, 나의 경우 아동을 대상으로 수행한 연구는 별로 없었고 최근 연구 중에는 아이들과 함께한 것이 아예 없었다. 갑자기 걱정이 밀려왔다. 하지만 긴 비행시간을 활용해서 나의 걱정을 어느 정도 해결할 수 있고 도착하기 전에 프레젠테이션을 최종 점검할 수 있으리라고 생각하며 마음을 달랬다.

비행기는 약간의 난기류 속에서 이륙했다. 내 옆자리에는 열한 살쯤 된 여자아이가 앉아 있었다. 아이는 나를 똑바로 쳐다보고 있었다.

"무서워요?" 아이가 나에게 물었다. "무서우면 제 손을 잡으세요."

나는 그냥 내 발표에 집중하고 싶은 마음이었지만 아이를 향해 미소를 지어주었다. 그 아이는 엄마의 손을 꽉 붙잡고 있었다. 비행이 무서운 모양이었다. 기류가 두어 번 더 흔들리고 비행기가 갑자기 하강하자 아이는 거의 과호흡 상태가 됐다.

그래서 내가 물었다. "얘야, 내가 네 손을 잡아주는 게 어떻겠니?"

나는 말로써 아이에게 '보디스캔'을 시켰다. 내가 보디스캔을 선택한 것은 아마도 체조 대회나 무용 경연대회를 앞두고 딸아이에게 그 방법을 썼기 때문이었을 것이다. 나는 그 아이에게 눈을 감아보라고 말했다. 발가락에 무슨 일이 벌어지고 있니? 무릎에서는? 뱃속에서는? 나는 그 아이에게 느끼는 것을 말로 설명해보라고 했다. "겁이 나요." 아이가 말했다. 그래서 나는 '겁'은 어떤 느낌이냐고 물었다. 아이는 뱃속이 울렁거리고 가슴이 답답한 것 같다고 대답했다. 아이는 조금 침착해졌고, 자기가 느끼고 있는 두려움에 조금 더 익숙해졌다. 얼마 후 비행기가 안정을 되찾았다. 마침내 아이는 엄마의 어깨에 머리를 기댄 채 스르르 잠이 들었다.

아이의 엄마가 호의적인 눈빛으로 나를 쳐다봤다. 우리 사이에는 잠든 아이가 있었다. 그녀는 손을 내밀어 나에게 손가락을 보여주었다. 아이의 손톱이 살갗을 파고든 자국이 깊게 나 있었다.

"도와주셔서 정말 감사합니다." 아이 엄마가 속삭였다. "애가 비행기에서 잠든 건 처음이에요."

앞에서 설명한 대로 보디스캔을 하려면 신체의 물리적 자극에 주의를 기울여야 한다. 마음은 걱정이나 공포에 사로잡혀 있더라도, 보디스캔을 하는 동안에는 다른 것들이 마음속 화이트보드를 채운다. 그런 것들은 보다 실용적이고 생산적이다. 하지만 보디스캔은 주의를 다른 데로 돌리거나 감정을 억압하기 위한 것이 아니다. 나는 그 아이가 두려움을 잊어버리게 하려던 것이 아니었다. 보디스캔을 비롯해서 우리가 이 책에서 연습한 마음챙김 훈련들은 현재의 순간에 실체를 부여하기 위한 것이다. 이 경우에 나는 그 아이가 두려움이라는 감각적 경험을 알아차리고 자각을 그 감각 쪽으로 옮기도록 유도했다. 아이가 자신의 자각을 몸속에 위치시키고, 몸속의 감각을 언어로 설명하게 하고, 그 감각에 지속적으로 주의를 기울이면서 감각이 어떻게 변화하는지를 알아차리도록 했다. 그러는 동안 아이는 자신의 두려움과 약간의 거리를 둘 수 있었고, 보디스캔을 하는 동안 자신의 몸 안에서 어떤 감각들이 나타나는지를 나에게 말해주기 위해 주의를 다르게 사용해야만 했다. 아이의 보디스캔이 끝날 무렵에는 콘퍼런스에 대한 나 자신의 걱정도 줄어들어 있었다.

마음챙김 명상에 관해, 그리고 이런 순간들에 마음챙김 명상의 효용에 관해 이해하는 하나의 방법은 마음챙김 명상이 고통 내성을 키워준다는 것이다.[12] 고통 내성이란 가장 힘든 시기(실제로 힘든 시기일 수도 있고, 힘들다고 느끼는 시기일 수도 있다)에도 불쾌한 감정을 잘 다루고, 평정을 유지하고, 효과적으로 일하고, 회복을 잘하는 능력을 의미한다. 마음챙김 명상은 주의력과 작업기억을 강화할 뿐 아니라 우리에게 닥치는 문제들을 해결할 수 있다는 생각과 자신감을 만들어준다. 우리가 어렵고 힘든 순간을 맞이할 수도 있으며 그래도 괜찮다는 생각을 하게 해준다. 마음챙김 명상을 하면 스트레스가 가득하고 불쾌하고 힘든 상황을 거치면서도 현재에 머물 수 있고, 그 상황을 처리할 정신적 역량이 우리 자신에게 있다는 것을 알게 된다.

사람들은 자신에게 회복력이 있거나 혹은 없거나, 둘 중 하나라고 생각한다. 그들은 회복력이란 어떤 어린 시절을 보냈고 성격이 어떠하며 상황에 대처하는 능력이 어떤가에 달린 문제라고 생각한다. 하지만 우리가 주의력 연구를 통해 알아낸 바에 따르면 인지 회복력은 훈련으로 향상시킬 수 있는 능력이다.

비행기 안에서 그 아이와 함께 보디스캔을 하고 나서 노트북 전원을 다시 켰다. 마음이 한결 맑아지고 차분해져 있었으므로, 어느 부분을 수정해야 발표 내용이 더 강력해질지를 금방 알아낼 수 있었다. 전략적인 수정을 끝내고 나서 나는 노트북을 치워버리고, 내가 준비한 슬라이드에 자신감을 느끼면서 편안한 마음으로 긴 여행을 즐기기 시작했다.

나의 전문 분야는 고난도 직업을 가진 사람들이 가장 힘든 시기를 이겨내는 데 도움이 되는 훈련 방법을 찾는 것이다. 고난도 직업군에서 가장 힘든 시기가 언제인지는 비교적 명확하다. 군인들의 경우 해외 파병 기간이고, 학생들의 경우는 시험 기간이다. 운동선수들에게는 대회 또는 경기가 있는 시즌이다. 하지만 대부분의 사람은 힘든 시기가 언제 찾아올지를 미리 알지 못한다. 언젠가 그런 시기가 찾아올 거라고 예상할 뿐이다. 사실 힘든 시기란 삶의 어떤 정황들을 가리킨다. 마음챙김 명상을 하면 최고의 마음 상태로 그런 시기를 성공적으로 헤쳐 나갈 뿐 아니라 어떤 시기에도 잘 해나갈 수 있다는 확고한 자신감이 생긴다. 힘든 상황에서도 현재에 머물고, 집중을 유지하고, 그 상황을 이겨낼 수 있다. 나는 비행기 안의 여자아이에게 난기류는 언젠가 끝이 나고 아이의 두려움도 끝날 거라고, 그리고 그 두려움과 함께 느끼는 모든 감각도 끝이 있을 거라고 말해줬다. 다 지나갈 거야. 이 순간은 달라질 거야. 그러니까 너는 매 순간, 그 순간에 네가 괜찮다는 걸 깨닫기만 하면 되는 거야.

"비행기가 이런 난기류를 만날 때 조종사들이 뭘 하는지 아니?" 아이는 고개를 저었다. "아무것도 안 해!" 내가 말했다. "조종사들의 힘으로 난기류를 이길 수도 없고, 방향을 틀어서 피해갈 수도 없거든. 그래서 공기가 요동치도록 가만히 놓아두고 비행기를 통과시킨단다. 기류가 안정될 때까지 잘 버티면 되는 거야."

마음챙김을 하면 주의력을 우리에게 필요한 형태로 유지하고 필요한 곳에 머무르게 하는 능력을 얻는다. 우리가 마음챙김에서 얻는 것은 '모든 것은 지나간다'라는 궁극적인 깨달음이다. 모든 것은 지나간다. 모든 것은 변화한다. 이 순간은 빠르게 지나갈 것이다. 하지만 당신이 이 순간에 존재한다는 것은, 당신이 여기에 있든 다른 데 있든, 과민반응을 하든 안 하든, 이 순간에 관한 기억을 저장하든 안 하든 간에 광범위한 파급 효과를 일으킨다. 그렇다면 중요한 질문은 다음과 같다.

당신은 현재에 머무를 수 있는가? 주의력 섬광을 당신에게 중요한 곳에 위치시킬 수 있는가? 중요하지 않은 내용을 기록한 잉크가 희미해지도록 내버려둘 수 있는가? 당신의 기대를 내려놓고 무엇이 옳은지를 판별할 수 있는가? 과민반응, 섣부른 비판, 스토리를 만들어내지 않고 있는 그대로 볼 수 있는가? 당신은 이 경험을 위해 정말로 여기에 머물면서 당신의 삶에 의미가 있고 당신의 목표와 희망과 주변 사람들에게 도움이 되는 방식으로 느끼고, 배우고, 기억하고, 행동할 수 있는가?

당신은 이런 능력들을 다 가지고 태어나지 않아도 된다. 태어날 때부터 전문가 수준인 사람은 없다. 이런 능력들을 연마하려면 노력이 필요하다. 이제 당신은 적어도 어떻게 노력해야 할지는 알고 있다.

최고의 마음 상태

웨스트민스터 홀은 사람을 압도하는 장소다. 영국 국회의원들과 군 관계자 및 응급의료 책임자들 앞에서 내가 평생 해온 일을 발표하는 자리인 만큼 그 압박감은 이루 말할 수 없었다. 런던 중심부에서 템스강을 내려다보고 있는 웨스트민스터 홀은 엄청나게 넓고, 뾰족한 첨탑들이 있으며, 어떤 부분은 1000년 가까이 된 건축물이다. 내가 다른 마음챙김 전문가들과 함께 발표를 하러 간 영국 하원의회 회의실은 법정처럼 고요하고 묵직한 분위기를 풍겼다. 그 방은 세로로 길고 천장이 높았으며 진녹색 벽에는 좁고 높다란 창문들이 나 있어서 강이 내다보였다. 짙은 적갈색의 윤기 나는 마호가니 벤치들이 세로 방향으로 줄지어 놓여 있었다. 영국에서 가장 중요하고 영향력 있는 사람들이 그 벤치를 꽉 채우고 있었다.

　나는 초조한 심정이었다. 그 발표를 위해 몇 주 동안이나 준비를 했다. 그때는 내가 학자로서 특히 주목을 많이 받은 시기였다.

원래 계획은 당시 육군 소장이던 월트 피아트와 내가 공동으로 발표를 하는 것이었다. 월트가 10분 동안 이야기를 하고 나서 내가 15분을 사용할 계획이었다. 슬라이드를 미리 준비했다가 월트의 말이 끝나면 곧바로 내가 발표할 차례였다. 나는 몇 시간 동안 발표할 내용을 준비하고, 다듬고, 슬라이드를 다시 검토했다. 준비는 다 돼 있었다.

그런데 발표일을 이틀 앞두고 월트가 갑자기 참석하지 못하게 됐다(육군 소장이 '직장에서 무슨 일이 생길' 경우에는 타협의 여지가 없다). 우리는 전략을 바꿔야 했다. 행사 주최 측은 나에게 월트의 시간까지 포함해 25분 동안 발표를 해달라고 요청했다. 그런 요청을 받으니 당혹스러웠다. 장시간 비행을 마치고 피곤한 상태로 런던에 도착했을 때 시차 적응도 안 되고 슬슬 걱정이 되기 시작했다. '나의 메시지가 충분히 다듬어졌나? 시간 배분은 제대로 됐나? 월트의 메시지도 내가 대신 전하기로 했는데, 그러면 더 넓은 시야를 함께 보여주어야 하지 않을까?'

이 모든 일은 나에게 개인적으로도 의미가 있었다. 내가 태어난 나라를 90년 가까이 식민 지배했던 나라의 정부 건물에 들어가게 된다는 것. 나는 간디가 영국의 통치에 맞서 비폭력 저항운동을 조직했던 도시에서 태어났다. 그리고 나는 전쟁 지도자들에게 평화를 촉진하는 명상의 장점에 관해 이야기하려고 한다. 그것은 의미심장한 일이었다. 그래서 부담도 적지 않았다. 회의실의 앞쪽에 다른 발표자들과 함께 자리를 잡으면서 나는 그 모든 감정을 한꺼번에 느끼고 있었다. 발표 직전에 내용을 바꾼 것, 역사의 무게, 그리고 내 발표 내용이 명료한가에 관한 걱정들. 그때 행사 주최자가 우리에게 다가왔다. 또 하나의 반전이었다.

우리가 모였던 방에서 바로 전날 저녁에 영국 총리 테리사 메이의 해임 여부에 관한 비공개 회의가 열렸다고 한다. 그때가 2018년 10월이었고, 영국은 브렉시트 문제로 한창 시끌벅적했다. 긴장이 고조됐고 모든 것이 유동적이었다. 행사 주최 측은 메이 총리에 관한 회의를 몰래 녹음할 가능성을 차단하기 위해 누군가가 고의로 시청각 장비를 파괴했다는 사실을 발견했다. 문자 그대로 장비를 벽에서 떼어낸 모양이었다. 온라인 연결을 복구할 방법이 없었다. 행사를 주최한 사람들은 외부에서 음향 장비를 반입하고 프로젝터를 찾으려고 바삐 돌아다녔지만, 내 발표가 시작되기 3분 전에 결국 다음과 같이 선언했다. "슬라이드는 사용할 수가 없습니다. 그냥 말로 하세요."

나는 발표 준비를 하면서 이런 생각을 했던 걸로 기억한다. '지금까지 나의 모든 삶은 이 자리를 위한 거였어.' 발표를 성공적으로 해내지 못하면 부정적인 결과가 초래되기 때문이 아니었다. 전체적으로 본다면 내가 발표를 망치더라도 아주 불행한 사태가 생길 것 같지는 않았다. 내가 평소에 함께 일하는 일부 사람들과는 경우가 달랐다. 내가 박격포탄에 날아가거나 불덩이에 삼켜질 우려는 없었다. 나는 고객의 중요한 사건에서 패소한다거나 수백만 달러 규모의 스포츠 계약을 놓칠 위험을 안고 있지 않았다. 내 앞에 있는 건 하나의 기회였다. 다른 사람들의 삶에, 특히 매일 생사를 가르는 상황에 놓이는 사람들의 삶에 지대한 영향을 미치는 결정을 할 권한을 가진 사람들에게 내 메시지를 전달할 기회. 내가 세상을 변화시킬 작은 가능성이 있었다. 나는 그 가능성을 붙잡을 수도 있고 놓쳐버릴 수도 있었다.

생각이 정리되어 한곳에 모이는 느낌이 들었다. 슬라이드를 인쇄한 종이를 내 앞에 펼쳐놓고 청중을 바라보며 이야기를 시작했다. 먼저 주의력의 힘에 관해 설명하고, 주의가 어떻게 흐트러지며 얼마나 자주 흐트러지는지를 이야기했다. 그러고 나서 주의력을 잘 활용하는 방법에 관해 이야기했다. 마음챙김 명상이 우리의 집중을 강화하고 자각을 넓혀준다고 말했다. 마음챙김 명상을 하면 혼란스럽거나 어리둥절한 상황의 불협화음을 넘어 전체 풍경을 조망하면서, 수많은 잘못된 선택의 가능성 속에서도 신속하게 올바른 결정을 할 수 있게 된다고 말했다. 그리고 현재에 머무르는 능력, 즉 정교화와 비판과 과민반응을 하지 않고 어떤 경험을 받아들이는 능력을 키우면 그런 능력이 없을 때보다 훨씬 명료하고 효과적으로 내용들을 흡수하고 학습하고 판단할 수 있다고 말했다. 이런 능력은 우리가 지금 살아가는 순간만이 아니라 삶의 경로를 통째로 바꿀 수도 있다고 말했다.

발표가 끝났을 때 나는 압축적이면서도 강력한 메시지를 전달하는 데 성공했다는 만족감을 느꼈다. 막판에 내용을 바꾼 것이 처음에는 마음에 걸렸지만 실제로는 일종의 선물이 됐다. 발표 시간이 길어지고 슬라이드가 없어지자 나 자신이 청중과 더 온전히 연결되는 느낌을 받았다. 시간적 여유가 생기니 내 생각과 실험 결과를 더 자세히 설명할 수 있었고, 느긋하게 리듬을 타면서 이 권위 있는 청중들에게 나의 메시지를 전달할 수 있었다. 번쩍이는 화면을 쳐다보며 말을 하고 슬라이드를 한 장 한 장 넘기느라 프로젝터 리모컨을 누르는 대신 나는 내 이야기를 듣는 사람들을 쳐다보고,

그들과 눈을 맞추고, 그들에게 말을 걸었다.

이것은 한참 전에 치아 감각이 마비됐을 때, 그리고 삶의 많은 부분을 마비된 채로 살고 있다는 사실을 깨달았을 때 내가 놓치고 있었던 지점이다. 당시 나는 매사에 열심이었고 분주하게 움직였다. 내 마음은 항상 뭔가를 휘젓고 있었다. 나는 과부하 상태였고 주위와 단절되어 있었으며, 잠시 편히 쉬면서 주변을 관찰하지도 않았다. 미로에서 길을 잃었는데 출구가 보이지 않았다. 이제 나에게는 든든한 도구가 있다. 나는 나의 주의가 어디에 있는지를 찾아서 조절하는 법을 배웠다. 이제 나는 시야를 좁혀서 마음이 중요한 문제를 향하게 할 수 있고, 주의를 확대해서 전체 풍경을 살피고 그 속의 모든 장애물을 똑똑히 보면서 그 장애물들을 피해 앞으로 나아가는 새로운 길을 찾아낼 수도 있다. 마치 그전에는 나에게 있는 줄도 몰랐던 근육을 자유롭게 사용하는 것만 같다.

나는 날아갈 것 같은 기분으로 의사당을 떠났다. 내가 세웠던 목표를 달성했다. 최대한 명료하고 역동적으로 내용을 전달했고, 조금은 변화를 일으킨 것도 같았다. 나는 내가 공유한 지식이 청중 한 사람 한 사람에게 씨앗처럼 뿌려지는 장면을 상상했다. 국회의원, 군 장성, 경찰 간부, 응급의료원 들이 각자 그 씨앗을 가지고 자신의 작은 세상으로 돌아가서 그 씨앗이 뿌리를 내리고 자라고 널리 퍼지도록 하는 상상을 했다. 나는 그 씨앗이 사람들이 스트레스와 위기를 이겨내고, 압박 속에서도 그들 자신의 윤리와 목표에 부합하는 결정을 하는 데 도움이 되기를 바랐다. 어떤 사람들은 나의 남편 마이클처럼 자신의 마음에 대한 자각이 높아지고 주의력의 상태를 파악해서 꿈을 향해 나아갈 수 있게 될지도 모른다. 아니면 고향에서 수천 킬로미터 떨어진 곳으로 나를 찾아왔던 소방관처럼, 주의의 범위를 넓히는 법을 익혀서 작은 방해 요소들에 주의를 강탈당하지 않고 삶의 필연과도 같은 과부하에 '잡아먹히지' 않으면서 큰 그림과 궁극적인 목표를 마음속에 간직할 수 있게 될지도 모른다. 아니면 이라크 파병 기간에 나에게 이메일을 보내 마음챙김 명상에 관해 이야기했던 월트 피아트 같은 사람이 또 생길지도 모른다. 그는 매일 마음챙김을 하니 스트레스와 압박, 위기와 복잡성 속에서도 '평화'라는 궁극적인 목표를 유지하는 데 도움이 됐다고 증언한다.

사람들은 종종 말한다. "지금 당장 제가 움직여야 하는 일이 너무 많아요. 그런데 어떻게 눈을 감고 가만히 앉아 있을 수가 있겠어요?"

경영자, 사회운동가, 부모, 경찰관 등 모두가 나에게 이렇게 이야기한다. 나도 그 말을 이해한다. 나 역시 똑같은 기분이니까. 사람들은 세상을 바꾸고 싶어 한다. 일을 잘 해내기를 원하고 성취감을 맛보기를 바란다. 이 모든 것을 달성하려면 우리는 영원히 움직이는 기계가 되어야 할 것만 같다.

한때 가만히 앉아 있는 것보다 계속 움직이는 것을 선호했던 사람으로서 나는 그 질문에 이렇게 대답한다. "당신이 지속 가능한 변화를 위해 행동하기를 원한다면, 당신은 그 목표를 이루기 위해 '당신의 모든 역량'을 발휘할 수 있어야 합니다." 마음챙김은 당신이 가진 '모든' 자원을 획득하고 사용하기 위한 것이다.

우리 인류의 주의력 시스템은 전례 없는 도전에 직면해 있다. 지금 우리가 사는 세상은 우리의 주의력을 잘게 쪼개 끌어당기려고 만들어진 것처럼 보인다. 혁신적인 디지털기기와 첨단 장비들은 우리가 서로에게 연결되고, 우리가 좋아하는 일을 하고, 삶 속에서 새로운 것을 배우고 발전하도록 해주지만, 바로 그 도구들이 쉴 새 없이 우리의 주의력을 요구하고 우리를 끌어당겨 우리가 원하는 일 또는 해야 하는 일로부터 멀어지게 만든다.

마음챙김 명상을 할 때 우리는 주의를 우리의 삶이 펼쳐지는 순간에 머무르게 하는 법을 배운다. 그럴 때 우리는 시뮬레이션을 하고 계획을 세우는 상태에서 한 발짝 물러나 삶을 직접적으로 경험한다. 머리말에서 나는 현재의 순간이야말로 당신이 주의력을 사용할 수 있는 유일한 장소라고 말한 바 있다. 주의력은 나중을 위해 아껴둘 수 없다. 주의력은 초능력이지만 지금 사용해야 하며, 오직 지금만 사용할 수 있다.

과거에 우리는 주의력을 행동을 위한 도구로 생각했다. 주의력은 정보를 제한해서 우리의 뇌가 그 정보를 가지고 뭔가를 할 수 있도록 해주는 시스템이라고 생각했다. 이제 우리는 명상 신경과학과 주의력에 관한 새로운 연구들을 통해, 우리가 완전하고 성공적인 삶을 살기 위해서는 단지 주의를 집중해서 과제를 수행하는 것만이 아니라 주의를 수용적으로 만들어서 우리가 알아차리고 관찰할 수 있어야 한다는 사실을 알게 되었다. 우리는 주의력을 사용해서 우리 눈앞에서 벌어지고 있는 일에 열린 태도를 취할 수 있다. 판단과 스토리 만들기를 보류하고 있는 그대로를 바라볼 수 있다. 문제를 어떤 틀에 넣었다가 다른 틀에 넣을 수도 있지만, 문제를 틀에서 '꺼내' 새로운 눈으로 바라볼 수도 있다. 그럴 때 우리의 생각과 결정과 행동은 그 순간에 필요한 것, 이 소중한 삶에서 우리가 이루고 싶은 목표와 더 많이 일치하게 된다.

주의력에 관한 '새로운 과학적 사실'은 빠른 속도로 축적되고 있는 실증적 근거에 입각해 있다. 당신이 이 책에서 읽고 있는 내용은 이 분야에서도 가장 최근에 밝혀진 사실들이다. 우리는 마음챙김을 비롯한 다양한 명상 수련의 놀라운 가치에 관해 혁신적인 연구를 하고 있다. 이것은 우리가 반드시 나아가야 하는 방향이다. 그리고 나는 마음챙김 훈련이 다양한 직업군에 속한 다양한 계층의 사람들에게 어떤 변화를 일으키는지를 직접 목격했기 때문에 기쁜 마음으로 이 일에 동참하려고 한다.

런던 웨스트민스터 홀에서 발표를 했던 그 역사적인 날을 생각하면 딱 하나 아쉬운 점이 있다. 아버지에게 그 이야기를 들려드릴 수가 없다는 것이다. 내가 박사학위를 받았을 때, 결혼식을 올렸을 때, 내 실험실을 열었을 때, 아이들이 태어났을 때, 그러니까 내 삶에 좋은 일이 생길 때마다 빠진 조각이 하나 있었다. 아버지와 똑같은 모양의 그늘이 있었다.

앞에서 트라우마와 방아쇠trigger(트라우마를 다시 떠올리고 재경험하게 만드는 장치-옮긴이)에 관해 이야기하면서 나는 정말 많은 사람이 트라우마를 경험한다고 말했다. 내 삶에는 나에게 큰 충격을 준 자동차 사고가 있었다. 그 사고는 내 삶을 바꿔놓았다. 아버지의 목숨을 앗아갔기 때문이다. 요세미티 국립공원으로 가족 여행을 갔다가 돌아오는 길에 한 음주 운전자가 우리 차를 들이받았다. 우리가 타고 있던 차는 절벽 아래의 들판으로 추락했다. 뒷좌석에 앉아 있던 언니는 열세 살이었고, 나는 다섯 살이었는데 큰 부상을 입지는 않았다. 조수석에 타고 있던 어머니는 크게 다쳤다. 운전석에 있던 아버지는 최악의 사태를 피하지 못했다.

그 사고에 대한 나의 기억은 아주 생생하지만 단편적이다. 그때 차가 움직이던 느낌은 마치 잠에서 깨어나자마자 악몽을 꾸기 시작하는 것만 같았다. 다음 순간. 우리 차 옆에 있던 차, 엔진의 윙윙거리는 소리. 이게 꿈이 아니라는 것을 서서히 깨달았다. 사방이 아주 고요했던 기억이 난다. 절벽 위에서 한 남자가 우리를 내려다보고 있었는데, 충격적이게도 그는 우리를 도와주기 위해 달려오지 않았다. 나중에 우리가 추측한 바로는 그가 그 음주 운전자였을 것 같다. 그것은 뺑소니 사고였다. 내가 그 남자를 목격한 후에 그는 그냥 그 자리를 떠나버린 것이 틀림없다. 아무도 구조 요청을 하지 않았기 때문이다. 저 멀리 작은 집 한 채가 보였다. 나는 우리가 그 집까지 가서 구급차를 불러야 한다는 것을 알았다. 나는 언니를 일으켜 세웠다. 언니를 질질 끌다시피 하면서 들판을 가로질러 그 집을 향해 걸어갔다.

그때 나는 어린아이였고 뇌가 어떻게 작동하는지, 마음챙김을 하면 뇌가 어떻게 달라지는지에 대해 아무것도 몰랐다. 아버지의 목숨을 앗아가고 어머니에게 중상을 입힌 그 치명적인 사고는 내 삶의 상당 부분을 결정했으며, 내가 신경과학자로서 수행하는 연구에도 영향을 미쳤다. 처음 이 길에 들어서서 주의력에 관한 연구에 착수했을 때만 해도 내가 무엇을 발견하게 될지 정확히 알지 못했다. 그러나 마음 한구석에서는 내가 무엇을 찾고 있는지를 알고 있었다. 나는 단순히 어떤 과제나 임무나 프로젝트에 집중을 잘하고 싶었던 것이 아니다. 단순히 생산성을 향상시키거나, 직장에서 성과를 내거나, 아이에게 집중하는 부모 또는 배우자의 곁에 있어주는 사람이 되고 싶었던 것이 아니다. 그런 것도 연구의 목표였지만 더 크고 더 본질적인 것을 찾고 싶었다. 최고의 마음이란 우리가 인간으로서 마주해야 하는 모든 것을 직면하면서 온전한 삶을 산다는 뜻이다. 스트레스와 슬픔 속에서도, 기쁨과 불행 속에서도 그렇게 한다는 뜻이다.

이 책의 첫머리에서 나는 주의력을 획득하기 위한 전투는 삶을 사는 데 필요한 자원을 획득하기 위한 전투라고 말했다. 수십 년 동안 주의력과 마음챙김에 관한 연구를 하면서 내가 발견한 모든 것은 그 말이 진실임을 입증하고 있다. 그렇다. 그것은 전투다. 하지만 그것은 우리가 이길 수 있는 전투다. 이기고 또 이길 수도 있다.

부록

집중을 위한 마음의 코어 운동

이 책에서 설명한 대로 주의력은 당신이 하고 싶어 하는 거의 모든 일에 필요하다. 또 그 일들을 잘 해내기 위해서도 주의력이 필요하다. 뇌의 주의력 시스템은 정신의 코어라고 말할 수 있다. 정신의 코어는 신체의 코어와 마찬가지로 다음과 같은 특징을 지닌다.

- 우리가 하는 활동의 대부분에 관여한다.
- 코어가 튼튼해야 우리가 안정적이고 민첩하게 세상을 헤쳐 나갈 수 있다.
- 코어를 강화하는 데 효과적인 운동이 있다.

플랭크, 교각(브리지) 운동, 윗몸일으키기 등은 각기 다른 근육을 강화하는 운동이지만 근육군들 사이의 협응 능력을 향상시키고 코어를 강화한다는 공통점이 있다. 마음챙김 훈련은 주의력의 다양한 기능을 수행하는 뇌 신경망들 사이의 협응을 개선하고 강화하는 활동이다. 주의력의 기능에는 초점을 바꾸고 유지하는 기능, 현재 진행 중인 의식적 경험을 알아차리고 주시하는 기능, 목표와 행동을 관리하는 기능 등이 포함된다. 반복을 많이 할수록 뇌 신경망들 사이의 협응 능력이 향상되고 코어가 튼튼해진다. 마음챙김 훈련을 꾸준히 하면 우리의 삶에서 정신적 안정성과 민첩성이 높아지는 느낌이 들고, 궁극적으로는 효율과 성취감이 높아지며 웰빙과 목표에 관한 감각이 예리해진다.

이 책에서는 주의력을 강화하는 효과가 있는 세 유형의 연습법들을 소개했다. 첫 번째 유형은 집중의 초점을 강화하는 연습으로서, 주의력 섬광의 범위를 좁히고 광선을 안정시키는 것이 목적이었다. 이 연습은 주의에 대한 통제력을 높여준다. 당신의 목표는 먼저 주의가 특정한 사물을 향하게 하고, 다음으로 당신의 호흡을 향하게 하고(섬광 찾기), 마지막으로 신체의 구체적인 자극으로 향하게 해서(보디스캔) 일정한 시간 동안 주의가 몸에 머물게 하는 것이었다. 주의가 목표물에서 멀어지면 주의를 도로 목표물에 가져다놓는다. 이 각각의 단계는 '주의력 반복attentional reps 연습'에 해당한다. 집중하고, 유지하고, 알아차리고, 다시 방향을 바꾼다. 그리고 반복. 연습 횟수가 늘어날수록 주의력의 이 측면들이 강화된다.

두 번째 유형은 '경계 유지하기'였다. 현재 진행 중인 과정들과 매 순간 당신이 경험하는 내용을 주시하고 알아차리는 것이다. 주의를 집중하는 연습과 달리 이 연습에서는 주의가 넓어지고 수용적이어야 한다. 이것이 바로 당신이 앞에서 시도했던 '개방적 주시 연습'이다. 이 연습의 과제는 달랐다. 주의를 특정한 목표물에 맞추지 않는 대신 경계를 안정적으로 유지해야 했다. 알아차리고, 주시하고, 수용하고, 열려 있어야 한다. 당신은 관찰자의 입장에 있다. 생각, 감정, 자극들이 나타났다가 사라지는 것을 허용한다.

개방적 주시 기술을 사용하는 훈련은 까다로운 편이다. 우리는 사람들이 이런 훈련을 할 때 개방적이고 수용적인 형태의 주의력이 향상된다는 사실을 발견했다. 이 연습을 정기적으로 하면 당신은 "생각은 사실이 아니라는 것"을 더 빨리, 더 잘 알아차릴 것이다. 탈중심화와 스토리 내려놓기가 더 쉬워질 것이다. 규칙적으로 신체 운동을 하면 몸이 튼튼해지는 것과 마찬가지로 이런 정신적 훈련은 '메타자각'을 키워준다. 메타자각이란 의식의 내용과 과정, 즉 생각, 느낌, 지각이 나타났다 사라지는 것에 관한 명료한 자각이다.

오랜 기간 동안 꾸준히 이런 연습을 하면 뇌의 기능과 구조가 바뀐다. 사실은 당신이 최초의 명상을 단 12분 동안만 해도 당신의 뇌가 작동하는 방식이 곧바로 달라진다. 하지만 그 12분 동안만이다. 12분이 지나면 다시 '기본값'으로 돌아간다. 하지만 당신이 매주, 주 5일 이상 장기간 꾸준히 연습을 한다면 점차 이 새로운 주의력 사용법이 기본값으로 바뀐다. 이런 변화가 누적되면 당연히 뇌의 기능이 개선되겠지만, 집중 연습과 수용 연습은 현실 세계에서 우리에게 어떤 도움이 될까? 최고의 마음 상태를 유지하는 데 어떻게 도움이 될까?

철학자이자 심리학자로서 방황하는 마음을 길들이는 것은 우리가 제공할 수 있는 최고의 교육이라고 지적했던 윌리엄 제임스는 이런 말도 남겼다. "[의식의 흐름은] 마치 새의 일생처럼 날아다니기와 횃대에 앉아서 쉬기를 번갈아 하는 것과 비슷하다."[1] 최고의 마음은 날아다니기와 앉아서 쉬기, 행동하기와 가만히 있기, 방향 설정하기와 수용하기의 균형을 잘 맞추고 양쪽의 가치를 다 인정한다.

우리가 해본 세 번째 유형의 연습은 연결을 강조하며 집중적인 주의와 수용적인 주의를 강화하는 것이었다. 그러나 앞의 두 가지 연습에서 지금 여기에 일어나고 있는 일의 진행을 관찰하라고 했던 것과 달리, 연결 명상은 규범적인 성격을 띤다. 우리는 집중적인 형태의 주의를 우리 자신과 다른 사람들을 향해 행운을 비는 일에 위치시켜야 한다. 이 연습을 하는 동안 우리의 주의는 재평가와 틀 바꾸기에 활용된다. 이 연습은 우리가 주의를 기울이는 제한적이지만 익숙한 방식에서 벗어나 다른 각도에서 실험을 해볼 수 있도록 한다. 행복, 안전, 건강, 평안을 빌어주는 호의를 받을 자격이 있는 존재로 우리 자신을 바라보자. 어쩌면 당신은 자신이 그런 활동을 하기에는 "너무 바쁘다"고 생각하는 데 익숙할지도 모른다. 어쩌면 당신은 그런 호의를 받아들이는 것을 불편하게 느낄지도 모른다. 이 연습은 우리 자신에게 그런 호의를 받아들이도록 허락한다. 또 이 연습의 뒷부분에서는 다른 사람을 위해서도 호의를 베푼다. 우리 자신, 그리고 다른 사람들과 연결되고 그들에게 관심을 기울일 줄 아는 것은 최고의 마음의 중요한 특징이다.

이제부터 주의력 연습을 위한 주간 일정표를 제시할 것이다. 이 일정표는 우리 실험실과 동료 연구자들이 수집한 최신 데이터를 바탕으로 만든 것이다. 지시문은 행동 변화에 관한 과학적 연구 결과에 입각해서 만들었다.[2] 아주 작은 목표로 시작하고, 그 목표를 달성하고, 기분 좋은 성취감을 매번 맛본다(이것이 핵심이다!). 그리고 이것을 반복한다. 목표를 서서히 늘리고, 그 목표를 계속 달성한다. 그러면 당신은 목표를 달성하는 느낌이라는 보상을 계속 받을 것이다. 이것은 습관을 만드는 가장 좋은 방법이다. 작은 목표를 세우고, 성공의 느낌을 맛보는 것.

여기서 성공이란 당신의 마음이 전혀 방황하지 않는다거나, 당신이 꼼짝도 안 한다거나, 황홀경·평화·이완 따위를 경험한다는 뜻이 아니다. 성공이란 당신이 시간을 들여서 연습을 했다는 것이다. 완수가 곧 성공이다. 훈련을 꾸준히 하기 위해 당신이 매일 빼먹지 않고 잘하는 다른 활동과 훈련을 연계하라. 그 활동은 양치질일 수도 있고, 운동일 수도 있고, 커피를 내려 마시는 일일 수도 있다. 행동과학과 습관의 형성에 관해 연구하는 사람들은 당신의 하루에 새로운 활동을 추가하고 싶을 때는 '정박 활동anchor activity'을 선택하라고 충고한다. 그래서 당신이 그 '정박 활동'을 할 때마다 새로 습관 들이고 싶은 활동을 추가하라는 것이다. 예컨대 당신의 정박 활동이 '커피 마시기'라면 다음과 같이 정하라. "내가 커피머신을 켤 때마다 바닥에 앉아서 명상을 한다."

이 책에서 나는 다양한 연습법을 소개하면서 당신에게 모든 연습을 3분씩 하기를 권했다. 매일 명상하는 습관을 만들어 나가는 단계에서는 당신이 부담 없이 해낼 수 있는 시간의 절반 정도를 기준으로 삼기를 권한다. 그렇게 하다가 명상이 습관으로 자리 잡으면 시간을 서서히 늘려나가라. 정식 명상 프로그램에서는 매일 12분씩 명상을 하라고 권한다. 기억하라. 이 훈련은 경주가 아니다. 감당할 수 있는 만큼만 하라. 자신을 혹사한다고 해서 더 빠르게 발전하는 것은 아니다.

내가 제시하는 일정표는 4주로 이뤄져 있다. 4주를 훈련하고 나서 일상생활에서 변화를 경험하기 시작하고, 그 결과들이 훈련을 계속할 의욕을 제공하기를 바란다. 하지만 열쇠는 이것이다. 마음챙김 훈련이 효과를 발휘하기 위해서는 마음챙김을 해야만 한다. 즉 연습을 성실하게 해야만 한다. 연습하는 만큼 발전한다.

1주차

모든 연습의 기초가 되는 '섬광 찾기' 연습부터 해보자. '섬광 찾기'
는 간단하지만 강력한 호흡자각 연습이며 기초적인 기술이다.

코어 수련			
○ 1일차	섬광 찾기	12분	165~166쪽
○ 2일차	섬광 찾기	12분	
○ 3일차	섬광 찾기	12분	
○ 4일차	섬광 찾기	12분	
○ 5일차	섬광 찾기	12분	목표 달성
○ 6일차	섬광 찾기	12분	목표 추가 달성
○ 7일차	섬광 찾기	12분	대성공

1주차의 주안점

당부하고 싶은 것이 있다. 이번 주의 연습에서는 호흡에 주의
를 집중하지만, 호흡을 통제하거나 제약하지는 않는다. 이것은 심
호흡 연습이 아니다. 심호흡은 긴장 완화에 아주 좋은 활동이지만,
지금 당신의 목표는 다른 데 있다. 당신은 호흡을 통제하는 대신
호흡이 일어나는 과정을 실시간으로 관찰하며 당신 자신이 호흡을
지켜보는 것을 자각해야 한다. 연습을 하는 동안 호흡이 약간 느려
지는 것을 알아차릴 수도 있고, 자신도 모르게 호흡이 깊어지는 순
간이 있을 수도 있다. 그래도 괜찮다. 앞에서 말한 대로 이 연습은

호흡을 통제하는 것이 아니라 알아차리는 연습이기 때문이다. 호흡 패턴의 자연스러운 변화를 알아차린다는 건 좋은 신호다. 당신은 과제를 잘 수행하고 있는 것이다!

하루 12분에 그치지 말고 이 연습을 당신의 삶에 최대한 많이 집어넣어 보라. 당신이 원래 하던 활동에 마음챙김을 추가하라. 예를 들면, 마음챙김 양치질. 만약 당신이 양치질을 하면서 할 일 목록을 생각하고 있다면 섬광을 도로 가져와라. 섬광을 현재의 감각에 머무르게 하라. 치약의 시원하고 상쾌하고 알싸한 느낌, 칫솔모의 뻣뻣한 느낌, 손과 팔의 근육이 움직이는 느낌. 시간을 따로 내지 않아도 당신이 이미 만들어놓은 일과에 마음챙김을 집어넣을 수 있다.

1주차의 기분은?

"제 마음은 너무 바빠요"라고 말하는 사람이 정말 많다. 나는 늘 그런 소리를 듣는다. "저는 그렇게 못하겠어요. 제 마음은 가만히 있으려 하질 않아요." 하지만 이 점을 이해해야 한다. 당신의 뇌는 너무 바쁜 것이 아니다. 당신은 그저 인간의 뇌를 가지고 있는 것이다! 앞에서 설명한 대로 인간의 뇌는 '생각 펌프'처럼 작동한다. 바쁘게 움직이는 것은 뇌의 역할이다. 당신이 할 일은 그걸 멈추는 것이 아니다. 당신이 할 일은 뇌의 바쁜 활동과 공존하면서 당신이 원하는 곳으로 주의를 돌려놓으려고 노력하는 것이다. 그것이 정신의 운동이다.

어려운 점

초보자들은 대개 '마음챙김에 관한 신화'를 한가득 가지고 수련에 돌입한다. 그런 신화는 유익하지 않으며 오히려 의욕을 떨어뜨릴 수도 있다. 마음챙김에 관한 대중적인 담론에서 비롯된 해로운 기대를 깨뜨리기 위해 다음과 같은 이야기를 들려주고 싶다.

- 당신은 "마음을 비우려는" 것이 아니다. 마음을 비운다는 것은 불가능한 일이고, 마음챙김 명상에서는 당신에게 머릿속을 비우라고 요구하지 않는다.

- 당신의 목표는 평화롭다거나 이완된 느낌을 받는 것이 아니다. 마음챙김 명상을 하는 사람들의 이미지는 그런 기대를 불러일으키곤 하지만, 당신이 하고 있는 연습은 그런 게 아니다. 이것은 적극적인 정신 운동이다.

- 당신은 어떤 특별한 상태에 도달해야 하는 것이 아니다. 당신이 경험하기를 원하는 '더없이 행복한' 상태는 존재하지 않는다. 반드시 어딘가로 이동하는 느낌을 받아야 하는 것도 아니다. 마음챙김 훈련의 목적은 현재 순간에 '더 많이' 머무는 것이다. 당신은 다른 어딘가로 여행을 떠나지 않는다. 당신은 엉덩이뼈가 의자에 닿는 감각을 느낄 것이다. 몸이 가려울 때마다, 움찔하고 싶을 때마다, 현재 순간에서 벗어날 때마다 그걸 알아차릴 것이다. 아주 작은 감각과 별나고 불쾌한 생각들을 일일이 알아차릴 것이다. '그게 성공이다.'

1주차의 성공이란?

당신이 해냈다는 것이 성공이다! 5일간 하루 12분 훈련을 했다면 빛나는 황금색 별을 받아 마땅하다. 마음이 가만히 못 있는 것처럼 느껴졌다거나, 1분마다 시계를 보려고 눈을 떴더라도 괜찮다. 당신은 훈련을 하려는 의도로 의자에 앉았고 12분을 채웠다. 그러면 성공이다.

당신은 이번 주에 당신의 마음이 자주 방황하는 것을 알아차렸을지도 모른다. 그래서 어떻다는 거냐고? 그건 아주 좋은 일이다. 마음이 얼마나 오랫동안 방황했든 간에 당신이 그 사실을 알아차린 순간은 성공이다. 만약 12분 명상을 한 번 하는 동안 마음의 방황을 백 번쯤 알아차렸다면 아주 큰 성공이다. 우리는 사고의 틀을 완전히 바꿔야 한다. 이것은 정말 중요하다. 우리가 실패라고 생각하는 것이 사실은 성공이다.

1주차의 기술은 삶에 어떤 변화를 일으킬까?

정말로 당신의 섬광을 찾을 수 있게 됐다면, 그러니까 당신의 주의가 어디에 있는지를 매 순간 알아차릴 수 있게 됐다면, 대화 중에 당신의 마음이 방황할 때나 당신의 마음이 회의 자리에 있지 않을 때, 아니면 당신의 삶에서 벗어나 다른 시간과 공간으로 이동했을 때 그 사실을 알아차리게 된다. 당신은 그런 순간을 점점 많이 알아차릴 것이고, 훈련 때 했던 것처럼 당신의 섬광을 제자리로 돌려놓을 수 있게 될 것이다. 또한 친절하면서도 확고한 태도로 섬광의 방향을 바꿀 수 있다는 자신감이 생길 것이다.

2주차

지난주에 당신은 섬광을 찾았다. 이번에는 섬광을 옮겨보자.

코어 수련			
○ 1일차	섬광 찾기	12분	165~166쪽
○ 2일차	보디스캔	12분	246~247쪽
○ 3일차	섬광 찾기	12분	
○ 4일차	보디스캔	12분	
○ 5일차	섬광 찾기	12분	목표 달성
○ 6일차	보디스캔	12분	목표 추가 달성
○ 7일차	섬광 찾기	12분	대성공

2주차의 주안점

2주차 훈련에서는 주의를 신체의 감각에 맞춘다. 섬광을 고정 시키는 연습과 함께 섬광을 옮기는 연습도 한다. 주의의 집중점이 당신의 몸 전체를 부드럽게 훑고 지나간다. 이번 주에는 기본에 해당하는 '섬광 찾기' 연습을 이틀에 한 번 꼴로 계속한다. 우리가 다양한 집단과 함께 연습을 해본 결과, 이런 식으로 연습 사이에 간격을 두는 것이 주의력의 코어 역량을 강화하는 데 가장 효과적이었다.

'섬광 찾기'는 평생 해야 하는 연습이다. '섬광 찾기'를 끝내고 다음 단계로 넘어갈 일은 없다. 당신은 섬광 찾기를 계속 확장해야 한다. 매 순간 경험의 미묘한 변화를 알아차리고 어떤 감정, 감각, 생각이 떠오르는 것을 알아차린다. 주의를 딴 데로 돌리고 싶은 충동을 알아차리고, 주의가 돌아오는 느낌도 알아차린다. 미세한 감각들은 훈련을 많이 할수록 늘어난다. 그러면 당신은 다른 연습들도 더 잘하게 되고 그 연습들에서 더 많은 것을 얻게 된다. 그러는 동안 다른 연습들은 섬광 찾기 연습에 정보를 제공한다. 당신에게는 통찰의 순간이 더 많이 찾아올지도 모른다. 전에는 느끼지 못했던 어떤 것을 알게 되거나, 이해하거나, 지각하며 '아하'를 외치게 된다. 새롭게 알게 되는 것은 당신이 가지고 있는 마음의 습관일 수도 있고, 인간관계의 어려움일 수도 있고, 사물의 본성(예컨대 일시성과 상호의존성)에 관한 근본적인 이해일 수도 있다.

2주차의 기분은?

유의하라. '보디스캔' 연습을 처음 시작할 때는 몸의 통증과 불편을 더 많이 알아차리게 된다. 처음에는 이것이 단점으로 보일 수도 있다. 사실 우리도 군인들을 대상으로 연구하면서 그런 의문을 품었다. 이 사람들은 어차피 전쟁터에 나가서 불편과 고통을 경험할 텐데 왜 그들이 불편과 고통을 더 많이 알아차리게 만들려고 하는가? 하지만 신체에 관한 정보가 많아지면 현재 일어나고 있는 변화에 개입할 여지도 더 많아진다(당신이 발의 통증을 알아차렸다면, 그것을 신발에 깔창을 넣어야 한다는 신호로 받아들일 수도 있다. 그걸 알아차리느냐 마느냐가 70킬로미터 산행을 성공적으로 마치느냐 아니면 발목을 삐느냐의 차이로 귀결되기도 한다). 또한 당신은 그 통증에 관해 당신이 만들어내는 스토리가 통증이 더 오래 지속되게 하거나 더 심해지게 할 수도 있다는 사실을 알아차리게 된다. 당신은 통증에 관한 하나의 거대한 덩어리 같은 경험을 분석해서 그것을 파도처럼 오르락내리락하는 여러 개의 감각으로 쪼갤 수 있게 된다. 조이는 느낌, 찌르는 듯한 통증, 열감 등. 당신이 마음의 방황을 알아차리고 현실의 신체 자극들로 돌아올 때 통증은 단일한 덩어리라기보다 하나의 집합에 가까워 보이고, 물리적 감각에 관한 스토리들은 잠잠해질 것이다.

어려운 점

어떤 사람들은 혼자서 '보디스캔'을 해내기가 어렵다고 말한다. 당신이 보디스캔을 혼자 못하겠다거나 주의가 분산되어 끝까지 해내지 못한다면 도움이 되는 방법을 찾아보라. 녹음된 지시문을 따라 하는 방법도 있다.

그리고 '황홀해지는' 느낌을 경계하라. 어쩌면 당신은 지난주에 훈련을 하면서 아주 좋은 기분과 성취감을 한두 번 느꼈을지도 모른다. 그렇게 열심히 노력하거나 어떤 목표를 좇는 상태에 빠져들지 않게 하라. 주의력 향상을 위한 마음챙김 훈련은 효과가 기하급수적으로 상승하는 것처럼 보이지(또는 느껴지지) 않는다. '훈련의 성공'은 성공처럼 보이지 않을 때가 많다. 실패한 것처럼 느껴진 훈련이 사실은 당신의 뇌에 아주 좋은 운동이었을 가능성이 높다.

2주차의 기술은 삶에 어떤 변화를 일으킬까?

직장에서든 집에서든 당신이 있는 곳 어디에서나 어떤 일이 생길 때마다 당신의 몸속에서는 이런저런 자극들이 무리지어 나타난다. 스트레스, 불안, 환희, 공포, 슬픔, 흥분 등등. 이 각각의 감정은 신체 자극과 연결된다. 당신은 그것을 점점 많이 알아차리게 될 것이다. 그러면 여러 가지 신체 자극에 접근하고 그 자극을 신속하게 알아차리고 그 의미를 이해해서 행동을 취할 수 있다. 예컨대 나는 걱정거리가 생길 때 내 몸에서 만들어지기 시작하는 감각들을 더 잘 알아차리게 됐다. 맨 먼저 가슴에서 그걸 느끼고, 다음으로는 턱을 확인한다. 그러면 대개는 내가 이를 꽉 물고 있다는 것을 발견한다. 이런 자각이 있으면 나는 의식적으로 턱에 힘을 빼고 그 걱정의 원인이 되는 문제에 주의를 기울이거나, 적어도 내가 시뮬레이션 속에서 길을 잃었다는 사실을 인정하고 최선의 방법으로 다음 순간에 관여할 수 있다. 당신이 자신의 몸과 마음에 민감해지면 이런 식의 미세 개입을 통해 경로를 수정할 수 있다.

당신의 하루에 '보디스캔' 훈련을 끼워 넣어라. 별생각 없이 매일 하는 활동에 보디스캔을 결합하면 따로 시간을 내지 않아도 된다. 샤워할 때 머리부터 발끝까지 씻으면서 보디스캔을 하라. 아니면 그냥 샤워기 밑에 서서 위에서 쏟아지는 물을 느껴보라. 그 느낌을 놓치지 마라.

3주차

이번 주에는 당신의 주의 자체에 주의를 집중한다.

코어 수련			
○ 1일차	섬광 찾기	12분	165~166쪽
○ 2일차	생각의 강물	12분	318~319쪽
○ 3일차	섬광 찾기	12분	
○ 4일차	생각의 강물	12분	
○ 5일차	섬광 찾기	12분	목표 달성
○ 6일차			목표 추가 달성
○ 7일차			대성공

3주차의 주안점

이번 주에도 '섬광 찾기'를 시금석으로 삼는다. 하지만 '생각의 강물' 연습으로 넘어갈 때는 주의를 당신 자신의 마음에 집중해야 한다. '생각의 강물' 연습을 할 때는 자신의 마음을 흐르는 강물이라고 상상하라. 그 흐르는 물속에는 온갖 것들이 둥둥 떠다닌다. 당신이 할 일은 그것들을 지켜보고 흘러가도록 내버려두는 것이다. 생각, 걱정, 기억 따위를 잡으려고 손을 뻗지 마라. 그저 강물속에 무엇이 있는지 알아차리고 그것들이 흘러가도록 내버려두라. 한 발 물러서서 마음을 관찰하는 능력을 키우기 위해 잠깐씩 탈중심화 연습과 화이트보드 지켜보기 연습을 하라. 뭔가에 사로잡혀 있는 자신을 발견했다면 당신의 호흡으로 돌아가라. 당신의 호흡을 강물 속의 바위로 생각하라. 당신의 주의가 그 바위에 기대 쉬면서 안정성을 회복하게 하라. 그러고 나서 흐르는 물을 다시 관찰하라.

3주차의 기분은?

'관여하지 않고 정교화하지 않기'는 코어의 힘을 동원해야 하는 능동적인 주의력 활용 기술이다. 이 능력은 시간을 두고 키워나가야 하겠지만, 처음으로 12분간의 정식 명상에 도전한다면 아직 윗몸일으키기도 못하는데 플랭크 자세를 유지하려고 하는 것만큼이나 어렵다. 꾸준히 연습하면 조금씩 나아질 것이다. 만약 당신이 강물에 떠오른 어떤 생각, 걱정, 기억을 붙잡고 있었다면, 그것을 알아차린 것만으로도 성공이라는 사실을 기억하라. 그것이 메타자각이다. 당신은 방금 그걸 해냈다. 섬광을 도로 찾아와서 당신의 호흡을 향하게 한 다음 '생각의 강물'을 계속 관찰하라.

어려운 점

당신은 당신의 마음이 얼마나 많이 방황하는지를 더 예리하게 알아차리기 시작한다. 그러면 마음이 불편해질 수도 있고, 당신이 발전하는 것이 아니라 더 나빠지는 것이 아닌가 하는 의구심이 들 수도 있다. 그렇지 않다! 당신은 더 예리한 자각을 키워가고 있는 것이다. 다시 강조하지만 그게 성공이다.

당신은 마음속에 떠오르는 것들을 점점 많이 알아차리기 시작할지도 모른다(정식 명상을 하는 동안에도 그렇고 일상생활에서도 그렇다). 그것은 항상 좋은 느낌은 아닐 것이다. 당신은 '이런, 내가 화를 많이 내는구나'라든가 '나는 음식(또는 섹스, 비디오게임)에 대한 집착을 멈추지 못하는구나'라는 깨달음을 얻을지도 모른다.

이런 것들을 알아차리는 건 달갑지 않은 일이다. 생각의 틀을 바꾸어보라. 그것들을 당신이 활용할 수 있는 정보로 바라보는 것이다. 새로운 친구를 알아간다고 생각하라. 당신은 자신을 지지하면서도 확고한 태도로 자신의 벗이 되어주어야 한다. 온갖 이상한 면도 참아주면서.

3주차의 기술들은 삶에 어떤 변화를 일으킬까?

당신은 반사적으로 자신에게 질문을 던질 수 있게 된다. '지금 무슨 일이 벌어지고 있지? 내 마음은 지금 뭘 하고 있지? 나는 진짜로 무엇에 화가 난 걸까? 나는 왜 이 생각에 사로잡혀 있을까?'

당신은 자동적으로 자신의 사고 과정에 대해 조금 더 관찰자의 자세를 취하기 시작한다. 자신이 스토리를 만들어내고 있는지, 그 스토리가 사건 또는 감정을 해석하는 데 어떤 영향을 주는지를 확인하는 습관이 생길 것이다. 이것은 '최고의 마음'의 중요한 특징이다. 이제 당신은 그 목표에 다가가고 있다. 당신은 넓고 수용적이고 관찰자의 자세를 취할 수 있다.

정식 명상을 하고 있지 않을 때도 이런 방법으로 자신의 마음을 '주시'해보라. 운전을 할 때, 걷고 있을 때, 지하철을 타고 갈 때 음악이나 팟캐스트를 듣지 말고 전화도 받지 마라. 가만히 앉아서 마음이 방황하도록 내버려두라. 당신의 마음이 어디로 가는지, 무슨 생각이 떠오르는지를 알아차려라.

4주차

당신의 주의력 섬광이 외부를 향해, 다른 사람들을 향해 움직인다.

코어 수련			
○ 1일차	섬광 찾기	12분	165~166쪽
○ 2일차	연결 명상	12분	353~355쪽
○ 3일차	섬광 찾기	12분	
○ 4일차	연결 명상	12분	
○ 5일차	섬광 찾기	12분	목표 달성
○ 6일차	연결 명상	12분	목표 추가 달성
○ 7일차	섬광 찾기	12분	대성공

4주차의 주안점

이번 주에 새롭게 시작하는 연습은 당신의 섬광이 다른 사람들을 향하게 하는 것이기도 하고 당신 자신에게 행운을 빌어주는 것이기도 하다. 마음이 방황할 때나 불행의 고리에 갇힐 때도 마찬가지다. 이 연습에서 중요한 것은 인간의 뇌가 이런 식으로 작동하는 것이 기본값이라는 사실을 기억하고, 다시 시작할 때 당신 자신에게 친절을 베푸는 것이다.

이번 주에도 이틀에 한 번은 '섬광 찾기' 연습을 한다. 기초에 해당하는 '섬광 찾기' 연습은 다른 세 가지 연습의 효과를 높여준다. 섬광 찾기의 기본 기술은 몸의 감각에 집중할 때도, 마음속에 떠오르는 것들을 알아차릴 때도, 당신 자신과 다른 사람들에게 행운을 빌어줄 때도 필요하다. 다른 모든 연습의 효과를 높여주는 '섬광 찾기'는 주의력 훈련의 평생 숙제라고 할 수 있다.

4주차의 기분은?

행운을 비는 일에 매일 12분을 사용하면 당신은 원망하기보다 긍정하게 되고, 독선적이 되기보다 호기심이 많아지며, 최악을 예상하기보다 최선을 희망하게 될 것이다. 또 다른 사람과 의견이 엇갈릴 때 "상대의 눈으로 바라보기"가 더 쉬워질 것이다. 재평가와 틀 바꾸기는 우리 삶의 경험 속에 이런 모습으로 나타난다.

어려운 점

때때로 당신은 행운을 비는 문구들이 공허하다고 느낄지도 모른다. 무작위로 나열된 단어들을 그냥 외워서 말하고 있다거나, 그 말들이 의미를 잃어버린 것처럼 느껴질지도 모른다. 그럴 때는 이것이 집중해야 하는 연습이라는 사실을 상기하라. 문구 하나하나에 주의를 온전히 기울여야 한다. 속도를 늦추고, 단어 하나하나의 뜻을 생각하라. 그 의미를 완전히 이해하라. 만약 자꾸 문구들을 정교화하게 되고 마음이 방황하게 된다면 그냥 그 단어들을 마음속으로 하나씩 외워보라. 행운을 비는 말을 이해하고 널리 퍼뜨리되, 그 하나하나를 검열하거나 스토리에 빠져들지 않아야 한다.

당신 자신에게 행운을 빌어주는 일이 불편하게 느껴진다면, 이것이 일종의 운동이라는 사실을 떠올려라. 우리는 의도적으로 새로운 관점을 연습하고 있는 것이다. 그 불편한 느낌을 알아차리되 연습은 계속하라.

당신은 아무것도 느끼지 못할 수도 있다. 정상이다! 아무것도 느끼지 못하더라도 훈련은 잘되고 있는 것이다. 이 연습의 효과는 한참 뒤에 나타나기도 한다. 예를 들어보자. 당신은 이 문구들을 1~2주 동안 암송했는데도 아무런 변화가 없다고 느낀다. 그러다가 목소리를 높이거나 배우자 또는 자녀에게 짜증을 내려는 순간, 문득 정신을 차린다. 당신의 의도는 그들이 행복하기를 바라는 것이며 그 말을 다르게 표현할 방법이 있으리라는 사실을 깨닫는다. 당신은 과민반응에서 '대응'으로 전환한다. 결과적으로는 동일한 메시지를 전하지만 과민반응하는 말투는 쓰지 않는다.

4주차의 기술들은 삶에 어떤 변화를 일으킬까?

이 연습도 당신의 하루에 끼워 넣어라. 다른 사람에게, 혹은 자신에게 행운을 빌기 위해 두 눈을 감고 가만히 앉아 있어야만 하는 건 아니다. 연습을 당신의 일과에 편입시켜라. 걷는 동안에 연습을 할 수도 있다. 발걸음에 맞춰 속으로 문구를 외워보라. '내가 행복하기를, 내가 건강하기를….' 당신 자신에게, 그리고 당신이 아는 누군가에게 행운을 빌어주고, 나중에는 모든 생명체에게로 확대해보라. 상점이나 공공장소에서 모르는 사람 때문에 짜증이 났던 적이 있는가? '당신이 행복하기를!' 당신의 생각을 분노로 채우느라 시간을 낭비할 이유가 없다. 당신은 다른 사람들의 마음속 모델에 적응할 때 그들과 쉽게 말이 통하거나, 사람들과의 갈등이 더 쉽게 해소되거나, 과거에는 무심하게 지나쳤던 사람들이 살아 있는 존재로 다가오는 것을 느낄지도 모른다.

5주차

계속하라!

코어 수련			
○ 1일차			
○ 2일차			
○ 3일차			
○ 4일차			
○ 5일차			목표 달성
○ 6일차			목표 추가 달성
○ 7일차			대성공

이제부터 일정표는 당신에게 달려 있다! 이제 당신도 주의력 시스템의 개선을 확인하려면 주 5일을 목표로 하루 12분 이상 훈련이 필요하다는 사실을 알고 있을 것이다. 하지만 여러 가지 연습을 어떻게 조합하느냐는 자유다. 대다수 사람은 자신이 특히 좋아하는 연습이 있다고 말한다. 기억하라. 모든 연습은 서로를 강화하며, 하나의 연습은 다른 연습의 일부 요소를 가지고 있다. 모든 연습은 코어 운동의 일부다. 그러니까 당신에게 효과가 있는 방법을 선택하면 된다.

날마다 다른 연습을 선택해도 되고, 여러 가지 연습을 조합해서 12분을 채워도 된다. 나는 처음 12분 동안 '섬광 찾기'나 '생각의 강물' 연습을 하고 나서 짧은 '연결 명상'으로 마무리하는 방법을 선호한다.

거실 의자에 앉아서(또는 어디든 당신이 주의력 훈련을 하는 장소에서) 12분 동안 훈련을 하면 효과가 나타나기 시작할 것이다. 당신의 일과 인간관계가 달라진다. 어려움 속에서 당신의 목표와 꿈을 유지하려고 애쓰는 시기에도 효과가 나타난다. 만약 12분 동안 훈련하는 것이 너무 어렵다고 느껴진다면 당신 자신에게 이렇게 말하라. '나는 올림픽 선수급의 명상 전문가가 되려는 게 아니야!' 당신은 마음의 코어를 강화하고 주의력의 안정성과 민첩성을 높이기 위해 훈련을 하고 있는 것이다.

마음챙김 명상을 하면 세상을 탐험하는 낡고 비효율적인 방법들을 버릴 수 있다. 최고의 마음에 도달할 때 당신은 각본을 뒤집을 힘을 얻는다.

최고의 마음 회전축

생각하는 방법에는 표준이 따로 없다. 하지만 '최고의 마음 회전축Peak Mind Pivot'은 있다. 전형적인 사고법이 가치가 없다는 것은 아니다. 최고의 마음 회전축이 당신의 선택지를 크게 넓혀준다는 것이다.

- **표준 견해:** 생각을 더 잘하려면 생각 연습을 하라.

    최고의 마음 회전축: 당신이 생각하고 있다는 것을 자각하는 연

습을 하라.

- **표준 견해:** 집중을 잘하려면 주의력 향상 훈련을 하라.
  최고의 마음 회전축: 당신의 집중이 흐트러질 때를 알아차리고 주시하는 연습을 하라.

- **표준 견해:** 의사소통을 잘하기 위해서는 당신이 하고 싶은 말을 명확하게 하라.
  최고의 마음 회전축: 듣기 능력을 향상시켜라.

- **표준 견해:** 당신 자신을 이해하기 위해서는 자신의 특징을 잘 알아야 한다.
  최고의 마음 회전축: 정체성을 정의하지 말고 당신의 시야를 '당신'에게서 해방시켜라. 그래야 자신과 상황을 명료하게 바라볼 수 있다.

- **표준 견해:** 고통을 덜 느끼기 위해 다른 데로 주의를 돌려라.
  최고의 마음 회전축: 고통에 집중하되 정교화하지 않는 법을 연습하라. 고통에 관해 스토리를 지어내지 마라. 시간의 흐름에 따라 고통이 어떻게 변화하는지를 알아차려라.

- **표준 견해:** 당신 자신의 마음과 감정적 동요를 알기 위해서는 그것을 분석하라.
  최고의 마음 회전축: 강렬한 감정을 느끼고 있을 때는 당신의 몸

에 집중하라. 몸에서 느껴지는 감각에 관한 데이터를 수집하고
통찰을 얻어라.

- **표준 견해:** 어떤 것을 참을 수 없다면 그것을 거부하고 억제하라.
  최고의 마음 회전축: 그것을 받아들이고 허용하라.

- **표준 견해:** 당신의 힘을 보여주기 위해 공격적으로 행동하라.
  최고의 마음 회전축: 널리 친절을 베풀고 공감을 표현하라.

- **표준 견해:** 다른 사람이 자기 조절을 할 수 있게 그들을 통제하라.
  최고의 마음 회전축: 당신 자신을 먼저 조절하라. 고요함을 얻으
  려면 고요해져야 한다.[3]

- **표준 견해:** 산만해지지 않으려면 방해 요소를 모두 제거하라.
  최고의 마음 회전축: 집중을 방해하는 요소는 당연히 생긴다는
  것을 인정하라. 당신이 산만해질 때 바로 알아차리고 돌아오는
  연습을 하라.

주

머리말

1 사람들의 일상생활 표본을 수집해서 마음의 방황을 찾아냈거나(Killingsworth and Gilbert, 2010; Kane et al., 2007), 실험 참가자들이 특정한 과제를 수행하는 동안에 일어나는 마음의 방황을 발견한(Broadway et al., 2015; Unsworth et al., 2012) 연구들은 수없이 많다. 이런 연구들에 따르면 마음의 방황은 30~50퍼센트의 빈도로 발생했으며 개인차가 컸다. 마음의 방황 빈도는 연령(Maillet et al., 2018), 시간대(Smith et al., 2018), 그리고 참가자들에게 어떤 질문을 던지는가(Seli et al., 2018)에 따라 달라진다고 알려져 있다.

Killingsworth, M. A., and Gilbert, D. T. A Wandering Mind Is an Unhappy Mind. *Science* 330, no. 6006, 932 (2010). https://doi.org/10.1126/science.1192439.

Kane, M. J. et al. For Whom the Mind Wanders, and When: An Experience-Sampling Study of Working Memory and Executive Control in Daily Life. *Psychological Science* 18, no. 7, 614–21 (2007). https://doi.org/10.1111/j.1467–9280.2007.01948.x.

Broadway, J. M. et al. Early Event-Related Brain Potentials and Hemispheric Asymmetries Reveal Mind-Wandering While Reading and Predict Comprehension. *Biological Psychology* 107, 31–43 (2015). http://dx.doi.org/10.1016/j.biopsycho.2015.02.009.

Unsworth, N. et al. Everyday Attention Failures: An Individual Differences Investigation. *Journal of Experimental Psychology: Learning, Memory, and Cognition* 38, 1765–72 (2012). https://doi.org/10.1037/a0028075.

Maillet, D. et al. Age-Related Differences in Mind-Wandering in Daily Life. *Psychology and Aging* 33, no. 4, 643–53 (2018). https://doi.org/10.1037/pag0000260.

Smith, G. K. et al. Mind-Wandering Rates Fluctuate Across the Day: Evidence from an Experience-Sampling Study. *Cognitive Research Principles and Implications* 3, no. 1 (2018). https://doi.org/10.1186/s41235-018-0141–4.

Seli, P. et al. How Pervasive Is Mind Wandering, Really? *Conscious Cognitive* 66, 74–78 (2018). https://doi.org/10.1016/j.concog.2018.10.002.

2 사람의 주의가 흐트러지기 쉬운 이유에 대한 견해들 중에는 진화 과정의 생존 압력에

주목하는 것도 있고(기회비용 가설: Kurzban et al., 2013; 정보 수집 가설: Pirolli, 2007; 주의의 순환: Schooler et al., 2011), 산만함이 학습과 기억 형성에 유리하다(탈습관화: Schooler et al., 2011; 삽화 기억: Mildner and Tamir, 2019)는 것도 있다.

Kurzban, R. et al. An Opportunity Cost Model of Subjective Effort and Task Performance. *Behavioral and Brain Sciences* 36, no. 6, 661 (2013). https://doi.org/10.1017/S0140525X12 003196.

Pirolli, P. *Information Foraging Theory: Adaptive Interaction with Information* (NewYork: Oxford University Press, 2007).

Schooler, J. W. et al. Meta-Awareness, Perceptual Decoupling and the Wandering Mind. *Trends in Cognitive Sciences* 15, no. 7, 319–26 (2011). https://doi.org/10.1016/j.tics.2011.05.006.

Mildner, J. N., and Tamir, D. I. Spontaneous Thought as an Unconstrained Memory Process. *Trends in Neuroscience* 42, no. 11, 763–77 (2019). https://doi.org/10.1016/j.tins.2019.09. 001.

3 마일리라티(Myllylahti, 2020), 데븐포트와 벡(Davenport and Beck, 2001)이 최근에 주장한 바와 같이, 뉴스와 소셜미디어 기업들이 우리의 주의를 상품화해서 판매한다는 '주목 경제'에 관한 인식이 높아지고 있다.

Myllylahti, M. Paying Attention to Attention: A Conceptual Framework for Studying News Reader Revenue Models Related to Platforms. *Digital Journalism* 8, no. 5, 567–75 (2020). https://doi.org/10.1080/21670811.2019.1691926.

Davenport, T. H., and Beck, J. C. *The Attention Economy: Understanding the New Currency of Business.* (Cambridge, MA: Harvard Business Review Press, 2001).

4 Posner, M. I., and Driver, J. The Neurobiology of Selective Attention. *Current Opinion in Neurobiology* 2, no. 2, 165–69 (1992). https://doi.org/10.1016/0959–4388(92)90006–7.

Carrasco, M. et al. Attention Alters Appearance. *Nature Neuroscience* 7, no. 3, 308–13 (2004). https://doi.org/10.1038/nn1194.

5 주의력은 유기체의 생존 확률을 높여주는 정보를 우선시하도록 진화했다고 추측된다. 하지만 그런 특성 때문에 주의는 당면 과제로부터 이탈할 가능성이 있다. 극심한 스트레스와 만성적 스트레스는 모두 주의력이 요구되는 과제의 성과를 떨어뜨리고 전전두엽 피질의 기능을 교란한다고 알려져 있다(Arnsten, 2015). 위협은 마음의 방황을 증가시키고(Mrazek et al., 2011) 주의력을 붙잡아둔다(Koster et al., 2004). 부정적 기분과 부정적 사고의 반복 역시 집중력과 작업기억이 요구되는 과제의 성과를 떨어뜨린다(Smallwood et al., 2009). 각종 정신장애에서 비롯되는 스트레스, 위협, 나쁜 기분은 부정적인 내용을 소화하기 위해 주의력 자원을 강탈해가며, 그럴 때는 다른 형태의 정보를 처리하는 데 주의력 자원을 사용할 수가 없게 된다(Eysenck et al., 2007).

Arnsten, A. Stress Weakens Prefrontal Networks: Molecular Insults to Higher Cognition. *Nature Neuroscience* 18, no. 10, 1376–85 (2015). https://doi.org/10.1038/nn.4087.

Mrazek, M. D. et al. Threatened to Distraction: Mind-Wandering as a Consequence of Stereotype Threat. *Journal of Experimental Social Psychology* 47, no. 6, 1243–48 (2011).

https://doi.org/10.1016/j.jesp.2011.05.011.

Koster, E. W. et al. Does Imminent Threat Capture and Hold Attention? *Emotion* 4, no. 3, 312–17 (2004). https://doi.org/10.1037/1528–3542.4.3.312.

Smallwood, J. et al. Shifting Moods, Wandering Minds: Negative Moods Lead the Mind to Wander. *Emotion* 9, no. 2, 271–76 (2009). https://doi.org/10.1037/a0014855.

Eysenck, M. W. et al. Anxiety and Cognitive Performance: Attentional Control Theory. *Emotion* 7, no. 2, 336–53 (2007). https://doi.org/10.1037/1528–3542.7.2.336.

6 Sun Tzu. *The Art of War* (Bridgewater, MA: World Publications, 2007), 13.

7 Kreiner, J. How to Reduce Digital Distractions: Advice from Medieval Monks. *Aeon*, April 21, 2019. https://aeon.co/ideas/how-to-reduce-digital-distractions-advice-from-medieval-monks.

8 James, W. (1890). *The Principles of Psychology*, vols. 1–2 (New York: Holt, 1890), 424.

9 Todd, P. M., and Hills, T. Foraging in Mind. *Current Directions in Psychological Science* 29, no. 3, 309–15 (2020). https://doi.org/10.1177/0963721420915861.

10 그들은 집중하지 않으면 큰 손해를 보게 될 때나 집중에 대한 동기가 부여될 때도 집중하지 못했다. 돈을 준다고 했을 때도 집중하지 못했다. 순간적인 주의력 상실과 과업 실패는 실패에 큰 대가가 따르는 경우(Mrazek et al., 2012)와 동기를 부여받는 경우(Seli et al., 2019) 모두 나타났고, 주의 집중에 대한 보상이 제시되는 경우(Esterman et al., 2014)에도 마찬가지였다.

Mrazek, M. D. et al. The Role of Mind-Wandering in Measurements of General Aptitude. *Journal of Experimental Psychology General* 141, no. 4, 788–98 (2012). https://doi.org/10.1037/a0027968.

Seli, P. et al. Increasing Participant Motivation Reduces Rates of Intentional and Unintentional Mind Wandering. *Psychological Research* 83, no. 5, 1057–69 (2019). https://doi.org/10.1007/s00426-017-0914-2.

Esterman, M. et al. Reward Reveals Dissociable Aspects of Sustained Attention. *Journal of Experimental Psychology General* 143, no. 6, 2287–95 (2014). https://doi.org/10.1037/xge0000019.

11 공식 용어로 '회피avoidance'라고도 불리는 도피주의escapism와 억압은 우울증과 같은 정신장애의 증상을 악화시킨다는 사실이 발견됐다(Aldao et al., 2010). 반면 긍정적 기분은 도움이 될 수 있다(Le Nguyen and Fredrickson, 2018). 극심한 스트레스(Hirshberg et al., 2018) 또는 중장기적으로 스트레스가 심한 상황(Jha et al., 2020)에서 긍정적 감정을 증가시키려고 노력할 경우 기분은 더 좋아지지만 성과는 저하되기도 한다.

Aldao, A. et al. Emotion-Regulation Strategies Across Psychopathology: A Meta-Analytic Review. *Clinical Psychology Review* 30, no. 2, 217–37 (2010). https://doi.org/10.1016/j.cpr.2009.11.004.

Le Nguyen, K. D., and Fredrickson, B. L. *Positive Psychology*: Established and Emerging Issues (New York: Routledge/Taylor & Francis Group, 2018), 29–45.

Hirshberg, M. J. et al. Divergent Effects of Brief Contemplative Practices in Response to an Acute Stressor: A Randomized Controlled Trial of Brief Breath Awareness, Loving-Kindness, Gratitude or an Attention Control Practice. *PLoS One* 13, no. 12, e0207765 (2018). https://doi.org/10.1371/journal.pone.0207765.

Jha, A. P. et al. Comparing Mindfulness and Positivity Trainings in High-Demand Cohorts. *Cognitive Therapy and Research* 44, no. 2, 311–26 (2020). https://doi.org/10.1007/s10608-020-10076-6.

12 마음챙김 명상에 관해서는 수많은 연구가 적극적으로 진행되고 있다. 다음을 참조하라. Birtwell, K. et al. An Exploration of Formal and Informal Mindfulness Practice and Associations with Wellbeing. *Mindfulness* 10, no. 1, 89–99 (2019). https://doi.org/10.1007/s12671-018-0951-y.

13 Jha, A. P. et al. Examining the Protective Effects of Mindfulness Training on Working Memory Capacity and Affective Experience. *Emotion* 10, no. 1, 54–64 (2010). https://doi.org/10.1037/a0018438.

Rooks, J. D. et al. "We Are Talking About Practice": The Influence of Mindfulness vs. Relaxation Training on Athletes' Attention and Well-Being over High-Demand Intervals. *Journal of Cognitive Enhancement* 1, no. 2, 141–53 (2017). https://doi.org/10.1007/s41465-017-0016-5.

1장 집중할 때 뇌에서 벌어지는 일

1 Slimani, M. et al. Effects of Mental Imagery on Muscular Strength in Healthy and Patient Participants: A Systematic Review. *Journal of Sports Science & Medicine* 15, no. 3, 434–50 (2016). https://pubmed.ncbi.nlm.nih.gov/27803622.

2 '부주의 맹시inattentional blindness'에 관해서는 유명한 '춤추는 고릴라' 연구와 유사한 연구들이 많이 진행된 바 있다. Simons, D. J., and Chabris, C. F. Gorillas in Our Midst: Sustained Inattentional Blindness for Dynamic Events. Perception 28, no. 9, 1059–74 (1999). https://doi.org/10.1068/p281059.

3 Hagen, S. The Mind's Eye. *Rochester Review* 74, no. 4, 32–37 (2012).

4 파킨슨병(van Eimeren et al., 2009), 알츠하이머(Greicius et al., 2004), 헌팅턴병(Werner et al., 2014)과 같은 질병을 앓는 환자들에게서 사후 구조적 연결성 손상이 발견될 뿐 아니라 휴지 상태의 기능적 연결성 손상도 fMRI를 통해 점점 많이 발견되고 있다.

van Eimeren, T. et al. Dysfunction of the Default Mode Network in Parkinson Disease: A Functional Magnetic Resonance Imaging Study. *JAMA Neurology* 66, no. 7, 877–83 (2009). https://doi.org/10.1001/archneurol.2009.97.

Greicius, M. D. et al. Default-Mode Network Activity Distinguishes Alzheimer's Disease from Healthy Aging: Evidence from Functional MRI. *Proceedings of the National Academy of Sciences of the United States of America* 101, no. 13, 4637–42 (2004). https://doi.org/10.1073/pnas.0308627101.

Werner, C. J. et al. Altered Resting-State Connectivity in Huntington's Disease. *Human Brain Mapping* 35, no. 6, 2582–93 (2014). https://doi.org/10.1002/hbm.22351.

5 여기서 언급하는 것은 신경 표상neural representation을 위한 시각적 자극들의 경쟁적 상호작용이라는 충분히 입증된 현상이다. 특히 여기서는 자극이 일반적인 신경세포로 전달될 때(Desimone and Duncan, 1995)의 경쟁적 상호작용을 의미한다. 이런 현상은 N170과 같은 인간의 뇌파를 검사한 기록(EEG)에서 발견되며(Jacques and Rossion, 2004), 인간이 아닌 영장류에 관한 단일집단 연구들에서도 확인된다.

Desimone, R., and Duncan, J. Neural Mechanisms of Selective Visual Attention. *Annual Review of Neuroscience* 18, 193–222 (1995). https://doi.org/10.1146/annurev.ne.18.030195.001205.

Jacques, C., and Rossion, B. Concurrent Processing Reveals Competition Between Visual Representations of Faces. *Neuroreport* 15, no. 15, 2417–21 (2004). https://doi.org/10.1097/00001756–200410250–00023.

Rolls, E. T., and Tovee, M. J. The Responses of Single Neurons in the Temporal Visual Cortical Areas of the Macaque When More Than One Stimulus Is Present in the Receptive Field. *Experimental Brain Research* 103, 409–20 (1995). https://doi.org/10.1007/BF00241500.

6 Petersen, S. E., and M. I. Posner. The Attention System of the Human Brain: 20 Years After. *Annual Review of Neuroscience* 35, 73–89 (2012). https://doi.org/10.1146/annurev-neuro-062111–150525.

7 Unsworth, N. et al. Are Individual Differences in Attention Control Related to Working Memory Capacity? A Latent Variable Mega-Analysis. *Journal of Experimental Psychology General* 38, no. 6, 1765–72 (2020). https://doi.org/10.1037/xge0001000.

8 LeDoux, J. E., and Brown, R. A Higher-Order Theory of Emotional Consciousness. *Proceedings of the National Academy of Sciences of the United States of America* 114, no. 10, E2016–E2025 (2017). https://doi.org/10.1073/pnas.1619316114.

Baddeley, A. The Episodic Buffer: A New Component of Working Memory? *Trends in Cognitive Sciences* 4, no. 11, 417–23 (2000). https://doi.org/https://doi.org/10.1016/S1364–6613(00)01538–2.

9 "Facts About Your Heart," MetLife AIG (accessed September 10, 2020). https://tcs-ksa.com/en/metlife/facts-about-your-heart.php.

10 파친스키의 연구(Paczynski et al., 2015)에서는 부정적 분산과 중립적 분산이 주의력에 미치는 영향을 비교한 결과, 무의미한 부정적 이미지를 보여주기만 해도 N170 효과가 감소한다는 사실을 발견했다. 부정적 정보가 주의력, 지각력, 기억력과 같은 다양한 기능에 더 큰 영향을 미친다는 '부정성 편향negativity bias' 현상에 주목하라(똑같이 극단적이고 자극적인 긍정적 정보와 비교할 때 부정적 정보의 효과가 더 강력하다). 외부의 부정적인 자극도 주의를 사로잡지만, 파친스키의 연구에서 발견된 바와 같이 내면에서 생성된 부정적인 내용(예: 부정적으로 채색된 기억과 생각, 부정적인 마음의 방황)이 긍정적 내용 또는 중립적 내용보다 주의를 더 잘 사로잡는다는 증거가 늘어나고 있다. 그

리고 부정적으로 채색된 마음의 방황이 주의력과 작업기억이 요구되는 과제의 성과를 저하시킨다(Banks et al., 2016)는 증거도 점점 많아지고 있다.

Paczynski, M. et al. Brief Exposure to Aversive Stimuli Impairs Visual Selective Attention. *Journal of Cognitive Neuroscience 27, no. 6, 1172–9* (2015). https://doi.org/10.1162/jocn_a_00768.

Norris, C. J. The Negativity Bias, Revisited: Evidence from Neuroscience Measures and an Individual Differences Approach. *Social Neuroscience* 16 (2019). https://doi.org/10.1080/17470919.2019.1696225.

Banks, J. B. et al. Examining the Role of Emotional Valence of Mind Wandering: All Mind Wandering Is Not Equal. *Consciousness and Cognition* 43, 167–76 (2016). https://doi.org/10.1016/j.concog.2016.06.003.

2장 우리의 주의력을 빼앗아 가는 것들

1 Theeuwes, J. Goal-Driven, Stimulus-Driven, and History-Driven Selection. *Current Opinion in Psychology* 29, 97–101 (2019). https://doi.org/10.1016/j.copsyc.2018.12.024.

2 여키스와 도슨(Yerkes and Dodson, 1908; 그리고 Teigen, 1994를 참조하라)은 성과와 스트레스의 상관관계가 뒤집힌 U자 모양 그래프로 나타난다는 사실을 최초로 제시했으며, 그 후의 여러 연구들도 비슷한 결과를 보여주었다. 그리고 최근에 퀸 등이 검토한 증거에 따르면(Quin et al., 2009) 스트레스와 연관된 특정한 신경전달물질(예컨대 노르에피네프린)들은 뇌간의 청반locus coeruleus과 같은 영역들의 활동을 증가시키는데, 이 신경전달물질들의 수치와 성과의 관계 역시 뒤집힌 U 모양으로 나타난다. 하지만 노르에피네프린 수치가 청반의 과소활동hipoactivity과 과다활동hyperactivity을 초래할 때는 작업의 성과가 떨어진다. 핵심은 그 스트레스가 긍정적인지 부정적인지가 아니다. 작업의 결과는 스트레스의 양과 연관이 있다. 유스트레스(긍정적 결과로 이어지는 스트레스)와 반대되는 개념인 디스트레스는 종종 그냥 '스트레스'로 불린다. 스트레스와 연관된 뒤집힌 U 모양 곡선을 나타내는 과제들은 모두 주의력과 작업기억을 의식적으로 투입해야 하는 것들이다.

Yerkes, R. M., and Dodson, J. D. The Relation of Strength of Stimulus to Rapidity of Habitat-Formation. *Journal of Comparative Neurology and Psychology* 18, 459–82 (1908). https://doi.org/10.1002/cne.920180503.

Teigen, K. H. Yerkes-Dodson: A Law for All Seasons. *Theory Psychology* 4, 525 (1994). https://doi.org/10.1177/0959354394044004.

Qin, S. et al. Acute Psychological Stress Reduces Working Memory-Related Activity in the Dorsolateral Prefrontal Cortex. *Biological Psychiatry* 66, no. 1, 25–32 (2009). https://doi.org/10.1016/j.biopsych.2009.03.006.

3 이것은 지속적 주의 집중을 요하는 과제의 성과(Smallwood et al., 2009)를 의미한다. 주의력, 작업기억, 기분의 관계에 관해서는 다양한 과제와 다양한 방법을 활용해 연구가

진행되고 있다는 점에 유의하라. 실험 도중에 등장한 부정적인 주의 분산 요인들(예: Witkin et al., 2020; Garrison and Schmeichel, 2018)은 기질적인 부정적 기분, 장애로 인한 부정적 기분과 마찬가지로 주의력과 작업기억을 요하는 과제의 성과를 떨어뜨리는 것으로 나타났다(Eysenck et al., 2007; Gotlib and Joormann, 2010). 그리고 Schmeichel and Tang(2015)과 Mitchell and Phillips(2007)도 참조하라.

Smallwood, J. et al. Shifting Moods, Wandering Minds: Negative Moods Lead the Mind to Wander. *Emotion* 9, no. 2, 271–76 (2009). https://doi.org/10.1037/a0014855.

Witkin, J. et al. Dynamic Adjustments in Working Memory in the Face of Affective Interference. *Memory & Cognition* 48, 16–31 (2020). https://doi.org/10.3758/s13421-019-00958-w.

Garrison, K. E., and Schmeichel, B. J. Effects of Emotional Content on Working Memory Capacity. *Cognition and Emotion* 33, no. 2, 370–77 (2018). https://doi.org/10.1080/02699 931.2018.1438989.

Eysenck, M. W. et al. Anxiety and Cognitive Performance: Attentional Control Theory. *Emotion* 7, no. 2, 336–53 (2007). https://doi.org/10.1037/1528–3542.7.2.336.

Gotlib, I. H., and Joormann, J. Cognition and Depression: Current Status and Future Directions. *Annual Review of Clinical Psychology* 6, 285–312 (2010). https://doi.org/10.1146/annurev.clinpsy.121208.131305.

Schmeichel, B. J., and Tang, D. Individual Differences in Executive Functioning and Their Relationship to Emotional Processes and Responses. *Current Directions in Psychological Science* 24, no. 2, 93–98 (2015). https://doi.org/10.1177/0963721414555178.

Mitchell, R. L., and Phillips, L. H. The Psychological, Neurochemical and Functional Neuroanatomical Mediators of the Effects of Positive and Negative Mood on Executive Functions. *Neuropsychologia* 45, no. 4, 617–29 (2007). https://doi.org/10.1016/j.neuropsychologia.2006.06.030.

4 위협과 관련된 정보가 주의를 사로잡고 붙잡아두며(Koster et al., 2004) 작업기억을 동요시켜(Schmader and Johns, 2003) 당면 과제의 성과를 떨어뜨릴 수 있다(Shih et al., 1999)는 증거가 늘어나고 있다.

Koster, E. H. W. et al. Does Imminent Threat Capture and Hold Attention? *Emotion* 4, no. 3, 312–17 (2004). https://doi.org/10.1037/1528–3542.4.3.312.

Schmader, T., and Johns, M. Converging Evidence that Stereotype Threat Reduces Working Memory Capacity. *Journal of Personality and Social Psychology* 85, no. 3, 440–52 (2003). https://doi.org/10.1037/0022–3514.85.3.440.

Shih, M. et al. Stereotype Susceptibility: Identity Salience and Shifts in Quantitative Performance. *Psychological Science* 10, no. 1, 80–83 (1999). https://doi.org/10.1111/1467–9280.00111.

5 Neubauer, S. The Evolution of Modern Human Brain Shape. *Science Advances* 4, no. 1 (2018). https://doi.org/10.1126/sciadv.aao5961.

6   Gibson, C. E. et al. A Replication Attempt of Stereotype Susceptibility: Identity Salience and Shifts in Quantitative Performance. *Social Psychology* 45, no. 3, 194–98 (2014). http://dx.doi.org/10.1027/1864–9335/a000184.

7   스트레스, 위협, 나쁜 기분 외에도 주의력과 작업기억을 요하는 과제의 성과를 떨어뜨리는 요인은 많다. Blasiman, R. N., and Was, C. A. Why Is Working Memory Performance Unstable? A Review of 21 Factors. *Europe's Journal of Psychology* 14, no. 1, 188–231 (2018). https://doi.org/10.5964/ejop.v14i1.1472.

8   Alquist, J. L. et al. What You Don't Know Can Hurt You: Uncertainty Impairs Executive Function. *Frontiers in Psychology* 11, 576001 (2020). https://doi.org/10.3389/fpsyg.2020.576001.

9   유한성의 강조mortality salience와 성과의 하락에 관해서는 다음을 참조하라. Gailliot, M.T. et al. Self-Regulatory Processes Defend Against the Threat of Death: Effects of Self-Control Depletion and Trait Self-Control on Thoughts and Fears of Dying. *Journal of Personality and Social Psychology* 91, no. 1, 49–62 (2006). https://doi.org/10.1037/0022–3514.91.1.49.

10 Stroop, J. R. Studies of Interference in Serial Verbal Reactions. *Journal of Experimental Psychology* 18, no. 6, 643–62 (1935). https://doi.org/10.1037/h0054651.

11 갈등이 심한 환경에 있다가 실험을 하면 갈등이 별로 없는 환경에 있다가 실험을 할 때보다 점수가 높게 나오는 패턴을 갈등 적응 효과conflict adaptation effect라고 부른다. 갈등 적응 효과는 심한 갈등 또는 작업기억의 부하, 주의 분산 요인의 개입 등 다른 인지적 요구에 의해 인지 조절 자원이 상향 조절된 결과로 추측된다.

Ullsperger, M. et al. The Conflict Adaptation Effect: It's Not Just Priming. *Cognitive, Affective, & Behavioral Neuroscience* 5, 467–72 (2005). https://doi.org/10.3758/CABN.5.4.467.

Witkin, J. E. et al. Dynamic Adjustments in Working Memory in the Face of Affective Interference. *Memory & Cognition* 48, 16–31 (2020). https://doi.org/10.3758/s13421-019-00958-w.

Jha, A. P., and Kiyonaga, A. Working-Memory-Triggered Dynamic Adjustments in Cognitive Control. *Journal of Experimental Psychology, Learning, Memory, and Cognition* 36, no. 4, 1036–42 (2010). https://doi.org/10.1037/a0019337.

12 이 각기 다른 마음 상태들은 불교의 다섯 가지 번뇌에 관한 설명과 (상당 부분) 일치한다. Wallace, B. A. *The Attention Revolution: Unlocking the Power of the Focused Mind* (Boston: Wisdom Publications, 2006).

13 "다음 과제를 수행해보라. '북극곰에 관해 생각하지 마라.' 그러면 그 빌어먹을 북극곰이 몇 초마다 머릿속에 떠오를 것이다."("Winter Noes on Summer Impression," Fyodor Dostoevsky, 1863) 이 인용문은 어떤 생각을 억압하려고 하면 역설적으로 그 생각이 더 자주 떠오른다는 것을 발견한 고전적인 연구의 출발점이 됐다(Wegner et al., 1987; 다음 연구도 참조하라. Winerman, 2011; Rassin et al., 2000). 사고 억제와 표현 억제, 즉 자동적인 감정 반응을 애써 통제하려는 행위가 작업기억을 저하시키고(Franchow and Suchy, 2015) 결과적으로 정신건강에 좋지 않다는(Gross and John, 2003) 증거가 점점 늘어나고

있다.

Wegner, D. M. et al. Paradoxical Effects of Thought Suppression. *Journal of Personality and Social Psychology* 53, no. 1, 5–13 (1987). https://doi.org/10.1037//0022–3514.53.1.5.

Winerman, L. Suppressing the "White Bears." *American Psychological Association* 42, no. 9, 44 (2011). https://www.apa.org/monitor/2011/10/unwanted-thoughts.

Rassin, E. et al. Paradoxical and Less Paradoxical Effects of Thought Suppression: A Critical Review. *Clinical Psychology Review* 20, no. 8, 973–95 (2000). https://doi.org/10.1016/S0272–7358(99)00019–7.

Franchow, E., and Suchy, Y. Naturally-Occurring Expressive Suppression in Daily Life Depletes Executive Functioning. *Emotion* 15, no. 1, 78–89 (2015). https://doi.org/10.1037/emo0000013.

Gross, J. J., and John, O. P. Individual Differences in Two Emotion Regulation Processes: Implications for Affect, Relationships, and Well-Being. *Journal of Personality and Social Psychology* 85, no. 2, 348–62 (2003). https://doi.org/10.1037/0022–3514.85.2.348.

3장 마음에도 근력 운동이 필요하다

1 Maguire, E. A. et al. London Taxi Drivers and Bus Drivers: A Structural MRI and Neuropsychological Analysis. *Hippocampus* 16, no. 12, 1091–1101 (2006). https://doi.org/10.1002/hipo.20233.

2 기본적으로 뇌의 기능들은 전기화학적 과정을 통해 수행되며, 그 전기화학적 과정들은 주로 뉴런이 발화하는 중에 진행된다. fMRI는 뇌의 전기적 활동이 아니라 그 활동에 수반되는 혈류의 증가를 기록한다. 그래서 fMRI는 신경 활동을 간접적으로 측정하는 방법이라 할 수 있다. de Haan, M., and Thomas, K. M. Applications of ERP and fMRI Techniques to Developmental Science. *Developmental Science* 5, no. 3, 335–43 (2002). https://doi.org/10.1111/1467–7687.00373.

3 Parong, J., and Mayer, R. E. Cognitive Consequences of Playing Brain-Training Games in Immersive Virtual Reality. *Applied Cognitive Psychology* 34, no. 1, 29–38 (2020). https://doi.org/10.1002/acp.3582.

   A Consensus on the Brain Training Industry from the Scientific Community. Max Planck Institute for Human Development and Stanford Center on Longevity. News release (October 20, 2014). https://longevity.stanford.edu/a-consensus-on-the-brain-training-industry-from-the-scientific-community-2/.

   Kable, J. W. et al. No Effect of Commercial Cognitive Training on Brain Activity, Choice Behavior, or Cognitive Performance. *Journal of Neuroscience* 37, no. 31, 7390–7402 (2017). https://doi.org/10.1523/JNEUROSCI.2832–16.2017.

   Slagter, H. A. et al. Mental Training as a Tool in the Neuroscientific Study of Brain and Cognitive Plasticity. *Frontiers in Human Neuroscience* 5, no. 17 (2011). https://doi.org/

10.3389/fnhum.2011.00017.

4 Witkin, J. et al. Mindfulness Training Influences Sustained Attention: Attentional Benefits as a Function of Training Intensity. Poster presented at the International Symposium for Contemplative Research, Phoenix, Arizona (2018).

5 Biggs, A. T. et al. Cognitive Training Can Reduce Civilian Casualties in a Simulated Shooting Environment. *Psychological Science* 26, no. 8, 1064–76 (2015). https://doi.org/10.1177/0956797615579274.

6 Jha, A. P. et al. Mindfulness Training Modifies Subsystems of Attention. *Cognitive, Affective & Behavioral Neuroscience* 7, no. 2, 109–19 (2007). https://doi.org/10.3758/CABN.7.2.109.

7 Rooks, J. D. et al. "We Are Talking About Practice": The Influence of Mindfulness vs. Relaxation Training on Athletes' Attention and Well-Being over High-Demand Intervals. *Journal of Cognitive Enhancement* 1, no. 2, 141–53 (2017). https://doi.org/10.1007/s41465-017-0016-5.

8 우리는 학기 중의 대학생(Morrison et al., 2014), 파병 전 8주간 훈련을 받는 해병대원(Jha et al., 2010), 수감 중인 청년(Leonard et al., 2013), 시즌 전 훈련을 받는 축구선수들(Rooks et al., 2017) 등 다양한 집단에서 스트레스가 높은 기간에 성과가 감소하는 패턴을 발견했다.

Morrison, A. B. et al. Taming a Wandering Attention: Short-Form Mindfulness Training in Student Cohorts. *Frontiers in Human Neuroscience* 7, 897 (2014). https://doi.org/10.3389/fnhum.2013.00897.

Jha, A. P. et al. Examining the Protective Effects of Mindfulness Training on Working Memory Capacity and Affective Experience. *Emotion* 10, no. 1, 54–64 (2010). https://doi.org/10.1037/a0018438.

Leonard, N. R. et al. Mindfulness Training Improves Attentional Task Performance in Incarcerated Youth: A Group Randomized Controlled Intervention Trial. *Frontiers in Psychology* 4, no. 792, 2–10 (2013). https://doi.org/10.3389/fpsyg.2013.00792.

Rooks, J. D. et al. "We Are Talking About Practice": The Influence of Mindfulness vs. Relaxation Training on Athletes' Attention and Well-Being over High-Demand Intervals. *Journal of Cognitive Enhancement* 1, no. 2, 141–53 (2017). https://doi.org/10.1007/s41465-017-0016-5.

9 Lyndsay, E. K., and Creswell, J. D. Mindfulness, Acceptance, and Emotion Regulation: Perspectives from Monitor and Acceptance Theory (MAT). *Current Opinion in Psychology* 28, 120–5 (2019). https://doi.org/10.1007/s41465-017-0016-5.

4장 산만한 세상에서 집중을 유지하는 기술

1 Lampe, C., and Ellison, N. Social Media and the Workplace. Pew Research Center, June 22, 2016. https://www.pewresearch.org/internet/2016/06/22/social-media-and-the-workplace/.

2 Cameron, L. et al. Mind Wandering Impairs Textbook Reading Comprehension and

Retention. Poster presented at the Cognitive Neuroscience Society Annual Meeting, Boston, Massachusetts (April 2014).

3 Zanesco, A. P. et al. Meditation Training Influences Mind Wandering and Mindless Reading. *Psychology of Consciousness: Theory, Research, and Practice* 3, no. 1, 12–33 (2016). https://doi.org/10.1037/cns0000082.

4 Smallwood, J. et al. The Lights Are On but No One's Home: Meta-Awareness and the Decoupling of Attention When the Mind Wanders. *Psychonomic Bulletin & Review* 14, no. 3, 527–33 (2007). https://doi.org/10.3758/BF03194102.

5 Esterman, M. et al. In the Zone or Zoning Out? Tracking Behavioral and Neural Fluctuations During Sustained Attention. *Cerebral Cortex* 23, no. 11, 2712–23 (2013). https://doi.org/10.1093/cercor/bhs261.

Mrazek, M. D. et al. The Role of Mind-Wandering in Measurements of General Aptitude. *Journal of Experimental Psychology General* 141, no. 4, 788–98 (2012). https://doi.org/10.1037/a0027968.

Wilson, T. D. et al. Just Think: The Challenges of the Disengaged Mind. *Science* 345, no. 6192, 75–7 (2014). https://doi.org/10.1126/science.1250830.

6 Webster, D. M., and Kruglanski, A. W. Individual Differences in Need for Cognitive Closure. *Journal of Personality and Social Psychology* 67, no. 6, 1049–62 (1994). https://doi.org/10.1037//0022-3514.67.6.1049.

7 Lavie, N. et al. Load Theory of Selective Attention and Cognitive Control. *Journal of Experimental Psychology* 133, no. 3, 339–54 (2004). https://doi.org/10.1037/0096-3445.133.3.339.

8 과업 수행 시간 효과time-on-task effects라고도 불리는 '경계 감소' 현상은 오랜 시간 동안 하나의 과제를 수행할 때 시간이 갈수록 성과가 떨어지는 행동 패턴을 의미한다. 이 현상의 원인은 하나로 정리되지 않았다. 자원 고갈, 주의 순환, 기회비용에 대한 고려 등의 가설이 있는데, 이 논쟁에 관해서는 Rubinstein(2020)과 Davies and Parasuraman(1982)을 참조하라.

Rubinstein, J. S. Divergent Response-Time Patterns in Vigilance Decrement Tasks. *Journal of Experimental Psychology: Human Perception and Performance* 46, no. 10, 1058–76 (2020). https://doi.org/10.1037/xhp0000813.

Davies, D. R., and Parasuraman, R. *The Psychology of Vigilance* (London: Academic Press, 1982).

9 Denkova, E. et al. Attenuated Face Processing During Mind Wandering. *Journal of Cognitive Neuroscience* 30, no. 11, 1691–1703 (2018). https://doi.org/10.1162/jocn_a_01312.

10 Schooler, J. W. et al. Meta-Awareness, Perceptual Decoupling and the Wandering Mind. *Trends in Cognitive Sciences* 15, no. 7, 319–26 (2011). https://doi.org/10.1016/j.tics.2011.05.006.

11 마음의 방황은 현실 세계의 수많은 상황에서 발생할 수 있지만, 현실 세계에서나 실험실에서 측정한 마음의 방황과 성과의 상관관계는 사람에 따라 차이가 있다(Kane et al., 2017). 각자의 집중하려는 노력, 과제의 난이도, 개인차 등의 요인들 때문에 현실 세계

에서 마음의 방황과 작업기억의 관계는 실험실에서 얻은 결과와 일치하지 않을 수도 있
다. Kane, M. J. et al. For Whom the Mind Wanders, and When, Varies Across Laboratory and
Daily-Life Settings. *Psychological Science* 28, no. 9 1271–1289 (2017). https://doi.org/10.11
https://doi.org/10.1177/0956797617706086.

12 Crosswell, A. D. et al. Mind Wandering and Stress: When You Don't Like the Present
Moment. *Emotion* 20, no. 3, 403–12 (2020). https://doi.org/10.1037/emo0000548.

13 Killingsworth, M. A., and Gilbert, D. T. A Wandering Mind Is an Unhappy Mind. *Science*
330, no. 6006, 932 (2010). https://doi.org/10.1126/science.1192439.

14 Posner, M. I. et al. Inhibition of Return: Neural Basis and Function. *Cognitive Neuropsychology*
2, no. 3, 211–28 (1985). https://doi.org/10.1080/02643298508252866.

15 Ward, A. F., and Wegner, D. M. Mind-Blanking: When the Mind Goes Away. *Frontiers in
Psychology* 4, 650 (2013). https://doi.org/10.3389/fpsyg.2013.00650.

16 일부 연구들은 성과의 시간대별 변동과 뇌 활동 패턴들이 주의가 여러 가지 목표를
순환하는 양상을 반영한다고 추측했다. Smallwood, J. et al. Segmenting the Stream of
Consciousness: The Psychological Correlates of Temporal Structures in the Time Series Data
of a Continuous Performance Task. *Brain and Cognition* 66, no. 1, 50–6 (2008). https://doi.
org/10.1016/j.bandc.2007.05.004.

17 Rosen, Z. B. et al. Mindfulness Training Improves Working Memory Performance in Adults
with ADHD. Poster presented at the Annual Meeting of the Society for Neuroscience,
Washington, DC (2008).

18 Rubinstein, J. S. et al. Executive Control of Cognitive Processes in Task Switching. *Journal of
Experimental Psychology: Human Perception and Performance* 27, no, 4, 763–97 (2001). https://
doi.org/10.1037/0096-1523.27.4.763.

19 Levy, D. M. et al. The Effects of Mindfulness Meditation Training on Multitasking in a High-
Stress Information Environment. *Proceedings of Graphics Interface*, 45–52 (2012). https://
dl.acm.org/doi/10.5555/2305276.2305285.

20 Etkin, J., and Mogilner, C. Does Variety Among Activities Increase Happiness? *Journal of
Consumer Research* 43, no. 2, 210–29 (2016). https://doi.org/10.1093/jcr/ucw021.

5장 작업기억, 머릿속의 화이트보드

1 작업기억은 정보를 접근하기 쉬운 상태로 단기간 유지하면서 그 정보를 목표에 맞게 조
작할 수 있게 해주는 인지 시스템이다. 작업기억에는 널리 알려진 몇 가지 모델이 있다.
예컨대 배들리의 모델(Baddeley, 2010)은 작업기억의 요소적 구조를 강조하며, 엥글의
모델(Engle and Kane, 2004)은 개개인의 작업기억 용량의 차이를 설명하기 위해 개인별
로 다른 접근법과 실행 제어의 역할(중앙에서 주의력을 제어하는 시스템과 유사하다)
을 강조한다.
Baddeley, A. Working Memory. *Current Biology* 20, no. 4, R136–R140 (2010). https://doi.

org/10.1016/j.cub.2009.12.014.

Engle, R. W., and Kane, M. J. Executive Attention, Working Memory Capacity, and a Two-Factor Theory of Cognitive Control. In B. Ross (ed.), *The Psychology of Learning and Motivation* 44, 145–99 (2004).

2 Raye, C. L. et al. Refreshing: A Minimal Executive Function. *Cortex* 43, no. 1, 134–45 (2007). https://doi.org/10.1016/s0010–9452(08)70451–9.

3 Braver, T. S. et al. A Parametric Study of Prefrontal Cortex Involvement in Human Working Memory. *NeuroImage* 5, no. 1, 49–62 (1997). https://doi.org/10.1006/nimg.1996.0247.

4 형용사를 제시하고 자기 자신 또는 가까운 '타인들'에 대해 판단할 때와 유명인 또는 낯선 사람들에 대해 판단할 때의 활성화 정도를 비교하는 사건 관련 fMRI 연구는 많이 있다. 유명인 또는 낯선 사람들에 대해 판단할 때보다 자기 자신 또는 가까운 '타인들'에 대해 판단할 때 내측 전전두피질, 후측 대상피질, 설전부precuneus와 같은 디폴트 모드 네트워크의 핵심 연결점들이 더 많이 활성화된다.

van der Meer, L. et al. Self-Reflection and the Brain: A Theoretical Review and Meta-Analysis of Neuroimaging Studies with Implications for Schizophrenia. *Neuroscience & Biobehavioral Reviews* 34, no. 6, 935–46 (2010). https://doi.org/10.1016/j.neubiorev.2009.12.004.

Zhu, Y. et al. Neural Basis of Cultural Influence on Self-Representation. *NeuroImage* 34, no. 3, 1310–6 (2007). https://doi.org/10.1016/j.neuroimage.2006.08.047.

Heatherton, T. F. et al. Medial Prefrontal Activity Differentiates Self from Close Others. *Social Cognitive & Affective Neuroscience* 1, no. 1, 18–25 (2006). https://doi.org/10.1093/scan/nsl001.

5 Raichle, M. E. The Brain's Default Mode Network. *Annual Review of Neuroscience* 38, 433–47 (2015). https://doi.org/10.1146/annurev-neuro-071013–014030.

6 Weissman, D. H. et al. The Neural Bases of Momentary Lapses in Attention. *Nature Neuroscience* 9, no. 7, 971–8 (2006). https://doi.org/10.1038/nn1727.

7 Andrews-Hanna, J. R. et al. Dynamic Regulation of Internal Experience: Mechanisms of Therapeutic Change. In Lane, R. D., and Nadel, L., *Neuroscience of Enduring Change: Implications for Psychotherapy* (New York: Oxford University Press, 2020), 89–131. https://doi.org/10.1093/oso/9780190881511.003.0005.

8 Barrett, L. F. et al. Individual Differences in Working Memory Capacity and Dual-Process Theories of the Mind. *Psychological Bulletin* 130, no. 4, 553–73 (2004). https://doi.org/10.1037/0033–2909.130.4.553.

9 Mikels, J. A., and Reuter-Lorenz, P. A. Affective Working Memory: An Integrative Psychological Construct. *Perspectives on Psychological Science* 14, no. 4, 543–59 (2019). https://doi.org/https://doi.org/10.1177/1745691619837597.

LeDoux, J. E., and Brown, R. A Higher-Order Theory of Emotional Consciousness. *Proceedings of the National Academy of Sciences of the United States of America* 114, no. 10, E2016–E2025 (2017). https://doi.org/10.1073/pnas.1619316114.

10 Schmeichel, B. J. et al. Working Memory Capacity and the Self-Regulation of Emotional Expression and Experience. *Journal of Personality and Social Psychology* 95, no. 6, 1526–40 (2008). https://doi.org/10.1037/a0013345.

11 Klingberg, T. Development of a Superior Frontal-Intraparietal Network for Visuo-Spatial Working Memory. *Neuropsychologia* 44, no. 11, 2171–7 (2006). https://doi.org/10.1016/j.neuropsychologia.2005.11.019.

12 Noguchi, Y., and Kakigi, R. Temporal Codes of Visual Working Memory in the Human Cerebral Cortex: Brain Rhythms Associated with High Memory Capacity. *NeuroImage* 222, no. 15, 117294 (2020). https://doi.org/10.1016/j.neuroimage.2020.117294.

13 Miller, G. A. The Magical Number Seven, Plus or Minus Two: Some Limits on Our Capacity for Processing Information. *Psychological Review* 101, no. 2, 343–52 (1956). https://doi.org/10.1037/0033–295x.101.2.343.

14 Lüer, G. et al. Memory Span in German and Chinese: Evidence for the Phonological Loop. *European Psychologist* 3, no. 2, 102–12 (2006). https://doi.org/10.1027/1016–9040.3.2.102.

15 Morrison, A. B., and Richmond, L. L. Offloading Items from Memory: Individual Differences in Cognitive Offloading in a Short-Term Memory Task. *Cognitive Research: Principles and Implications* 5, no. 1 (2020). https://doi.org/10.1186/s41235-019-0201–4.

16 Kawagoe, T. et al. The Neural Correlates of "Mind Blanking": When the Mind Goes Away. *Human Brain Mapping* 40, no. 17, 4934–40 (2019). https://doi.org/10.1002/hbm.24748.

17 Zhang, W., and Luck, S. J. Sudden Death and Gradual Decay in Visual Working Memory. *Psychological Science* 20, no. 4, 423–8 (2009). https://doi.org/10.1111/j.1467–9280.2009.02322.x.

18 Datta, D., and Arnsten, A. F. T. Loss of Prefrontal Cortical Higher Cognition with Uncontrollable Stress: Molecular Mechanisms, Changes with Age, and Relevance to Treatment. *Brain Sciences* 9, no. 5 (2019). https://doi.org/10.3390/brainsci9050113.

19 Roeser, R. W. et al. Mindfulness Training and Reductions in Teacher Stress and Burnout: Results from Two Randomized, Waitlist-Control Field Trials. *Journal of Educational Psychology* 105, no. 3, 787–804 (2013). https://doi.org/10.1037/a0032093.

20 Mrazek, M. D. et al. The Role of Mind-Wandering in Measurements of General Aptitude. *Journal of Experimental Psychology General* 141, no. 4, 788–98 (2012). https://doi.org/10.1037/a0027968.

21 Beaty, R. E. et al. Thinking About the Past and Future in Daily Life: An Experience Sampling Study of Individual Differences in Mental Time Travel. *Psychological Research* 83, no. 4, 805–916 (2019). https://doi.org/10.1007/s00426-018-1075–7.

22 Sreenivasan, K. K. et al. Temporal Characteristics of Top-Down Modulations During Working Memory Maintenance: An Event-Related Potential Study of the N170 Component. *Journal of Cognitive Neuroscience* 19, no. 11, 1836–44 (2017). https://doi.org/10.1162/jocn.2007.19.11.1836.

23 시각적 작업기억 용량은 주의 분산 요인들을 얼마나 잘 걸러내느냐에 따라 달라진다.

Vogel, E. K. et al. The Time Course of Consolidation in Visual Working Memory. *Journal of Experimental Psychology: Human Perception and Performance* 32, no. 6, 1436–51 (2006). https://doi.org/10.1037/0096–1523.32.6.1436.

Luria, R. et al. The Contralateral Delay Activity as a Neural Measure of Visual Working Memory. *Neuroscience & Biobehavioral Reviews* 62, 100–8 (2016). https://doi.org//10.1016/j.neubiorev.2016.01.003.

6장 '기억력 문제'는 대부분 '주의력 문제'다

1 최근의 연구들에 따르면 작업기억 용량은 장기기억 척도와 중간 정도의 상관관계 또는 높은 상관관계를 나타낸다(Mogle et al., 2008; Unsworth et al, 2009). 작업기억은 장기기억을 위한 임시 작업 공간의 역할을 하며, 이곳에서는 더 효과적인 저장을 위해 정보가 조작되기도 한다(여기서 조작이란 순서 변경, 정리, 통합 등을 의미한다. Blumenfeld and Ranganath, 2006을 참조하라). 그러나 해리성 신경 시스템들이 작업기억과 장기기억에서 독자적인 역할을 수행하는지 아닌지에 관해서는 아직 활발한 논쟁이 벌어지고 있다.

Mogle, J. A. et al. What's So Special About Working Memory? An Examination of the Relationships Among Working Memory, Secondary Memory, and Fluid Intelligence. *Psychological Science* 19, 1071–7 (2008). https://doi.org/10.1111/j.1467–9280.2008.02202.x.

Unsworth, N. et al. There's More to the Working Memory–fluid Intelligence Relationship Than Just Secondary Memory. *Psychonomic Bulletin & Review* 16, 931–7 (2009). https://doi.org/10.3758/pbr.16.5.931.

Blumenfeld, R. S., and Ranganath, C. Dorsolateral Prefrontal Cortex Promotes Long-Term Memory Formation Through Its Role in Working Memory Organization. *Journal of Neuroscience* 26, no. 3, 916–25 (2006). https://doi.org/10.1523/jneurosci.2353–05.2006.

Ranganath, C., and Blumenfeld, R. S. Doubts About Double Dissociations Between Short- and Long-Term Memory. *Trends in Cognitive Sciences* 9, no. 8, 374–80 (2005). https://doi.org/10.1016/j.tics.2005.06.009.

2 Spaniol, J. et al. Aging and Emotional Memory: Cognitive Mechanisms Underlying the Positivity Effect. *Psychology and Aging* 23, no. 4, 859–72 (2008). https://doi.org/10.1037/a0014218.

3 Schroots, J. J. F. et al. Autobiographical Memory from a Life Span Perspective. *International Journal of Aging and Human Development* 58, no. 1, 69–85 (2004). https://doi.org/10.2190/7A1A-8HCE-0FD9-7CTX.

4 Williams, M. et al. The Benefit of Forgetting. *Psychonomic Bulletin & Review* 20, 348–55 (2013). https://doi.org/10.3758/s13423-012-0354–3.

5 Tamir, D. I. et al. Media Usage Diminishes Memory for Experiences. *Journal of Experimental Social Psychology* 76, 161–8 (2018). https://doi.org/10.1016/j.jesp.2018.01.006.

6   Allen A. et al. Is the Pencil Mightier Than the Keyboard? A Meta-Analysis Comparing the Method of Notetaking Outcomes. *Southern Communication Journal* 85, no. 3, 143–54 (2020). https://doi.org/10.1080/1041794X.2020.1764613.

7   Squire, L. R. The Legacy of Patient H. M. for Neuroscience. *Neuron* 61, no. 1, 6–9 (2009). https://doi.org/10.1016/j.neuron.2008.12.023.

8   Andrews-Hanna, J. R. et al. Dynamic Regulation of Internal Experience: Mechanisms of Therapeutic Change. In Lane, R. D., and Nadel, L., *Neuroscience of Enduring Change: Implications for Psychotherapy* (New York: Oxford University Press, 2020), 89–131. https://doi.org/10.1093/oso/9780190881511.003.0005.

9   Mildner, J. N., and Tamir, D. I. Spontaneous Thought as an Unconstrained Memory Process. *Trends in Neuroscience* 42, no. 11, 763–77 (2019). https://doi.org/10.1016/j.tins.2019.09.001.

10   Wheeler, M. A. et al. Toward a Theory of Episodic Memory: The Frontal Lobes and Autonoetic Consciousness. *Psychological Bulletin* 121, no. 3, 331–54 (1997). https://doi.org/10.1037/0033–2909.121.3.331.

11   Henkel, L. A. Point-and-Shoot Memories: The Influence of Taking Photos on Memory for a Museum Tour. *Psychological Science* 25, no. 2, 396–402 (2014). https://doi.org/10.1177/0956797613504438.

12   Christoff, K. et al. Mind-Wandering as Spontaneous Thought: A Dynamic Framework. *Nature Reviews Neuroscience* 17, no. 11, 718–31 (2016). https://doi.org/10.1038/nrn.2016.113.
     Fox, K. C. R., and Christoff, K. (eds.), *The Oxford Handbook of Spontaneous Thought: Mind-wandering, Creativity, and Dreaming* (New York: Oxford University Press, 2018). http://dx.doi.org/10.1093/oxfordhb/9780190464745.001.0001.

13   트라우마가 되는 기억들이 다른 기억들과 다른지, 그리고 어떤 메커니즘에 의해 다른 기억들과 다르게 형성될 수 있는지에 관해서는 논란이 있다.
     Geraerts, E. et al. Traumatic Memories of War Veterans: Not So Special After All. *Consciousness and Cognition* 16, no. 1, 170–7 (2007). https://doi.org/10.1016/j.concog.2006.02.005.
     Martinho, R. et al. Epinephrine May Contribute to the Persistence of Traumatic Memories in a Post-Traumatic Stress Disorder Animal Model. *Frontiers in Molecular Neuroscience* 13, no. 588802 (2020). https://doi.org/10.3389/fnmol.2020.588802.

14   Boyd, J. E. et al. Mindfulness-Based Treatments for Posttraumatic Stress Disorder: A Review of the Treatment Literature and Neurobiological Evidence. *Journal of Psychiatry & Neuroscience* 43, no. 1, 7–25 (2018). https://doi.org/10.1503/jpn.170021.

7장 마음속 편견에 휩쓸리지 않고 중심 잡기

1   Kappes, A. et al. Confirmation Bias in the Utilization of Others' Opinion Strength. *Nature Neuroscience* 23, no. 1, 130–7 (2020). https://doi.org/10.1038/s41593-019-0549–2.

2   Schacter, D. L., and Addis, D. R. On the Nature of Medial Temporal Lobe Contributions to

the Constructive Simulation of Future Events. *Philosophical Transactions of the Royal Society* 364, no. 1521, 1245–53 (2009). https://doi.org/10.1098/rstb.2008.0308.

3　Jones, Natalie A. et al. Mental Models: An Interdisciplinary Synthesis of Theory and Methods. *Ecology and Society* 16, no. 1 (2011). http://www.jstor.org/stable/26268859.

　　Johnson-Laird, P. N. Mental Models and Human Reasoning. *Proceedings of the National Academy of Sciences of the United States of America* 107, no. 43, 18243–50 (2010). https://doi.org/10.1073/pnas.1012933107.

4　Verweij, M. et al. Emotion, Rationality, and Decision-Making: How to Link Affective and Social Neuroscience with Social Theory. *Frontiers in Neuroscience* 9, 332 (2015). https://doi.org/10.3389/fnins.2015.00332.

5　Blondé, J., and Girandola, F. Revealing the Elusive Effects of Vividness: A Meta-Analysis of Empirical Evidences Assessing the Effect of Vividness on Persuasion. *Social Influence* 11, no. 2, 111–29 (2016). https://doi.org/10.1080/15534510.2016.1157096.

6　Maharishi International University. Full Speech: Jim Carrey's Commencement Address at the 2014 MUM Graduation [video]. YouTube, May 30, 2014. https://www.youtube.com/watch?v=V80-gPkpH6M.acce.

7　Andrews-Hanna, J. R. et al. Dynamic Regulation of Internal Experience: Mechanisms of Therapeutic Change. In Lane, R. D., and Nadel, L., *Neuroscience of Enduring Change: Implications for Psychotherapy* (New York: Oxford University Press, 2020) 89–131. https://doi.org/10.1093/oso/9780190881511.003.0005.

8　Ellamil, M. et al. Dynamics of Neural Recruitment Surrounding the Spontaneous Arising of Thoughts in Experienced Mindfulness Practitioners. *NeuroImage* 136, 186–96 (2016). https://doi.org/10.1016/j.neuroimage.2016.04.034.

9　Bernstein, A. et al. Metacognitive Processes Mode3l of Decentering: Emerging Methods and Insights. *Current Opinion in Psychology* 28, 245–51 (2019). https://doi.org/10.1016/j.copsyc.2019.01.019.

10　Barry, J. et al. The Power of Distancing During a Pandemic: Greater Decentering Protects Against the Deleterious Effects of COVID-19-Related Intrusive Thoughts on Psychological Health in Older Adults. Poster presented at the Mind & Life 2020 Contemplative Research Conference, online (November 2020).

11　Kross, E., and Ayduk, O. Self-Distancing: Theory, Research, and Current Directions. In J. M. Olson (ed.), *Advances in Experimental Social Psychology* 55, 81–136 (2017). https://doi.org/10.1016/bs.aesp.2016.10.002.

12　Kross, E. et al. Coping with Emotions Past: The Neural Bases of Regulating Affect Associated with Negative Autobiographical Memories. Biological Psychiatry 65, no. 5, 361–6 (2009). https://doi.org/10.1016/j.biopsych.2008.10.019.

13　Hayes-Skelton, S. A. et al. Decentering as a Potential Common Mechanism Across Two Therapies for Generalized Anxiety Disorder. *Journal of Consulting and Clinical Psychology*

83, no. 2, 83–404 (2015). https://doi.org/10.1037/a0038305.

Seah, S. et al. Spontaneous Self-Distancing Mediates the Association Between Working Memory Capacity and Emotion Regulation Success. *Clinical Psychological Science* 9, no. 1, 79–96 (2020). https://doi.org/10.1177/2167702620953636.

King, A. P., and Fresco, D. M. A Neurobehavioral Account for Decentering as the Salve for the Distressed Mind. *Current Opinion in Psychology* 28, 285–93 (2019). https://doi.org/10.1016/j.copsyc.2019.02.009.

Perestelo-Perez, L. et al. Mindfulness-Based Interventions for the Treatment of Depressive Rumination: Systematic Review and Meta-Analysis. *International Journal of Clinical and Health Psychology* 17, no. 3, 282–95 (2017). https://doi.org/10.1016/j.ijchp.2017.07.004.

Bieling, P. J. et al. Treatment-Specific Changes in Decentering Following Mindfulness-Based Cognitive Therapy Versus Antidepressant Medication or Placebo for Prevention of Depressive Relapse. *Journal of Consulting and Clinical Psychology* 80, no. 3, 365–72 (2012). https://doi.org/10.1037/a0027483.

14 Jha, A. P. et al. Bolstering Cognitive Resilience via Train-the-Trainer Delivery of Mindfulness Training in Applied High-Demand Settings. *Mindfulness* 11, 683–97 (2020). https://doi.org/10.1007/s12671-019-01284-7.

Zanesco, A. P. et al. Mindfulness Training as Cognitive Training in High-Demand Cohorts: An Initial Study in Elite Military Servicemembers. In *Progress in Brain Research* 244, 323–54 (2019). https://doi.org/10.1016/bs.pbr.2018.10.001.

15 Lueke, A., and Gibson, B. Brief Mindfulness Meditation Reduces Discrimination. *Psychology of Consciousness: Theory, Research, and Practice* 3, no. 1. 34–44 (2016). https://doi.org/10.1037/cns0000081

8장 주의에 주의를 기울이는 메타자각

1 Endsley, M. R. The Divergence of Objective and Subjective Situation Awareness: A Meta-Analysis. *Journal of Cognitive Engineering and Decision Making* 14, no. 1, 34–53 (2020). https://doi.org/10/ggqfzd.

2 최근의 연구들은 목표 무시, 작업기억 용량, 그리고 마음의 방황 사이에 연관성이 있음을 시사한다. McVay, J. C., and Kane, M. J. Conducting the Train of Thought: Working Memory Capacity, Goal Neglect, and Mind Wandering in an Executive-Control Task. *Journal of Experimental Psychology: Learning, Memory, and Cognition* 35, no. 1, 196–204 (2009). 218.

3 Schooler, J. W. et al. Meta-Awareness, Perceptual Decoupling and the Wandering Mind. *Trends in Cognitive Sciences* 15, no. 7, 319–26 (2011). https://doi.org/10.1016/j.tics.2011.05.006.

4 Krimsky, M. et al. The Influence of Time on Task on Mind Wandering and Visual Working Memory. *Cognition* 169, 84–90 (2017). https://doi.org/10.1016/j.cognition.2017.08.006.

5 일부 연구들은 성과의 시간대별 변동과 뇌 활동 패턴들이 주의가 여러 가지 목표를

순환하는 양상을 반영한다고 추측했다. Smallwood, J. et al. Segmenting the Stream of Consciousness: The Psychological Correlates of Temporal Structures in the Time Series Data of a Continuous Performance Task. *Brain and Cognition* 66, no. 1, 50–6 (2008). https://doi.org/10.1016/j.bandc.2007.05.004.

6   Krimsky, M. et al. The Influence of Time on Task on Mind Wandering and Visual Working Memory. *Cognition* 69, 84–90 (2017). https://doi.org/10.1016/j.cognition.2017.08.006.

7   집중과 노력, 높은 작업기억 용량이 요구되는 과제를 수행하는 참가자들은 작업기억 용량이 적게 요구되는 과제를 수행하는 참가자들보다 당면 과제에 관한 생각을 더 잘 유지했고 마음의 방황도 적었다. Kane, M. J. et al. For Whom the Mind Wanders, and When: An Experience-Sampling Study of Working Memory and Executive Control in Daily Life. *Psychological Science* 18, no. 7, 614–21 (2007). https://doi.org/10.1111/j.1467–9280.2007.01948.x.

8   Franklin, M. S. et al. Tracking Distraction: The Relationship Between Mind-Wandering, Meta-Awareness, and ADHD Symptomatology. *Journal of Attention Disorders* 21, no. 6, 475–86 (2017). https://doi.org/10.1177/1087054714543494.

9   Smallwood, J. et al. Segmenting the Stream of Consciousness: The Psychological Correlates of Temporal Structures in the Time Series Data of a Continuous Performance Task. *Brain and Cognition* 66, no. 1, 50–56 (2008). https://doi.org/10.1016/j.bandc.2007.05.004.

Polychroni, N. et al. Response Time Fluctuations in the Sustained Attention to Response Task Predict Performance Accuracy and Meta-Awareness of Attentional States. *Psychology of Consciousness: Theory, Research, and Practice* (2020). https://doi.org/10.1037/cns0000248.

10   Sayette, M. A. et al. Lost in the Sauce: The Effects of Alcohol on Mind Wandering. *Psychological Science* 20, no. 6, 747–52 (2009). https://doi.org/10.1111/j.1467–9280.2009.02351.x.

11   Brewer, J. A. et al. Meditation Experience Is Associated with Differences in Default Mode Network Activity and Connectivity. *Proceedings of the National Academy of Sciences of the United States of America* 108, no. 50, 20254–9 (2011). https://doi.org/10.1073/pnas.1112029108.

Kral, T. R. A. et al. Mindfulness-Based Stress Reduction-Related Changes in Posterior Cingulate Resting Brain Connectivity. *Social Cognitive and Affective Neuroscience* 14, no. 7, 777–87 (2019). https://doi.org/10.1093/scan/nsz050.

Lutz, A. et al. Investigating the Phenomenological Matrix of Mindfulness-Related Practices from a Neurocognitive Perspective. *American Psychologist* 70, no. 7, 632–58 (2015). https://doi.org/10.1037/a0039585.

12   Sun Tzu. *The Art of War* (Bridgewater, MA: World Publications, 2007), 95.

13   Bhikkhu, T. (trans.). Sallatha Sutta: The Arrow. Access to Insight (BCBS edition), November 30, 2013, https://www.accesstoinsight.org/tipitaka/sn/sn36/sn36.006.than.html.

14   McCaig, R. G. et al. Improved Modulation of Rostrolateral Prefrontal Cortex Using Real-Time fMRI Training and Meta-Cognitive Awareness. *NeuroImage* 55, no. 3, 1298–305 (2011). https://doi.org/10.1016/j.neuroimage.2010.12.016.

9장 눈앞의 사람에게 집중하는 법

1 Perissinotto, C. M. et al. Loneliness in Older Persons: A Predictor of Functional Decline and Death. *Archives of Internal Medicine* 172, no. 14, 1078–984 (2012). https://doi.org/10.1001/archinternmed.2012.1993.

2 Alfred, K. L. et al. Mental Models Use Common Neural Spatial Structure for Spatial and Abstract Content. *Communications Biology* 3, no. 17 (2020). https://doi.org/10.1038/s42003-019-0740-8.

Jonker, C. M. et al. Shared Mental Models: A Conceptual Analysis. *Lecture Notes in Computer Science* 6541, 132–51 (2011). https://doi.org/10.1007/978-3-642-21268-0_8.

3 Deater-Deckard, K. et al. Maternal Working Memory and Reactive Negativity in Parenting. *Psychological Sciences* 21, no. 1, 75–9 (2010). https://doi.org/10.1177/0956797609354073

4 Franchow, E. I., and Suchy, Y. Naturally-Occurring Expressive Suppression in Daily Life Depletes Executive Functioning. *Emotion* 15, no. 1, 78–89 (2015). https://doi.org/10.1037/emo0000013.

Brewin, C. R., and Beaton, A. Thought Suppression, Intelligence, and Working Memory Capacity. *Behaviour Research and Therapy* 40, no. 8, 923–30 (2002). https://doi.org/10.1016/S0005-7967(01)00127-9.

5 이 논문들은 수많은 연구들의 결과를 종합적으로 검토한다.

Dahl, C. J. et al. The Plasticity of Well-Being: A Training-Based Framework for the Cultivation of Human Flourishing. *Proceedings of the National Academy of Sciences of the United States of America* 117, no. 51, 32197–206 (2020). https://doi.org/10.1073/pnas.2014859117.

Brandmeyer, T., and Delorme, A. Meditation and the Wandering Mind: A Theoretical Framework of Underlying Neurocognitive Mechanisms. *Perspectives on Psychological Science* 16, no. 1, 39–66 (2021). https://doi.org/10.1177/1745691620917340.

6 Kang, Y. et al. The Nondiscriminating Heart: Lovingkindness Meditation Training Decreases Implicit Intergroup Bias. *Journal of Experimental Psychology: General* 143, no. 3, 1306–13 (2021). https://doi.org/10.1007/s11031-015-9514-x.

10장 하는 만큼 나아질 것이다

1 Cooper, K. H. The History of Aerobics (50 Years and Still Counting). *Research Quarterly for Exercise and Sport* 89, no. 2, 129–34 (2018). https://doi.org/10.1080/02701367.2018.1452469.

2 Prakash, R. S. et al. Mindfulness and Attention: Current State-of- Affairs and Future Considerations. *Journal of Cognitive Enhancement* 4, 340–67 (2020). https://doi.org/10.1007/s41465-019-00144-5.

3 Hasenkamp, W. et al. Mind Wandering and Attention During Focused Meditation: A Fine-Grained Temporal Analysis of Fluctuating Cognitive States. *NeuroImage* 59, no. 1, 750–60

(2012). https://doi.org/10.1016/j.neuroimage.2011.07.008

4   Brandmeyer, T., and Delorme, A. Meditation and the Wandering Mind: A Theoretical Framework of Underlying Neurocognitive Mechanisms. *Perspectives on Psychological Science* 16, no. 1, 39–66 (2021). https://doi.org/10.1177/1745691620917340.

Fox, K. C. R. et al A. Functional Neuroanatomy of Meditation: A Review and Meta-Analysis of 78 Functional Neuroimaging Investigations. *Neuroscience & Biobehavioral Reviews* 65, 208–28 (2016). https://doi.org/10.1016/j.neubiorev.2016.03.021.

5   다른 연구팀이 내놓은 몇 편의 연구(예컨대 Lutz et al., 2008, 리뷰 연구로는 Zanesco et al., 2013; Zanesco et al., 2016)에 따르면 장기간 마음챙김 수련에 참가할 때 주의력이 향상된다. SART(주의력 지속 반응 과제) 점수가 향상되었다(Witkin et al., 2018)는 것은 주의 지속 점수 향상, 마음의 방황 감소, 메타자각 향상, 경계 능력 향상(Jha et al., 2007), 그리고 작업기억 부호화(van Vugt and Jha, 2011) 등을 의미한다. 이 모든 연구는 샴발라 마운틴 센터에서 진행했다. 위트킨 연구진의 연구(Witkin et al. 2018)는 나의 동료 제인 카펜터 콘과 함께 나로파대학과 협력해서 진행했다. 마음챙김 수련의 인지적 효과를 알아보는 연구들만이 아니라 마음챙김 수련의 다른 이점을 조사한 연구(McClintock et al., 2019)들도 많이 있다.

Lutz, A. et al. Attention Regulation and Monitoring in Meditation. *Trends in Cognitive Sciences* 12, no. 4, 163–9 (2008). https://doi.org/10.1016/j.tics.2008.01.005.

Zanesco, A. et al. Executive Control and Felt Concentrative Engagement Following Intensive Meditation Training. *Frontiers in Human Neuroscience* 7, 566 (2013). https://doi.org/10.3389/fnhum.2013.00566.

Zanesco, A. P. et al. Meditation Training Influences Mind Wandering and Mindless Reading. *Psychology of Consciousness: Theory, Research, and Practice* 3, no. 1, 12–33 (2016). https://doi.org/10.1037/cns0000082.

Witkin, J. et al. *Mindfulness Training Influences Sustained Attention: Attentional Benefits as a Function of Training Intensity.* Poster presented at the International Symposium for Contemplative Research, Phoenix, Arizona (2018).

Jha, A. P. et al. Mindfulness Training Modifies Subsystems of Attention. *Cognitive, Affective & Behavioral Neuroscience* 7, no. 2, 109–19 (2007). https://doi.org/10.3758/CABN.7.2.109.

van Vugt, M., and Jha, A. P. Investigating the Impact of Mindfulness Meditation Training on Working Memory: A Mathematical Modeling Approach. *Cognitive, Affective & Behavioral Neuroscience* 11, 344–53 (2011). https://doi.org/10.3758/s13415-011-0048-8.

McClintock, A. S. et al. The Effects of Mindfulness Retreats on the Psychological Health of Non-Clinical Adults: A Meta-Analysis. *Mindfulness* 10, 1443–54 (2019). https://doi.org/10.1007/s12671-019-01123-9.

6   Jha, A. P. et al. Minds "At Attention": Mindfulness Training Curbs Attentional Lapses in Military Cohorts. *PLoS One* 10, no. 2, 1–19 (2015). https://doi.org/10.1371/journal.pone.0116889.

Jha, A. P. et al. Examining the Protective Effects of Mindfulness Training on Working Memory Capacity and Affective Experience. *Emotion* 10, no. 1, 54–64 (2010). https://doi. org/10.1037/a0018438.

7 군인

Jha, A. P. et al. Bolstering Cognitive Resilience via Train-the- Trainer Delivery of Mindfulness Training in Applied High-Demand Settings. *Mindfulness* 11, 683–97 (2020). https://doi. org/10.1007/s12671-019-01284-7.

Zanesco, A. P. et al. Mindfulness Training as Cognitive Training in High-Demand Cohorts: An Initial Study in Elite Military Servicemembers. In *Progress in Brain Research* 244, 323–54 (2019). https://doi.org/10.1016/bs.pbr.2018.10.001.

군인들의 배우자

Brudner, E. G. et al. The Influence of Training Program Duration on Cognitive Psychological Benefits of Mindfulness and Compassion Training in Military Spouses. Poster presented at the International Symposium for Contemplative Studies. San Diego, California (November 2016).

소방관

Denkova, E. et al. Is Resilience Trainable? An Initial Study Comparing Mindfulness and Relaxation Training in Firefighters. *Psychiatry Research* 285, 112794 (2020). https://doi. org/10.1016/j.psychres.2020.112794.

지역사회 및 직장 내 리더

Alessio, C. et al. Leading Mindfully: Examining the Effects of Short-Form Mindfulness Training on Leaders' Attention, Well-Being, and Workplace Satisfaction. Poster presented at The Mind & Life 2020 Contemplative Research Conference, online (November 2020).

회계사

Denkova, E. et al. Strengthening Attention with Mindfulness Training in Workplace Settings. In Siegel, D. J. and Solomon, M., *Mind, Consciousness, and Well-Being* (New York: W. W. Norton & Company, 2020), 1–22.

8 Jha, A. P. et al. Comparing Mindfulness and Positivity Trainings in High-Demand Cohorts. *Cognitive Therapy and Research* 44, no. 2, 311–26 (2020). https://doi.org/10.1007/s10608-020-10076-6.

Becker, E. S. et al. Always Approach the Bright Side of Life: A General Positivity Training Reduces Stress Reactions in Vulnerable Individuals. *Cognitive Therapy and Research* 40, 57–71 (2016). https://doi.org/10.1007/s10608-015-9716-2.

9 Jha, A. P. Short-Form Mindfulness Training Protects Against Working Memory Degradation Over High-Demand Intervals. *Journal of Cognitive Enhancement* 1, 154–71 (2017). https:// doi.org/10.1007/s41465-017-0035-2.

10 마음챙김 훈련의 "최소 복용량"이라는 것이 존재하는지 아닌지를 밝히려면 먼저 복용량이 중요한지 아닌지를 알아야 했다. 그래서 우리는 복용량–반응 효과가 나타나는지 여부를 조사했다. 복용량–반응 효과란 어떤 것에 노출되는 양에 따라 반응의 크기가 달

라지는 패턴을 의미한다. 우리의 연구에서 '복용량'이란 건강한 참가자들이 훈련 시간에 전문 강사와 함께 진행하는 정식 명상 외에 각자 마음챙김을 훈련하는 실제 시간의 양이었다. 그리고 '반응'이란 정식 훈련 기간 이후(이전과 비교해서)에 우리의 방법으로 측정한 주의력 및 작업기억 점수였다. 우리는 스트레스가 높은 집단을 대상으로 수행한 여러 편의 연구에서 인지적 과제의 점수에서는 복용량-반응 효과를 발견했다. 다른 연구팀들은 비인지적 영역에서도 복용량-반응 효과를 찾아냈다(Lloyd et al., 2018; Parsons et al., 2017). 마음챙김 훈련의 이점은 훈련에 많이 참가한 사람들에게서(훈련에 적게 참가한 사람들에 비해) 더 크게 나타났다.

마음챙김 훈련 연구에서 '복용량'에 관한 중요한 사실은, 참가자들에게 매일 훈련 시간을 할당한다고 해서 그들이 그 요구를 충실히 이행한다고 볼 수는 없다는 것이다. 실제로 스트레스가 높은 집단에 관한 우리의 연구에서도 실험 참가자들이 할당된 양만큼 훈련을 끝까지 해내는지 여부는 상당한 개인차를 나타냈다. 그 사실을 알고 우리는 "최소 복용량"을 알아내기 위해 실험적으로 훈련량을 처방하는 방법(참가자들의 여러 하위 집단에게 매일의 마음챙김 훈련 또는 비교 훈련 시간을 다르게 할당한다)으로는 정확한 결과를 얻지 못할 것이라고 판단했다. 모든 훈련 하위 집단에서 참가자들이 실제로 수행한 훈련의 양은 각기 다를 확률이 높기 때문이었다. 그래서 우리는 참가자들이 실제로 얼마나 오랫동안 훈련을 했는지를 스스로 기록한 수치를 활용해 데이터를 생성하는 방법을 선택했다. 구체적으로 설명하자면 우리는 참가자들 각자가 제출한 훈련 시간에 따라 그들을 '훈련을 잘하는 집단'과 '훈련을 잘하지 않는 집단'으로 분류했다. 그러고 나서 두 집단이 서로 어떻게 다른지, 또 둘 중 어느 집단이 '다른 훈련을 적극적으로 했던 대조군' 또는 '훈련을 하지 않은 대조군'과 비교해서 유의미한 차이를 보이는지를 통계학적으로 조사했다.

우리의 초기 연구(Jha et al., 2010; Jha et al., 2015)들에서는 8주 동안 매일 30분을 훈련 시간으로 제시했다. 그만큼의 훈련을 해냈다고 응답한 참가자는 매우 적었다. 우리가 훈련 집단 전체(훈련을 잘하는 사람들과 훈련을 잘하지 않는 사람들 모두 포함)와 훈련을 받지 않은 대조군을 비교했을 때도 유의미한 차이는 발견되지 않았다. 그러나 훈련 집단을 '훈련을 잘하는 집단'과 '훈련을 잘하지 않는 집단'으로 나눠보니, 훈련을 잘하는 집단의 점수가 훈련을 잘하지 않는 집단 및 훈련을 받지 않은 대조군의 점수보다 유의미하게 높았다. 이 연구에서 훈련을 잘하는 집단은 하루 평균 12분 동안 마음챙김 훈련을 했다. 우리는 이 숫자를 발판 삼아 다음 단계로 나아갔다. 다음번 대규모 연구(Rooks et al., 2017)에서는 참가자들이 4주 동안 하루 12분 마음챙김을 하도록 설정했다(마음챙김용 음원 하나의 길이가 12분씩이었고, 우리는 참가자들에게 음원 하나가 끝날 때까지 훈련하라고 요청했다). 이번에도 참가자들 간에는 개인차가 있었다. 일부 참가자들은 일주일에 며칠만 훈련을 했고 일부 참가자들은 하루 12분 넘게 훈련을 했다. 그리고 이번에도 마음챙김 훈련 집단은 긴장 완화 훈련을 받은 집단보다 점수가 유의미하게 높지 않았다. 이전 실험과 마찬가지로, 마음챙김 집단에서 훈련을 잘하는 사람들은 긴장 완화 집단에서 훈련을 잘하는 사람들보다 유의미하게 높은 점수를 받았다. 마음챙김 훈련을 잘하는 집단은 평균 주 5일, 12분 훈련에 참가했다. 두 차례의 후속 연구(Zanesco et al., 2019; Jha et al., 2020)에서 우리는 우리의 이진 연구들처럼 참가자들에게 훈련 기간 내내 매일 훈련을 하라고 요구하지 않고 주 5일 훈련을 요구했다. 그리고 12분이 아니라 15분 길이의 마음챙김용 음원을 제공함으로써 하루 훈련량을 약간 늘렸다. 그때 우리는 전문 강사가 아니라 단기간에 양성한 강사들에게 의지하고 있었기 때문이다. 두 편의 연구 모두에서 참가자들은 할당된 훈련량을 대부분 소화했고, 훈련 기간이 끝났을 때는 전반적으로 마음챙김 훈련 집단이 아무런 훈련을 하지 않은 대조군보다 유의미하게 높은 점수를 받았다. 이 두 편의 연구는 주 4일에서 5일만 훈련을 해도 인지능력이 향상된다는 것을 보여주었다.

이 연구들을 종합하면, 건강한 참가자가 스트레스가 심한 기간 동안 주의력과 작업기억을 향상시키기 위해 필요한 '최소 유효 복용량'은 주 5일, 하루 12~15분이다. 그 후로 이 수치를 검증하기 위해 후속 연구들이 많이 진행됐으며, 방법론과 참가자들의 성격에 따라 그 연구들의 결과는 우리가 얻은 결과와 다를 수도 있다. 그래도 이 계통의 연구들을 통해 우리는 다수 참가자들이 기꺼이 지키려고 하는 처방전을 얻은 것 같다. 게다가 그 처방전은 사람들이 얼마나 긴 시간 동안 기꺼이 마음챙김 훈련을 하려고 하는가에 영향을 미치는 요인들(예컨대 성격, 과거의 인생 경험, 현재의 삶의 요구 등)에 관한 새롭고 매력적인 연구들의 가능성을 열어준다. 예컨대 우리가 해병대와 함께 수행했던 초기 연구들에서 우리는 개방적 성격 특성을 지닌 사람들과 과거에 파병 경험이 있는 사람들이 다른 사람들보다 적극적으로 훈련에 임한다는 사실을 발견했다. 그리고 마지막으로, 연구로 얻어낸 모든 처방전은 평균, 추세, 상관관계와 같은 종합적인 데이터로 이뤄진 통계에 기반한다는 점을 기억하라. 그러니까 어떤 한 개인이 연구를 통해 얻은 처방전에 의존하지 않고도 마음챙김 훈련의 이점을 경험하는 일은 얼마든지 가능하다.

Lloyd, A. et al. The Utility of Home-Practice in Mindfulness-Based Group Interventions: A Systematic Review. *Mindfulness* 9, 673–692 (2018). https://doi.org/10.1007/s12671-017-0813-z.

Parsons, C. E. et al. Home Practice in Mindfulness-Based Cognitive Therapy and Mindfulness-Based Stress Reduction: A Systematic Review and Meta-Analysis of Participants' Mindfulness Practice and Its Association with Outcomes. *Behaviour Research and Therapy* 95, 29–41 (2017). https://doi.org/10.1016/j.brat.2017.05.004.

Jha, A. P. et al. Examining the Protective Effects of Mindfulness Training on Working Memory Capacity and Affective Experience. *Emotion* 10, no. 1, 54–64 (2010). https://doi.org/10.1037/a0018438.

Jha, A. P. et al. Minds "At Attention": Mindfulness Training Curbs Attentional Lapses in Military Cohorts. *PLoS One* 10, no. 2, 1–19 (2015). https://doi.org/10.1371/journal.pone.0116889.

Rooks, J. D. et al. "We Are Talking About Practice": The Influence of Mindfulness vs. Relaxation Training on Athletes' Attention and Well-Being over High-Demand Intervals. *Journal of Cognitive Enhancement* 1, no. 2, 141–53 (2017). https://doi.org/10.1007/s41465-017-0016-5.

Zanesco, A. P. et al. Mindfulness Training as Cognitive Training in High-Demand Cohorts: An Initial Study in Elite Military Servicemembers. In *Progress in Brain Research* 244, 323–54 (2019). https://doi.org/10.1016/bs.pbr.2018.10.001.

Jha, A. P. et al. Bolstering Cognitive Resilience via Train-the-Trainer Delivery of Mindfulness Training in Applied High-Demand Settings. *Mindfulness* 11, 683–97 (2020). https://doi.org/10.1007/s12671-019-01284-7.

11 마음챙김 기반 스트레스 감소(Kabat-Zinn, 1990)와 스트레스와 증상 감소를 위한 마음챙김 기반 인지 치료(Segal et al, 2002)에 관해서는 많은 자료가 있으며, 마음챙김 프로그램이 스트레스와 건강에 미치는 효과에 관한 메타 분석(Goyal et al., 2014)도 있다.

Kabat-Zinn, J. *Full Catastrophe Living: How to Cope with Stress, Pain and Illness Using Mindfulness Meditation* (New York: Bantam Dell, 1990).

Segal, Z. V. et al. *Mindfulness-Based Cognitive Therapy for Depression: A New Approach to Preventing Relapse* (New York: Guilford, 2002).

Goyal, M. et al. Meditation Programs for Psychological Stress and Well-Being: A Systematic Review and Meta-Analysis. *JAMA Internal Medicine* 174, no. 3, 357–68 (2014). https://doi.org/10.1007/s41465-017-0016-5.

12 Nila, K. et a. Mindfulness-Based Stress Reduction (MBSR) Enhances Distress Tolerance and Resilience Through Changes in Mindfulness. *Mental Health & Prevention* 4, no. 1, 36–41 (2016). https://doi.org/10.1016/j.mhp.2016.01.001.

부록

1 James, W. *Principles of Psychology* (vols. 1–2). (New York: Holt, 1890). 243.

2 Fogg, B. J. *Tiny Habits: The Small Changes That Change Everything* (New York: Houghton Mifflin Harcourt, 2020). http://tinyhabits.com.

3 월트 피아트와의 개인적인 대화(2018년 10월 4일). 다른 사람들에게 감정을 조절하라고 요구하기 전에 자신의 감정을 잘 조절해야 한다는 신시아 피아트의 말은 이 대화에서 전해 들은 것이다.

옮긴이 **안진이**

건축과 미술이론을 전공하고 2004년부터 전문 번역가로 활동하고 있다. 《프렌즈》, 《지혜롭게 나이 든다는 것》, 《50 이후, 건강을 결정하는 7가지 습관》, 《시간을 찾아드립니다》, 《컬러의 힘》, 《페미니즘을 팝니다》 등 다양한 분야의 책을 우리말로 옮겼다.

주의력 연습

초판 1쇄 발행 2022년 10월 17일
초판 2쇄 발행 2022년 11월 7일

지은이 | 아미시 자
옮긴이 | 안진이
발행인 | 김형보
편집 | 최윤경, 강태영, 이경란, 임재희, 곽성우
마케팅 | 이연실, 이다영, 송신아
디자인 | 송은비
경영지원 | 최윤영

발행처 | 어크로스출판그룹(주)
출판신고 | 2018년 12월 20일 제 2018-000339호
주소 | 서울시 마포구 양화로10길 50 마이빌딩 3층
전화 | 070-8724-0876(편집) 070-8724-5877(영업) 팩스 | 02-6085-7676
이메일 | across@acrossbook.com

한국어판 출판권 ⓒ 어크로스출판그룹(주) 2022

ISBN 979-11-6774-058-8 03180

만든 사람들
편집 | 임재희 교정교열 | 오효순 디자인 | 송은비 조판 | 박은진